COSMIC
GARDEN
Forerunner

The Portal to Cosmic Consciousness

你是哪一波？
劃時代的回溯催眠師
朵洛莉絲・侃南 Dolores Cannon／著
林雨蒨・張志華／譯
一本超乎一般人類所能想像的催眠紀實
三波志願者與新地球
THE THREE WAVES OF
VOLUNTEERS AND THE NEW EARTH

二〇二三年五月版次加註：

近年外星話題越來越受關注。有必要提醒讀者，請勿輕信在網路上看到的外星訊息和宣傳，也最好避免參與刻意強調星際淵源的活動。某些在網路上傳播特定外星訊息的人/團體，文字看似正面，卻可能是糖衣毒藥，也可說是心靈的迷幻劑。如果不加思索地相信，甚至進一步參與，很容易漸漸脫離身在地球的意義，並把力量交給了外在，交給某個以外星名義造神的團體而不自知。這與多年來累積了豐富的宇宙資料的催眠先驅朵洛莉絲·侃南，希望人們找到自己的內在力量並相信內在療癒力的努力恰恰背道而馳。

有些人或因欠缺自我價值，或尋找認同，或尋覓存在意義，以及喜自覺特殊的那種虛榮感，較易受到意圖不純正的人/團體的操弄（確實有不少人若被說是外星靈魂，或來自星際什麼的，就好似高人一等），但事實是，絕大多數地球人的靈魂都曾有過外星經歷，這並沒有什麼特殊之處。會刻意強調或看重此議題者是人性的小我在作祟。（志願者來地球不會追求鎂光燈，也不會希望身分曝光。）而刻意強調來自星際或是傳播和鼓吹冀望、等待外星救援的論點，都很不切實際並與事實脫節。

因此，請勿輕信或受惑於那些無憑無據，只憑自己說自己能通的人（類似邪教本質），不論其說法和文字看似有多正面美好，令你覺得自己有多特殊，有多不凡的能力和任務在身，絕大多數是迷幻心靈的話術。那些團體裡層級低些的貪名利，高些的意在掌控權和培養信眾，而背後的主導者則汲取追隨者的力量/能量，當然，都免不了要你的錢，你的捐贈。若是誤信這類人的說法，徒然蹉跎地球人世，離生命真相越來越遠。不想一再在地球打轉的人，請務必謹慎。

——園丁

園丁的話

我想，這是一本可以回答某些人長久以來內心疑問的重要書籍。對這些人來說，追名逐利從不是那麼理所當然；製造分裂、傷害他人也從不是自然的事。他們相信，他們不是無端端地來到這個讓他們有格格不入感覺的世界；他們也相信，生命一定有比一般人所認知到更豐富和偉大的意義。

一直以來，人類社會就存在著來自其他星球特異份子的軌跡，他們或以化身人類形體的方式，或是以心靈傳導，為人類帶來科技、藝術、醫學、人文及思想上的重大啓發。人類向來就不是自外於宇宙存在的物種。而在地球即將進入重大轉變的這個階段，據說，宇宙發出了召募令，召募各銀河星系的志願者前來協助地球。一來是改變地球能量，避免人類的貪婪與自私導致災難的發生；二是提升人類的頻率，協助人們與地球一起提升至下一個次元。

作者透過獲得的資料，歸納出目前在地球上共有三波志願者。（書中個案在催眠狀態下與作者的對話，雖常有第一和第三人稱自由跳躍的情形，但並不妨礙理解。）對這三波志願者，尤甚是第二和第三波，我想有一點很重要，你們不必也無須向別人證明自己。不必刻意追求外在世界的肯定和認同，不要為叛逆而叛逆。因為當你們想讓外界知道你們是如何不同時，你們在不知不覺間便已陷入人類小我的遊戲裡了。就如實地接受自己，愛自己，相信自己的存在有著你無法想像的重大意義。也如作者所說，你們這時候生活於地球，就已經是在履行你們的任務了。

好好活，開心活。

二〇二〇新封面 序

我很喜歡二〇一二年舊版的封面，由敘述者的觀點來看宇宙的事件，傳達有三波的志願者前來協助地球的概念。經過了七年半，進入二〇二〇的地球越來越不平靜，當這本書要再加印時，很自然地想要有不一樣的角度。於是這次由宇宙志願者的視角來看這些靈魂和外星生命當時計劃前來的星球。

我相信，會拿起這本書的多數讀者，靈魂深處都有著這樣一個視角；而這本書也將喚起你的靈魂記憶與使命。這些年間，越來越多人認識了朵洛莉絲・侃南和她珍貴的催眠資料。她的工作為個案與高我及較高階生命體之間建立了直接溝通的管道，帶給人們許多奧妙有趣的資訊和發人深省的啓示。

藉由本書換新封面的機會，我想再次提醒親愛的讀者：網路上有些所謂的外星文章和團體的來源很有問題，除了訊息欠缺可信度，有些甚至美化和支持種族主義者川普，這真是無比諷刺，因為川普正是目前二元地球暗黑勢力的代表，他煽動人性的惡，激化了種族和國家的對立；他的作用是催化劑，因為他的惡言惡行同樣可以催化出人類改變不公義社會和世界的行動力。也請留意那些想藉由製造恐懼或以外星名義斂財的任何療法和課程，那是居心不良者的旁門左道。為了你們的身心靈健康和荷包，請務必謹慎。不要被華而不實的虛幻言詞所迷惑，也不要一聽到自稱宇宙最高文明的訊息就輕信或照單全收，各種訊息無論來處都要謹慎。除了相信自己的心/直覺，也請運用邏輯思辨力和常識。盲從跟風、人云亦云，只會延誤了個人智慧和意識的提升。

感受自己的心、提升辨識力、誠實面對自己和他人，以同理心待人。當多數人都能這麼做時，這個地球自然就是一個新世界了。

——園丁

第一部 志願者

第二部 外星人和光體

第三部　新地球

第一部

志願者

作者序

自從四十年多前第一次大膽探入未知後，我就視自己為通訊員、調查員和「失落的知識」的研究員。現實中，我是一位催眠治療師，專攻前世療法，將個案的問題追溯至現世之前的人生。隨著工作內容的日益成長和擴大，我發展出具有立即療癒效果的個人催眠技巧，現在也在世界各地傳授。成果相當令人驚奇。然而，在最初湧起這股把催眠法教導他人的渴望之時，我對這個想法是否可行並沒有把握。我發展出這套方法，自己自然知道要怎麼做有效。可是，我能用一個能夠被理解的方式教給別人嗎？這是個難題。但我知道，不去嘗試的話，我永遠也不曉得結果。有太多人（包括我的一些個案）太害怕失敗，以至於從來不去嘗試。

就這樣，我從二〇〇二年開始授課，如今已在全球開枝散葉，學生也紛紛報告了同樣的奇蹟，與我個人的體驗並無二致，這讓我感到非常欣慰。有些甚至以我永遠也想不到的方法去嘗試運用這個技巧。學生能應用所學，並且不畏探索未知的途徑，是身為老師所能獲得的最好回饋。

我的方法和那些教你一定要照本宣科，一個字也不能偏離腳本的過時催眠法不同。在教導時，我要學生真正瞭解我們在做些什麼，這樣他們才能自己去思考。只要個案不受到傷害，他們可以自由的實驗。我發現這套方法極具彈性，它是活的，而且會進化。即使過了這麼多年，我仍有好多次在回到家後，對女兒茱莉亞說：「猜猜我今天發現自己又做到了什麼！」「他們」曾多次告訴我，只要你自己不設限，就沒有限制。凡事皆有可能；你只是被自己的想像力所侷限。

在我看來，許多治療師之所以裹足不前，都是出於對未知的恐懼。他們害怕嘗試新的東西，害怕自行思考。我的技巧與眾不同之處，主要在於我讓個案進入最深度的催眠，也就是到達夢遊的層次。而其他技巧大多是讓個案保持在較淺的催眠層次，因此會遭到意識的干擾。當你將個案引導到最深的催眠狀態，你就能直接和力量與療癒的最偉大的源頭溝通。我已經找到了與所有知識源頭接觸的方法，並因此得到寫作的資料來源。那裡是全然的愛與寬恕，也是施行瞬間療癒之處。剛開始時，我不曉得要怎麼稱它，於是叫它潛意識（Subconscious）。因為有人要求我下定義，所以我說你們要稱它為高我、較高層次的意識，或是超靈都可以。它是如此的宏大，它有所有問題的答案。

「他們」說並不在乎我怎麼稱呼，因為他們本來就沒有名字。我有一些學生建議稱為「超意識」而非「潛意識」。我不確定那樣會不會（使催眠）比較有效益，我只知道我在做的有用，所以就不費事去改名稱了。不過，為了方便閱讀，我在這本書簡稱它為SC。（譯注：英文的縮寫對中文讀者沒有意義，所以中文版仍使用「潛意識」這個語詞。）

早些年間，潛意識僅是偶爾且微妙地在我工作時出現，我也不是真的知道自己在與什麼對話。直到和它共事幾年下來，我才意識到這是一項重大的發現。接下來，我發展出一個每次都能召喚它出現的方法。這個過程後來證實對我的工作具有無上的價值。人們說：「你不知道你在行使奇蹟嗎？」我告訴他們：「我什麼都沒做！是他們做的！我只是個引導者，奇蹟都是出自他們之手。」這個偉大神奇的潛意識知道每個人的每一件事，同時也深深地關懷每一個人。沒有什麼事是秘密。「他們」比你更了解你自己。

因此，當個案來找我時，我知道他們一定會知道他們需要知道的事；潛意識會釋放適合他們瞭解的訊息。我從來不知道催眠時會發生什麼，自然也就無法控制或是操控整個過程。我只是和「他們」合作了這麼久，總是聽到一些相同的答案，所以對某些事瞭然於心。不過，那些從來也不是我可以推敲出來的答案。「他們」自有一套邏輯。因此，我會跟個案說，我從不曉得催眠過程會出現什麼。每一次都不一樣，但絕不會超過他們所能因應。我也從不知道答案會是跟因果還是別的事有關，不過，最近的答案似乎比較集中在「別的事情」，也因此孕育出我的「三波段志願者」概念。然而，我也必須率先坦承，這個有關地球轉化（譯注：指次元變動）的觀點實在令人費解亦令人驚歎。

＊　＊　＊

二十五年來，我也不斷在調查幽浮和疑似被外星人綁架的案例。大部分的調查結果都記錄在我的書裡，尤以《監護人》（*The Custodians*）為主。我挖掘出相當多的資料，也找到了其他調查者一直在迴避的解答。對我想像得到的問題，外星人都慷慨地給予答案。我曾以為這個領域已經沒有需要探索的事物了。然而，「他們」又一次令我詫異。過去幾年，我開始瞥見目擊幽浮和檢查（譯注：指外星人對人類進行的生理檢查）等事件背後原來還有一個更大的故事。我曾以為自己已經解開他們與人類關係的謎題，但在二〇〇九年的一次催眠，他們終於給了我更多資訊——我認為是整塊幽浮拼圖裡的「缺角」。俗話的「靈光乍現」出現了，一切開始拼湊起來。我很快意識到自己其實一直握有所有的拼圖。它們散佈在我不同的著作裡，特別是《監護人》和《迴旋宇宙》系列。它們已經在數千位個案的回溯療程中出現，而我僅拼湊了故事的一部分，就以為看到了全貌。現在，突然之間，我發現故事不止如此，而且多年來始終都呈現在我面前。我可能仍然沒有完整的故事，我也確定這路上將持續充滿驚奇，但現在，終於到了掀開面紗的時候了。

透過催眠治療，我注意到這層面紗在過去幾年間越來越薄。越來越多人意識到，他們辛苦在過的俗世人生，並非自己來到地球的原因。答案透過一次又一次的催眠而來：「覺醒的時間到了！」「你有個使命！是展開使命的時候了！」「不要再浪費時間！你已經越來越沒時間去完成你來地球要做的事！」

在我投入前世回溯與療法的四十多年期間，模式總是一樣。當然，一定會有例外的時候，而那些案例就成為我的書的內容。不過，一般說來，個案都會回到適當的前世，瞭解他們何以在現世會面臨某些問題。不論是和戀愛或工作有關，又或是健康，答案往往能回溯到某個前世或是一連串類似模式的前世。個案會發現，他們在那幾世裡跟同樣的對象重複著同樣的因果。我知道解答是在於打破循環，而要做到這點，可以藉由個案的潛意識讓他們看到這之間的連結，個案便能接受療癒，了結未竟之事。

然而，過去幾年，我的工作開始有了變化。我頻頻遇到一種不同類型的個案。我必須強調，表面上，這些人沒有任何不尋常的地方。他們和其他人一樣過著再正常不過的人生，會來找我也是要為他們的問題尋求解決之道，只不過在催眠過程中出現的答案，完全不是他們的意識所能想像。顯然，人類有著相當多重的面向。我們透過一個觀點去看自己的人生，卻從未意識到就在表面之下還有其他的層面。我們的意識不知道那些層面的存在，但它們對我們的人生卻有著莫大的影響。有太多事遠超乎我們人類所能想像。

我們看到的並非全部的實相。我們認為我們認識自己，但，真是如此嗎？

第一章　發現三波段的過程

我在催眠領域的研究帶領我踏上了難以想像的旅程，我不僅穿越時空探索歷史，也一窺了未來的可能性。剛開始透過前世療法進行探究時，我沒想過自己會發現人們在地球以外的生活記憶，畢竟地球是我們所知的一切。我的信念體系在過去四十年間不斷地延伸、擴大。隨著工作的進展，我得到有關地球生命初始的大量資訊。我被告知現在是出現這些知識的時候了。我們正進入一個新的世界，一個新的次元，在那裡，這些資料的價值將被領會和運用。

我工作的時候聽過許多一切都是由能量組成，形體和形式端視頻率與振動而定，能量不死；它只是改變的說法。我被告知地球正在改變她的振動和頻率，並準備要升入新的次元。

我們的周遭一直都有無數的次元。我們看不到是因為當它們的振動加快，便超越了人類的視力範圍，對我們而言，他們就如同隱形。人類現在正要轉移到新的次元，而這個過程很快就要到達頂點，所以能多瞭解次元的轉換至關緊要。

地球是一所供我們學習課程的學校，但她不是唯一的一所。你曾經在別的星球居住過，曾經在別的次元中生活。你做過許許多多你甚至無法想像的事。過去幾年和我合作的許多個案，都曾回溯到自己是光體而且活在一種至福狀態的時候。他們原本沒有理由要進入地球的密度和負面，他們是志願在這個時候來協助人類和地球。我認為我遇到的這些新來地球者的靈魂有三批。他們之所以在這個時候前來，是因為絕大多數在這裡累世生活的人已深陷業力而沒有進步。他們已經看不見自己活在地球的目的。

* * *

在我工作的早期（和早期的著作裡），我曾以為，一個人要在這一世重新體驗自己在地球的第一次生命，根本是天方夜譚。我當時以為生命會是漸進式的過程：在變成人類之前，靈魂必須先經歷各種生命形式：空氣、岩石、土壤、植物、動物、大自然精靈，最後才是人類。我以為當靈魂決定準備要嘗試人類生命時，它會先出生在一個原始社會，以便能慢慢適應。

在我的想法中，靈魂不可能突然就落入滿是混亂能量的繁忙現代社會；這絕對會令一個新近演化的靈魂難以招架。但後來在一九八六年，我寫了一本名叫《地球守護者》的書，描述一個溫和的靈魂體驗他在地球的第一次生命。他的前世都在別的星球和次元。然而，在我們最初的療程，他卻描述了幾段顯然是在地球上的前世。我納悶這究竟是怎麼回事。這些轉世若非真就是假。但接著，「他們」給我「印記」的理論來解釋此事。

在地球上經歷過無數前世的人，會把這些人世經驗儲存在潛意識的記憶庫裡。意識察覺不到，但這些埋藏的記憶卻具有不可或缺的重要性，它們能幫助個體度過生命的困境。缺少了某些類型的背景，人們會不知道如何運作或因應。新生兒來到這個世界，在被父母和社會教導之前，照理說應該沒有任何可供參考的架構。然而，這與事實相差甚遠。所謂的「嬰兒」，實際上是非常古老的靈魂，他們早已有過數百次進入這複雜情境，我們稱為「人生」的旅程。這因此給了他們作為人類的生活參考（在下意識層面）。但是，新來到地球的靈魂並沒有這個背景，他們會完全迷失。於是，靈界發展出一個精巧的概念，即所謂的「印記」。

當靈魂還在靈界（還是精神體）時，它會看到它下一世即將進入的生命類型，然後計劃自己希望能夠完成和實現的事。它也與其他的靈魂約定去解決任何存續的業力。如果靈魂沒有可以倚靠的地球經驗，它們會被帶到圖書館。我有很多、很多的個案用同樣的方式描述過這座圖書館。那裡是收藏所有知識的地方，包括所有已知和未來的一切。館內也有阿卡西紀錄，也就是自創造以來的每一個生命的記載。透過與圖書館員的許多討論，並在圖書館員的建議下，靈魂選出它想印記在靈魂模式上的人世經驗。個案把印記比擬為影片，或是覆蓋在圖表／地圖上那種記載了重要資訊的半透明紙。這個過程很像是去圖書館做研究，為了找到正確資訊而抽出無數的卷宗或書籍。所選取的印記於是就變成新到地球靈魂的基本記憶。

我曾問過，在為個案催眠時，要如何才能分辨回溯時出現的記憶是「真的」，還是只是「印記」。我被告知，我無法分辨其中差異，因為不只是記憶，情緒和建構起那段生命的所有一切，也都會被印記下來。他們說，這只是作為靈魂的參考，所以沒什麼關係。由於許多名人的生命都曾被使用為印記，這也提供了那些因為許多人宣稱他們是同一位重要人士而認為輪迴並不存在的懷疑主義者一個解釋；印記的說法回答了這個爭論。我也問他們：「既然可以印記一段生命，而不是真正有過實際體驗，這是否代表輪迴並不存在？」他們說並非如此，畢竟要有靈魂真的經歷過那些生命，才會有資料和記憶放到紀錄裡。

這個說法十分合理，也確實是個能讓純淨無邪的靈魂適應一個陌生又混亂的世界的方法。沒有做些準備就來到地球會非常辛苦。溫和的靈魂將無以為據，他們會完全無法應對。在我接觸《地球守護者》的年輕男子菲爾之後，我開始經常地遇到這些新來的靈魂。這些案例收錄在《迴旋宇宙》系列。換句話說，我以前以為很罕見的事，現在變得比較平常了。這些記憶一直都隱藏在個案前世的印記後頭，其他催眠師和調查者（特別是那些只引導個案進入淺層催眠的人）挖掘到的都是印記。由於靈魂是為了這一世的某個目的而選擇了特定的印記，「表面」的前世會解答一些問題，但卻不是最重要的。而具有無限智慧的潛意識，只會提供個案能夠因應的資訊。這在催眠師方面也是一樣。如果催眠師才剛開始探索未知領域，他們將不會得到複雜難懂的答案。我是在準備好要伸展我的好奇心後，才得到這些資料。

直到最近，我仍以為這些純淨無邪的「地球新鮮人」很稀有，但現在他們卻變得常見。潛意識甚至不再大費周章地掩飾。有很多次，不論我嘗試了多少催眠技巧的變化，個案連一個前世都找不到。然後當我聯繫潛意識以釐清狀況時，我總是會問，為什麼我們什麼也沒發現。它有時會說：「我們可以給他看些東西，不過那些都只是『印記』。」然後它接著會告訴個案他們是從哪裡來的，以及他們此時在地球行星的目的。潛意識說，曾經有幾個靈魂在進入嬰兒身體前拒絕「印記」，結果造成了沒有計畫或目的的混亂人生。因此，看來「他們」是真的知道自己在做什麼。不瞭解或無法領悟的是我們，是人類。

為了徹底瞭解我即將提出的理論（還有「遺失的片段」），我們有必要先回到原點，回到人類被「播種」的時候。

地球生命的起源

要瞭解為何這些三波段志願者選擇在這個時候來到地球，我們必須回到最初，回到我們的世界開始有生命的時候。我知道這個資料很有爭議性，但當同樣的資料在數千次的回溯催眠中一次又一次地出現，我認為我們不能置若罔聞。

萬古以前，地球上沒有生命，只有很多座火山，大氣中充滿了氨。為了讓生命出現，地球必須被改變。我從研究中學到，有一些議會負責制定宇宙間創造生命的規則和規章。有監督太陽系的議會、監督銀河系的議會，還有監督宇宙的議會（譯注：宇宙不只一個）。這是個非常井然有序的體系。這些較高階的存在體在宇宙間尋找適合生命居住的星球。他們說，對一個星球而言，到達可支撐生命的狀態是那個星球史上的重大時刻。星球在這時候會得到它的生命許可證。

然後，不同群的外星人或更高的存在體，會銜命前往那個星球，執行讓生命開始的任務。這些存在體被稱為古代人（Archaic Ones）或是古人（Ancient Ones）。他們從時間的初始便在執行這些任務，不過神並沒有因此置身事外，祂跟這一切密切相關。這些存在體首先帶來單細胞的有機體，再讓它們分裂和形成多細胞的有機體，但會形成哪種有機體，則由每個星球的狀況決定。在對一個星球播種之後，他們在極漫長的時間中，會時不時地回來檢視那些細胞。他們常發現細胞沒有存活下來，星球又恢復為無生命狀態。這些存在體曾對我說：「你不曉得生命有多麼脆弱！」

因此，他們花了些時間在地球播種，並不時地回來檢查。過了一段時期，地球上開始出現植物，因為在有動物之前必須先有植物。隨著生命開始發展，古代人頻頻回來檢視和關切。他們創造出海洋，淨化了空氣，好讓各種生命形式都能演化。終於，較高階的存在體開始創造有智慧的生命。這是每個星球的過程；這是生命形成的方式。

我在我的書裡把這些存在體稱為「花園的守護者」，因為我們就是這座花園，我們是他們的孩子。為了創造出有智慧的生物，他們必須使用一種腦容量夠大的動物，具有學習能力，還有可以發展出工具的雙手。這是為何他們選擇了類人猿（黑猩猩）。有些人對此有異議，但事實上我們和類人猿的基因有百分之九十八相同。你可以輸血給類人猿，牠會活下來。我們和牠們的基因就是這麼地相近。即使如此，要創造出人類，仍有必要操縱基因並混入來自宇宙各地的其他細胞與基因。他們說，我們永遠也找不到缺少或遺漏的連結，因為它根本就不存在。我們的演化三級跳，這並不是隨機發生的事。

隨著時間的推移，每當需要給人類某樣東西的時候，這些存在體會過來和人類一起生活，提供人類所需。世上的每個文化都有「帶文化來的人」的傳說。印地安人有玉米女人教他們如何栽種的故事。傳說中也有教導人類關於火和如何發展農業。在世界各地的這些傳說裡，那些存在體若不是從天而降就是跨海而來。他們是老師，而且想活多久就能活多久。他們是傳說中降臨凡塵的神祇和女神。即使現在，這樣的事仍然發生，只是他們會太引人注目，所以無法在我們之中生活。因此當他們想提供人類新概念以加速進化時，他們現在（把那些想法）放在大氣裡，凡接收到的就是創造或發明者。只要事情是跟著時間表走，他們並不在乎是誰發明。我們都知道不同的人在同個時間努力同樣的發明或創新。自由能源（free energy）就是個例子。我在前往世界各地時，就聽說現在有許多人都在研發自由能源。

失落的伊甸園

當有智慧的生物在地球上被創造出來，議會決定給我們自由意志，看看我們會如何使用。並不是每個星球都有自由意志。《星際爭霸戰》（*Star Trek*）裡的不干預指令是非常非常真實的。議會的指令有一部份就是不能干預具有智慧的物種的發展。他們可以透過教導和給予我們知識來提供協助，但不能干預。我問他們，當他們把演化下一步所需的東西（火、播種等等）帶給我們的時候，難道不算是干預嗎？他們說：「不算，這是我們給人類的禮物，為的是幫助你們在下一個階段的發展。你們要怎麼使用是你們的自由意志。」我們有很多次在收下他們的禮物後，非如他們所願地把禮物用在負面或是破壞性的用途。我說：「難道你們不能回來告訴人類，他們並沒有正確使用嗎？」他們說：「不行，那樣就會是干預了。我們把東西給你們，你們要怎麼用是你們的自由意志。我們只能旁觀，對著人類的複雜驚異地搖頭，但我們不能插手干預。」這條規則的唯一例外就是如果我們的發展到了會摧毀世界的地步。由於這會在銀河系間造成長遠的影響，干擾到太多星球和甚至其他次元的生命，因此他們不能坐視不管。你會想，一個被刻意孤立在我們這個太陽系的小星球怎會有這麼大的影響。但他們說結果會十分深遠且具毀滅性。

人類原本該是完美的物種，永遠不會生病，而且可以想活多久就活多久。地球原本是要像座伊甸園，一個完美的地方。然而，意料外的事發生並改變了整個計畫。

就在生命正開始要美好發展的時候，一顆流星撞擊地球，帶來造成疾病的細菌。這是疾病第一次出現在地球上。事情發生時，監督地球演化的存在體回去問議會，他們完美的實驗被破壞了，該如何是好。大家感到無比的哀傷。是要摧毀一切然後重新開始，還是容許生命繼續發展？議會決定，既然已經投入這麼多的時間和精力，不如讓生命繼續演化，即使他們知道，因為疾病，地球上的生命永遠不會像最初所規劃得那麼完美了。

這些較高階的存在體持續從遠距外觀察我們的演化，但一九四五年發生的事引起他們高度關注——第二次世界大戰結束前的原爆。人類在當時的演化還不到該有原子力量的階段。他們知道我們會無法控制它，我們會把它用來破壞。

當原子能要進入地球發展的時間表，原意是要人類使用在好的方面，能夠因而受益。我說我們有把它用在好的地方，譬如發電。他們解釋，由於原子能最初被人類創造成一種武器，它永遠都會帶有負面的氛圍，也無法發揮它本該有的偉大益處。我們畢竟才剛走出可怕的第二次世界大戰，所以他們知道我們絕對無法控制像原子能這樣強大的東西。這是人類的天性，因此他們十分擔心這會導致毀滅。

在原子彈發展的期間，科學家對自己在實驗什麼其實不是很瞭解。它是個未知的元素。科學家曾被他們告知要想像得到這會點燃大氣中所有氫原子，並引起足以摧毀世界的大爆炸。然而，科學家們沒有理會這個忠告，反而在好奇心的帶引下，繼續進行實驗。我在《魂憶廣島》（*A Soul Remembers Hiroshima*）裡描述了這一切。為了寫那本書，我投入了數年的時間研究原子彈的發展。在大戰結束之後，國與國之間的信賴蕩然無存，各國紛紛儲存核武，擁核自重。所以，較高階存在體不是庸人自擾，他們的憂慮是有充份理由的。人類並不曉得自己在玩什麼。那真是一段極其危險又動盪不安的時期。

也就是在這段時間，一九四〇年代末和一九五〇年代初，幽浮目擊事件開始為眾人所知。較高階存在體因為不能干預人類的自由意志，所以回去問議會現在該怎麼辦。議會就是在那個時候想出了我認為的絕妙計畫。他們說：「我們不能從外干預，但如果我們是由內提供協助呢？」當你要求志願者到地球協助就不能算是干預了。這就是為什麼他們對全宇宙呼喚，召募靈魂前來幫助地球。

地球上的人已經深陷在輪迴，他們在業力的輪轉中，上百、上千次地轉世，一再回來卻犯下同樣的錯誤。人類應該要進化的，但我們沒有。這是耶穌和其他偉大先知來到地球的主要原因：教世人如何脫離業力之輪，幫助人類進化。然而，我們仍一次次犯下同樣的錯誤——創造出戰爭和這麼多的暴力。所以，人類勢必無法拯救地球。當他們連自己都幫不了的時候，又怎能幫助地球呢？這需要沒困在業力輪轉，且從未來過地球的純淨靈魂才辦得到。

過去五年，我在工作時遇到越來越多直接來自於神的靈魂，他們以前從未有過任何類型的身體。也有的個案在回溯時回到自己住在太空船或是其他星球的時候，他們看到自己在其他的次元，身為光體而且不需要肉體。來到地球的志願者，他們的靈魂會覆蓋一層護套或遮蓋物，以免累積業障。一旦累積了業，他們就必須一再輪迴轉世。現在，全世界各地有成千上萬這樣的新靈魂，所以較高階的存在體已經說，他們不必擔心我們把地球給毀了。他們說我們終於造成決定性的影響。我們將能拯救這個世界。

直接來自於源頭或神的靈魂最是純淨無邪。我曾要求知道神是什麼。他們說我們擁有的對神的概念，不過是真正的祂的一絲細小線索罷了。我們連要開始把祂概念化都還差得很遠。他們全都用同樣的方式描述神：祂不是男人，若真要說是男是女，也會是個女人，因為女人才是創造的力量。但神既非男也非女。祂是所有能量的巨大源頭。他們描述神是無邊無際的火或光。有些人稱神為偉大的中心太陽，一個巨大的能量源頭，然而充滿了愛，全然的愛。一位個案在描述「源頭」時，說它是「太陽的心，神的心。」當直接來自於神的純淨存在體在催眠中回到源頭，他們會不想離開。那裡是我們，是所有生命的開始；所有人在「源頭」時本是一體。

直接來自於神的靈魂說，在那裡沒有分離，都是一體。我曾問：「既然你這麼愛祂，為什麼要離開？」他們全都給我同樣的回答：「我聽到了召喚。地球有難，誰要前往協助？」連那些外星人說的都是同樣的話，只不過在進入肉體之後，他們和我們所有人一樣，記憶都被消除了。我問：「如果我們記得自己為什麼來到地球，事情不是會比較好辦嗎？」他們說，你若是知道答案，那就不是考驗了。

三波段

所以，分成三個波段來到地球的靈魂有雙重目的：一是改變地球的能量，以避免發生大災難；二是提升人類的能量，好讓我們能與地球一起提升至下一個次元。在進行成百上千個催眠療程的期間，我開始估計三波段靈魂的大約年紀。由於他們都對自己這世的生命有同樣的說法，在催眠時也都回到同樣的情況，因此我粗略地依據他們現在的年齡將他們分類。

第一波段的靈魂現在大約四十多歲到六十出頭（生於一九四〇年代末原子彈爆炸之後），他們是最難適應地球的一批。他們不喜歡這個世界的暴力和醜陋，他們很想回「家」——即使他們的意識並不知道「家」在哪裡。情緒令他們不安，甚至會癱瘓他們，使他們不知所措。尤其是憤怒和仇恨之類的強烈情緒。置身在表達這些強烈情緒的人身邊，他們會無法應付。這些情緒對他們造成戲劇性的影響，就好像情緒對他們來說很陌生。他們習慣於平靜和愛，因為那是他們在自己的來處所體驗到的，所以面對其他情緒時很不習慣。即使這些人過著很好的生活，有充滿愛的家庭和一份好工作，許多人仍試圖自殺。表面上看來沒有合乎邏輯的理由，但他們就是如此不開心，他們不想待在這裡。

第二波段的靈魂現在大約是年近三十和三十多歲。他們普遍說來不太起眼，人生過得也沒有那麼辛苦，他們一般專注在幫助他人，不造業。他們被描述為天線、信標、燈塔、發電機、能量管道。他們帶著能夠影響他人的獨特能量來到地球，他們什麼都不用做，只要待在這裡，便能對其他人有很大影響。我被告知，他們只要走過一個擁擠的購物商場或雜貨店，能量就能影響到和他們有接觸的人。他們的能量是如此強大，當然，他們自己對此並沒有意識。矛盾之處在於，他們雖然該用自己的能量去影響別人，但他們在人群裡並不是很自在。有很多人因此隱居在家，避免與他人打交道，甚至在家工作。他們也因此沒有實現他們的生命目的。許多第一和第二波的靈魂不想有小孩。他們無意識中瞭解有小孩會產生業，而他們不想要有任何事物將自己綁在地球。他們只想做好工作，然後離開這裡。除非幸運地找到同一類人，否則他們大多保持單身。

第三波段的是新小孩，其中有許多人現在正值青少年階段。他們帶著所有必需的知識來到地球，這些都在他們的下意識層面。為了適應新的振動和頻率，地球上每個人的DNA現在正在改變，但這些新小孩的基因已經是不同的，被調整了。他們已做好前行的準備，不會有什麼困難。當然，許多這樣的孩子在校都被誤解，令人難過的是必須用藥。一份最近的醫療報告聲稱，有一億個小孩被錯誤診斷為過動兒，並因此服用了利他能和其他藥物。這些孩子並沒有問題。他們只是更先進，而且在不同的頻率運作。因為他們太聰明了，在學校很容易就覺得無聊。我被告知他們需要挑戰才能維持對事物的興趣。這群孩子被稱為「世界的希望」。其中有些只有九或十歲，卻已經從大學畢業。而令人讚嘆的是，他們正以幫助世界孩童為宗旨成立組織。

有一次，我問「他們」，為什麼第一波的人最辛苦。他們回答，必須有人擔任先鋒、拓荒者，那個指路的人。這些人會開創出對後繼者相對而言較為平坦的道路。

* * *

過去幾年（二〇〇八到二〇一〇），我上過幾次擁有廣大聽眾的電台節目「Coast to Coast」的訪問，並在「Project Camelot」和其他廣受歡迎的網路節目露臉。在對全世界播放的 BBSradio.com 網站上，我也有自己的電台節目快六年了。每回上過這些節目，我收到的電子信件和郵寄信件之多，令人難以置信。每一次在電台受訪後，我的辦公室都會被郵件淹沒。我的著作現在也被翻譯成二十多種語言。信件來自世界各地，而且內容都是一樣的。他們很感謝有這些資訊。來信者說，他們原以為自己是世上唯一有那種不想待在這裡的感覺、不瞭解這世界的暴力、想要回「家」、認真考慮自殺以求離開的人。我的資料給了他們極大的幫助，他們因此知道自己沒有瘋，也不孤獨。他們是志願來到地球，幫助地球度過危機的許多靈魂之一。他們只是沒有準備好因應這裡對他們溫和的靈魂所造成的影響。

從這些信件來看，在一九四〇年代末和五〇年代初的第一波之前，可能已有少數靈魂來到地球。他們在信上說，他們的年紀較大（生於一九三〇年代和四〇年代），但有第一波的所有表徵。是有可能在一九四〇年代末的第一波之前，有些靈魂被派作先鋒。我一向相信，在戰爭或是死了許多人的大災難之後，嬰兒出生率的提高是大自然更替和調整人口的方式。但現在另一個理論也能解釋戰後的嬰兒潮，那就是其中有很多是「志願者」。

那些信說的都是同一件事，他們非常感謝有這樣一個說得通的解釋。甚至有一次在我演說之後，他們走上前來，哭著說：「謝謝你。我終於懂了。」雖然他們依然不喜歡地球的暴力和振動，現在既已明白自己身負使命，便決心留在這裡完成，他們的人生也因此變得大不相同。

* * *

我想引用一封二〇一〇年的來信，是在我上過電台節目後收到的多封來信之一，信裡寫道：「我想向你道謝，謝謝你談到了『三波段』。我生於一九六一年，我相信自己是第一波的人。我弟弟小我很多歲，生於一九八〇年，我相信他是第二波的人。我們討論這件事很多次了，並且一致認為我們事實上是外星人，而不是來自地球。我曾經經驗過投生地球前對三波段計畫會議的極致幻象，非常詳盡和有趣。你可能有興趣知道，這個計畫事實上不是第一次進行，只是前一次以失敗告終，原因是志願者的人數不夠多！『我們』就是那時決定要打開閘門，盡可能聚集多一點的高等靈魂，然後『暗中佈局』。這次，我想計畫生效了！」

第二章 地球新鮮人

如同我先前說過的，這些年來，我發現有許多純淨的新靈魂懷著使命，在這時候來到地球。他們跟陷入業力輪轉歷經無數人世的靈魂不同，因為他們沒有積累的業，所以能自由追求自己真正的使命。問題主要在於，他們來到地球會受到遺忘或失憶過程的影響。「他們」（指高階存在體）曾說過，地球是這個宇宙唯一忘記自己與神的關聯的星球。而我們必須蒙著眼睛在人生的道路上跌跌撞撞，直到再度發現神。其他的文明記得他們的連結，以及他們的合約和計畫。他們很欽佩人類願意接受遺忘，並以為自己是全然孤獨，然後必須靠自己重新發現的挑戰。

我認為如果我們完全清楚自己來到地球的使命和任務，事情會容易得多，但他們並不同意。他們說最好是消除所有的記憶，讓我們重新發現自己和自己的使命。他們說如果我們知道答案，這就不會是考驗了。所以即使是那些懷著最純淨動機和意圖來到地球的靈魂，都受到跟我們其他人一樣的規則約束。他們必須忘了自己來到這裡的原因，也忘記自己的來處。他們就只會感覺到一個秘密的渴望，好似有些什麼是自己無法理解的，像是少了什麼東西。他們必須重新找到自己，並跟其他人一樣，在生命中蹣跚前行，直到光和記憶開始滲入那遮蔽眼睛的眼罩。

催眠就是在這時候發揮效用，幫助記憶浮現。而現在正是記起，是把面紗推到一旁，重新發現我們為何會在歷史上的這個時刻，來到這混亂不安的地球的時候了。

那些被我區分為第二波的靈魂，似乎是觀察者更勝於參與者。他們意識上並不知道自己來這裡是要促成改變。他們是要來作為能量的管道。他們只要在這裡就好，不需要做任何事。但這有時會令一些個案生氣。他們在催眠時要問的事項清單上，總是有我稱之為「永恆之問」的問題。「我的生命目的是什麼？我為什麼在這裡？我應該要做什麼？我現在是走在正確的道路上嗎？」每個來找我的人都想知道這些事。那些清單上沒有這個問題的人說：「噢，我不需要問這個。我知道我應該要做什麼。」這樣的個體很罕見。大部分的人還在尋找，知道有個什麼就在他們的意識心智之外。

當我遇到那些被我歸類為第二波段的人，潛意識通常會告訴他們，他們不需要特別去做什麼。他們只要待在地球就是在完成目標。有一次，在催眠結束之後，一位男性個案變得不開心。「可是我想做點什麼！」他們不瞭解，只要在這裡，他們就是在履行他們的使命。

我在其他的著作記錄了許多地球新鮮人的案例。《迴旋宇宙》第三部就有一整章是專寫那些揭露出的記憶是直接來自於上帝源頭的個案。本書有一部份是近期（二〇〇九到二〇一〇）的催眠療程，從這些個案可以看出，地球新鮮人要做出來到地球的決定過程有多麼複雜。

瑪莉

在我的催眠技法中，有一個方法是讓個案從雲端飄落，進入適當的前世。我發現這個技巧百分之九十八有效，所以常常使用。當瑪莉進入了深度的催眠狀態後，她不想從雲端下來。相反的，她想上去。遇到這種情況，我都會讓個案去做他們想做的事。我從不曉得接下來會是如何。

當她往上移動時，她發現自己置身於一個群星環繞的黑暗空間。「我看到自己好渺小，外頭浩瀚無垠。」她似乎在盤旋，停留在半空中。「它在我周遭，我覺得我是它的一部分。我想更靠近那些星星。盡我可能地靠近最近的那一顆星，看看我能不能往裡面瞧瞧，看到它的裡面。」（譯注：以下將朵洛莉絲簡稱爲朵，瑪莉簡稱爲瑪。）

朵：妳想往哪個方向去？

瑪：星星朝我過來了。我不必過去。它就在這兒。我正往裡面看，我想我看到的是它的裡面。像是氣體，彷彿是蒸氣。沒有什麼是靜止不動的，包括所有蒸氣、氣體和顏色。就像彩虹色的水，像是水面上的油亮光澤，水面的浮油。我已經不在黑暗的天空裡。我在色彩裡。這裡全是一閃一閃的光。

朵：所以星星一點也不像你以為的樣子？

瑪：不像。我以為它會是讓我目不能視的大星球，但它不是。

朵：妳想不想看它有沒有表面？

瑪：我感覺它這樣很好，因為它環繞著我，包圍著我。我就是飄浮著，穿過那些氣體。我的頭轉來轉去，所以我能看到身後和四周。我想看看能不能看到它的外面……但我只看得到內部。

朵：所以它不是非要有個實心的表層？

瑪：不用。我覺得在它的裡面很完美。我跟它是一體。（笑）我不覺得它陌生。它接受我是它的一部分，沒有拒絕。我是這顆星星的一部分，它沒有因為我的出現而混亂。它仍繼續（存在），我則是它的一部分。沒有結構。沒有形式。

朵：你覺得你有身體嗎？或者身體的感覺如何？

瑪：感覺被包圍。我覺得它像是在對我的全身耳語。非常愉快，非常滿足，非常無憂無慮……我是氣體的一部分。懸浮。我覺得是在懸浮，懸浮時還會感覺到自己的身體嗎？你只會覺得自己懸垂著。它在我的四周。

朵：你覺得孤單嗎？

瑪：只有我一個。嗯，我不覺得孤單。因為和它在一起，我不覺得孤單。

朵：我的意思是，那裡並沒有別人。

瑪：沒有，我旁邊沒人。一個人也沒有。連人的思緒都沒有。我在宇宙裡，感覺自己和它是一體。我和它沒有區別。如果我飄浮出去看它，或許會覺得自己跟它是分離的。我不知道。

朵：你想做點別的什麼嗎？

我試圖讓她的故事往前進展。

瑪：不，我不需要做別的事，只要在這裡就好。（笑）我不想去別的地方。

這可能會持續好一陣子，所以我引導她往前到她決定離開，準備前往其他適當地方的時候。當我下了這個指令，她已經不在外太空了。她看到自己在一個很高的懸崖上，一塊往外凸出、臨著巨大深淵之處。

瑪：我看得到下面。好像看到了許多小螞蟻。（笑聲）可能是人吧。但他們好小。我看到一些小點。可能是樹。可能是車子。他們也可能是人。他們在移動，我像是從很遠的地方在看。我想我可能是在山頂上……對。不可怕。我在大家的上面。那些大概是人。但我的第一個念頭是螞蟻……小螞蟻。距離很遠。

朵：現在，意識到你的身體。你的身體有什麼感覺？

瑪：我不覺得我在一個身體裡。

朵：你想待在那裡還是想要出去？

瑪：我需要在這裡待一下，而不是下山。（笑聲）我覺得我有點像是在天堂，地面就像是細薄一層，然後我是在一切之上。感覺就像是其他一切都圍繞著我。但我覺得我比較像是在天空，而不是在我現在站立的岩石上。我覺得只要我想，我就可以飛離這裡。

朵：沒有限制。沒有責任。完全自由。

瑪：是的。

我決定再度移動她，讓她離開這裡，前往別的適當地點。這次，我們又有別的驚喜。她依然不在身體裡。

瑪：感覺像是光禿禿的岩石。沒有草，也沒有花，只有岩石。我在花崗岩裡。岩石裡有顏色。有灰色和黑色，但我看不到其他色彩。我很訝異。

朵：身為岩石的一部分感覺如何？

瑪：一樣是被周遭所有東西包圍住的感覺。但我很自由，我隨時可以去別的地方。

朵：聽起來你可以是任何東西的一部分。

瑪：是的。我不覺得被排斥。它接受我，支持我，承托我。我就是它的一部分。

朵：聽起來你好像可以選擇任何你想要的形體並且體驗它。（對。）真有趣。當你變成這些不同東西的時候，你認為自己學到了什麼嗎？

瑪：我覺得自己是整體的一部分。被接納、被愛，是它的一部份，這對我來說很安慰。兩者間沒有歧異。沒有分離。這不是區別，但在被（不同事物）包圍的感覺上會有種特殊的差異。當我是某個東西的一部分時，我學習去與它感覺合一而不是區分彼此。

朵：你認為你有天會進到一個身體裡嗎？

瑪：除非你叫我去。（笑）在身體裡感覺很受限。感覺被團團圍住。我覺得有身體的話會讓我落地，停止現在的流動。

我費了一些時間讓她移動，試著找到我們可以細究的前世。然而，她卻一再發現自己是某個實體的一部分，好比岩石、樹和花。不然就是看到自己從一個地方飛到另一個地方，做個隱形的觀察者。她喜歡在公園裡看人、動物和昆蟲。她熱愛這種能隨意來去且沒有責任的自由。每看到一個地方，她都說自己只是訪客，那裡不是她真正的「家」。但我知道她終究會有一個身體，畢竟我就是和正躺在長椅上的身體說話。有一次我以為我們成功了，她卻仍是旁觀人類的觀察者。「我不知道身體感覺起來會是怎樣。我甚至不覺得有身體。（笑聲）我有一些重量，因為我是在堅實的地面上。我跟草地在一起的感覺比較自在。」她比較覺得自己是萬有的一部分，要她只專注在自己會令她困惑。

我正準備再次引導她的時候，一個存在體出現在她旁邊。她的感覺沒有不自在，所以我想我們可以請這位存在體回答一些問題，給我們些線索，讓我們能夠有些瞭解。

當一個存在體如此突然地現身，它往往會是個案的指導靈或守護天使。他們可以用任何他們想要的方式出現，但通常不具威脅性。因此，我想先跟著這條線走，暫時不要召喚潛意識。有時候，這些存在體可以提供一些答案。

朵：你問他，我們飄浮著經過了好幾世，她都沒有身體。瑪莉還有過其他世的生命嗎？

瑪莉選擇自己回答而不是由存在體答，但她提供了很重要的答案。

瑪：我覺得我大多數的生命比較常在太空而不是在一個身體裡。要去感覺「我自己」而不是與其他一切結合，對我幾乎是陌生的事。我習慣完全的自由……自由流動。我不懂要怎麼從空無一物、感覺寬闊以及與外在圍繞著我的東西感覺一體，去變成感覺孤單，感覺在一個身體裡，而且非得待在某處不可。

朵：這是她第一次在人類的身體裡嗎？他（指出現的存在體）怎麼說？

瑪：隨便你要怎麼想。（我們笑了）他說我需要離開天空，去感覺實體，並感覺腳底下的大地和土壤。我不太知道那是什麼樣的感覺。超越作為蒸氣和某個實體的一部分……。下到地面。碰觸地面，感覺自己是在某個東西上面。靜止，並用雙手碰觸地面和樹木。

朵：這樣她可以撿起東西並感覺它們，知道她有個真正的身體。你的意思是這樣嗎？

瑪：對，我想是的。我必須坐下、躺下和感覺自己和大地連結。但我不想這樣限制了我，這讓我覺得有被圍住包住的感覺，因為另一個的感覺是我跟它是一體並且與它是合併的。然而，現在我感覺到實體，我覺得分離……。我覺得我不是它的一部分。……也許那是為什麼我想變成實體。這似乎是對的。不要像個氦氣球一樣不斷往上、往上、再往上飄浮著。我想要有個像繩子一樣的東西，有人可以用它來抓著我，然後把繩子綁到某樣東西上，這樣我就能一直待在地面，而不是試圖去發現「上面」有些什麼。而且我要把這看成一件好事，不是一件限制住我的事。一件和飄浮相反，所以和飄浮一樣好的事。不過，飄浮而不是站在這裡的感覺好自在。自由……或許主要是這個感覺。飄浮感覺起來很自由。

我下指令她能兩者兼得。晚上睡覺的時候，她可以自由飄浮，白天的時候待在地面。這樣一來，她永遠不會失去那個感覺一體的部份。

瑪莉有嚴重的生理問題，這是她來催眠的主因。她全身幾乎都長了濕疹，令她不時發癢灼痛。她會抓癢抓到流血，很痛苦。醫生除了給她暫時性的舒緩藥物外，別無對策。所以我決定召喚潛意識。先前出現的指導靈雖然幫了忙，但我覺得有些問題似乎不是他能回答得了。

朵：她真的有很多世只是事物的形式和部分嗎？（對。）這是她第一次有身體嗎？

瑪：對。接受身體。接受這個身體。它盡心地服務你。

濕疹的起因是為了向她證明她有副身體。這肯定會使她注意到並確認自己是在一個身體裡，而她必須接受這個事實。我們透過讓她意識到她必須生活在地球，而這個身體是必要的，移除了她的濕疹。瑪莉不再是沒有肉體的觀察者；而是積極活躍的參與者。

瑪：我知道我在地面。我自己的重量會讓我在地上。我落地了。我想體驗在地面而非一直在空氣裡是怎樣的感覺。（笑）去感覺在一個身體裡會是怎樣的情況……不是總在某個化外之境飄浮。我不需要任何東西來讓我感覺自己是個人。我**是**人類。我不是散佈四處的。

這是地球新鮮人面對的主要問題之一。他們以前從未使用人類的身體，所以感覺會格外受限和受困。因為不想待在這裡，他們常常無意識地想要破壞身體（透過各種病痛），因此生理自然也就出現狀況。他們最需要瞭解的事，就是他們是志願在地球歷史上這個重要時候來到人世，而且他們必須待下來才能完成任務，完成使命。除非他們想要以失敗者的身分回到彼端，否則沒有捷徑可走。

當瑪莉第一次到那個美麗的氣狀星星時，我以為她是去了另一個星球，但那個地方沒有形體，她也是。我認為這跟回到源頭的描述並不一樣。個案對回到源頭的描述通常是置身於明亮的光或巨大的太陽之中，而且總有著美麗的色彩。那裡總讓個案有完整的愛的感受。他們不想離開，因為在那裡太快樂了。但最終，他們還是要開始旅程，而常見的情況是先體驗較單純的生命形式，例如岩石和植物。他們比較喜歡這樣，因為生命短暫，可以更快地來去。即使他們不喜歡失去自由感，這卻是讓他們得以瞭解在身體裡是什麼樣感覺的開始。

微光閃爍

另一個類似案例是一位名叫霍普的女性。我在澳洲伯斯（Perth）授課時，霍普自願上台示範。她這麼做不只出於好奇，她有身體方面的問題。她是迫切需要幫助的血癌患者，因此願意讓滿室的學生見證她的回溯過程。催眠開始後，她不等我完成引導便開口描述一些不尋常的事。

她所見的地方讓她想到西藏白雪皚皚的高山。她描述它們很美，遺世孤立，平靜，莊嚴，又有力量。空氣清新，完全沒有受到汙染。接著，她描述空氣中有樣讓人意想不到的東西。當然，對我來說，意外已是司空見慣，所以我只是繼續問問題。「空氣像是一小塊、一小塊活生生的水晶。空氣中到處是水晶，但地上沒有。它們在空氣裡。我在呼吸它們。」

我的第一個念頭是，人不可能呼吸水晶。「噢，它們是很小、很微小的物質。這裡很美，像是另一個次元。我在很高的地方，我可以看到東西並讓它們出現，然後把它們投射到地球上。這很容易。這是我的工作。我和所有一切都有連結，但為了顯現這點，我不能和人們說話。你瞭解我的意思嗎？有些事情必須要透過學習。嗯，我在的地方真的沒有任何人。——沒有人的地方……能量。你不會相信的。」

朵：附近沒人？

霍：他們在地球上。我想我不是人。我是微光。——事實上，既然你提到了，這裡有許多存在體。我想的是人嗎？……他們不是人類，他們是我的同類。他們是由小小的質子組成。

朵：所以你並沒有形體？你只是在移動？這樣說對嗎？

霍：對，事實上，只是在想，在顯化。我在顯化地球上的情況。我們都是。那就是我們在做的。

朵：你說這是你的工作？

霍：對，但我必須下去地球。我們可以讓事物顯化，所以我決定下去，成為那些人類之一。我們都會（顯化）……微光，全都會。有很多微光。它們下來是因為你創造的，自己實現的，自己下的錨。我們在地球下錨。

朵：你的同類也要下來嗎？

霍：這都是自己的判斷。是自己的選擇。你知道嗎？必須要有人在這裡維持能量。有些微光下來了。我是其中之一。

朵：既然你在那裡那麼快樂，為什麼決定下來？

霍：我的腦裡浮現「職責」這兩個字。因為我們都各自扮演著自己的角色。我們知道自己的角色。大家都是。我要下來了。可以嗎？

朵：隨你的意，可是你似乎不是很想下來，對嗎？

霍：你很會解讀我的話。

朵：你表現出不太想下來的情緒。

霍：這不是想不想要的問題；這是要做什麼的問題。

朵：有人跟你說你必須做什麼嗎？

霍：不是強迫的。不是那樣。這裡沒有學校老師。我們碰面，我們知道，我們決定。如果不是在這兒，就是下來。

朵：告訴我，當你決定下來時是發生了什麼事。

霍：嗯，地球非常、非常不一樣。愛在哪裡？（難過）我不懂。一切都好稠密。我們呼吸不到水晶。

朵：沒有水晶，那裡沒有水晶？

霍：全都被隱藏起來了。情況很惡劣……還有，人類是……我跟你說一件事。你想聽嗎？我下來後，這裡的人都不相信微光。（我們都笑了）如果你說到微光，你的身體會像這樣被撕扯開來……從兩端被拉扯。不要說到微光。（她把一根手指放在唇上，發出噓聲）你知道他們這裡會對人做什麼嗎？（她開始哭泣）他們把人五馬分屍。他們不瞭解是什麼創造了身體。他們只是摧毀它，而且他們和微光沒有聯繫。我必須要找到一個有連結／聯繫的地方。

看來，她是在一個對與眾不同者帶有嚴重偏見的時代來到地球。身為一個純淨無邪的靈魂，她不瞭解告訴別人她從哪裡來有多麼危險。

霍：我原先不曉得會發生這種事。我們一小群人秘密聚會。如果被他們發現我們都在這裡……很快就會……（拉扯聲）。

在整個催眠過程中，霍普用了很多手勢，但是筆錄的女子看不到，所以沒能留下文字描述。我真希望我那時有一台攝影機。她的手勢表達出某種酷刑。她對著身體正面比畫出往下切割的動作，對喉嚨則做出橫切的手勢。另外還有一種是把身體扯斷。在催眠的過程中，她似乎不想清楚說明她在身體裡的遭遇。從她的手勢和情緒，我可以察覺她是為了她的信念而受到酷刑和殺害。潛意識顯然認為最好不要說得那麼詳盡，這樣對霍普比較仁慈。我無法想像這對一個第一次來到地球、一心只想幫助人類的溫和、純淨的靈魂，會造成什麼影響。這對直接來自於微光，來自一個神性且無私之愛的地方的靈魂，應該是完全出乎意料之外。

朵：你下來時有身體嗎？

霍：噢，有，一定要有。你在這裡必須要有身體。他們會對這個身體做一些事。身體很稠密，重得像鉛。

朵：雖然不舒服，但你選擇進入身體，好去做你的工作。對嗎？

霍：對，我有一會兒忘了。我是要告訴世人有關微光的事。我會告訴你們那是什麼。地球上的可憐人們斷了與它的聯繫。這裡的恐懼好濃密。我們的工作是驅散恐懼，讓人類與微光，與他們的來處能真正連結。微光可以下來顯現於世，所以可能性很多。只不過事情不像我想得那麼容易。因為我之前沒有受過限制，沒有，我沒有。他們在風裡耳語，輕聲細語地說著。可是你們不知道，不是嗎？所以問題來了，我們要怎麼做？我要怎麼完成我來這裡要做的事？怎麼做呢？我在尋找答案。有時候我會有「有什麼意義？」的感覺。沒用的。

朵：但你知道人類並不全都是那樣。有些人會聽的。

霍：我要應付的不是那些人。他們也來自微光。他們在做事。我們要應付的是那些為數眾多且忘了自己是從哪裡來的人。他們忘了自己的連結、力量和美。遺忘是很沉重的。

朵：有辦法幫他們想起來嗎？

霍：這是我來這裡的目的。我在尋找方法——我想我失敗了——要召喚更多的微光下來。召喚更多的微光下來，以便累積能量。現在在發生了……更多的光。和更多的紀錄。

朵：你說更多的紀錄是什麼意思？

霍：更多的微光被召喚來。

朵：那麼那些已經在地球上的呢？他們能做這些事嗎？

霍：他們在這裡跟人一樣。

朵：所以你的意思是他們全都忘了？

霍：我想這比較是在指我的狀況。我想我**已經**忘了。我原本希望不會遺忘，但是，沒錯，我確實忘了。我現在看到好多其他的微光；許多都在做自己的工作。很多已經忘了；很多沒有。我是微光之一，但我覺得我沒有達到標準。我沒有成功。

朵：可是你知道當進入身體以後，情況就不一樣了。

霍：對某些人不會……對我會。

朵：當你在身體裡，你開始去過有身體的人類生活。

霍：顯然是如此，這真是令我悲傷。

朵：你認為有辦法把記憶帶給現在的這個身體嗎？你正透過它來說話的身體？

霍：那會是我最大的心願。

朵：你意識到你是在透過一具身體說話？

霍：是的，它很痛苦。

朵：為什麼這個身體很痛苦？

霍：悲傷……因為遺忘她來這裡要做的事而感到悲傷。全然的悲傷。

潛意識說，霍普沒有在做她來這裡要做的事，所以才會那麼感傷。她忘記了她的使命，這導致她身體的痛。我和潛意識談到讓霍普的身體回到完全的平衡與和諧，這樣她才能做她的工作。我說：「她意識上並不知道她已經停止了這個過程（指該做的事）。」

霍：噢，她很聰明。她清楚。她越來越明白了。

她也有很多恐懼是源自於遭到殘忍傷害的前世。

霍：有一層、一層又一層充滿嘲弄、痛苦和羞辱的人世。

朵：為什麼她要選擇經歷這麼多世的痛苦和羞辱？

霍：為了目標。她忘了使用能量。——我認為她是在允許其他人阻止她。

朵：她讓哪些人來阻止她？

霍：我想是教會和這個上帝，還有堆積在她身上的一切。堆在她身上很高的那一切在阻止她。——是書。不正確的知識。它們不過是文字而已。

朵：我們可以把它們丟棄。她不再需要那些書了。

我做了很多努力，要她想像搬走和丟棄那些書籍與前世。此外，我也給她許多催眠指令，幫她找回信心；如果她選擇說出心裡的話，這一世的她不會再受到傷害。這些都跟前世有關，和這一世沒有關係。潛意識同意我的話，我想我們有了些進展。

霍：她現在有點困惑，因為當她是單獨的精神體時，她在工作上需要什麼便有什麼。她曾是微光，孤單，卻樂在其中。成為人類後，她也不與人打交道，她讓自己孤獨。但是，她和一群人共事會好得多，那樣就能得到支持。她習慣在燦爛的孤立中獨自當個微光。假如能告訴她，在地球上並不一樣，個體不能孤立自己而生存，那就好了。我們不喜歡批評，可是如果能用失敗這兩個字，這就是失敗。她需要過社會生活，但卻把自己隱藏起來。在團體裡，她就不會獨自一人。

我接著問了那個「永恆之問」的問題：霍普的生命目的是什麼？他們要她做什麼？

霍：只要她相信自己，相信她的工作和她獨處的時間，不要那麼擔心其他人。她試著當個正常人。這是大錯特錯。她永遠都不會是正常的。還有，這個房間裡的大多數人也不是正常的。

朵：你意識到這間房間（我的教室）有其他人？（噢，是啊。）我們很多人在你認為都不正常？

霍：這裡沒有一個是正常人類。我無意冒犯。我這麼說的時候是懷著最大的敬意。她需要支持。就像以前。這是她的問題。她經過教會的階段，教會確實給了她一個團體。但她現在沒有團體。

當她頻頻提到「微光」時，我明白那只是形容精神體和他們在另個世界的樣子的另一種詞彙。我們現在把注意力放在她身體的問題——白血病和喉嚨的腫瘤。

霍：她不想在這裡。「有什麼意義呢？」她悄悄跟自己說。

朵：她剛決定她不想在這裡嗎？

霍：不，不，不，不。她看到發生的事，她開始覺得痛苦。然而，在這一切之下，微光沒有在閃爍。你懂我的意思嗎？（懂。）她事實上是在這裡。當她想起微光，我想她會想待在這裡。

她的身體問題源自於不再想待在地球的念頭。她對自己的工作和事業選擇很失望。她想幫助別人，卻不認為有什麼成效。此外，她對她的先生付出太多，她沒有在過自己的生活。「她是在過別人的人生。」她應該要過自己的人生。她的先生不會有異議。

當取得共識後，潛意識相當迅速地解決了她的白血病問題。它只是很快地在身體做了一個像是丟東西的動作，然後宣布：「好了！」

霍：那是思想的毒素。

朵：為什麼她的淋巴腺會發展出毒素？

霍：因為她討厭自己的處境。

朵：所以透過創造出這麼多的白血球來摧毀這個身體。

霍：對。喜悅在哪兒呢？在哪裡？不公平。

我強調她可以替自己的人生帶來喜悅。潛意識再次說她不能這麼常獨處，她不該是在孤立中工作。我發現許多第二波的志願者不想和人打交道。他們寧可在孤立的狀態下工作和生活。但這就是矛盾之處。他們本應透過散播自己的能量去幫助別人，但他們大都不喜歡人群。因此他們寧願獨處，自然也就無法實現生命目標。

霍普開始咳嗽，於是我問她的喉嚨的情形。她的喉嚨有個腫瘤。他們說那是因為她充滿了恐懼，恐懼都卡在喉嚨裡。她怕說話，因為她下意識記得在其他幾世因說出真話後遭到的厄運。潛意識說她的腫瘤和骨頭一樣硬。腫瘤存在了很長一段時間，已經鈣化了。在潛意識仔細檢視腫瘤之後，它把它斷成了兩半，像核桃一樣。

霍：核桃斷成了兩半。消失中。她現在可以輕鬆說出真話了。她不會害怕了。（白血症、淋巴腺體都被處理了。病不見了。）

朵：當她再回診和做血液檢查的時候，醫生會注意到不一樣嗎？

霍：會。不過她能跟醫師說明原因嗎？她要開口時，勢必會很困難。

朵：但醫師會注意到情況不一樣了。

霍：他會說：「自發性的復原情況確實會發生。」——有一天，她會反過來為這位醫師治療。

朵：你完成了對海倫身體的工作嗎？

霍：做完了。當她往前邁進並決定自己的方向時，她的身體也會跟著配合並順同她的決定。我們給了她資料。自由意志。她必須相信。她會喜歡微光。她的聲音會發出我們喜歡聆聽的美麗律動音質。——她必須想要待在這裡。從此她會的（指想待在人世）。

朵：你知道，我通常必須要請你出現，但你一直都在這裡，對吧？（笑）

霍：我不該在這裡嗎？

朵：噢，不是的，沒有問題。你知道這裡的學生需要什麼。有時候，在重要的時刻，你就會立刻出現。

霍：這要看你是催眠誰。

朵：所以她不需要再經歷所有那些痛苦的前世了，對嗎？那沒有幫助，只要知道她的問題來源就夠了。

霍：是的。你會發現催眠的過程將加速進行，因為我們所知的時間正在改變。

朵：所以療程會加速，而且越來越快（指達成效果）？

霍：可以的。有一些會，沒錯。

朵：這永遠都要視人而定。（對。）

霍：這個工作非常重要。——微光把天堂帶到地球上的意圖也是。晚上上床時，你知道自己的工作為地球帶來了一些微光……帶來了天堂。這是件多麼美麗的事啊！我們要問你：「還有什麼會比這個工作更有滿足感？」你每治癒一個人，地球就變得更加光亮。我們謝謝你的努力。我們把微光送來給你。我們向你道謝。我們榮耀你。

＊　＊　＊

我認為，這個案例中的微光若非來自上帝源頭就是精神體的世界，尤其是當霍普提到呼吸水晶的時候。無論如何，她的話說明了某些靈魂初到地球的情況。他們懷著最好的意圖前來，卻在到了地球之後，發現狀況不如他們想的那麼容易。

第三章 能量體

路易絲來找我催眠，主要是為了瞭解自己何以一輩子都在恐懼失去。她似乎不斷在尋找她的同類。她想知道要怎樣才能找到他們，並與他們聯繫。她積極參與形而上學的團體與教導，也從中學到了很多。然而，她不斷在尋求填補生命的裂縫。那些空虛、不快樂和失落的感覺並沒有合理的解釋。當然，我們期望能從前世事件找到答案。但潛意識卻有別的想法。別忘了，它能看到我們所不能看到的全貌，所以自有一套對我們而言完全陌生的邏輯。

當路易絲從雲端下來時，她看到的風景很奇異。地形是一座座崎嶇的尖峰，有些巍峨參天，有些則很矮小。整個地面遍佈著這些尖峰，別無他物。「它們的顏色是有光澤的淺褐色，很像是水晶，全都崎嶇不平又很尖銳。」我納悶有誰能在這樣的地表上移動和行走。她說她不是站立著，而是在飛，在飄浮，在往下俯瞰。「頂峰太銳利了。所有的東西都太尖銳。看起來尖峰好像是水晶，和參差不齊的尖頂形狀一模一樣。它們很長，發亮，尖尖的。有些只是小小的一點點，有一些比較大。到處都有光線反射。有些尖峰好高，幾乎高聳入雲。」

我請她意識到她的身體，看她是如何感知到自己。「我想我一定有個身體，因為我不想站到那些尖峰上。我可以察覺到感官的感受。覺察到冷暖的差異，也感受得到微風，還有視覺。我現在正在仔細看著尖峰和水晶之間。如果我細看表面，它不是靜止的……有東西在移動。有點像是雲，只是不是白色或灰色，而且更亮。還有，它們在移動的時候，有點像是滑過來滑過去，還會改變形體，不過它們不是雲。當我最初降落到這裡時，我以為這裡什麼都沒有，不過我現在看到情況並非如此。它們就像是會發亮的一團團水滴。它們不是很清楚。它們可以在東西之間滾動，也可以飄浮。它們像是一滴滴，只是其中有些是小點點，有些是大點點，沒有明確的形體。有點像雲，不過比雲更飄渺。」

朵：你只偵測到這些生命形體嗎？

路：不。事實上還有很小、很小一點的東西，在地表上爬行，到處動來動去。

朵：你認為那些點點是能感知事物的有知覺的生物嗎？

路：對，它們有知覺。內在有像是肥皂泡泡般的短暫記憶。只不過它們都有不同的形狀和大小……是彼此融合的。

朵：喔，那你呢？你認為你自己看來就像它們一樣嗎？

路：（笑）我也這麼納悶。我可以飄浮，也能改變位置。我感覺不出自己是什麼模樣。我感覺得到冷和熱，我可以改變形狀……可以輕易地變大變小。其他的不是飄來飄去就是爬來爬去。有些很靠近地面，它們就在地面上。我不知道我跟它們一不一樣。

朵：你可以發現的。資訊都在這裡。你和其他的點一樣嗎？（不一樣。）怎麼個不同法？

路：它們像是比較簡單的生命形體……是過度期。不像身體，也不是純粹的光。而我只是停在這裡，卻又不全然如此。（突然懂了）我有個使命！這裡就像是個休息站。——這裡是中間地帶。我在回家的途中……這只是個休息的地方。

朵：你比較進化，它們比較簡單？（對。）你認為你在回家的路上？（對。）這是什麼意思？

路：（輕聲細語）那是我住的地方。

朵：你去過別的地方？（去過。）跟我說說你去過哪裡？

路：地球。不過我不會回去了。這就是為什麼我會先到這個休息的地方，淨化自己後再回家。地球上的事情都做完了。

朵：你很高興能離開那裡（指地球）嗎？

路：不，我想念那裡的美，但我不想回去。我想家。家……那裡沒有什麼是崎嶇不平的。沒有任何東西是粗糙的。我們都知道。我們都有愛。我想家，不過待在這裡不是問題。這只是個歇腳的地方。我不太清楚為何我會停在這裡，我只知道自己很好奇。我原本不曉得有像這樣的地方。你知道在地球上他們稱這些為「阿米巴」。但這裡的有些非常微小，有些很大，它們有智力。它們可以彼此融合。它們可以改變外型。它們可以成長，也可以縮小。能那個樣子挺不錯的。或許這是為什麼在地球的時候我那麼喜歡水。

朵：暫時什麼也不是，這樣很好，不是嗎？

路：對，當然很好。

我決定壓縮時間，讓她前進到回到家以後。我問她，家是什麼模樣。「它真的很美又閃亮，有很多的藍色、綠色和金色。」

朵：是指物體的顏色，還是就是顏色？

路：嗯……顏色本身就是物體。所有一切都可以被觸碰和感覺，所以沒有不同。它是實體的，但你也可以穿越它。它有各種各樣的空間，還可以用特別的光做出可以高速航行的船。只要我們對去過的地方有記憶，就能做出美麗的東西，我們能夠創造。

朵：你必須先有記憶才能創造？（對。）

她看到一些壯觀的東西被創造出來，因此感到驚奇和讚嘆。她深深地嘆了口氣。「這裡好安全又好美。我好想念。」她開始哭泣。

朵：可是你去地球是有原因的，不是嗎？

路：我們想去。我們全都去了那個美麗、漂亮的地方。我們想讓人類知道我們知道的事，感覺我們感覺到的事。

朵：但你知道來到地球以後就會遺忘，不是嗎？

路：有些會忘，有些不會。

朵：遺忘會讓事情變得比較容易嗎？

路：不會，會比較難，因為他們被一切給吞沒了。他們受苦，然後陷進去。不，記得會比較容易。如果他們有足夠勇氣告訴別人……可是有的會害怕。有些知道別人不會相信他們的話，有些則是忘了。但那裡（指地球）是那麼的美，你知道，我們也是去地球享受那些美景，以便收集記憶，讓自己變得更有創意，然後可以為其他人做更多的事。

朵：所以你必須到地球在身體裡體驗才能有回憶？（對。）沒有的話，你就不能創造？你是這個意思嗎？

路：我們可以創造。我們就是創造者。我們是光的創造者，但我們也能跟地球合為一體而變得更加豐富。你瞧，那裡到處都有連結。和人類想的不一樣。地球上的人接受這樣，可是在別的星球並非如此。在那些星球，大家都曉得傳送訊息很容易。要與別人連結很容易。要往前邁進很簡單。旅行是很簡單的事。很容易。

朵：因為他們還沒忘掉他們應該做的事。（對。）但當你來到地球，忘掉一切不正是試驗的一部分嗎？

路：不。事實上，我認為當我們逐漸提高地球人的意識以後，他們會恢復記憶。這是我們想幫助他們達成的事。這樣他們就會對彼此比較好，他們不用受苦就能學會課程。受苦不是必要的。那只是曾經有過的作法，但不是非這樣不可。

朵：不必受苦，反而容易記得，你的意思是這樣嗎？（是的。）但人類不聽，不是嗎？

路：對，不是每次都聽。

朵：你知道你現在是透過一個以路易絲身分活著的身體說話嗎？

路：我知道。不過這是我這一世的家。

朵：我想知道，你說的是不是進入路易絲身體以前的事。

路：是之前，也是之後。

朵：所以她在這裡結束之後會回到同樣的地方？（對。）但既然她在那裡這麼快樂，那裡又那麼的美，為什麼她還要決定以路易絲的身分回到人世？

路：在路易絲之前，她是志願去地球。

朵：所以她一次又一次回來。

路：對，但路易絲是最後一次。我知道這點。因為在路易絲之後就結束了，她會再次返家，就像我現在在家一樣。

朵：所以你認為到那時她會結束所有的學習？

路：結束在地球上的學習，是的。……不是所有的學習。

朵：她來的時候就知道這會是她的最後一次？（對。）這一世很辛苦，不是嗎？（是的。）她創造那些困境是有理由的嗎？

路：想要盡可能地完整。

朵：這麼説是什麼意思？

路：當我們從這個光之所在離開，離開我們所稱的銀河，我們會去其他所謂的文明，承擔一些他們的業。然後我們完成在這趟旅程中我們所有的人類業力。

朵：所以路易絲也曾去過地球以外的地方。你説你承擔其他地方的業？

路：路易絲完成的就是她身為人類時的業。

朵：那麼該是結束的時候了？（是的。）她把每一世可以學到的事情都學會了。

路：不只是學習，還有貢獻。因為她來這一遭就是為了貢獻。

朵：她應該要貢獻什麼？

路：教人怎麼思考……教人如何去愛……教人如何關心彼此……教人如何有信念……教人如何創造平靜……教人如何克服疾病……教人如何與大自然連結……教人絕望的本質在於缺乏連

結……教人可以與其他人和諧共處……教人戰爭是會終結生命的事。

朵：這些都很美好，可是我們一旦來到地球就變得很難，不是嗎？

路：對。不過有好多別的靈魂。你瞧，我們之中有些忘了，但這些別的靈魂和我們不同。那些是新的。他們才剛學。不同的層次，不同的貢獻……有不同的課題要學。還有些是來自其他地區……有的有過更多人類生命，輪迴更多次。事實上還有來自其他星系的。

朵：還有一些不斷來了又回去，再來再回去？（對。）他們是比較陷入業力的人嗎？

路：是的。這也是為什麼「外來者」來幫助他們。許多人想要被幫助，但他們把自己侷限住了。他們知道自己渴望得到幫忙，卻過於深陷自己的觀點裡。他們受到當下的時間和身體的限制，以至於無法相信他們還有別的東西。他們想要在不改變的情況下得到幫助。他們認為眼中所見，身體、食物、地方或是景象，就是全部了。路易絲偶爾也會被這所困。她記得她的其他人世。這次她回想起自己是誰，還有她能做什麼。她做得很好，只是還不到她的理想。

＊ ＊ ＊

看來，有些志願者是古老的靈魂，他們也決定來地球幫忙。地球的振動對他們來說是陌生的，因此造成他們的問題。他們和地球新鮮人的主要區分在於他們比較有經驗。然而，路易絲知道，大家必須同心協力，才能幫助在地球上「陷入」因果的人。

第四章　從觀察者變成凡人

寶拉是我在阿肯色的催眠課上被選為示範的個案。由於示範者是處於被大家觀看的「金魚缸」情況，我從來無法預測催眠會如何發展。個案有可能會緊張，感覺不自然，然後影響到結果。我的工作向來都是確認他們放鬆，不會覺得自己全無一點隱私，然後幫助他們進入催眠狀態。上課到最後一天時，學員之間大多已彼此熟悉，所以我總是選在這天做示範，好讓他們不覺得自己是在一群陌生人的面前進行。我尊重他們的脆弱感，也佩服他們接受這個機會。由於沒有人知道結果會如何，示範永遠都是一場冒險。不過不知怎地，情況總是很完美。我想是因為有「他們」在負責，掌控著局面之故。

寶拉等不及我完成誘導，當我要求她找到一個美麗和平靜的地方時，她已經到了另一世。不過，她才一開始描述，我就知道那不是典型的美麗環境。她看到一座海洋，沙灘上有一棟被她稱為「家」的水晶圓頂建築。當她要進去時，圓丘建物打開了，顯露出可以一目瞭然的透明牆。我問她水晶圓丘建物裡有什麼。「全都在中央，一圈又一圈的環繞，每樣東西都從中央出來，在圓頂以我坐下來的地方為中心盤旋。圓頂的中央就是通往一切事物的中心。這是能量的來處。」

朵：能量集中在室內的中心？（對。）能量是從哪裡來的？

寶：裡面！它會產生能量。它是活的。

她說她獨自住在這個地方。當我問到她的身體時，她說她看不到身體。她對自己的認知是光。

在光體裡並沒有必要攝取任何東西，所以她說她只是存在於那個地方。附近沒有其他存在體。

朵：當你產生能量時，你會用來做什麼？

寶：我到處去。我可以在這個星球到處來去。

朵：所以你不會受到這個地方的限制。（對。）你會離開這座水晶圓頂到外面的地方嗎？

寶：會，我會。我可以。我在它周圍四處走動。我好像就是待在那裡。

朵：你在那裡快樂嗎？

寶：我很孤單。這裡沒有別人。

她記不起最初是怎麼來到這個地方，但她知道自己在那裡很久了。「它是我創造出來的。」

朵：你怎麼有能力創造它？

寶：我不記得了。我沒看到任何東西。

情況似乎不會有什麼變化，所以我決定移動她。雖然在那種地方時間應該不存在，我還是引導她前進，看看她有沒有不是獨自在那裡的時候。當我要求她移動，她什麼也看不到。一片空白。於是我讓她前進到她已經不需要在那裡的時候。我問她看到了什麼，她開始描述一幕混亂的景象。「打仗……戰爭……馬和劍，還有許多打鬥。」她不是爭戰中的一分子，她只是在旁觀察。「馬……許多人騎馬……戰鬥……戰爭……茅和劍，可怕的戰鬥。我在觀看。」

朵：你有什麼感覺？

寶：無法忍受。我全看在眼裡。我不想受傷，寧可觀察。我阻止不了。（她開始哭泣。）好多苦難！

她覺得自己無能為力，不斷掉淚。我安撫她，跟她說感傷沒有關係。我引導她往前，看看又發生了什麼。當我下了指示後，她在這次的催眠中第一次發現自己在一個身體裡。「我在走路……熱……很熱……沙漠。」

朵：你為什麼會進到身體？

寶：來學習。我不能再當個觀察者。

朵：有人叫你改變嗎？

寶：是我的選擇。我必須學習。……所以現在我走在沙漠裡。我只想找一個地方休息。

她覺得她在沙漠很久了。她又一次覺得自己沒有家，只是在尋找一個休憩的地方。她精疲力竭。「我走了很久……我想我快死了。我想我走不到。我很累，也很虛弱。」

我壓縮了她經歷這段的時間，我問：「你找到休息的地方了嗎？」她看到自己在城市裡，走在人來人往的街道上。她看到自己是男性，看到自己在街上行走時被人抓住，他們把他放在馬上。他知道自己有麻煩了。「我是反動份子。他們把我放在馬背上，他們要把我帶走。他們急著帶我走。好像又要進到沙漠了。我們要出城了。我們要出去了……別又來一次……他要帶我去沙丘。我失去意識了。

他打我的頭。」

朵：他帶你去沙漠之後發生了什麼事？（沒有反應）如果你想的話，可以用觀察者的角度去看。

寶：我好像看不到任何人。我想我可能死了。我想他打我的頭時我就死了。我的身體已死在馬背上了。我什麼都看不到。

朵：為什麼他要把你帶出去？

寶：他不要我在那裡。

她找不到更多答案，但我知道她既已離開那個軀體，我們就能瞭解一切。「事情既然已經發生，我們可以找到答案。你現在在另一個世界（指靈界）。」

寶：我很高興能離開身體。

朵：可是你說你進入身體是來學習的。你認為自己有學到什麼嗎？

寶：好短暫。那裡的一切都好短暫。當我是旁觀者的時候，時間比較長。這太短了。

朵：你現在想做什麼嗎？

寶：我想休息。好痛苦（指經歷）。

我知道在班上的示範沒有那麼多時間探索，所以我讓她離開那個場景，召喚潛意識。我問它為什麼選擇讓寶拉看到這兩世。「第一個的她是能量和觀察者。就是她住在水晶圓頂建物和製造能量的時候。」

寶：那世很單純。

朵：她那時不是人類，對嗎？（對。）為什麼你要她知道那一世？

寶：以便和萬有連結。那是她的開始。

朵：但她在那一世很孤單。

寶：對。很平靜的一生。我們想要她想起，她跟萬事萬物是一體的。我們要她想起，自己從來就不孤單。

朵：為什麼讓她知道這點很重要？

寶：簡單……簡單。因為我們都一樣。她認為她很特殊。我們都一樣，我們都很特殊。有時候，她會忘記。

朵：她在現在這世經歷了一些很糟的時候，不是嗎？（噢，是的！）但她挺過來了。

寶：是的，她熬過來了。

朵：為什麼她會遭遇到那些事？

寶：是她自己要的。每一世都是她自己選來學習的。每一世。

朵：即使是生活很艱困的時候？

寶：對，那只是幻相。

朵：後來你們又讓她看到她在沙漠的那一世。她當時是在人類的身體裡。（對。）為什麼你們要給她看那次的人生？

寶：讓她知道生命可以悲慘到什麼程度。飢餓、孤單、炎熱……這一切。所有身體能忍受的最大極限。

朵：為什麼你們要她知道這個？

寶：這樣她就能明白自己現在有多好。

朵：可是她小時候被虐待，不是嗎？

寶：是的……但不像她想得那麼糟。

朵：然後她又有一段不幸的婚姻。（對。）她從這件事上學到了什麼？

寶：謙卑和耐性。

我們接著專注在寶拉的身體不適上。潛意識開始治療和修復她的身體。它說它在用光流（液態光liquid light）。「它來自源頭。」寶拉的後腰不太好，曾動過手術。

寶：對。她的線路不通。

朵：是什麼造成的？

寶：罪惡感。來自其他世的罪惡感。那些不重要。不要對過去念念不忘。已經過了。

他們接著治療她的脊椎骨，使用更多的光流修復。「太好了！」這也是在移除她的罪惡感。「她必須讓事情過去。要放下。」然後，他們對腎臟、肝臟和胰臟做了些小調整。潛意識說，問題是擔憂造成的。我問：「她擔心什麼？」

寶：我不知道。她很傻。人體是個奇蹟。你不會想要傷害它的。

催眠結束前給寶拉的訊息：只要信賴和相信自己就對了。

＊ ＊ ＊

有許多志願者在無以計數的前世裡，一直都是宇宙各地的觀察者。所以，對他們而言，來地球觀察史上這重要的一刻，不正是最自然不過的事嗎？

第五章　保護者

理察是從成功的專業生涯退休的銀髮族。他生於一九四八年，所以可以被歸類為第一波的人。他自認是個獨行俠，沒有成家。他沒有什麼困擾，似乎也滿足於自己的人生。由於我的工作大多是處理具破壞性的問題和重大疾病，看到有人相對之下過得很快樂，倒是令人耳目一新。當然，他還是有那個「永恆之問」：他的生命究竟有什麼目的？他要怎麼去實現它？

理察從雲端下來時，看到了兩個接合在一起的影像或景觀，他不確定要專注在哪一個。他看到一邊有隻脖子很長的綠色恐龍站在樹下，平靜地吃著樹葉；另一邊的遠方則有一座金字塔。「畫面的半邊有恐龍在吃樹葉，另外半邊有一座在沙地上的金字塔。我坐在這裡同時看著兩邊。畫面十分清楚。」

他決定專注在金字塔這邊，於是朝它走去。金字塔很大，頂端尖聳。這座金字塔有個讓它與眾不同和有趣的地方——最上面有顆非常明亮的球體。它和太陽一樣亮，而且對著四面八方照射著光。類似燈塔，只是光線不是旋繞著投射，而是靜止地散發出明亮的黃白光芒。

我讓他意識到自己的身體。他發現他是個年輕男子，穿著皮革涼鞋和類似古羅馬市民穿的那種長及膝蓋的寬外袍。不尋常的是，他發現自己有一頭很長的灰髮，這對一個年輕小伙子來說，不太合理。他在一間靠近金字塔、非常小的石屋內獨居。我問他和金字塔有沒有關係。

理：金字塔的光不知怎地好像會保護我的安全。光從金字塔的上端照射下來，它看著一切。凡是它照到的地方都很安全。我的感覺是這樣。我做自己的工作很開心。我在唱歌，哼著曲子。

朵：為什麼你說光像是在注視著，看著一切？

理：我想我有覺察到。即使太陽下山了，我也意識得到它。光依然在。它不是太陽，太陽在天上。這座金字塔在那裡看顧著整塊土地……不只是看顧我。光線朝我們的方向照射。我很安全。絕對的安全。對，我不覺得有任何煩惱。我很快樂，我的人生很快樂，或者該說是興高采烈，對。

我問他是否進去過金字塔，他看了看金字塔有沒有入口。「有，側面有階梯可以爬上去。我上去了。大光球的正下方有一扇門。」當他進入黑暗的室內，裡面空無一物，只有一顆閃亮的粉紅水晶飄浮在室內中央。他一手抓住水晶，放在掌心上。「光線環繞著我的手閃耀著……如果我用手掌包住水晶，光會從我的指縫散出去。我以前沒看過這顆水晶，但我知道握著不會有危險。」我想知道這顆水晶是否有用途，他忽然領悟，只要握著水晶問問題，它就會回答。

朵：有意思。你認為水晶和金字塔上端那更大的光有關聯嗎？

理：絕對有關聯。是的，它們在某方面是一致的。就像是有條銀色的線或是某種看不到的東西把它們連在一起。

朵：嗯，我們問它一個關於這座金字塔的問題吧。或許它對這個地方很瞭解。

我於是問了些問題，請水晶解答。理察接著我複述了每個問題，並說出他聽到的答案。對他而言，很多答案都沒什麼道理。我將答案濃縮整理如下。

理：金字塔是由來自另一個世界的古代人所建立。頂端的閃耀光芒有保護的目的。保護一切。如果沒有它的保護，有些來自宇宙的東西進來後，就會對這個星球造成傷害。我不知道是哪類的東西。我們需要保護。它只說：「我保護這個地方不受傷害。」古代人把光放在金字塔的頂端。他們來這裡建造這座金字塔，然後乘某種太空船離開。這個金字塔就是個堅實的塊狀物，小房間有顆會發出光芒的飄浮粉紅水晶，頂端還有一顆大球。光就像燈塔一樣照射，可是沒有旋轉。它就是往四面八方放射。那個光不一定是你肉眼看到的光。它像是往四處放射的能量。另外還有一座金字塔也有同樣的功能，只是它在很遠、很遠的地方。在這兩座金字塔之間只有石頭和沙子，沒有別的了。

朵：金字塔是在地球上嗎？

理：起初我以為是，但現在我不這麼認為。因為天空有一點紫，和我看過的天空並不一樣。現在我知道我是這個地方的守護者。我是這個地方的一部分。看來我們是一體的。這個東西，不論它是什麼，我維持它的運作。我看守它，確保它運作良好，不過我看不到任何控制儀器或別的什麼。我猜想我是用心靈與它溝通……對。

朵：所以你在這裡很快樂？

理：十分快樂，是的。我的身體感覺很年輕，可是我覺得我在這裡已經很久了……矛盾，可是似乎就是這樣。我很高興自己一個人在這裡。

我讓他往前進到某個重要日子。「有一艘雪茄狀的太空船盤旋在金字塔上方，它很友善，是金字塔的一部分，不過這不重要。它會丟下補給品，所以我很高興看到它，但這不是什麼不尋常的事。只是說我不常看到。它就是在天上盤旋，然後丟下東西。不需要降落。它空投補給品。總之，我很高興自己獨自在這裡，它會過來送補給品，問我情況如何。就這樣。不是很戲劇性。」

朵：那麼你不需要上船，跟它接觸？

理：不用，我沒看到自己與船上的任何人接觸。

朵：所以這是重要的一天，因為它跟平常作息不一樣。

理：沒錯。不過看著它離開，我也不會覺得悲傷。看到它來，我很高興，但它要離開，我還是很快樂。我在這一世是個快樂的人！（驚訝）我很健康，我在微笑，咧著嘴笑，很開心。我很享受。

我幾次讓他去別的場景，但每次都差不多。一切似乎沒什麼變化。「這是個非常快樂的地方。我一點也不需要別人。聽起來很怪，可是我並不需要任何人。」

聽起來每天真的都一樣，不過他對自己的孤獨是那麼開心，我猜想千篇一律也無妨。我認為挖掘不出更多的事了，所以讓他前進到他那一世的最後一天，問他是什麼情形。

理：突然之間，有個巨大的光束從天而降，一下子把我帶了上去。我被帶到別處，就這樣。我走了。它就忽然從天空出現。不是來自太空船，是來自天空。雖然很突如其來，但我有心理準備。這不是出乎意料的事。因為我的雙臂往外伸，我看到它，它的光束照下來，我就被接走了。我走了，我不曉得要去哪裡。等著看吧。

朵：所以它帶走了身體？

理：你知道怎麼樣嗎？沒有耶。因為你提起的關係，我發現身體被留下來了，躺在地面上。

朵：身體有什麼不對的地方嗎？

理：很皺，一定很老了。應該是活了很久。哇……真有趣！

朵：讓我們看看你被帶到哪裡。

理：我在一間房間裡，跟議會長老一起。

他顯然去了靈魂的世界，出現在議會的面前，接受生命評估。我在別本有關死後生命的書裡，對此有更詳盡的描述。

理：這些人坐著，我站在他們面前。我辨識不出他們的臉，他們都在問我問題。「嗯，你還喜歡嗎？」我說：「是啊，很喜歡。」「你做得很好。」還有：「該是你休息的時候了。」他們對我微笑，說：「你還會再做一次……下次再做一件類似的事。」

朵：你對這有什麼感覺？

理：我臉上有大大的笑容。我還是那麼快樂。哇，如果我老是那麼快樂，也太單調了。（笑聲）我們是朋友……我們是老朋友。我在說話。能看到他們真好。不知為何我穿著暗紅色的袍子。很有趣。……我現在是穿亮紅色的袍子，他們都穿白袍。我不知道這表示什麼。

朵：問他們那是什麼意思。

理：我得到的第一個回答是：「你已經完成那個層次，現在要移動到另一個層次了。」我不曉得那是什麼意思。

朵：你必須休息多久才能再執行一次？

理：第一個進來的訊息是二十年；不管「年」代表什麼。

朵：問他們，當你再回來的時候，就是現在這個已知為理察的人生嗎？還是在理察之前還有其他的人世？

理：不，就是這一世！就是現在這一世！

朵：這是理察第一次到地球來嗎？

理：他們說，是的……是的，沒錯。

朵：你以前從未來過地球？

理：肯定沒有……沒有。

朵：到這個星球對他難道不會是個震撼嗎？

理：他們說不會。因為我知道怎麼獨處，知道怎麼處理能量。我是為什麼要去那裡呢？（指地球）「你是去那裡保護大家。他們並不曉得，可是在你周圍的人會受到保護。不論你去到哪裡，在你周圍的人都會被保護到。」

朵：就像你在金字塔那一世做的事？一切都受到保護。

理：噢！（認可）……或許是吧。「你的存在就是療癒。你只要四處走動，但不論你去到哪兒，人們都會因你而受惠。他們的意識不知道，但潛意識知道。他們會感覺到些什麼。」——理察會很安全。他會保護大家，但不是用他所知的那種你們通常會用的保護方式。不是你們知道的方式。他來這裡保護大家……他只要在這裡就可以了。他會用超越人類理解範圍的方式保護大家，他也不會意識到自己在做這件事。

朵：地球的能量很不一樣，不是嗎？

理：「對，但你會在鄉下建造某樣你還不知道的東西。你稍後就會知道。現在還不是你該知道的時候。那會是一樣宏偉的東西，不一定很大，但是是為了保護這個星球。它會是某種協助保護的能量；某類較高階的能量。即使這個星球的能量不見得好，但你不會有問題的。你應付得來。那不是你應付不來的東西。」

朵：所以他可以活在地球這些能量裡而不會累積業？

理：一點也沒錯！「是的，你會待在地球上而不創造出業。」哇！有意思。

朵：如果現在時機還沒到，我們不會跟他說，可是那就是他的目的嗎？

理：他的第一個目的是在地球體驗和地球人一起生活，但主要的目的是稍後要建造某樣東西。建造一個指引和幫助這個星球的東西，那才是他的主要目的。——「你就是要一個人的。享受一個人。享受這一次的孤獨。」

朵：這是為什麼理察的生命大多是獨自生活的原因之一嗎？

理：對。他在許多世都是獨自一人，他喜歡這樣。他很習慣。——還需要有其他人也來做他在做的事，不過這個世界還不到我們都做自己的事的時候。做自己喜歡的事……享受做自己喜歡做的事。這很像是照顧另一個星球。玩樂……享受一段好時光。——將會有某種對人類有益的網絡。他說許多人仍會陷入他們的舊習性。他說：「你現在超越了這些。你知道，因為你明白他們不懂，但你不能替他們擔憂。你有更高的目的，以後就會揭曉。」

理察對他這輩子反覆出現的幽浮夢有疑問。「他們是要讓他看到他的根，不斷提醒他，他來自天上，他不是地球人。我們需要像他這樣的人來幫助這個星球。這是個很辛苦的地方，但也是許多事的考驗地。」這裡的頻率較低，卻是你們（意指人類）創造出來的。你知道的。我們不需要告訴你。你超越它之上。我們需要你這個時候在地球上，為了一個你遲些才會知道的原因。在五年之內，他會知道他為何來到這裡，還有他應該要做什麼。到時，很多事都會改變。」（這次的催眠是在二〇〇九年十二月進行。）

我問有關二〇一二的事。「二〇一二……人們花太多的時間擔心二〇一二了。他們需要專注在自己的生活上。『他們』告訴我，人類需要把自己『清理乾淨』。因為振動增加，情況會變得更糟。那些沒有增加振動的人會比較辛苦，因此會有越來越多的人『退出』。他們不知道要怎麼處理這個能量。未必是二〇一二。那只是一個日期，但快了。只是有人提出了這個日期，而在那個日期的前後，情況剛好到達高峰。」

朵：人類會知道發生了什麼事嗎？

理：會。我們現在還不能告訴你們，但當事情發生時，每個人都會清楚知道。

朵：有人告訴我，有些人會被留下。他們無法適應那個能量？

理：對，許多人會被留下來。但沒關係。

朵：理察會與這個新地球共事？

理：會，他會的。

朵：我也仍會在這裡和新的地球共事？

理：是的，會，你會。

朵：許多人問我一個問題：「人們就這麼消失了嗎？」

理：不會，他們不會就這樣消失。不是以你們所認為的方式消失……還是一樣，你們只能等待，靜觀其變。——即使有的時候很令人沮喪，你們希望轉移來臨，卻還不到那個時候。有其他事需要先發生。我現在在問他們：「會有哪一類的災難嗎？」在此刻我們只能透露這個星球的海洋和水域會更氾濫。這和全球暖化沒有關係。

朵：和冰冠融化沒有關係？

理：沒有，可能是一個大隕石墜落時濺起水來或什麼的。現在的問題是水，對。

朵：那個時候會有許多人離開嗎？

理：是的，當然是。人會分成兩種。一種會想待在這裡，面對改變；另一種會想退出，他們也無法處理振動。對想要留下來的人來說，一開始會很辛苦，不過那就是他們要的。他們應付得來。他們會準備好。

朵：所以一開始會很困難。

理：那只是因為大多數人都沒有準備好。事情突如其來地發生。

朵：所以我們的工作是幫助大家瞭解是什麼情況。

理：是的。如果自己有太多問題，就無法幫助別人。如果人類無法做對自己而言正確的事，那麼他們也無法做對這個星球正確的事。他們必須學著放手。他們抓住太多對他們來說沒有道理的事。他們在逼自己發瘋。他們不思考。不允許自己思考。他們需要包容，不去勉強，要去聆聽。他們需要更常靜思冥想。安靜。人們需要多讓自己安靜下來。他們需要獨處和安靜。太多人害怕獨處。有好多人不明白。那就是地球所以消沉的原因。頻率……它是個強烈的效應。較高階的振動是一種效應，人類不想移往較高階的振動又是另一種效應，而且會造成改變。就像是磁鐵……兩極。

* * *

理察清醒後，我再度打開錄音機，記下他保有的記憶。

理：它向我解釋，振動將越來越快。這會造成一股力量，一種不同的力量，你若不是跟隨振動讓自己的振動也加速，就是會被卡住。地球上的絕大多數人在拒絕提升他們的振動，這意味著這兩股力量都會變得更強，如果不在一起就會變成對立。它們會越分越開，最後，很快地，會在地球上造成一些事件。

朵：像是兩個磁鐵？

理：兩個磁鐵，但不是相吸……在這個情況下，互斥得很嚴重。將會相互排斥，導致負面的事情發生，或正面的……看你是在哪一邊而定。

＊　＊　＊

看來，除了待在地球上，第一波和第二波的志願者還有別的任務。他們的能量可以用作其他用途。在這個案例中，有些人來這裡是要用他們的能量保護所有接觸到他們的人。雖然大家的意識沒能察覺到，但知道有他們在這裡，這樣的感覺令人安心。

第六章　疲憊的志願者

莎莉想在催眠時問的問題有好大一串。她嫁給了一個掌控慾很強的男人，她迫切地想從這個沒有愛的婚姻中脫身。由於她也有一個控制狂的母親，這顯然已經是她人生中的一個模式。當然，這些對她的身體造成了傷害。對於她有許多需要解決的身體問題，我一點也不意外。此外，她很想療癒別人（運用聲音），並因此負債開設了一間全人醫療中心，可是營運並不理想，資金周轉不靈令她憂心忡忡。

當莎莉從雲端下來時，她看到一個奇怪的景象：「一座大都市……一個城市裡的城市……上面罩著一個圓頂。就好像是城市上頭有一個蓋住蛋糕用的那種玻璃器皿。建築物有高有低。這是一座被泡泡包覆的城市。我正從泡泡的外面往內看。」

朵：你有看到人或是交通工具嗎？還是只有建築物？

莎：只有建築物……外面沒有人。每個人都在裡面，沒有人在圓頂外走動。

朵：圓頂外有什麼？你看得到嗎？

莎：很像是圍繞著它的大氣層。我彷彿是看著一顆星球的外觀。站在外面往內看……很像夜空，有星星。就像你是站在一座玻璃城市外眺望著銀河。這簡直就像是《愛麗絲夢遊仙境》裡的翡翠城。

朵：城市是飄浮的還是怎樣？

莎：對，它是飄浮的。就懸浮在太空。

朵：真有趣。你想進去圓頂裡面看看城市的樣子嗎？

莎：當然。我正在看……我好奇人都是怎麼進出的。圓頂好像會縮進去，然後打開。你經過這個入口……它會開啓，然後關上。當他們決定去他們的世界外面旅行時，它就會開啓。現在我在一間大房間裡。我聽到笑聲。那裡有張桌子。有一些能量的存在體圍著桌子。我進入了一個會議。那裡有十二張椅子，這是個議會。他們說……是「光的議會」。

朵：他們看來就是那樣嗎？像光？

莎：對。每一個都是不同顏色的光。

朵：聽起來很美。現在你意識到你的身體……你是什麼模樣？

莎：沒有身體。我是一顆能量球。

朵：你有特定的顏色嗎？

莎：我是淺紫色。底部有紅色，然後漸層為淺紫色……很像火焰。他們比較高大。他們的結構好像不同。他們圍著桌子坐，他們說：「實驗開始之處的創造火花。」這裡是擬定生命計畫，醞釀旅程的地方。我就是來自這裡。它有個火花……創造這一世計畫的神之火花。決定課程……擬定合約。

朵：這是決定所有事情的地方？

莎：他們是這麼說的。

朵：這表示這裡是你開始每一世，還是只有現在這一世的地方？

莎：是創造所有生命的地方。所有的（生命）歷程……所有的傳奇。我在那裡尋求領會……明晰。

朵：那麼他們在對你說什麼？

莎：他們要派我出去，放我出去。他們要放我出去……讓我走。那裡沒有……突然間變暗了。我又回到大氣層。（困惑）

朵：他們有給你指令嗎？

莎：我沒聽到任何指令。

朵：他們只告訴你是離開的時候了？（對。）你對這有什麼感覺？

莎：不是很好……不確定……很困惑……不太想接受這個任務……不想去他們要我去的地方。我以為我完成了。我以為我很完整。

朵：你之前有過別的生命和課題嗎？

莎：有，很多。我很累了。我退休了。（笑）不想回到那個密度……不想通過時間回到沉重裡。

朵：你以為你已經完成了，但他們告訴你還有另一個任務？

莎：是我選擇要參與這件令人興奮的事……覺醒……實驗，但很累……好累……不想回來（指地球）……不確定還有能量可以撐完整趟旅程……恢復得還不夠……還沒有時間更新。

朵：通常是這樣嗎？你有恢復（能量）的時間？

莎：對，通常都有。那個密度……那個學習。困難……它們很難……必須費力地勉強前進……本來準備要回家休息……更新。回流到源頭……去休息。我本來要開始休息的旅程。——然後我覺知到將進行的實驗。這次會實現的。我想在這裡。我想看看和體驗那個轉變，並且提供幫助，但我好累。

朵：所以是你選擇的？

莎：他們說，我做這個選擇心不甘情不願的。（我們兩個都笑了）他們問我是否準備好通過最後一次轉換的考驗。一旦覺醒，一旦轉移後，一旦實驗成功，我就能休息了。接著便是放鬆的時候了。

朵：如果你休息，你就會錯過這一切，不是嗎？

莎：有部分的我很渴望能休息。有部分的我不知道要如何脫離這個密度。這個身體裡的能量是這麼的低。掙扎著向上前進……生命力……變弱了。

朵：對，但你說：「一旦實驗成功。」那句話是什麼意思？

莎：地球正在順利地移往下一個次元的路上……進入她的下一世。

朵：這是因為地球也是有生命的。

莎：是的。她將要做億萬年來沒有做過的事，或者該說是在源頭的路上從未有過的事。這對所有的存在體來說都是歷史性的里程碑，讓所有的存在體都能目睹。

朵：所以當他們告訴你的時候，你同意要來地球？

莎：對。我想參與其中，做一個引導……當個協助者。我可以選擇我要回到哪裡展開新的生命……創造新的世界……依造物主的形象創造。光的能量……新的能量。或者，我也可以選擇回家。

朵：你認為哪一個才是最好的選擇？

莎：創造力。我的靈魂渴求的是創造力。創造新的事物和新的做事方法，但沒有那個密度……是一個更輕、更快的……入口……旅行……入口。我想見證新的創造。

朵：所以你選擇在這個時候進入這一世？（是的。）我們談的是莎莉的人生嗎？（對。）他們對你有信心，不然不會派你來。

莎：她內心對自己卻已失去信心。

朵：是她選擇了她要進入的家庭嗎？（控制狂的母親）

莎：對。那是她的心靈課題，是選擇的自由，是她要來克服的。那是最後一個難題。

朵：她和這個家庭有什麼業力關係嗎？

莎：是她選擇了這個名字。必須要有它的振動。是她內心做的選擇……她要選的名字……（我用化名來保護她的身分）它帶有一種數字振動模式，與她的細胞結構連結。這樣一來，只要有人說到她的名字，便會感受到這個新生命，這股新能量。

朵：所以名字是人們做的重要選擇？

莎：對。你在細胞結構裡有個居處。這是模式／結構的一部分。是編碼的一部分。是覺察和過程的一部分。她選了那個身體，並堅持要那個名字。不過她媽媽不知道。那不是她母親的選擇。那個靈魂在這次轉世的先決條件就是這個名字。

朵：我聽說星象學也有一些關聯，是嗎？

莎：是的，很有關聯。她特別選在一九五九年十二月出生，以作為入口，一個通道，一個行走的能量啓動器。她的生日便是一個門戶。

朵：你說作為入口是什麼意思？

莎：那是靈魂和意識的旅行方式。一扇在存在體細胞結構上啓動的門。接觸到她的人都會被啓動，以便引導他們通過太陽的至點，到日蝕（光的消失），然後喚醒他們DNA裡的光。在最近幾周她的內在會啓動，她已經感覺到體內那個變化，那是她集中光，在核心下錨的能力。這已經開始了四個月。如果她繼續下錨並拉至光之核心，對她周圍的人來說力量就會更強大。

朵：所以其他人只是在她的身邊就會被影響？

莎：被她創造的場域影響，那是個入口，是擴張。對其他人則是療癒的入口。在他們的旅程中支持他們。

朵：所以她在象徵意義上就是個入口？你的意思是這樣嗎？（對。）他們應該來找她治療？

莎：隨著居處的日益壯大，他們終究會來的。當她固定核心時，就猶如一股吸引他們前來的力量。

朵：但你知道莎莉有很多問題，不是嗎？

莎：她的身體維護得不太好。她與自己爭戰。恐懼讓她停下腳步。恐懼，恐懼的擴張……不被愛的恐懼。她必須克服，也要幫助別人克服。

朵：她說她還很小的時候就體驗到了恐懼。為什麼她會帶著恐懼感來到人世？

莎：恐懼依附著她一起進來了。這是因為她在離開我們之前，不確定自己能成就什麼，不確定自己有沒有那些工具。情緒和家庭的設定超過她的負荷。她以清澈和開放的強烈同理心來到人世，但這裡的情況卻令她難以招架。密度對她的衝擊超乎她的想像。

朵：意思是她可以感受到其他人的感受？

莎：對。那太排山倒海了。她因此封閉起來，有很長一段時間無法往前邁進。她很害怕周遭的能量。她不瞭解這些能量，她在無所知的情況下來到這裡。她對源頭關上門，對源頭封閉自己。——她想立刻回家。她向我們提出回家的要求。

朵：她忘記她的合約了，是嗎？

莎：是的。

朵：她想回家時，你們怎麼跟她說？

莎：說她還有時間。說我們在這裡，她不是一個人。她不孤單。她有足夠的裝備和才華。她有機會成長並超越心智所能理解和成就的。她的靈魂道路是作為源頭的記錄者，成為源頭的眼睛、耳朵，作為那顆跳動的心。把能量傳送回議會，當個目擊者。

朵：可是她一直沒有實踐這個任務，不是嗎？

莎：她因為充滿恐懼和不確定而整個停滯閉鎖了。是她的認知造成的。是她聽的那些老錄音帶，它們在她的腦中反覆播放。她害怕自己做的不對。這是她必須克服的困難和阻礙。

朵：那些恐懼來自於另一世還是這一世？

莎：那是在她靈魂內的模式，來自神之火花的開始。她多少已經克服了那個恐懼。這是個大步向前的機會，因為一切都在進展、改變、進化……旋轉著要做出一次大躍進。

朵：所以當她第一次來到地球，第一次離開源頭的時候，她很怕自己會做不到？

莎：不。她這一世曾回到全靈（whole soul），將她內在的一切與全靈併合，把所有的觀點帶回家。她會完成接下來的三年，然後回歸一體。

朵：你說接下來的三年是什麼意思？

莎：她還有一段時間。她將會，也必須完成把那些觀點帶回家的任務。這是她合約的一部分。她這世到這裡要做的事情之一，就是回歸一，回歸整體靈魂，全靈。

《迴旋宇宙》系列曾說明有個更大的靈魂名叫超靈（Oversoul），或如他們所說的「全靈」，而我們都是它的一部分。那是我們的真我，但它太大了，無法全部擠進一個身體裡。它曾說，如果一個人的所有能量都試著要進入一副身體，那個身體就會壞掉。能量會太多了。靈魂就像是一個有許多切面的鑽石。全靈為了以最少的時間盡可能學習，於是派出它的各個裂片、碎片或是面向，盡可能地去體驗。這要又回到同步時間的概念，因為我們確實是同時活在我們所有的過去、現在和未來之中。這麼做的目的，是要讓靈魂從不同的面向經歷各種體驗，盡可能地習得知識。當新地球終於完成時，我們的個別面向會通通被召喚回去，與全靈重聚。

朵：她有三年的時間來完成使命？

莎：沒錯。這是她的真實情況。

這次的催眠是在二〇〇九年十二月進行。

朵：萬一她敗給恐懼呢？

莎：她會回家來找我們。她將沒有理由繼續在地球。

朵：但如果她把話聽進去並做她應該要做的事呢？

莎：她會向恩惠前進，會往本質前進，並在時空中旅行。她注定要回到永恆的存在，並且創造星球、新的生命和新系統。

朵：當新地球往前跳躍時，她會在這裡嗎？就像你們說的？

莎：如果她沒有完成使命就不會。如果她完成了，那麼她會在這裡目睹一切並提供協助。此刻她非常抗拒。——她的先生將無法前進到新地球，如果他不選擇學習眼前的課題。

朵：我聽說如果人們仍然緊抓業力，他們就去不了新地球。

莎：他們不會去。他們會待在這個密度，解決他們的課題。他們不會邁向新的光，不會邁向新的意識。——她需要作為連接新與舊世界的橋樑，以便一邊走向另一邊。她的兩腳分站在兩個世界裡。她還沒有設法讓另一腳也跨過那道橋。她待在這個密度裡。隨著時間一天天過去，振動將勢不可擋。意識還會再有一次變動。必須先發生這個變動，然後她帶來的技術和工具才得以顯現。人類必須再一次拆解，文明進化的下一步所需的資訊、改變和振動才能出現。還有許多有待解決的部分。還有許多待做的決定。許多人還沒有做出決定。許多人都害怕照他們的路標走。

朵：所以他們談到的新地球並不是最後的地球？

莎：實驗（進度）落後了。進展不如預期得快。有些來到地球支持這個過程的指導者幾乎是嘎然而止，在我們正在談的這個時空中停頓。關於如何讓已經開始的螺旋往前移動，許多次元都在進行重新評估。它停下來了。我們看到它停下來了。它現在在暫停狀態。許多都暫停中。

朵：是什麼造成它的停止？

莎：是對恐懼的共鳴。能量就這樣往下滲透到中心。很多、很多人選擇臣服於讓已經啓動的事件緩慢下來的振動。這是暫時性的。我們派了很多使者在恐懼的大氣中穿洞，好讓人類又能呼吸。好讓能量進入宇宙時，得以滾動向前。會有具有人類形體的存在體和生物在環繞著地球的這層堵塞中戳洞。他們正開始他們移除的工作：移除對開啓入口空間和再度穿梭其間旅行的恐懼。

朵：非再一次發生不可的變動是什麼？

莎：恐懼的密度必須減少。它必須被抽走，她才能擴展並為那些以恐懼為基礎的存在體帶來知識，讓他們明瞭，並與自身的存在融合。她必須釋放自己內在的恐懼。她是第一個移動這股能量的人。

我決定接下來把重點放在她的身體。他們說：「她的身體對她在這裡要做的事來說，簡直是功能失常。」她抱怨對化學製品的過敏，她有肝臟和心臟方面的問題，還有一個纖維瘤。

朵：為什麼她的身體會變成這樣？

莎：她不聽身體傳遞給她的訊息。她做了很多人都做過的事：讓所有的壓力和擔憂進入內在，變成她的一部分。她沒有釋放恐懼，反而儲存它，結果恐懼開始在所有的細胞結構中堆積，成為一種（能量）堵塞的訊號。它們彼此堆疊增生，匯聚成我們在這個身體裡所看到的最緩慢的細流（指能量流動）。她還是沒有學會放掉那些令她感到負荷的事。它們在她的內在儲存，不釋放不行。——她可以在一個開啓流動的催眠療程中釋放它們，從我們所見為水壩的地方開始帶走那些東西。我們會開啓流動，讓它進入細胞結構。——她的恐懼在於恢復健康，所以她必須主動要求得到治療，主張那是她的選擇。如果她的身體不健康，她會無法完成要做的事。恐懼令她裹足不前。所以她必須以自主的選擇和意願去釋放她對健康的恐懼。那個恐懼是：萬一恢復健康，生活會變成什麼模樣？如果痊癒，她就必須完成一些事情，並在她的人生中繼續前進。

我要求他們提供一個可以幫助莎莉釋放恐懼和導入療癒的視覺想像。

莎：你看到天上的水晶之河穿越時空的初始，往下流入頂輪的入口，穿越第三眼往下移動到臉部……往下進入喉輪……往下進入心臟的中央……穿越軀體進入髖部，再往下分別流經左右兩腿……往下進入核心，進入母親（指地球）的心臟，進入開啓的神聖之流。

朵：這是一條能量之河？

莎：是的。

朵：這是治療的能量。

莎：充滿了結晶體。

朵：它非常、非常的強大。你們在治療能量經過的地方嗎？

莎：它讓氧氣可以往細胞移動。把生命帶回到肺臟……她並沒有在呼吸（意指正確的呼吸）。

（深吸一口氣）

朵：那麼她的心臟呢？她很擔心心臟？

莎：這是她移除心臟疼痛所必須的能量。她會有足夠的能量支撐她繼續工作。流動會緩緩地開啓，但她必須完成那部分的治療。那是她需要去修復的。最初關上門的人是她，所以也必須由她來打開。我們會提供穿越她的存在的生命之河，讓她可以與身體共事，使用這條河去擴展，去自由使用（能量）。前提是她必須選擇這條河。她必須選擇光的能量。她必須透過器官的協助。她必須把這個流動看作和所有有生命的東西一樣。她必須視這個流動為一個有生命的萬靈丹。她必須想像流動是從高處而來。來自於源頭。她必須感受到那股輕柔，那個療癒能量帶來的禮物。那是身體會開啓和接受的唯一方式。

朵：你們要她什麼時候做這個觀想？

莎：睡前。因為身體所有的療癒都在夜晚進行。

朵：因為那時意識無法干預。

莎：是的。

朵：所以你們要她想像這條能量之河……這個水晶能量從頂輪往下流，穿越其他脈輪？

莎：進入核心。

朵：你們要她每晚睡前做這個觀想？

莎：對，不是等到她有危機的時候才做，也不是身體處於混亂的時候。她必須每晚在安靜和平靜中做這個想像。身體不會在混亂中療癒；身體只會在平靜中療癒。然後，她將有能力轉移這股能量，讓它從她身上流往別人。能量會經過她的雙手流到別人的頂輪，開始他們內在的能量流動。

這是相當珍貴又有效的治療技巧，每個人都可以練習。因為這個觀想很簡單，我在我的一些工作坊也有使用。這條水晶之河的能量非常強大。

我問到她一直有毛病的肝臟。「它像塊骯髒的海綿，需要被清理。當她開始釋放堆積在那裡的憤怒時，這個萬靈丹，這股生命力，將用緩緩增強的方式提供能量去清理。我們已經點燃了火花。我們在每個器官都燃起療癒的光。她絕對不能讓光熄滅。治療已經開始，她必須繼續下去。」

朵：她必須自己來。

莎：那是她的選擇。

朵：你們說她緊抓著的不只是恐懼，還有憤怒。但憤怒是從哪裡來的？

莎：她知道她要前進到新的地方。她很氣自己還沒到那兒。她的靈魂知道自己的使命，而且比她所知道的越來越頻繁地意識到那個使命。她知道這個世界不是她此刻應該居住的地方。她生氣、沮喪，又覺得恐懼。她知道這不是她要踏入的世界。她曾在地球上的天堂。她知道這裡不是她該在的地方，所以她對自己很生氣，這讓她陷入負面的循環。她注定要打破這個循環的二元性，示範給別人看並且樹立榜樣。

朵：她需要對自己下許多工夫。

莎：對。她一直是我們所謂的靈性的怠惰。她瞭解概念，但沒有在她的日常生活中具體實現。她很擅於告訴別人要怎麼做，自己卻沒去做。

朵：你們會提供協助，但她必須自己來。

莎：非如此不可。這是她的課題。

我接著問到莎莉子宮內的纖維瘤。她的身體有很多地方都出了毛病。

莎：她已經好幾次要求我們移除纖維瘤，我們也教她如何進入細胞結構，進入粒線體，去改變纖維瘤的細胞結構。她做了幾次，但不相信她就是自己的問題。她必須相信她能夠改變她身體的基因，她可以改變這個纖維瘤的結構。我們會協助她，我們也提供了她工具。這是她每天都要試著去做的另一件事。進入細胞結構……對它說話……瞭解它並釋放它。

朵：纖維瘤是怎麼造成的？

莎：她的子宮攜帶著她對自己的背叛所帶來的痛和苦難，還有她對家人所感受到的背叛。這可以回溯到她生命中的許多親人。作為一個靈魂，她的創意之火熄滅了。有東西遮蔽了她的創造力，而且阻礙她存在於神聖女性能量的能力。

這是潛意識要莎莉對自己做的另一個努力。我有很多次目睹它瞬間治癒這些問題，但在某些案例中，它覺得個案應該自己努力，這樣他們就會瞭解涉及的療癒過程，然後更能用在別人身上。

莎：她必須開始讓纖維瘤變小，如此才能完成和開啓通往她的創造力的流動。我們已經為她展開這個療癒，但我們不會幫她完成。這是她的旅程。這是她要去完成的課題。如果她每天都專注在療癒上，三個月內便能恢復健康。她必須發自內心去做，發自真實。

朵：還有要相信這是可能的事。

莎：還有要知道她有能力造成體內的改變。這是個催化劑，讓她明白這些事是為她的生命帶來改變。如果她不明白這是會達成的事，她也不會相信自己可以做出其他的改變。她一直在恐懼中，所以無法踏過那扇門。她常去到門前，但她現在還無法跨越。她必得跨過門檻，但她卻告訴自己她沒有那個能量或是力氣。當她得到自信並使用這個療癒技巧，她將看到她的身體越來越有力氣，越來越明亮，她會因此信任自己的知識，當她的內在就有療癒之光時，她不需要服用那些藥物。每個人的內在都有療癒之光。她知道的。她是要來教導世人這件事。當她轉換時，她將能夠用**光**而非藥物來支撐她的身體。那會是一段過渡期。光會餵養她的細胞。她的身體正從以草本為主轉換到光，變成水晶的存有，光會餵養水晶的存有。我們一直都在她的身邊，她卻不對我們開啓自己。她必須開始真正地感受到我們，知道我們的支持將帶給她力量，還有我們會打開所有她認知為關閉的門。——她的治療中心所以得不到進展，也是因為這些恐懼。

朵：她必須要做出一個非常重要的決定。

莎：她必須決定。這個決定每天都在扼殺她，她的能量場域若不是停滯，就是隨著她在不確定的領域中漫遊。密度在拖拉著她的身體，並加重身體的負荷。她的身體就像是因為不做這個決定而窒息。

朵：如果她做了另一個決定，她將無法待在地球上。對嗎？

莎：沒錯。她的旅程將會走到盡頭。她將不再需要在這裡。她將不會和其他人一起在這個密度裡。她將回歸源頭，她將沒有往前邁進的意義。她的工作就不會是在這裡。她有三年的時間可以去做這個決定。現在是關鍵時刻。她必須停止觀望，做出決定。她就是不行動，我們也已經跟她說了，她聽到我們說的話，她知道。我們懷著全部的愛，給她我們的所有支持。

* * *

朵：她看到的那個有著圓頂的城市是什麼？

莎：那是她的家，他們稱之為亞特蘭提斯，但不是你們所知的那種形式的亞特蘭提斯。那是在一個新的次元。它展開了新的生命。那些靈魂繼續前進並被提升，轉換到新次元的時空。她去了那個次元的空間，但不是回到她在那裡時的生命。

朵：這時候探索那段生命對她來說並不重要？

莎：回到議會對她來說很重要，只有議會的真相才能傳達到她的心裡，提醒她我們送她來這裡是為了一項重要的使命，還有我們知道她能夠完成使命，也將完成使命。她必須把這些話聽進去，她必須完成使命，她也能夠完成使命。這是計畫好的也說好的。她必須聆聽、感受和完成。對她來說，選擇前往為她所創造的世界將非難事。

* * *

我認為對第一和第二波的志願者而言，有件事很重要，那就是他們必須瞭解，恐懼和不想在地球上的感覺會阻礙他們的進展。許多人說，他們就是不想在這裡。這裡太艱難了，他們只想離開。如果他們真的想要回「家」，那麼他們最好開始瞭解並處理這些感受。不然，他們會被困在這裡並且無法實現他們崇高的合約。

第七章 察看孩子

我可以用「正常」的前世回溯報告寫出許多、許多本書。在我進行過的數千次催眠中，從未有哪個人無法回顧過去並找到別段生命。多年來，個案報告的都是他們在地球上的前世，舉凡我們想像得到的形式和環境，都曾在催眠中出現。我讓潛意識帶他們到最適當的時空，所以我從來不曉得那會是在哪裡。我的工作只是問問題，並試圖找到跟他們這一世問題的關聯。現在仍然有許多找我催眠的個案會回到這類型的前世。我確信他們仍有尚待解決的業，因此才會看到當中的因果連結。

然而，從本書的案例也看得出來，有許多靈魂是來履行其它的角色。本書大部分的個案以前從未在地球上住過，他們覺得這裡是令人困惑、不自在，又陌生的地方，所以我稱他們為「地球新鮮人」。但也有些是帶著在別的時空達到完美的才華，來到地球執行獨特的任務。我們已經看到一些來這裡是當老師和保護者，還有那些不知不覺間就能以本身的存在和能量來影響別人的靈魂。在這一章裡，我們將發現另一種具有特定才華的獨特存有，他們單靠念頭的力量，便能對現在的地球有所幫助。

* * *

蘿拉從雲端下來時，面對著一座中等大小的金字塔。她對自己為何會到這裡非常困惑。她發現自己是個年輕力壯的男子，身上穿著短裙類的衣服，腳上是一雙綁腿的皮製涼鞋。接著，她看到自己的脖子上戴著一個大大的金屬墜飾，上面刻著一個類似太陽的圖案，對四面八方散發光芒。「看上去不像珠寶。這是我原本就有或配戴的東西之一。它似乎一直都在。是有用途的。」

透過詢問，墜飾的用途呼之欲出。「那是一扇星門，幫助我前往各地。我凝視著這個墜飾，它是一個可以讓我到處來去的入口。」他現在站在金字塔裡面，努力回想啟動墜飾的方式。「好奇怪，附近都沒有人。我還在試著回想。墜飾似乎和金字塔有關。我以前知道要怎麼使用，現在卻一點也想不起來。」

我請他看看自己使用墜飾的情況，這樣就能回想起來。

蘿：我發現我把墜飾拿起來面對金字塔的中央……我把它對齊頂端的中央。平平地拿著，往上對著頂峰……我是這麼做的……能量，對。我現在看到光透過金字塔照下來，照到我的大拇指。我知道這樣一來我想去哪裡就能去哪裡。我不知道要去哪兒，但我知道我可以去。

朵：有人教過你要怎麼做嗎？

蘿：我就是知道……不過我現在很困惑。因為附近沒有人，我習慣周圍都是人。我們是一個團體，大家都在一起學習。我們在一間教室裡。——我猜這是我的旅程……我應當要獨處。我應該要了解自己的力量和自己。

朵：你們大家在一起時，都在學些什麼？

蘿：學習星星……學習世界的浩瀚……象徵……我覺得我應該要把知識傳授給別人，但我認為自己懂得還不夠，沒法教人。

朵：既然你現在在金字塔裡，這是否代表你已完成你的學習？

蘿：一定是的。我一定是踏上了我的旅程。我覺得我應該是要測試我的力量……學以致用的能力。

朵：既然要測試，那麼你覺得你該去哪裡？

蘿：我覺得我就是讓墜飾來決定我該去哪裡。光線從金字塔的頂峰照射下來。光啓動了墜飾，不過我覺得我心裡必須要有一個目的地，才能去到那兒。

朵：你的決定是什麼？

蘿：如果能造訪整個銀河，應該會很美好吧。應該會。

朵：有很多地方可以去，不是嗎？

蘿：對，肯定是的。

朵：這麼做的目的是什麼？

蘿：就像去看看孩子們，確定他們很好。去不同的地方……就像一個會去檢查孩子乖不乖的老師。

朵：你認為那是你的工作嗎？

蘿：我不知道。我覺得能做這件事是很幸運的，所以它算不上是工作。

朵：你認為最重要的事是去察看孩子而不是大人？

蘿：對，我想我把所有的人類都當成小孩子來看。你説得對。這一定就是我的工作。

朵：如果感覺沒錯的話，那就是了。你必須要對誰報告你的發現嗎？

蘿：我不這麼覺得，或許我只是在度假，或許只是去外面看看情況。

朵：教室在哪裡？教室看起來是什麼樣子？

蘿：在外面……人們盤腿坐在地上，很有趣……教室全是男性，可是我們都穿著裙子。沒有女性。有一位老師。他光芒四射……非常進化。我們非常尊敬他。

朵：這是教導你們有關星星和一切的人？（是的。）他是教你使用墜飾的人嗎？

蘿：我想是吧。我不是很確定是誰。墜飾一直都在。那就像是我們生下來就懂的事。

朵：你學的事情有部分是跟星辰有關？

蘿：那個很重要。這樣我們才能在特定的時間來去。你必須確定你知道時間。……因為有裂縫。除非你在正確的時間旅行，否則裂縫會很危險。他們在教我們旅行的方法。（他有困難解釋清楚）

朵：問問那裡的人，為什麼在某些時候旅行會很危險？

蘿：我在問我的老師。他知道。但我聽不懂他說的。他的知識太淵博，而我懂得又不夠。

朵：請他用簡單的話跟你解釋，因為這可能是你應該知道的重要事情。

蘿：（對老師輕聲說話）他說有入口，銀河需要在某個時間用特定方式排成一直線，這樣你就能悄悄地滑入次元中。如果不這樣，我可能會迷失。我會到了別的次元然後迷失，那麼就不能上同樣的課或同樣的……他說我會脫離我的時隙（time slot）。那就是裂縫，他說。

朵：你會回不來？（對。）那可不妙。他可以告訴你如何避免這種事嗎？

蘿：我們應該要學習星辰和排列，懂得何時去，何時回。他說這就像是過河，你必須順著流勢，否則很快會被帶走就回不來了。

朵：有理。但你知道入口在哪裡嗎？

蘿：我在學。我在學。那是為什麼我們在這個班上的原因。可是這裡沒有女孩。為什麼沒有？為什麼我們班上沒有女孩？（停頓）太冒險……太冒險了。女人不夠。她們不能被犧牲。她們需要製造更多寶寶。她們不是消耗品。我們是。男人比女人多，……需要有更多的女人。

朵：所以男人是需要學習時間旅行的人。（對。）為什麼他們要你知道如何進行時間旅行？

蘿：噢，我們應該要去察看孩子們，確定他們沒有問題……看看他們成長得怎麼樣了。

朵：孩子們很重要，不是嗎？

蘿：對。但當他們說「孩子」，年紀無關緊要。他們把在學習的人都叫做孩子……人類……在學習中的一群。

朵：他們仍只是孩子。（是的。）因為他們就是未來，所以你必須確定他們沒事？

蘿：對，你說對了。那是我的工作。我要向老師回報。我向他回報，跟他說，因為他就是讓我們準備好進行旅行的人。

朵：你知道在你回報訊息後，他會怎麼使用這個資訊嗎？

蘿：還不曉得，不知道。他很有智慧。有時你看著他，就只看到白光。

朵：你可以問他是怎麼使用那些資訊的嗎？

蘿：他會畫在圖表上。他保存圖表，許多、許多的圖表。他會把資訊標繪在圖表上。不是只有我一個出去。許多人都會出去，然後帶資訊回來給他，他再標繪上去。

朵：你們各有不同的工作還是都去察看孩子？

蘿：檢視孩子是我的工作。我不知道其他人做什麼，但他們也會出去。大家都知道在正確的時候出去是必須嚴肅以待的事。

朵：這是否表示你是在沒有身體的情況下去到各地？

蘿：當旅行的時候，我不覺得我有身體。我覺得自己遍佈那個地方。真嚇人。

朵：所以你不需要有身體。（不用。）當你看到在金字塔旁的自己時，那是個實質的肉身嗎？（是的。）為什麼你那時必須有身體？

蘿：為了學習。

朵：所以有可能有的時候你必須有身體才行？這樣說得通嗎？

蘿：是的。我們在那裡都有身體。

朵：但當你出去尋找資訊時，你不需要有身體。

蘿：或許帶著身體太麻煩了。

朵：有道理。還有，你是戴著這個墜飾旅行？（對。）是他們跟你說要去哪裡嗎？

蘿：他們一定要告訴我才行，不過我沒聽到他們說。你用想的就能知道……或許是被植入。我們有知識，只是原先並沒有星球方面的知識，他們必須教我們。教的時候，他會用一個指針指出所有的星星。他們很有智慧。

朵：你是否曾經不得不到地球來？你知道地球是哪顆星星嗎？

蘿：有可能，但我認為沒有。

朵：所以你的家鄉是在別的星球？

蘿：我不知道它在哪裡。顯然是有土地的，有很多地形地勢，但我不知道它在哪裡。

我決定讓他往前到重要的一天，於是他前進到畢業日，大家全都學完所有要學的事情，離開的時候到了。

蘿：我們站在廳堂裡，每個人……他碰觸我們的前額，跟我們說我們有第三隻眼，還有現在我們需要出去。

朵：出去做什麼？

蘿：我不知道。或許就是做更多自己的工作。我們在一起的時光結束了。這個團體結束了。我要出去分享知識。

朵：你要和誰分享？

蘿：人們、農夫、牧羊人……

朵：他們能瞭解你要教他們的事情嗎？

蘿：一點點……我待了下來。他們是如此固執，他們認為自己必須和綿羊待在那裡。他們不必這樣。他們可以去任何地方。他們不相信自己做得到。

朵：你覺得你的工作是教導他們？

蘿：我不知道我的工作是什麼。我沒有成家，這讓我很困惑。我只是流浪，到處閒晃。

聽來我們像是走進了死胡同。他那一世其餘的時間大概都在做這件事，這並不是問題，因為他顯然已經找到自己的路。我引導他來到人生的最後一天。「發生了什麼事？你看到了什麼？」

蘿：我在草地上，一片原野，我被一隻大貓攻擊。但我已經活了很久。我仍是孑然一身，我並不氣那隻貓……沒問題的。我很平靜。

我讓他前進到事情全部結束的時候，現在他可以從不同且更寬廣的角度去看他的整個人生。我問他，那一世讓他學到了什麼。

蘿：光想就覺得很快樂。

朵：為什麼這樣會讓你快樂？

蘿：很難用言語形容……就是那個能量。能量是光。我學到只要相信，只要下定決心，我們什麼都做得到。沒有什麼是不可能的。

我接著召喚潛意識。「為什麼你們選擇那一世讓蘿拉檢視？」

蘿：為了讓她知道她有力量。她可以學著去使用它們。

朵：我們學到了就不會失去，是嗎？

蘿：不會，但會埋藏起來。

朵：但她將在這一世使用到這些力量？

蘿：是的，一部分。她可以用那些力量去不同的地方。前往各地。

朵：你的意思是用她的意念？

蘿：用她的身體。她需要出去檢查孩子們。

朵：你要她用什麼方法去做這件事？

蘿：聚集他們，讓他們在一起。教導他們。

朵：你要她用什麼方法把他們聚集在一起？

蘿：召喚他們。他們會知道的。聚集他們。把孩子集合起來。

朵：我想大多數的孩子都有父母、家人。你不能就這樣出去把他們都集合在一起，不是嗎？

蘿：孩子們都大了。他們不小。是成人。

朵：那就不一樣了。

我請潛意識針對蘿拉的使命給予一些建議。

蘿：我看到一座山從中間裂成兩半。大家需要做好準備。改變……人們的生活將會改變。他們需要時間來做準備。地球母親正在改變，他們需要和她一起改變。他們必須知道。孩子們在不曾成長的情況下年老和死去。他們的棲息地將會有變化。他們需要改變。我看到許多地球的變動在眼前一閃而逝，像是火山和土石流和其他會改變地球面貌的事。

朵：你要蘿拉做什麼？她的工作是什麼？

蘿：幫助他們為改變做準備，準備去適應。——她並不知道。

朵：在意識層面上不知道。（對。）你們會給她她需要用到的知識嗎？（會。）讓她想起她曾有過的知識和能力？

蘿：對。當需要的時候就會想起來。她必須分享。孩子們並不知道（這些知識）。

* * *

蘿拉提出的問題之一，和一場讓她的生命為之改變的私人飛機失事有關。她想知道為什麼會發生那場事故。她原本是位成功的土地開發商，賺了很多財富。她的事業是她的人生重心，她也決定了不生小孩。她所想的都是金錢與成就，直到她差點命喪於飛機失事，在醫院裡待了很久才恢復。「她走錯路了。她不聽。頑固得很。」這場事故在許多方面改變了她的人生。事後，她立刻有想要孩子的渴望，而且一試即中。現在她有兩個只相差一歲的女兒。

蘿：那兩個孩子等著要來。他們早該來了。

朵：是的，但她太投入事業，根本沒有時間生小孩。

蘿：那兩個孩子本來要被轉移到別的家庭，但她們說：「不要，我們會等。」（她開始哭泣）

朵：飛機失事讓她的人生整個大逆轉，現在她是在正確的道路了，不是嗎？

蘿：不盡然。

朵：你們要她再做些什麼才算是走在正確的路？

蘿：只要意識到孩子們將會需要幫助。

朵：所以你們會給她接下來要做什麼的訊息？

蘿：對，不過還沒「寫好」。事情變化得很快。

朵：那是為什麼你們現在還不想告訴她的原因？

蘿：對，我想事情還沒定案。

朵：所以你們要她耐著性子，以後才會告訴她。

蘿：她沒有耐性。一點也沒有。（笑）做好準備就好。她的老師會一直跟在她的身邊。他在這裡為她準備，好讓她不覺得害怕。

朵：你們說過，每個人都有工作要做。時間過得很快。有人告訴我新地球和即將發生的變化。這些事情全都環環相扣嗎？（對。）做好準備以便前進到新地球或什麼嗎？

蘿：或許是去一個停留處。當事物在被重建時，有些人會去一個臨時的停留處。

朵：有些人不會直接去新地球，因為時機未到？

蘿：對，他們還沒準備就緒。

朵：有人告訴我，頻率和振動要對，否則就去不了。你們說的是這個意思嗎？

蘿：做準備是為了去不同的地方……揀選後前往正確的地點。

朵：所以許多人會去臨時的停留處？這是在他們離開身體之後還是之前的事？

蘿：他們會帶著身體一起。

朵：那麼，當地球發生災難時，他們會去這些地方。（是的。）然後準備前往他們應該要去的地方？

蘿：是的，事情會發生得非常快。
朵：所以她必須幫大家做好準備。
蘿：對，孩子們……為了拯救孩子們。
催眠結束前的訊息：勇於夢想，放手去做。注意所做的夢。
朵：那是你們的溝通方式，不是嗎？
蘿：對。就是愛和去愛。

* * *

所以，蘿拉是另一個意識上不知道自己在地球有使命的地球新鮮人。她的使命和她在宇宙各地所做的事有關，一樣是察看、檢視孩子們，看看他們的情況，並幫助他們瞭解在即將來臨的日子要做些什麼。她有一個特定的使命，卻因公司的工作占據了全副心思，幾乎把使命撇在一旁。直到遇上飛機失事，差點丟了性命後，才把她的注意力拉回正軌。一如他們所說的，時間很短暫，他們有時不得不用激烈的手段，迫使人們轉個方向。

第八章 離鄉背景

桃麗絲覺得她的人生過得漫無目的，不曉得該往哪個方向前進。這是她最大的問題。她曾做過幾宗成功的生意，現在想成立一個形而上學（超自然）中心。她覺得自己有很多天賦和能力，但希望在如何使用上得到一些建議。

剛開始催眠時，桃麗絲有一會兒什麼也看不到，也無法辨認自己身在何處。眼前淨是一片漆黑，但周圍感覺倒是十分寬敞。我問了她很多問題之後，她開始察覺自己似乎是在一個又大又冷的地方，接著她感覺雙臂疼痛，而且無法移動。「我想我的手臂被綁住了。我不確定，但我動不了。」我下了安好的指令，讓她不會有不舒服的感覺。她的身體從腰部以下都是麻痺的。「身體感覺像是受到囚禁。我沒辦法移動。」

我們至少有了個開始，但她仍無法提供多少資訊，所以我讓她回到她進入這個備受限制的地方之前，看看前因後果。

桃：我知道某些事。我知道的太多了。他們必須把我送走。感覺上，這是個不同的時代，像是中古世紀，但並不是。我看到大家穿著長長的黑袍，不過他們不是人。

朵：他們是什麼？

桃：我不知道。他們穿著黑色的衣服。他們在傷害人。在廣場上。人們沒有做應該要做的事。他們用某個東西控制，逼人們照他們的意思去做，逼他們後退。我幫助這些人。我不應該幫的。但是人們並不知道。

朵：你是男性還是女性？

桃：都不是。我不是。我只是我。我不知道我是什麼，但我跟人類不像。我像「他們」，不過我不想像他們一樣，我不想傷害人類。

朵：你看得到自己的身體是什麼樣子嗎？

桃：很長……很高。像鉛筆一樣高直。我跟他們一樣，穿著黑色衣服。

朵：他們為什麼要傷害人？

桃：他們沒有在做該做的事。他們想控制人們，要他們做事。

朵：你在那裡和這些人在一起很久了嗎？

桃：對。我在這裡很久了。這些人……是我的朋友。我一直在幫助他們，一直在教他們。（諷刺地笑）我一直在傳授知識給他們，但現在他們卻因為我教他們的關係懂得太多，然後受到傷害。

朵：你教他們什麼？

桃：怎麼耕作和如何生活。

朵：我不明白這有什麼不對。這些是好事。

桃：我也這麼以為。我原以為我去那裡是要協助教導他們。

朵：那些穿著黑色衣服的一直都在嗎？

桃：沒有，他們只是過來看看情況。我在這裡很久了。

朵：有誰叫你過來幫助人類嗎？

桃：我就是非來不可。我不知道原因。幫助人類是我的工作。

朵：你剛到的時候，那些人和現在有什麼不同嗎？

桃：是的。他們很粗野……非常粗野。他們不知道要如何好好餵養自己。他們吃莓果、樹皮和蟲子。他們不懂得種植作物。我應該要幫助他們進化。我以為我做的是我該做的事。可是他們（指穿黑衣者）過來告訴我，我教人類太多事，人類成長得太快，不該學得這麼快。這樣不好……可是他們在學習啊。

初來此地之時，他穿上黑袍掩飾自己真正的外表。實際上的他，有一個類似綠色大蚱蜢的身體。在他的家鄉星球上，大家都是同樣模樣。但這個樣子和人類不同，所以他不得不把身體掩藏起來。他知道他的身體會嚇到人。他說並沒有誰叫他離鄉背井到這裡來。「我的工作就是要離開家。我一直都在做這件事。我幫助人。」

朵：所以你在到這裡之前也去過其他地方？

桃：對，只是這次出了岔子。他們說這是因為我們一下子進展得太快。但人類肯學，所以我教他們，他們似乎也懂。我教他們如何照顧彼此。我教他們土地、水、樹木和作物。我教他們找到營養，也教他們如何做記錄。我不應該教他們做記錄。教他們食物的事無所謂，但我不應該教他們記錄。可是留下紀錄很重要，這樣才能追蹤時間和季節，還有這個世界的運作方式。他們需要知道如何記錄季節……知道何時播種。他們要知道做法。他們不能只是做而不知道原因。他們要怎麼播種呢？他們怎麼會懂？他們需要記下自己是誰。

朵：你有教他們怎麼蓋房子和那類的事嗎？

桃：有，他們學起來了，學會使用木頭和樹木，學會住在室內，學會群居而非獨居，生活也變得比較容易。——然後他們來了，說我做錯事了。人類不應該懂那麼多。太快了。

朵：可是你原本並不知道。你以為你在做對的事？（是啊。）然後你說他們在傷害這些人？

桃：對。穿著黑色衣服的傢伙挑起了戰爭，人類開始彼此傷害。然後人類會忘記（被教導的），不會繼續進步。

朵：所以戰爭是要讓他們無法進步？（對。）忘了你教他們的事？

桃：對。生活太平順了。人類學得太多，不停地成長。他們害怕這樣子下去人類會進展得太快。

朵：為什麼那會是個問題？

桃：我不知道。我不瞭解為什麼那會是個問題。他們只說那是錯的。

朵：你現在看到什麼？

桃：我看到光，看到太空和星星。我去了太空，回到了家。

朵：當你覺得自己被綑綁還是囚禁的時候，發生了什麼事？

桃：他們把我放在某個東西裡，不停地和我說話。要我到外太空。我在某個東西裡面，動不了。他們把我帶離人類。我太關心人類了。然後他們放了我。我在一個交通工具裡，在外太空，可以看到星星。好美！但我不能回去。

朵：你想回去嗎？

桃：我不知道……很害怕。人類受了好多傷害，我不想回去了。

朵：你的身體現在感覺怎麼樣？

桃：不受束縛……感覺無拘無束。

在這個運送她的交通工具裡，就只有她一個，沒有別人。「很平靜。」她只看得到太空和星星。她不知道自己要去哪裡。我讓她前進到她停在某處的時候，然後問她看到了什麼。

桃：我不知道。不管這裡是什麼地方，反正感覺很沉重就是。我不知道我在哪裡。這裡看上去有點荒涼。沒什麼東西。沒有樹。不美。空氣感覺很沉重。

朵：所以這個交通工具是設定好程式要帶你來這裡？（對。）你的身體現在是什麼樣子？

桃：感覺很怪。我的腳，我的腿，我的手，全都很細，非常、非常細。我沒有手指，也沒有腳趾。就是扁扁的一片。我的身體感覺圓圓的。比較大。高而圓。我沒有再穿袍子遮掩身體，遮掩這個像蚱蜢的身體。不過我是站立的。

朵：你的臉是什麼模樣？

桃：我有大大的眼睛……非常大的眼睛。這裡沒有人，所以我不需要穿黑袍。只有我。岩石上有一些洞，我可以從那裡進進出出。這個地方沒有事情可做。

朵：你需要吃東西嗎？

桃：我想我從空氣中得到我需要的東西。這是個非常沉重的地方。我認為我無法在這裡待上很久。

朵：你要做什麼？

桃：我只是不得不待在這裡。

朵：你沒辦法離開？

桃：對。他們把我送走，送我到這裡，以免我再妨礙他們。我不能離開。我必須在這裡。

朵：回想過去，當你第一次去到那些人類之中……你是怎麼去的？

桃：決定要去就去了。我原本只是在觀察，但我看到他們需要幫助，所以自願前往幫忙。我們已經觀察他們很久了。我們在各地來來去去。

朵：其他人也會看你在做什麼，不是嗎？

桃：對，他們一定有在看。我猜是的。不過他們沒有插手干預我做的事。他們在看我要做什麼。我是自願的。

朵：但現在他們卻把你送到這個什麼也沒有的荒涼地方？

桃：對。這裡什麼都沒有。我喜歡另一個世界。它好美。——我將會待在這裡。我不知道還能怎麼辦。

如果這個存在體不需要食物，甚至沒有方式如我們認知地死亡，那麼這個狀況可能會延續極其漫長的時間。我決定讓她往前到另一個場景，看看發生了什麼事。她突然放鬆地發出好一大聲嘆息。

「啊！我沒有身體了。我走了。我不用再待在那裡了。我可以走了。」

朵：發生什麼事了？

桃：我感覺到了什麼，然後就離開了。我走了。我在那裡待了很久的時間。

朵：你一直沒看到別人？

桃：沒有。很沉重，但很美。星球，我觀看星球。我看著星星，它們美得就像是交響樂曲。噢！真的好美！

朵：被送去那裡就像是個懲罰，不是嗎？

桃：但不是懲罰。最後很美。

朵：那麼是你決定要離開的嗎？

桃：我不知道。我像是開放了自己，然後就走了。就這樣離開。

朵：你現在是什麼模樣？

桃：我像是星星和光。像是很小的星星。

朵：你對那段生命有什麼感想？

桃：彷彿用一段生命過了兩世。

朵：你從那段經驗學到了什麼？

桃：事情不總是表面上的樣子。太多的好可能會壞事。太多的壞可能會是好事。不要緊。到頭來都一樣。（笑聲）

朵：當局者迷。你現在要去哪裡？

桃：我不知道。我很好。我感覺自己很耀眼。閃閃發光。

因為附近沒有任何人可以告訴她接下來的去處，所以我引導她往前，看看她最後在哪裡落腳。

桃：我朝著光去。我們都會朝著光去。

朵：你看到其他人了？

桃：對。我們每個人都很耀眼。大家都朝著光去。

朵：那個光是什麼模樣？

桃：它好偉大！好美！好溫暖！

朵：你知道那個光是什麼嗎？

桃：它是萬有一切。噢，感覺太美好了！我回到家了。光是一切。它是一切。

朵：所以能回到家很好。

桃：太美好了。但他們說不，我不會在那裡停留很久。我必須再出去——我就知道。我察覺到了，是的。我不會在這裡待上很久。

朵：但在那裡的時候，你會很享受。

桃：對。那正是我要做的事。我有其他事要做。我不知道。我必須學點什麼。

朵：是你無法在那裡完成的事？

桃：所有一切都在這裡。當萬事萬物俱全時，你沒辦法學習。

朵：所以你必須學不一樣的東西？

桃：對。總是有更多要學的。

我引導她往前到她決定再度離開，並到別處去的時候。我們知道她後來離開了光，畢竟她現在是在這個名為桃麗絲的身體裡。

朵：有人告訴你要做什麼嗎？

桃：沒有。你就是會知道。時候到了。你可以感覺到。有事情要發生了。我在移動。

朵：離開光？

桃：對，我已經沒有在光那裡了。我像彗星穿越星辰一樣快速移動。就是這樣！我以極快的速度離開，散發出彗星般的光彩。很美。就像是在滑輪車上，有人在拉你，只是不知道是誰。你用某種方式前進，但不知道自己是怎麼辦到的。你一直前進，附近沒有任何人。這就好像是在一條軌道上，你只能順著走，不能走別的路。

朵：但你知道一切都會順利，不是嗎？

桃：對，一向如此。

朵：所以你正在穿越太空，星星很美。

桃：那是最棒的部分。

我帶引她往前，到她終於要停下來的地方，並問她看到了什麼。

桃：我不知道。以前沒來過這裡。我像是置身在火裡，感覺像是站在火焰中，可是不熱。天空有好多不同的色彩。我像是站在火焰裡。周圍都是色彩。感覺很好，只是不一樣。這裡不沉重。也不熱。

朵：周圍還有其他存在體嗎？

桃：有，有人，但他們看不到我。他們看來不一樣。他們很老，有皺紋，但他們是用岩石做的。——不是岩石。他們看起來巨大而笨重。他們看不到我。

朵：讓我們往時間前移，找出你在那裡應該要做的事。

桃：這裡有城市。他們需要協助。我會幫他們。起初他們看不到我，所以我必須改變，必須變得像他們，好讓他們看得到我。這是一種振動。就是這麼回事。那是不同的振動。我必須研究他們才能改變我的形體，因為我是要來助他們一臂之力。他們有麻煩。這個星球上有些不對勁。如果他們不改變自己在做的某件事，他們會死。他們在對這個星球做某件事。

朵：你要怎麼幫助他們？

桃：我必須教他們些什麼。我必須找出他們在做什麼，然後教他們別的事。我的工作有部分就是要發現他們在做什麼，需要些什麼。

我引導她往前，好發現是怎麼回事。

桃：一件和這個星球的地心有關的事。他們太靠近地心了，這會改變星球的軌道……他們在採礦或在挖什麼。這會導致星球發生變化；這會波及一切。他們必須停止。他們必須學習其實不需要那個他們以為需要的東西。我得小心，看他們會不會聽。我不想失去另一個星球。我必須謹慎行事。

我讓她離開那個場景，並問這個存在體是否知道它是透過一個身體在說話。它說知道。「我感覺到了。」

朵：一個名叫桃麗絲的身體。（對。）為什麼你在幫助過其他星球上的人之後，決定進入一副身體？

桃：我向來都必須有個跟大家相似的外表。如果不這樣，什麼事都做不了。

朵：所以你的工作總是在各地來去？（是的。）當你完成一處的工作，就會去別的地方？（對。）有人叫你來地球嗎？

桃：有，他們告訴我，人類需要我的幫助。這是我的工作。

朵：而這次你必須進入一副身體？（對。）為什麼他們覺得這次你需要變成人類？

桃：上次失敗了。

朵：你認為如果你是人類就會成功？（對。）你有什麼感覺？

桃：我做我必須做的事。這樣子比較有效。現在有很多人。還會更多。有很多看守者在這裡。

朵：你的意思是有更多看守者要來？

桃：對，這裡已經有很多了。他們一起工作。

朵：上一次不是這樣嗎？

桃：那次只有一個。我們有很多人這次來到這個星球。

朵：為什麼這次他們全都決定要來？

桃：現在是重要的一刻。對每個人都很重要……不只是這個星球。對每個星球來說都很重要。和振動有關。這是從一個星球傳到另一個星球的振動，它穿透空間和時間，而且會引起變化。

朵：你在這裡協助振動？

桃：對。我來這裡協助這個星球。

朵：你認為有個身體才能提供更好的協助？

桃：這是這次的唯一方式。

朵：但你知道你來這裡以後會忘記，不是嗎？

桃：對。很難。我之前並不瞭解。

朵：這是你第一次進入一個實質的肉體？

桃：我曾經是個蚱蜢。

朵：也是。你對在地球上學習有什麼看法？

桃：很困難。

朵：你在身體裡時，是否受到某種限制？

桃：我不想干預人類生命。

朵：在你看來，什麼是干預？

桃：有時候我試著跟人類說，但他們不懂。

我決定召喚潛意識，以便得到更多的答案，特別是那些和桃麗絲個人有關的問題。首先我想知道，為什麼潛意識要讓她看到那一世。

桃：她需要知道，她對自己是誰的想法並沒有錯。

朵：她是個非常強大，很有力量的靈魂，不是嗎？（對。）這個靈魂有很多能力。（是的。）所以她在此之前不曾在地球上有過人類的生命？

桃：有幾世，不多。

朵：我聽說過其他像她這樣志願前來的靈魂。他們都在做偉大的工作，不是嗎？（是的。）可是這類靈魂會累積業嗎？

桃：不會……他們是可以。但他們不必。

朵：為什麼這次她選擇要過這麼困難的人生？

桃：為了幫助。為了知道如何幫助和了解，以免重蹈覆轍。

朵：這是什麼意思？

桃：不要提供超過她應該的幫助。

朵：你是指她教人類太多的那個時候？

桃：對……超過了。

朵：她這一世從小到大都有很多問題。

桃：對……這是為了讓她知道如何當個人類。

朵：當個人類，有著人類所有的缺陷，所有的問題。（對。）這樣一來，她就不會批判，是嗎？

桃：對，她不批判。

桃麗絲向來都有通靈能力，她可以做很多事，知道別人所不知道的。她看得到和他人有關的事。她想針對這點多加探索。

桃：我們協助她，讓她知道為何她在這裡。她被允許擁有這些能力，好讓她不會遺忘。

朵：她為什麼在這裡？

桃：來改變……來促成改變……來拯救這個星球。

朵：但她只是一個人。或者是結合了所有來到這裡的其他人的集體力量？

桃：就像是格網的一部分。她是他們其中之一……她有光，和她談話的人會感覺得到。他們不瞭解，只覺得她與眾不同。她確實不同。她和人們說話，埋下種子，但要不要讓種子成長則是人們各自的決定。她一直都在做這些。她只是不瞭解。

朵：這些特殊的靈魂全都是格網的一部分嗎？

桃：是的。他們在拯救這個星球，也已經發揮作用了。——她需要教導大家。有其他的生命……其他的星球。教導有關宇宙和星星的事。宇宙間還有別的生命。

第九章　來自議會的存有

我在催眠時，不斷遇到與議會有關聯或本身就是議會成員的個案。我發現議會不只一種，有太陽系的議會、銀河系的議會、宇宙的議會等等，他們以明確的規定和規則，讓每件事都井然有序地運作著。沒有什麼是偶然。靈界也有議會負責其他類型的工作，譬如看管地球人的紀錄。所有的議會似乎都對累積知識和資訊有著很大的興趣。我很慶幸有人看顧著這一切，也相信若非如此，必然一片混亂。

蘇珊從雲端下來時，站在溫暖的海水裡。她看到水裡有道往上攀升的階梯，所以位置顯然很靠近岸邊。沿著階梯往上走，會通到一間寺廟。她先是看到三個女人站在階梯的右邊，然後左邊也出現三個。她們全都在歡迎她。

蘇：她們穿著簡單的亮色長袍，站在階梯下面的人的膝蓋和大腿都濕了。——她們要帶我進去。我想我必須告訴她們某件事才能進到裡面。不是每個人都獲准進入。她們在說話。

朵：你知道要說什麼她們才會讓你上去？

蘇：我很熟悉這個階層。她們在期待我的到來。她們和我不在同一個階層。

朵：你說「階層」是什麼意思？

蘇：一群跟同樣事物有關的個體。

蘇珊開始比劃出複雜的手勢，我問她這些手勢的用意。「這是一個能量交換的信號。」

朵：你要做出這個信號，她們才能辨識出你嗎？

蘇：我說我是誰，她們就接受我了。她們知道我來了。

朵：她們知道你要來？（對。）你從哪裡來？

蘇珊繼續比著手勢，並往上指。「你在指什麼？」

蘇：（驚訝）哇！（笑）是個星星基地。

朵：她們熟悉嗎？（對。）你是怎麼到這裡的？

她的答覆令她自己都感到訝異。她用不敢置信的語調回應了我的問題。「我透過入口進到水裡。這裡太驚人了。她們知道我要來。」

朵：你隸屬的那個階層在星星基地上嗎？

蘇：在銀河。我必須接受身體，才能適應地面的狀況，參與這個時代的一般文化。我的外表像個女性，穿的也跟她們一樣。

朵：當你在另外一個地方的時候，你是什麼樣子？

蘇：光。我是光體。

朵：你來的地方，其他人一樣也是光體嗎？

蘇：沒錯。絕對是的。我們來這裡是為了提供協助。

朵：所以當你要來一個像這樣的地方，你必須和這裡的人有相似的外表？

蘇：我這時候是。不然會引起困惑。

朵：然後現在她們接納你，歡迎你？

蘇：星星和天文學家已經預告了。這是一個約定好的日期。

朵：她們早知道有人要來？

蘇：她們時不時都會有擔任資訊交換的代表。

朵：她們以前就這樣做過？

蘇：對，很多次了。但我每隔一段時間才會再來。

朵：你說交換。哪種交換？

蘇：資訊交換……聚集眾人對一項重大顧慮的支持。這次一定要派上用場。

朵：為什麼會有重大顧慮？有人誤用或濫用資訊嗎？

蘇：有這個趨勢。貪婪的種子開始生長。我們覺察到了。這些人利用他們的影響力。我們希望，這一次在貪婪的種子冒出芽之前，事情能夠有所轉變。

朵：你認為你帶來的資訊曾被誤用？

蘇：有幾次。

朵：以前你來這裡的時候，是否把資訊給了每一個人？（不是。）那時候你把資訊給了誰？這群人或另一個團體？

蘇：另一個團體。這個星球並不是第一次發生災難。

朵：之前的災難起因是什麼？

蘇：對物質的操控。為了人類的利益操縱自然法則和物質。

朵：是那個時期的存在體造成的嗎？

蘇：對。你知道那個故事。——地球被冰覆蓋，那就是其中的一次。

朵：那是為了要制止他們在做的事？

蘇：為了重新開始。

朵：向來都是從頭來過，不是嗎？

他們已經告訴過我好幾次了，我在別本著作也寫過這件事。地球遠古時代曾有過許多文明，它們發展到完美，卻因人類內在對權力的貪婪而毀於一旦。

朵：除了冰以外，前幾次是怎麼被摧毀的？

蘇：大爆炸。太陽系裡少了一顆星球。它爆炸了。

她指的是火星和木星之間的星球，它爆炸後創造出小行星帶。我在別本書也提過這件事。

朵：我聽說過那次。造成了很大的混亂，不是嗎？

蘇：自然法則不應被干預。

朵：那時有人干預法則？（對。）那顆星球爆炸對地球造成了什麼影響？

蘇：很大的破壞，火如同雨一般從天而降。

朵：所以那是過去的文明遭到破壞的時候？（對。）但你現在來跟這些人見面，你提到將會有事情發生？

蘇：我們很關心在這些人心裡的貪婪種子，這令我們憂心。

朵：但這群人還沒有這樣？

蘇：這時候沒有。我們是來這裡提供忠告和資訊。

朵：你認為他們會聽你的話嗎？

蘇：我們懷著很大的希望。

她說她要上去，和神殿裡的人見面。所以我引導她往前到她進入神殿之後。「你跟很多人會面嗎？」

蘇：只有他們派出來的代表。我父親是主持神殿的祭司。他對其他人有影響力。

朵：你給了這群人什麼建議？

蘇：停止拿自然法則做實驗。

朵：他們在做什麼違法自然法則的實驗？

蘇：操縱基因……基因方面的操控。

朵：他們為什麼要這麼做？

蘇：因為他們有這個能力。他們很強大。

朵：他們怎麼操縱基因？

蘇：我不確定我能不能說。

朵：你認為我不應該知道？

蘇：不是你。

朵：如果他們繼續做下去會發生什麼事？

蘇：毀滅。

朵：他們並不知道嗎？

蘇：對。他們開始分裂了。在這之前他們一直是自我管理，但政治上有些令人煩心的事，還有不同的思想派別努力在堅持光的道路。

朵：如果他們不聽的話，你被允許去制止嗎？

蘇：他們會踏上一條自取滅亡之路。

朵：我想知道你能不能介入，阻止他們正在進行的事。

蘇：那會違反自然法則。我們只能夠建議。

朵：如果他們不聽，你就沒別的辦法了嗎？

蘇：我們無能為力。

朵：你說你看過這種事情發生？

蘇：在很多世界看過很多次了。

朵：如果他們不聽，他們就必須重建了，是嗎？再度從頭開始這個循環？（對。）但這次你希望他們會聽。

蘇：我們抱著很大的希望。

她把資訊給了祭司，祭司會去和那些做錯事的人談。她不會留下來，等有需要的時候才會再回來。

朵：你能看到他們在做什麼嗎？

蘇：可以。我們都知道。

朵：你說「我們」是指你來自的地方的團體嗎？

蘇：議會。是他們在觀看。

朵：他們在入口的另一邊？（對。）但他們不被允許介入？（對。）

我引導她往時間前移，看看發生了什麼事。

朵：祭司去和其他人談了嗎？（去了。）他們肯聽嗎？

蘇：暫時……九百六十二年過了，它再度毀在自己的手上。

朵：發生了什麼事？

蘇：炸毀了。貪婪的種子長大了。自然法則被操控到毀滅再度降臨的地步。（哭泣）

朵：事情發生時是什麼情況？雖然不好受，你可以用一個旁觀者的角度去看。

蘇：那就像是一波波的能量在星球上到處反射。星球爆炸了……到處是殘骸、火和水。

朵：是什麼造成這樣的衝擊波？
蘇：能量光束回到了他們自己身上。
朵：他們知道可能發生這種事嗎？（知道。）但他們還是繼續？
蘇：這跟「掌控」有關。我們只能提供建議和勸告。
朵：你現在正看著事情的經過，你看到了什麼？
蘇：毀滅……完全的毀滅。好悲傷……煙、燒焦的肉體、火。
朵：有倖存者嗎？
蘇：有……一些。
朵：你看到他們發生了什麼事嗎？
蘇：重組和重建。他們在重整自己。
朵：你想他們有從這場災難中學到了什麼嗎？
蘇：我希望有。噢——我們什麼都不能做。我們又折返了。回到議會。大議會。
朵：經過入口回去？
蘇：對。它其實是扇星門。
朵：你們使用它進出？
蘇：沒錯。14932-11。
朵：那是什麼意思？
蘇：星門的名字。

朵：聽起來像是一長串的數字，所以一定不只一扇門。你的意思是這樣嗎？（對。）數字是什麼用途？

蘇：為了識別的目的。

朵：所以你可以來來去去？（是的。）人類有可能穿越這個入口嗎？

蘇：是的。如果他們是在光體，就有這個可能。

朵：他們的身體無法進入？

蘇：對。這個時候不行。

人類必須離開身體才能找到這些地方，所以我們很難確認星門的位置。

朵：那個有大議會的地方是什麼模樣？

蘇：很美。（嘆息）我們是光之子民。我看到很多光體和能量。這裡聞起來好棒。

朵：氣味是怎麼來的？

蘇：光。地球很臭。

朵：你在大議會時都在做些什麼？

蘇：我們在做計劃，對需要我們的地方提供援助。我們來這裡是要提供忠告和支持。

朵：所以地球是你主要的關注？

蘇：我被分派到這部分。

朵：你大部分的時間都在做這個嗎？

蘇：我們教導。人類在星光層（astral plane）上需要我們。我們教他們應該知道，而且能為他們的生活帶來良善和美好的事。

朵：那麼你不需要像之前那樣以身體的形式下來？

蘇：只有在需要介入的情況下。

朵：所以你教導的是靈魂到星光層的人？你是指他們在晚上或別的情況下離開身體旅行的時候嗎？

蘇：對。人類靈魂具有在很多時候到很多地方的能力。那是我們最能協助他們的時候。我們可以在那裡提供協助，但還是不能干預自由意志。那是自然法則的規定。

朵：如果他們來找你，就不算是干預他們的自由意志？

蘇：正是如此。

朵：身體很受限，不是嗎？（對。）我聽說很多這樣的事在人類晚上睡覺時發生。

蘇：也或者是在你幫助他們進入的狀態下。我們一直在觀察你，在你的星光層上也助你一臂之力，而且已經進行了很長一段時間。你是個很棒也很積極的學生。

朵：我知道我一直以來都得到很多的幫助。我自己是做不來的。你想要人類知道有許多奇妙不可思議的地方？

蘇：絕對的。

朵：而物質世界是最不重要的，對嗎？

蘇：對學習卻是必要的。

他們證實了一件事，就是人類晚上在睡覺的時候，或是處於催眠時意識改變的狀態下，他們會與人類接觸，提供豐富的資訊。

我決定該是往前的時候，所以我問他們是否知道他們正透過一個名叫蘇珊的身體說話。他們說他們知道。

朵：你們知道我在進行催眠的時候，總是以為我們要回溯前世，不是嗎？

蘇：那是你的治療處方。這是你與你的團隊成員所制定的合約，為的是促進身體的療癒。我們把這視為一種處方，方箋裡都是些很好的材料。

朵：可是她沒有回到前世，至少不是典型有身體的前世。（笑）

蘇：對。沒有這個需要。有些人需要，但她不用。你知道她不會喜歡的。（笑）

朵：為什麼不喜歡？

蘇：她不想相信星星這回事。

朵：為什麼？我知道這些都是真實的。

蘇：你錯了。她不會接受的。（大笑）如果你告訴她那是一位天使，她會說：好吧！

朵：所以天使就沒問題，但光體不行。（笑聲）

蘇：沒錯。

朵：她可以把你們當成另一種形式的天使。

蘇：這個我們可以接受。

朵：催眠剛開始時，聽起來她就是你們。你們是她的一個面向還是什麼？

蘇：對。你知道的！（開玩笑的口吻）

朵：我知道，但我們現在正試著幫她。有些事情需要適應。

蘇：我們已經進行一陣子囉。（仍然覺得好笑）她準備好了，否則不會發生現在這件事。

朵：是你們叫她來找我的嗎？

蘇：當然是。

朵：她很驚訝，因為她說她從來沒有聽說過我。

蘇：我們可聰明的咧！（笑聲）

朵：我的女兒說你們是我的公關人員。

蘇：我們很高興能為你服務。

朵：我發現你們常做這種事。但這次的催眠會跟她原有的期待，跟她的想法不同吧？

蘇：噢，絕對的。我們覺得她時候已經準備好了，不過她還是會經歷一段適應期。我們在她的身邊備妥了足夠的支持，好讓她能以自己的速度聆聽和消化。

朵：我們只給個案他們應付得來的訊息。

蘇：你很明白。（又笑了）我們觀察你很久了。她準備好要聽你說了。她在某方面和你很投契，所以能夠瞭解和傳達自己的感受。你將能在她的旅程上推她一把，給她養分。這是你在這件事的角色。她想要相信自己並非如早年被設定去相信的那樣，是個沒有價值的人。我們讓她發現她到議會就是要她知道議會是她的源頭，但她不會信的。她不會相信。

朵：那麼她要怎麼解釋你們現在在對她說話？

蘇：她會從聲音中聽到。我們已經在操作她的聲音。她知道，但她要聽到聲音裡的權威，她才會真正信服。

朵：所以現在是她知道她比自己所以為的更重要的時候了。你們是這個意思嗎？

蘇：當然。自認平凡成就不了大事。你知道我們都需要促成新地球，並且幫助人類適應新地球。這是我們在這裡的主要動機。情況正在改變。人類需要有人來幫助他們適應次元的變化。像你和她這樣的人太必要了。（你們）幫助大家調整，幫助他們適應新地球。

朵：有人告訴過我這件事。情況變化得非常迅速，你們不希望一切又被摧毀。

蘇：不能被摧毀。你知道的。不能發生也不會發生。

朵：一次又一次重來太花時間了。那是你們創造新地球的原因嗎？

蘇：你知道你很安全。她知道她很安全。

朵：我們也知道不是每個人都會去新地球。有人這麼告訴過我。

蘇：他們說的很正確。你看到分裂，看到了分歧。你明白。

朵：我試著理解。好複雜。

蘇：是很複雜。這也是為什麼我們需要給人類簡單的處方。

朵：你們必須從頭，從小嬰兒學走路，一點一點的步伐開始。——為什麼一開始你們要讓她看到毀滅？

蘇：她體內的細胞有記憶，那是來自於那個時間的某個地方的記憶……你們稱為平行的存在。不過，沒有，她跟那個毀滅沒有直接關係。她的細胞只是記下了對那場毀滅的目擊經驗。

朵：為什麼你要她知道這個？

蘇：她被賦予了一種工具，但她低估了工具的力量。那是她此刻要在地球與眾人分享的東西。（這是）大覺醒的時刻……新地球的時代……要整合到地球。她低估了這個力量。我們想讓她看到分享光是件多麼有價值的事。她低估了自己的力量。在這個時候散播光，非常之重要。

朵：但她在做很多很好的事，不是嗎？

蘇：對，是的，我們也以她為榮。只是她做的規模仍不夠大。在她能夠相信自己以前，很難帶引她擴大規模。

朵：你們要她擴大規模？

蘇：要等她的身體對此感到自在之後。

蘇珊聽到這些存有對她說話很久了，但她以為他們是她的天使。實際上，那是議會在對她說話。他們笑著說：「她一點都不會喜歡的。把真相告訴她的時候，委婉一點，好嗎？」

蘇：她的合約是連結人們與源頭之光。她只聽到連結者的部分（笑），不過這不礙事。

蘇珊有過許多次的實體事件。「（我們）用手肘推。很用力地推。那是在別的方式都失敗的時候才出此下策，我們很遺憾她感覺像是被懲罰。」

潛意識很快地檢視蘇珊的身體，並解決了她的清單上所列的身體問題。

＊　＊　＊

「恐懼是這個世界的幻覺，如此而已。」

第十章 一個星球的毀滅

二〇〇九年，我第一次踏足南非。由於安排課程和邀請我們到約翰尼斯堡的是凱西，我決定選她作為課程最後一天的示範。當地人接觸到神祕學的機會不多，因此求知若渴。他們有書，但缺乏講者和老師。課程的一切對他們來說都很新穎，因為他們對這個領域只有最基本的認識，所以我講課的時候也只講最基本的。看到學生的反應是如此驚奇、敬畏和充滿熱情，很令人耳目一新。

課程進行得很順利，我教導他們如何應用我的催眠法在簡單的前世回溯和療癒上。我們在示範的時候，預期的也是重新體驗一段正常的前世。通常在剛入門的階段，學生的理解力大概也就是在這個範圍。所以當我們開始進行催眠，情況卻超越了這個範疇時，雖然我已習以為常，但因為過程中呈現的是他們前所未聞的概念，他們是完全地目瞪口呆。他們的臉上清楚表露出震驚，還頻頻看我有何反應，因為這完全偏離了我才剛教給他們的內容。

我很清楚這次的催眠已經不是單純對前世的探索，而是冒險進入了未知（尤其是三波段的志願者）。我想我沒有停止催眠，反而像是沒有什麼不尋常的事發生般地繼續進行，令學生們大感詫異。當然，對我來說，發生的事沒有不尋常。我試著一邊催眠，一邊給他們要他們放心的神情。我知道事後我可以對他們做進一步的解釋。雖然在示範前沒有機會提到會有哪些可能性，但我猜想，「他們」認為我的學生已經準備好了，不論學生身處在世界的哪個角落。

進入催眠狀態後，凱西喜歡待在雲端，對從雲端飄落躊躇再三。她變得激動起來，開始哭泣。但她什麼都還沒看到，所以沒有任何事物可以顯示她為什麼會受到這樣的影響。不過，每當個案展露情緒，向來都是發現了重要資料的訊號（在她的情況，則是重要的資料即將出現）。情緒無法造假，個案事後甚至會對自己的情緒化表示難以理解。「我為什麼會哭？沒有道理啊！為什麼我會那麼難過？」

我知道我必須讓她從雲端下來，所以我問她能否去個什麼地方，有沒有哪裡是她想讓雲帶她去的？

凱：我想上去！（深深嘆息）我想回家。

朵：再體驗一下子。你可以隨心所欲做你想做的事。你要去哪個方向？

凱：往北。我看到星星。它們好美！好亮，在旋轉。我現在看到一塊粉紅色的土地。玫瑰的色澤。很遠。——那是我住的地方。我越來越接近了。風很大……很多雲飄離了。雲有一種柔和的粉紅色。還有光……來自星星的光。

朵：你想不想往地面的方向前進，這樣你才能下來？（不想。）為什麼？

凱：因為它已經不存在了。那裡只有灰塵。它不見了。

她開始大聲啜泣。學生們帶著非常困惑的表情看著我。

朵：發生了什麼事嗎？

凱：我不知道。——那裡沒有任何生命。只有沙塵暴和熱空氣。我靠近不了。它不讓我靠近。太危險了。

凱西無法解釋為何靠近會很危險，但在飄浮的時候，她不得不保持一個安全距離。她只看得到雲和灰塵。那裡沒有生命、建築物或植物生長的跡象。那是個荒涼的星球，而她因此悲傷到無以復加。「我回不去了。我們失去了一切。它消失了。每個人都走了。不在了。全沒了。」

她說事情發生的時候她不在場，但她知道那裡曾經是個生氣勃勃，住了許多人的地方。她雖然知道自己曾在那兒短暫居住，卻得不到更多的資訊。我決定讓她回到大災難發生之前，看看事發前那裡原本的樣子。她很渴望這麼做，一下子就到了那兒。「我看到小孩。他們在水裡玩。有很多水。」

朵：它還是粉紅色的嗎？

凱：不是。是白色的。大地是綠色的。小孩在玩。他們在跳舞。

她說那些孩子看起來像是人類。我要求她往下看看自己，告訴我她的身體是什麼模樣。她說她看不到自己的身體。我再問她，能否感覺到身體。「可以。感覺很平靜。我看到一座城市……白色的城市。它有很高的灰色大理石牆和迴廊，充滿了歡笑聲。它很耀眼，永遠散發著光。」

朵：你曾經住過那裡？

凱：我想我去過，不過那裡不是我的家，我只是在那邊住過。

朵：你為什麼會去那裡？

凱：去教導。為了教孩子們愛和喜悅。

朵：有人叫你去的嗎？

凱：對。那裡很美。人民很單純，很善良。

她去過很多地方，凡是吸引她的地方，有需要她的地方，她都會前往教導。

朵：這是你喜歡做的事嗎？

凱：我不知道……（嘆息）……再也不是了。（她開始哭泣）因為很痛……。

朵：是因為這個星球被摧毀了還是什麼，所以覺得心痛嗎？

凱：對，發生事情了。我離開以後就失去他們的消息。

她直覺地知道會有事情發生，但那些人不曉得。早在災難發生之前，她就已經離開了。所以她仍然不知道到底是什麼造成了毀滅。「只要有人需要，我就會去教導。」

朵：沒有人需要你的時候，你都在做什麼？我們可以看看這部分。（沒有反應）那個時候你有做其他的事嗎？

凱：沒有，我就只是等到有人需要我的時候。

朵：你在哪裡等？你可以看到那個地方。

凱：很難解釋。

朵：盡量。

凱：那是完全的平靜。比較柔和。

朵：看起來是實體嗎？

凱：不。它幾乎像是動態……像是一首歌。

朵：聽起來很美。你身邊有人嗎？還是你是自己一個人？

凱：我不孤單，不過這裡沒有人，但我感覺總是有人在我身邊。

朵：所以你喜歡那個地方？

凱：有時候。——有時候你需要出去，看看東西。我在這裡等待，直到我必須出去教導別人，幫助別人。然後我再回到這裡。

朵：你曾在身體裡生活嗎？

凱：我不記得了。我只記得這些，記得這個純粹平靜又美麗的地方。

朵：真好。你是個很有愛的人。你必須充滿了愛才能教別人愛。很棒。——你知道你現在是透過身體在說話嗎？（知道。）既然那裡是那麼的美，為什麼你決定要進入一個血肉之軀？

凱：我不知道。（笑聲）

朵：你想找到原因嗎？（她又笑了）我們可以去找原因。這對你會有幫助，不是嗎？（對。）

我接著引導她到決定離開那個美麗地方的時候。「發生了什麼事？」

凱：時候到了。他們必須做些安排。——我的工作還沒結束。我必須再去當老師。

朵：有人在跟你說話嗎？

凱：我們全都在說話。我們在決定什麼才是最好的。

朵：你們在決定什麼？

凱：由誰去做。

朵：其他人也想去嗎？（不想。）（我們兩個都笑了）為什麼他們不想？

凱：因為這是個很大、很大的挑戰。他們不覺得該由他們去。

朵：有原因嗎？

凱：因為不需要他們。（她又開始掉淚）

朵：但你認為有人需要你？

凱：噢，是的！

朵：你覺得有人需要你去做什麼？

凱：改變事情……緩緩地……轉變……幫助人們想起。

朵：他們忘了什麼？

凱：他們自己。他們忘了他們是誰……他們真正的身分。他們進入身體之後就忘了。

朵：那麼他們到底是誰？

凱：那是他們要學的事。他們相信自己是別的東西，但他們不是的。

朵：所以你要幫他們想起來？

凱：有部分工作是這樣，沒錯。

朵：其他部分是什麼？

凱：協助改變事物。——流動。像是潮流……改變流動。

朵：什麼流動？

凱：一切。現在的方向錯了。

朵：是什麼造成它走錯方向？

凱：遺忘……忘了去愛……忘了去愛和遊戲。

朵：所以當人們開始遺忘，就造成流動往錯誤的方向前進？（對。）如果流動持續朝著錯誤的方向，會發生什麼事？

凱：他們會死。他們的靈魂……。（啜泣）

朵：所以你肩負起到這裡來改變的使命？

凱：一個小的……小的改變。

朵：那是個大決定。（是的。）需要很大的勇氣。

凱：需要的是愚蠢。

朵：你認為你可以造成改變？

凱：我不知道。進入身體後的情況和我原先想的不同。

朵：但其他和你在一起的存有不想接受這個機會？（對。）所以你覺得你是自己一個人在做這些？

凱：不是。我知道我不是一個人。

朵：你知道有其他人也來協助？（對。）他們是凱西認識的人嗎？（不是。）但或許他們也不知道自己在做這些事。

凱：他們會知道的。

朵：你說你想家？

凱：對。我在家的時候真的很快樂，這是我那麼想家的部分原因。

我決定喚出潛意識，替她的問題找到答案。我問他們為何要讓凱西看到那個場景。「我們原本在找前世，不是嗎？」（是的。）「她沒有回到前世是有原因的嗎？」

凱：她不記得了。她不該記住。

朵：聽起來她是以靈魂的形式從一個地方到另一個地方？（對。）她做很多好事？

凱：她努力在做。

朵：所以她來地球進行另一個使命？（對。）那是你們要她知道的嗎？

凱：她知道的。

朵：但她的意識不知道。（對。）你認為讓她知道是重要的？

凱：是重要的……沒錯。

朵：這對解釋許多她人生裡的事情會有幫助？

凱：對。那是為何我們引導她來找你。

朵：她是我之前說過話的那些志願者之一嗎？

凱：不一樣。

朵：怎麼個不同法？

凱：因為她通常不做這事。我們必須要求她做。

我問了那個永恆之問：她的生命目的是什麼？她這一生應該要做什麼？「你們想告訴她嗎？」

凱：不。（笑）因為事情不是那麼簡單。她是在她的道路上。當時機來臨時，她會知道的。

朵：她現在還沒準備好要有全面的瞭解？（對。）這一定相當重大。

凱：我不能說。（笑）

因為潛意識不肯透露更多的事，我把焦點轉向她的身體。她曾進入企業界，因感到幻滅而離開。「她試著當個人類，想融入社會。她想做對這個星球最好的事，她以為要到企業界才有最好的效果。那裡的人畢竟比較多。」然而，她在企業工作時卻生了重病，這是她不得不離開的主因之一。他們說她不快樂，所以才會生病。我問到她的身體，並請他們掃描她的身體，但他們快我一步，已經著手在做了。（醫生認為她的血液有些不對勁。他們診斷出是嚴重的貧血，她的身體因貧血變得虛弱，還會突然昏厥。）

凱：我們正在治療她。她感覺得到。她感覺得到。

朵：血液出了什麼問題？

凱：沒有什麼嚴重的，只是流動的問題。她讓流動停了下來。

朵：她談到流動，但我以為她的意思是世界的流動。她和世界的流動有關？

凱：一切都有關聯，是同樣的事。

朵：醫生說狀況很嚴重。
凱：本來是。但她聽進去了。她離開了那家公司。
朵：你們現在在對血液做什麼？
凱：我在給它能量。
朵：你們怎麼給血液能量？
凱：就是這樣做。她會好轉……會好很多。我們一邊說就一邊在做了。讓他們（指醫生）繼續摸不清是怎麼回事……對。
醫生說她的肝臟也有問題。「他們」說那是同一個問題，一樣和流動有關，這也因此造成了血液的惡質化（變得有毒）。
朵：你們矯正好了嗎？
凱：給我一分鐘。我們還需要一分鐘。
然後他們專注在她的背部。她的背一直有問題，因為她很難釋放過去。她想保持連結。「那就像是一腳在內，一腳在外。」他們矯正了這個問題。「只是矯正流動，把過去的她帶走，現在的她帶來。我們要再細看，但我們可以矯正。我們想要進展快些。」其他的身體問題（脖子、腿）都和最初的原因有關。他們會在催眠過後持續替她治療。
凱西一直想知道她跟生命裡其他人的業力關係或合約，但她若是以前從沒來過地球，她不會找到任何因果。「她有老師們教她怎麼生活。她的父母是帶她進來這個世界的人。他們只是為了教導她。」她在成長的過程感受到很多的憤怒和激進的情緒，她想知道是從哪裡來的。「那是哀慟，對那個星球……那個失落。」

朵：那個星球發生了什麼事？

凱：他們自我放棄。

朵：她說事情發生時她不在。一切都被摧毀了。

凱：不，他們把她帶走了。她不會想要看到的。那真是悲哀。

朵：是什麼造成了毀滅？

凱：他們自己。很難解釋，因為情況很不同。他們的心態放棄了努力變得更好……放棄努力去愛。他們忘了自己需要做的事。

朵：所以一切都毀了。

凱：對。是他們選擇的。

朵：這是她現在必須來到地球的原因？

凱：因為那些人選擇自我的毀滅。對。

朵：你們不要這種事再度發生？

凱：我們想給他們一次機會。我們在努力。

朵：你們不想事情重蹈覆轍？

凱：我們不喜歡輸。（笑聲）

朵：她不想再經歷一次那樣的事。她有個志願來做的大事。

凱：是我們要求她的，她好不容易答應了。她瞭解要付出什麼代價。她接受了這個機會，我們很引以為榮。但我們知道她會接受。她為我們做了很多事。

凱西還有一個問題想問。她小的時候，晚上曾有靈體去造訪她，令她非常害怕。

凱：因為她活在兩個實相中，一腳在裡面，一腳在外面。她很難放開，而她又有回到源頭的連結。

朵：為什麼她對那件事的認知是恐怖的？

凱：因為那真的很令人恐懼。很令人害怕。和負面接觸以後……我要怎麼解釋……不是邪惡，是不瞭解。她將它認知為實體的東西，但那其實是物理能量。她能感受到那個能量。那是個人，不過和她以為的不同。它來自靈界。

朵：現在偶爾還是會有類似的造訪。

凱：因為她可以看透相鄰的實相。

朵：看穿面紗？（對。）可是她不應該害怕？

凱：對，不過我們瞭解她為什麼害怕。下一次她就會懂了。

朵：瞭解就不怕了，是嗎？

凱：沒錯。沒錯。

朵：我們還有一個問題。她覺得她小的時候可以飛。那是真的嗎？還是那只是她的想像？

凱：嗯，每個人都能飛。每個人。

朵：為什麼我們不知道？

凱：因為我們忘了。

朵：（笑）我們覺得自己被綁在地球上？

凱：我們是這麼相信的。她小的時候知道她可以飛，所以她飛了。

朵：你的意思是如果我們開始記起來，我們還是可以飛？

凱：對……如果我們學會去遊戲。我們需要遊戲。就是遊戲……就是去感受喜悅、愛和接納。你們太嚴肅了。你們必須把喜悅帶回到生活裡。因為如果沒有喜悅，你們的心靈會死亡、會枯萎。遊戲，享樂，那沒有很糟，只是看上去是。遊戲，享受樂趣。然後我們就能改變流動。——想起飛翔的感覺。

朵：（笑聲）我的眼前剛出現一個大家都在飛的畫面。

凱：這沒什麼好奇怪的。

朵：或許時候到了。

凱：我希望是。我真的這麼希望。

朵：總之，你是要我們想起我們的來處，想起那裡是什麼樣子，還有為什麼我們在這裡？

凱：那是你們要去發現的事。那不是我的工作。覺醒吧。

朵：我們可以造成改變？

凱：噢，是的。每個人都有他們的道路。

朵：否則這個世界會像另一個星球一樣死亡？

凱：或許還會更糟。我們可不想要那樣。

我正準備結束催眠，潛意識突然問我：「有什麼是你想知道的事嗎？」由於我向來都是以個案的利益為主要關切，這種問題總令我措手不及。我於是問了當下所能想到的：「我想知道的事？為什麼我必須來南非？這是我第一次來。為什麼這裡需要我？」

凱：因為平衡的關係。

他們沒有對這句話多加解釋，所以我只能臆測。他們的意思或許是指世界的這個部份需要我的能量來協助平衡。他們告訴過我很多次，當我們去到某個地方，我們會把自己一部分的能量留在那裡，而那個能量會發揮超越我們所能想像的影響力。

午餐過後，我花了不少時間，試著依學生有限的理解力，解釋催眠時發生的事。凱西對自己說過的話完全沒有記憶，所以要對她說明也很困難。

* * *

凱西是我稱之為「第二波」的範例。她以觀察者的身分來到這裡，同時也是來幫助人類恢復記憶的老師。在這個案例，是「他們」要求她來，而不是她志願，所以她不是很心甘情願。

催眠之後，緊接著又發生一件不尋常的事。那時正是南非一年當中的炎熱季節，雨水稀少。但一場大雷雨卻意外地猛降在我們所在的建築物。風很強，雨很大，不時伴隨著轟隆隆的雷聲。他們說這很不尋常，暴雨不曾在一年中的這個時候發生。我們回到了留宿的地方，詢問凱西的兄弟詹姆斯有關暴風雨的事。他說城市的這頭無風也無雨。那場大雨似乎是區域性的，只落在我們上課的那條街和那棟建築物上。這場暴風雨和那場催眠的存在體能量或是潛意識有關嗎？

我在其他地方上課的時候也曾遇到不尋常的天氣現象。在杜拜的沙漠上課時，就有一場鋪天蓋地的沙塵暴突然襲來，把教室所在的建築物包在正中心。在阿肯薩斯的轉化大會時，也出其不意地傳來龍捲風警報，還有人目擊龍捲風就在大會中心的上方。不過，或許最奇怪也最難以解釋的現象，是在二〇一〇年我到澳洲雪梨上課所發生的事。那是一個有六十多名學生的大班級，教室內塞得滿滿的。當天是課程的最後一天，我正在替稍後即將進行的示範做訪談。突然間，天花板像瀑布般地灑水到坐在桌前的學生身上，室內頓時一片混亂。水流從照明設施附近往下流洩。學生們渾身濕透，紛紛尖叫著跳起來。有人抓了一個大垃圾桶放到桌上去接那不停落下的水。有人去找負責這棟建築物的管理員，整個場面混亂不已。

起初我以為那是雨水，但因為我們是在五層樓建築物裡的三樓，外頭又豔陽高照，說是雨水並不合理。最明顯的解釋是天花板有根水管破裂。往下傾倒的水又持續至少五分鐘，先是緩緩的，然後又加速了起來。我覺得很有趣，最後哈哈笑著說：「好吧，朋友們，你們已經表達了你們的意思！現在可以關掉水了！」雖然不確定，但我懷疑是友善的小精靈又來搗蛋了。

管理這棟建物的人員走進來，張口結舌地杵在那裡，瞪著瀑布般的水流和裝滿半個垃圾桶的水，不斷地說著：「以前從沒發生過這種事。天花板裡沒有水管。沒有任何東西可能造成這個現象。」當水勢緩和成細流時，他們問我是否需要他們現在就過來把教室清理乾淨。我跟他們說沒關係，這已經是課程的最後一天，我不想再有任何延誤。學生們換到乾的桌子和椅子去坐。過了幾個月後，我才在另一次的催眠中向「他們」問起這件事。「他們」說那個課堂上至少有三個人抱持懷疑態度，而那是一個讓那些人相信我在催眠療程中真的是和某個不尋常事物攜手合作的方式。

許多無法解釋的現象都曾在我的課堂中出現（還有我在工作室進行私人催眠療程的時候）。我不認為這些事是意外或巧合。它可能是學生們或「他們」的合併能量，或潛意識所產生，用意只是要我們明白，我們對自己的力量毫無所悉。想想看，若是學會駕馭這驚人的能量，我們能做什麼。拯救世界？也說不定我們就能飛了！

第十一章 另一個星球的毀滅

泰芮也是一個試著發現自我的個案。對於地球，她始終覺得陌生，而且不斷在追求一種穩定的身分感。這是又一個覺得自己不屬於這裡，有適應困難的案例。

我們這次是在新墨西哥州的聖塔菲，我投宿的旅館裡進行催眠。我之所以會到聖塔菲，主要是為了在西北新墨西哥大學的艾爾里多校區授課。在停留的期間，我也順道見了幾位個案。

泰芮從雲端下來時，發現自己身在一個「空蕩蕩的地方」。她試著描述，但不是很確定。「我認不出這裡是哪裡。地方很大，很寬敞。以前似乎有東西在這裡，可是現在不在了。好像有東西被摧毀了。這是個荒蕪的所在。感覺現在這裡沒有生命了，一片焦土。我有種以前這裡有過植物的感覺，或許是某種樹。或許是建築物。我對它們有印象，但現在我沒有看到任何東西。什麼都沒有。這很奇怪。我的感覺好像……失落。在這裡，我感覺很孤單。感覺彷彿……每個人都離開了。」

我請她意識到她的身體。她穿著一件多層次但平滑無縫的衣服，讓她聯想到麂皮。她的身體似乎很輕又纖細，不具多少實體的樣子。當她看著雙手時，發現自己的手比預期要大，手指的形狀也很不尋常。我問到她的頭和臉，她說她戴著一頂緊緊的兜帽。她的臉是：「面貌光滑，感覺是橢圓形。有一個很小的嘴巴和小小的鼻子。眼睛很小，兩眼分得很開，呈水平狀，簡直就是兩條細縫。」在這個荒蕪的地方，她不覺得有呼吸上的困難。

泰：我覺得我好像來過這裡。這是我以前就知道的地方。我覺得我聽說過有事情發生。

朵：你以前就知道這個地方，可是當時並不是像這樣？

泰：對。它本來很完整。有許多人和活動，是個忙碌的地方。我沒有親眼目睹。這件事很讓人難過。有很多不同的故事。但我想它是某種……幾乎是自我毀滅。有個說法是，它是被外在的力量所摧毀，可是我認為那不是真的。我覺得這是一件無法避免的事。嗯，或許可以挽救得了，不過他們不知道要怎麼做。

朵：你認為那裡是你的家嗎？

泰：對，我想是的。不過我想我在這裡並沒有真的待上很久。我好像可以感覺到其他人，我過去認識的人，他們沒來得及離開。他們也被摧毀或不見了。

朵：那麼有些人得以離開。

泰：對。我不知道為什麼我離開了，但我就是離開了。事情發生時，我剛好不在場。她說她不用搭乘任何東西就能來到這裡，只要想到它，就能立刻到達。

朵：在想這個地方的時候，你人在哪裡？讓我們往那兒去。你是在哪裡決定要看到這個地方的？

泰：在太空。沒有星球。只是在外頭。萬有的一部分。

朵：你的意思是？

泰：它就是……太空。

朵：沒有飛船或什麼具象的東西嗎？（沒有。）嗯，你怎麼能生存在太空裡？

泰：我不需要什麼。

朵：什麼意思？你好像有個身體，不是嗎？

泰：在那裡沒有。當我在太空的時候，我沒有身體。我覺得自己像是一個光點。就在我想離開時，身體就消失了。我不再需要身體了。

談到像個光點時，她看到的其實是**真正**的自己。我們最初在被創造時都只是光的火花，後來被送出去學習和體驗。當你除去身體，除去那為了體驗生命而包圍著自己的肉體和種種具體限制，真正的自己就是個永恆的光點。

朵：你說你在災難發生前就已離開這個星球？（對。）你可以看到那個時候嗎？你當時有身體嗎？

泰：看來是有的。我在某種飛船裡。

朵：旁邊有其他人嗎？

泰：很多人。飛船很小。

朵：你在離開的時候就知道會有事情發生嗎？

泰：並不是很確定。我不是因為有事要發生才離開，但的確有種風雨欲來的感覺。

朵：同時間也有別人離開嗎？

泰：有。但他們也不是因為覺得有事將要發生才離開。大家總是來來去去。

朵：你的工作是什麼？

泰：和搭乘的這艘飛船有關。我會長時間飛行，但我們一定會回去，然後再出來。

朵：跟我說說，這次你離開時，旅途上發生了什麼事。你去了哪裡？

泰：像是到了離星球很遠的地方。感覺我們好像在觀察其他的星球？其他的存在體？或許吧。我們被載去很遠的地方……甚至離開了那個宇宙。

朵：你在外頭的工作是什麼？

泰：就只是觀看。只是觀察，蒐集資訊，看看其他地區的情形。

朵：你們的人就是在做這些事情嗎？

泰：這些似乎是我們做的事情的一部份。感覺像是去探索，帶回資訊。然後和其他人一起使用那個資訊。接著又再出去。

朵：你喜歡這種工作嗎？

泰：喜歡。很有趣。

朵：所以當你出去到那麼遠的地方時，你是在一艘小飛船上，還是一艘大一點的飛船上？

泰：感覺是艘小船。

朵：你會在其他星球降落嗎？還是只是觀察？

泰：感覺我們好像只是觀察。我沒有降落的印象。

朵：那麼你也不記得和那裡的人有過互動？

泰：對。感覺像是從一段距離外觀察。可是我們遠遠的也能知道情況，知道發生什麼事。

我試著找到故事的下文，好對這一切有更多的發現，所以我引導她到有事件發生的重大日子。

泰：（困惑）我們看到某個不尋常的星球，它……像橘色的液體，不斷在改變形體。

朵：很不尋常？

泰：對。我們從未見過這種星球。它似乎沒有生命棲息，但我們試著去瞭解它的功能和目的。因為它沒有固定的形狀，而且它事實上看來像是會造成干擾……（困惑）波及周遭。還有，它似乎對其他星球帶來了一些麻煩。——即使是沒有生命棲息的星球都有某種目的。但這個星球卻像是出了問題。它不斷改變形狀的方式造成了干擾。

朵：不穩定。（對。）你們應該要做點什麼嗎？

泰：我們大多只是觀察，不過這次我們提高了警覺，必須回去通報負責的人。事態緊迫。這感覺很不一樣。……這似乎就是影響到我們星球的事。

朵：即使它的位置這麼遠？

泰：沒錯。我知道。對。它引起很大的不安。

朵：影響會遍及整個宇宙還是怎麼嗎？

泰：是的。影響有時很微妙，有時很巨大。我不知道它是怎麼個危險，但感覺真的很緊急。這可能會對我們和其他人的世界造成危險。——我們要回去了。我們在這裡也無法做什麼，也蒐集不到更多的資料。該是回去轉述資訊的時候。

朵：好的。讓我們往前到你報告資訊的時候。那個地方是什麼樣子？

泰：它的結構很難描述。但它是我們建造出來的。看上去很像是自然的構造，但其實不是。它還有裡面……有很多空間。這是一棟建築，只是看來很像是從地上長出來的。

朵：這個地方在那裡？

泰：這就是那個星球，我的星球。我去那裡轉述資訊。負責的人在這棟建築物裡。他們很擔心。他們要派別人出去，派一個更科學的團隊出去，看看那個像橘色液體的星球是怎麼回事。這個團隊有其他進行測試和蒐集資訊的方法。我們是負責探索的。現在他們會派遣有其他工具的人去。

朵：你不會和他們一起去？

泰：不會。我們會在這裡停留一陣子，不過不會一直在這兒，也不會待上很久。然後我們就會被派出去執行別的任務。

我讓她前進到另一個重要日子。她停頓了很久，然後才緩緩且哀傷地開口。

泰：我又在飛船裡了。船裡有另一個跟我同一隊的人。我們聽說了有關我們星球的事，不過……消息不完全。我們聽說星球毀滅了。還有……（有困難述說）還有……我們不知道該怎麼辦。

朵：你認為這是你們看到的另一個星球造成的嗎？

泰：（大聲嘆息）這時候還不知道。確實像是……那就是我們最先想到的念頭。還有……我們不知道怎麼辦，不知道要去哪裡。我們在飄浮，像是在太空中迷失了一樣。我們的使命沒有成果，也不曉得何去何從。沒有人告訴過我們，萬一發生了什麼事要怎麼辦。我知道還有其他人也在外頭，可是我們離得很遠。

朵：聯絡不上他們？

泰：似乎如此。不過有人聯絡上了我們。

朵：然後傳送訊息給你們？

泰：對。但我們聯絡不上他們。

朵：嗯，或許他們也跟你們一樣茫然。

泰：對，大概是。

朵：你的飛船上有多少人？

泰：只有我們兩個。

朵：你們必須吃東西或是消耗食物嗎？

泰：似乎不用。

朵：你認為你們可以在外太空一陣子嗎？

泰：對。這個我們倒不擔心。只是……我們不曉得要去哪裡。確切地說，也不曉得該做什麼。

朵：嗯，讓我們往前移動。我們很容易就能做到。時間往前，看看發生了什麼事。你們去了哪裡？（沒有反應）你們決定做什麼？

泰：我們決定去探索，看有沒有其他我們可以降落的地方。可能的話，我們想找到自己人。

錄音帶從這裡開始出現大聲的電子嗡嗡聲，使得語音變得有點模糊。催眠時並沒有這個狀況，只在聽稿謄寫時才從錄音帶上聽到。這種現象偶爾會出現，我認為是能量產生之故。錄音帶有時會加速，聲音聽起來會變得像花栗鼠的聲音一樣，不然就是轉速變慢，聲音變得低沉且拖拉。但這些現象和錄音機的正常機制完全無關。

朵：你們現在在做什麼？

泰：我們在探索方面很有經驗，也有地圖，所以想出去探索，只是沒有確切的計畫。我們會繼續探索，但現在……是為了自己。

顯然在這段探索的時期，他們回到催眠一開始時看到的星球，發現上面已經沒有生命，一切全都毀了。

朵：嗯，讓我們再往前。你們後來有找到要去的地方嗎？（停頓很久）這樣你們就能停止探索，在某個安全的地方？

泰：（停頓）好像沒有。好像……我們反而改變了自己的形體。

電子嗡嗡聲又跟開始的時候一樣嘎然而止。

朵：喔？這是什麼意思？

泰：（困惑）我不知道是怎麼辦到的，可是我們能……把形體留在飛船上，然後就是在太空裡。

朵：你就是在這個時候變成光點嗎？

泰：我想是吧。

朵：為什麼你們決定要這麼做？

泰：我們一定是有可以變成光點的知識。而且失去了自己的星球，我們的身體似乎也不再有意義。

朵：你們不認為能夠找到另一個地方？

泰：我們從來不是真的想找。我們想看看自己能不能做到，但在那個時候似乎不那麼重要了。也不必要。我們回不去了。而在別的星球上，即使我們兩個在一起，仍會感到孤單。

朵：所以你們兩個決定一起這麼做（變成光點）？（對。）這是一種死亡的形式嗎？你瞭解死亡的概念嗎？

泰：（大聲嘆息）我相信是的。對。是我們想這麼做的，沒錯。

朵：我好奇你們的身體會不會死。

泰：嗯，我們只是不再需要它們了。身體並不是老死，而是不再有目的。

朵：你們大可繼續旅行，可是你們覺得那樣沒有意義了？

泰：對。感覺一點意義也沒有。雖然重點是找到新家，但我們認為沒有哪個家會和以前的一樣。這很讓人難過。

錄音帶已跑到底，翻面的時候，嗡嗡聲又出現了。

朵：你現在要做什麼？

泰：我感覺很好。感覺像是某種延續。在觀察。

朵：依然在探索。

泰：不盡然是探索，而是維持……我想說的是，……像穩定器一樣。

朵：有人或是什麼的會告訴你應該要做什麼嗎？

泰：嗯，我就是知道，但我也認為有人給我指令。（停頓）我某方面來說比較像是靜止的光點，而不是像過去那樣一直到處移動。還有，我是以這種方式，在一個更廣的層面上提供協助。雖然只是個微小光點，感覺卻很巨大，而且感覺很踏實，就某種意義而言，也很穩定。我像是宇宙裡的一個穩定點，協助萬事萬物以他們需要的方式運作。

朵：你在外太空很久嗎？你就是穩定事物？

泰：是的。穩定，讓事物維持應有的狀態。以免它們被拋出軌道。

朵：你的意思是星球……還是宇宙裡的東西嗎？

泰：嗯……，這是新的經驗。

朵：你有想過不再是那個狀態，然後變成實體嗎？

泰：好像沒有。我喜歡這樣。

朵：你還是需要有人指示你要做什麼嗎？

泰：我會得到初步，最初的指令，（停頓）但現在就沒收到太多指示了。不過，如果我需要做些不一樣的事，我會有感覺。我做的事可能會改變，只是不論我做什麼，都是有需要才會去做的。

朵：你知道你現在是透過一個身體在跟我說話？

泰：我想我知道。我既知道也不知道。（笑）我知道這個身體躺在這裡。

朵：對，你正透過它說話。（是的。）但你也在外頭穩定事物。（對。）我不想讓你混淆或者困惑。

泰：可能會喔。

朵：那麼，讓我們往前移動，到你第一次決定進入這副身體的時候。你在決定進入身體時，發生了什麼事？

泰：這副？（對。）噢……我不確定這是我的主意。

朵：我想知道你是不是得到指令。

泰：是的。這是有必要的。我有在身體裡應該要做的事，或者說，是需要去做的事。我原本在做的事讓我覺得相當自在，可是我似乎需要來點震撼教育。我需要一些身為光點得不到的經驗。

朵：可是是有人給你指令，要你去做這件事？

泰：是的。那並不是我的想法，因為我很快樂。

朵：你曾經有過身體。（對。）但你曾來過地球嗎？因為我們現在就是在地球說話。

泰：對。（停頓）我不知道……感覺還不錯。我試著回顧。他們叫我來這裡。他們叫我來的。有事情要做……感覺這也是跟我有關的事，和體驗密度有關，還有學習如何處理這個密度。這個感覺很不一樣。

朵：和另一個星球不一樣嗎？

泰：是的。雖然那時我們有形體，但每樣東西都比較輕盈，作用方式也不同。

朵：你認為體驗身體是件容易的事嗎？

泰：似乎不是。我願意去。我知道這是正確的事，但我不能說我很期待。感覺有點怪。

朵：你在外面有完全的自由。

泰：對。還有那些探索都很好玩。

朵：可是一定有個理由，否則他們不會要求你來。（對。）一定很重要。

泰：他們是這麼說的。

朵：在進入這副身體以前，你有做任何準備嗎？

泰：我好像看到很多圖片。我在某個地方，有人給我看地球生活的照片，展示的動作很快。好多資訊，很快速。

朵：都是你有必要知道的事？

泰：對。就是這裡的事都是怎麼在運作。

朵：什麼都不知道就來這裡會很困難，對嗎？

泰：對。要先做準備。就跟上課差不多，但學習很好玩，要學的東西也是。

她描述的顯然是印記過程，我在其他書裡對此有詳盡的敍述。這通常是對從未在地球生活過的靈魂要做的事，為的是替他們做好準備。她顯然是地球新鮮人。

朵：所以你就會知道你要去的地方是什麼情況。

泰：感覺不一樣，但沒有……那麼糟糕。（咯咯輕笑）不像最初那麼困難。

朵：進入身體時，是什麼感覺？

泰：（停頓）嗯，不是……困難，是一種不舒服的感覺，像是……我不確定。很不一樣。很……難適應。

朵：我瞭解。嗯，這是為什麼我要問你那些問題。因為我在跟這個身體說話，而她有一些問題，這和她為什麼對存在於地球上的這個身體感覺很不一樣有關。你認為她為什麼會看到身為探索者的前世和被摧毀的星球？

錄音帶在翻面後持續不停地發出嗡嗡聲，而且變得很大聲，造成了干擾。

泰：（大嘆）她需要看到她離開後那個星球變得怎麼樣了。

朵：她來自的地方？（對。）為什麼對她來說知道這件事很重要？

泰：這是她的渴望。

朵：可是那個星球再也沒有生命了，不是嗎？

泰：對。但她必須知道那裡曾有過生命，而且她就是從那裡來的。如果可以的話，她寧可待在那裡。

朵：但這當然是不可能的了，不是嗎？（是啊。）她原本可以待在太空做她的事，是吧？

泰：她會想那麼做，不過她需要有這一世的生命。有一些是她可以在這個時候帶來這個地方的東西。

朵：你知道她的人生現在應該要做什麼嗎？

泰：知道。療癒工作需要以新的方式擴大。她已經在正軌上了。

朵：她想問一個問題。她這輩子一直在想自己是誰。她覺得不知道自己是誰。她試著發現自己，花了很多時間發明各種性格，因為她不知道自己是誰。（對。）你可以解釋她為何會有這種感覺嗎？

泰：嗯，這有點好玩，但對她來說不是很好。她不知道要怎麼在地球上生活，於是變得有點像是在試戴帽子，只是沒有一頂適合，然後就更茫然了。很辛苦，不過她現在對自己是誰開始有比較多的感覺，這也確實是她需要走的方向。她差點就完全迷失了。

朵：因為不知道自己是誰。

泰：對。她的力量因此被削弱了。

朵：但你們能幫她瞭解？

泰：對。我們會送對的人到她面前，和她一起共事好協助她。

朵：這樣她在身體裡會更加安定？

泰：她會有更多改變。想起更多真正的自己，並找到具體顯化的方式。

朵：她因為不知道自己是誰，不知道自己在這裡要做什麼，所以幾乎迷失？

泰：對。她很困惑。她想得到幫助，所以我們會幫她。這對她也很好。我們盡力讓她沿著這條路線走。她需要在這裡，不論她喜歡與否！

朵：她會適應的，不是嗎？（對。）你們能幫助她找到她的身分，然後適應。（是的。）那是很重要的事。但還有一件事困擾著她。自從她進入這個身體，就一直有生理上的毛病。（是的。）為什麼會發生這種事？

泰：主要是調整的問題。適應身體並不容易。而且有很多次她不確定自己是不是要留下來。她被帶入一個受到汙染、不是很純淨的環境。加上身體對她來說又是新的東西，所以一開始的時候很困難。她缺乏對自我的認識也造成了生理上的壓力。

朵：是的，我瞭解。跟你一樣的存在體曾告訴過我，有時候因為能量的差異太大，第一次進入身體時不得不做些調整。

泰：對。我們確實做了些調整。情況很困難——父母親，還有出生。我們也只能做到這麼多。

朵：為什麼困難？

泰：父母是不同類型的存在體，在能量上稠密很多、很多。他們是正確的存在體，但在能量上不是非常好的配對，卻符合需求。不過她因此難以適應。她努力過。

朵：她這輩子一直都有身體的毛病。該是停止這個情況的時候了，不是嗎？

泰：對，好讓她能工作，並且前進到她需要去的地方。她過去某段時間也曾需要進一步的調整。頭痛和疲勞就是這樣子來的。那也是我們在做的調整，還有，透過她的靈性發展，透過那類的作用，她自己也做了一些調整。但我們可以看到她還需要超越。她接受了很多挑戰，也還沒有完全適應在這個星球上的生活，但我們在協助她適應自己在做的事。她的身體有回應。她可以用另一種沒有身體問題的方式繼續進展。時候到了。

潛意識對身體掃描，看看體內有什麼需要治療的地方。

泰：大腦有些狀況，而且……嗯，很難解釋，但是……有條線路不通。我們得重新連線。它基本上需要做點調整。

朵：你們可以做嗎？

泰：可以，我們正在做。這應該會有幫助。我們也釋放了一些頭部壓力。她的身體裡有很多壓力，全身上下都是，我們會幫她紓解。

朵：你們還看到什麼需要注意的事嗎？

泰：腎上腺、腎臟、肝臟。大部分的器官都有毒。沒有疾病，但有毒。它們超時運作了。我們會幫她恢復健康，幫她得到整個運作起來所需的精力，好讓她能做她該做的事。她很難入眠，醒來時頭又會痛。我們可以改善。──器官已經在重建。──她不能再勞累下去了。

朵：或許她是因為不想待在這個身體裡才那樣。

泰：對，那是部分原因。這有點複雜。她三不五時會想要離開。身體覺得難以招架。但我們從未發現她患有什麼疾病。她比自己所以為的更堅強。她在這裡確實有重要的事情要做，現在還不是她離開的時候。她知道的。她絕對不會自我了斷。對她來說，人生從現在起會是比較愉快的經驗。──我們只是讓光在她的全身流通和重新啓動。──原本她已幾乎不可能撐下去了。

朵：你們快完成了嗎？

泰：對，完成了。

嘈雜的嗡嗡聲驟止，後來也沒有再出現雜訊。

朵：全身嗎？你們全做完了？

泰：對。而且會繼續。我們已經起頭了。現在她的體內有較多的光。還有更多的力量。

催眠結束前的最後訊息：我們永遠都在。我們在這裡就是為了要協助她。她隨時可以召喚我們。在許多層面上，她都有很多的助力。

朵：當她召喚你們時，應該要怎麼稱呼你們？

泰：只要想到我們就可以。只要想到一切萬有。

朵：想要和你們說話時，她只要想到並召喚一切萬有。太好了。催眠結束以前，你們還有沒有什麼要告訴她的？

泰：就這些。還有，要對我們今天所做的事有完全的信心。

第十二章　更多的毀滅

艾倫猶豫了好一會兒才從雲端下來，但接著又說她不想下來，反而想要上去。我跟她說她想去哪裡都可以。於是她發出咯咯的笑聲，飄離了地球。在飄過太空後，她出乎意料地變成在地底飄浮，並從一個洞穴鑽出來。周遭的地形是一片平坦的沙質紅土。

艾：紅棕色……大部份都帶紅色。最初這讓我想到亞利桑那的喜多娜（Sedona），不過這裡不是，只是顏色很像。這裡只有岩石和沙地，沒有植物。我在洞口往外看。這裡可以直直降到地底。我飄出洞外，來到空曠的地帶。外頭好亮，不好適應。

我要她看看自己的身體，但她的意識一直干預，告訴她她不可能看到她所看到的。當我繼續對她說話，她回應：「有一點粗短……胖嘟嘟的短腳。（笑）我不知道要怎麼形容。我沒看到鞋子。外頭的地面很熱。我站在沙地上，這沒有道理啊。我覺得我不是人類，皮膚是棕褐色的，但又不像是曬出來的……像是米黃色……我有一點……我不知道……有個詭異的小身體。感覺像是我自己虛構出這些。有點詭異……是個米黃色，黏糊糊的矮胖生物。（笑聲）感覺不是很高，矮矮小小的。手臂感覺倒是很長，有一雙短腿和圓嘟嘟、短小的雙腳。」我問她是否穿著衣服。「我好像不需要衣服，可是也不覺得赤裸。」

朵：你感覺身體是男性還是女性？

艾：都不是，或者較偏向男性……感覺不像女性。

朵：你的臉感覺是什麼模樣？

艾：大頭和大眼睛。（笑聲）有點像是戴著大太陽眼鏡。我看不到任何毛髮。

朵：你有帶什麼東西嗎？

艾：我有某種像是工具的東西，但我不確定它們的用途。

朵：工具長什麼樣？如果你描述出來，或許我們就能知道它是做什麼的。

艾：長長的圓柱狀，有某種握把……有點像槍，但不是槍。我想它是要用來測試土壤。我好像是來這裡測試外頭的土壤。我想收集土壤樣本。它大概有六十公分長。

朵：噢，所以不小囉？

艾：也許不是那麼大。或許只是因為我很矮小，所以看它才會覺得很大。

朵：你怎麼用這個工具測試土壤？

艾：就是鏟起一點土壤放進來，然後對大氣裡的某個東西進行測試，看看土壤是否仍有汙染。

朵：所以你要測試土壤和大氣？

艾：大氣中好像有東西會影響到土壤。我在測試，看它是否沒有汙染，或是受到了多少影響。這裡已經空無一物了。（她開始哭泣）

朵：為什麼這會讓你情緒激動？

艾：我們以前不需要在洞穴裡。我們以前在地表上，但有事發生。

朵：你旁邊有人嗎？

艾：他們在地底。我只是出來做測試。我們住在地底。那是為何我要往上飄出洞穴。這裡的一切都毀了。

朵：你在土壤裡找什麼？

艾：輻射。我要測試安全的等級。既然我們可以上來，代表情況已經比較好了。比以前好。我們待在地下很久了。

朵：你還住在地面時是什麼情景？

艾：和地球很類似。有植物，綠油油的，有水，有人，還有你可以在文明裡看到的東西。以前那些東西……很怪，因為要用詞彙表達的話，很像是個快樂的地球。不過那是很久以前的事了，我現在的身體似乎跟以前的不一樣了。——看不到多少景物了。比較是一種感覺，感覺以前在那裡的東西現在已經沒了。

朵：事情發生時，你在場嗎？

艾：這個在檢查土壤的生物和這裡還有城市時的那個生物好像不是同一個。這真是令人困惑。我以為是過了很久他才出來採樣，但他又像是後來才發現這個地方。地底這批生物好像是因為能夠在地底生活才會住在那裡。不過他們是在發生事情後，在其他人都消失之後才來的。他們在試圖瞭解發生的事。他們知道有事發生了，在這個星球毀滅之後便想來這裡做研究。他們過來看看這裡是否能再度支持生命。

朵：所以你和其他人是從別的地方過來的？（對。）有人告訴你是什麼造成毀滅的嗎？

艾：好像不是核爆就是某種大災難，但我無法看到確實發生了什麼事。我們本來應該要看顧他們的（變得不開心），我們很關心他們，可是他們都死了。發生了一場戰爭，他們遭到攻擊，而且沒有防禦能力。

朵：這讓你很難過。（對。）你說有很多人和你一起來？

艾：我不確定有多少人在地底，不過夠多了，可以做要做的事。

朵：讓我們看看你來的地方是什麼樣子。就是你到這裡來之前的地方。那個地方看起來如何？

艾：我是搭太空船來的。船上似乎沒有很多人。空間看來很小。我在其中一個區域。那裡有螢幕、面板和燈光之類的東西。我們在外太空。我不確定我在上太空船以前人在哪裡。

朵：有人叫你來這裡的嗎？

艾：我們好像不准干預。

朵：總之，你們在這裡降落，而它已經毀滅了？（對。）但你們知道不能住在地表，因為有輻射？

艾：有東西有毒，但這也是個自然的空曠空間，我們可以住在這裡，不必建造什麼。

朵：可是你們知道不能待在地面上？

艾：地面上不太舒適，地底下比較好。外面又亮又熱。洞穴是自然形成的，我們可以住在裡面。這一切就如同是個建好的實驗室。我們把工具帶來這裡做我們要做的事。

朵：地底下的人多嗎？

艾：人數不多。很難說……也許是六或十二個。我想有些人可能會去其他地區做事。

朵：你們需要吃東西嗎？

艾：我在附近看不到任何食物。所以我們一定不用吃東西。好像也不用睡覺。

朵：所以你可以在那裡待上很久。你的工作是到地表上檢查土壤？

艾：對，我現在就是在做這件事。很奇怪。我們的身體像是很適合這個環境。只是有遮蔽的地方還是比較好。在那裡我們也比較不引人注目，我這麼想。

朵：你說看到發生的事讓你覺得很難過。

艾：**我**很難過。我不知道這是否讓**他**（指艾倫）難過。似乎是，但我不知道他的心情如何。我引導他往前到重要的一天。「我們在地底的實驗室裡，已經收集好樣本，準備離開。」

朵：大氣有變化嗎？

艾：看來是有進步，但我們要走了。這就像……就這樣了。這裡仍然是多岩石的沙地，不是生命可以居住的地方。土壤的輻射量是減少了，但你不會說這裡是可以生長東西，可以種植的地方。

朵：你認為你在這裡的工作結束了？

艾：對。我們把很多設備留在這裡。所以如果我們需要的話，以後還可以回來。不太可能會有人發現這裡。

朵：你們現在要去哪裡？

艾：我們開了一次會。我們在太空船上，但也和沒在船上的人說話。

朵：會議和什麼有關？

艾：確保事情不會重演，這很重要。我們損失了很多研究。經過分析，我們認為不能把生命放到這個星球，這裡也無法再種植，無法再有重新生長生命的可能。在一個能被接受的時間範圍裡，這裡不會有生命。所以未來一定要避免再次發生。一切都毀了。

朵：所以這裡就會被遺棄？

艾：這裡已經被摧毀了。還有別的地方，我們不希望那些地方也發生同樣的事。

朵：你有什麼感覺？

艾：覺得我們失敗了。

我引導他前進到另一個重要的日子。「他們給我一個到地球的機會。」

朵：你怎麼會得到這個機會？

艾：我志願的。我要求的。

朵：他們徵求志願者嗎？（對。）事情發生當時，你在哪裡？

艾：我在一艘太空船上。我的上司，也就是領導我的人，他說，為了防止地球發生同樣的事，需要有人到地球去。

朵：他們害怕同樣的事情也在地球上演？（對。）你想要去？

艾：我想去。看起來好像會很可怕。我不是很瞭解什麼是恐懼，但親眼目睹毀滅的情況真的很駭人。

朵：船上還有其他人也志願要去地球嗎？

艾：是的，是的。我們想要促成改變。我們的船員都要去，有些會待在太空船上，有些人會去地球。待在太空船上的人會協助在地面的人。……下來到這裡後，你很難記住原先的事，所以他們會幫我們想起。

朵：你離開太空船的時候，身體有怎麼樣嗎？

艾：我必須看來像個地球人。

朵：我在想你原本的身體……它留在船上嗎？是死了還是什麼的嗎？

艾：它就像是件套裝或交通工具，是實用性質的。沒有任何愉悅或是人類所認為的正常生活。身體就是使用來工作的。我們常常改變它。

朵：你的意思是它不是一個實在的身體？

艾：它是實在的，但很像是某種合成物。它是生化製品。

朵：所以當你離開身體時，身體怎麼了？

艾：嗯，它不是死的，也不是活的。它是個有功能的生化套裝。

朵：你離開以後，它會不會壞掉？

艾：我想不會。我不是很確定。或許其他人可以用它來做他們的工作。

朵：既然你志願去地球參加這個計畫，他們有給你任何指令嗎？

艾：……要記得。我們會有很多挑戰和不瞭解的事……可是要記得快樂。快樂是很重要的。

朵：他們認為到了地球以後，快樂是容易的事嗎？

艾：不是。地球上有很多的不快樂。有很多悲傷的事。我們不要他們悲傷。他們說最重要的事就是要快樂。這對我們來說是個有點模糊的概念，因為我們不是很確定那會是什麼意思。

朵：所以你並沒有必須要做的工作？

艾：就是要活著。要注意事情發展。

朵：你說會有很多挑戰。

艾：都是一些我們以前沒因應過的事。

朵：但你還是想要去？

艾：嗯，這很令人興奮。（笑）這比收集土壤樣本要令人興奮得多。——地球上的人忘記了某些事，他們教彼此的事都錯了。我們想幫助他們，這樣他們才不會毀了自己。我們必須幫助他們想起來。

朵：當你去地球做這個工作的時候，你會有個身體嗎？

艾：對，我會是個女孩。（她發出好玩的笑聲）

朵：你有選擇嗎？

艾：有，我認為有，但這有點怪。

朵：哪裡怪了？

艾：因為女孩在地球上不具主導地位，所以我才選擇當個女孩。我想看看不在上位的情況，不在上位，不具主導，不是一般人偏好的性別。我們看到女人有比較多麻煩的事。男人也是……不過女人可以生小孩。還有，因為女人是懷小寶寶的人，所以她們會協助改變事物。她們在平息戰爭和毀滅或破壞上特別有幫助。如果你創造了一個生命，你不會想要摧毀它。

朵：但是進入身體裡後，你還記得你為什麼到這裡來嗎？

艾：剛開始還記得，只不過到了這裡以後，沒有一個隊員在我身邊。或者他們在，但我不記得他們了，我分辨不出來。這很令人困惑。

朵：在周圍沒有人可以協助的情況下，你仍勇往直前，我覺得你非常勇敢。

艾：會有人協助我們，但很難去……我不知道。

朵：可是周圍沒有同類人，沒有自己人。

艾：嗯，我們在哪裡都是同類人，只是在不同的身體裡而已。太空船上有人可以和我們通訊聯絡。他們和每個人都能聯繫，不過不是每個人都會聽。

朵：其他人不聽？

艾：不是很聽得進去。他們不確定那是什麼，所以覺得很害怕。

朵：如果你在人類的身體裡他們還能跟你聯繫，那代表你不是真的孤單，不是嗎？

艾：對，但置身在身體的現實裡，你會感到很有隔閡。我不喜歡這種……分離的感覺。

朵：當你在身體裡，他們要怎麼和你聯繫？

艾：他們會做些改變去加速振動。就好像讓身體升級一樣。引進新的程式。因為我們在做這件事，也連帶影響了其他人去做。

朵：升級的程式？

艾：就像你改變了其中一部分，或甚至好幾部分，身體就會開始改變得更多，而不用……這很難解釋。

朵：他們是在你進入身體前就對身體這樣做嗎？

艾：也許做了一些，但更多是在之後才做的。

朵：所以這會是一個持續性的過程？

艾：是的。他們說我們會忘記一陣子。不是每個人，但有些人會。這要視他們進入的環境而定。

朵：進行升級和重新編製程序很重要，這是為了避免你們迷失，是嗎？

艾：他們說我們永遠不會迷失。不過，人類的心智面多少在和非人類的一面對抗。一邊想要放鬆和隨遇而安，另一邊卻是完全地困惑……有太多事在發生在進行，所以我不想隨時都瞭解每一件事。我變得不想對事物有感受。我想，感覺困惑的是人類的那面。那個部分沒有意識到他其實是別的什麼。這真的很怪，就像是兩個人同時在一個身體裡。

朵：他們有說在身體裡的你們什麼時候會想起這些事嗎？

艾：終究會想起來的。艾倫現在也知道了一些。她很擔心。

朵：進到人體後，你們有應該要做的事嗎？你說你來這裡是要幫忙的。

艾：在這裡就是幫忙……來這裡過人生，就是幫忙。

朵：只是在這裡活著？（是的。）你不用出去做點什麼？

艾：透過在這裡的生活，你就會學到很多事，得到很多體驗。這些資訊都會傳回到太空船上，他們會分析資訊，然後修正。

朵：你們怎麼把資訊傳回到太空船上？

艾：活著就可以……活著就好……他們可以讀到一切。

朵：喔，你知道你現在是透過一副身體說話嗎？（知道。）還有，這個身體很困惑。（對。）她不明白自己為什麼在這裡。

艾：她把事情弄得太複雜了。她一直以為自己必須實際上到哪裡去做點什麼事。

朵：她認為她必須自己一個人來改變這個世界。

艾：那是因為她一直以為自己很孤單，是重量讓她有這種感覺。

朵：她說她想服務人群。

艾：她是的。她的內心深處知道自己是這樣的，但她認為這還不夠。

朵：她曾試圖離開這個星球，不是嗎？（指試圖自殺）

艾：她以為她很孤單，她也不確定這一生的目的。她不瞭解為什麼痛苦。

朵：她這一生發生過一些負面的事，不是嗎？

艾：沒錯。她很希望這裡只有愛。（笑）但她不懂，她只要出現在這裡，她就造成了改變。我認為，她以為改變應該會來得更快。她想回去，不想再面對和應付這些。因為事情看來似乎都不會改變。但現在她知道情況不同了。

朵：如果她之前很快就離開了身體，她就完成不了她的工作了，不是嗎？

艾：是的，也會無法從她現在的地方看到最後的結局。然後她會很想立刻回到地球。（笑）

朵：因為她會說：「我沒有履行我的合約。」（笑聲）

艾：是啊，沒錯。這裡是個奇怪的地方。

朵：她說地球是個很困難的地方。（對。）在這裡並不容易。

艾：沒錯，但這裡也有它的美麗之處。

朵：現在她明白自己要做什麼，你認為對她來說事情會變得比較容易嗎？

艾：我認為會。她已經有很長一段時間想釐清狀況。她在尋找更大的計劃，但她已經是更大計畫中的一部分。她並不需要再去尋找別的事。

朵：曾有人告訴我，當來到地球的志願者順其自然，他們的能量就會影響許多人。

艾：確實如此，而那正是令她害怕的事。她不懂地球人的情緒，尤其是負面的。她不喜歡他們的感受方式，因為她發現自己對其他人有不好的感受，這樣的情緒讓她害怕。她是要把愛帶來這裡的人，所以當她感覺很差的時候，她覺得自己在散播的不是愛。

朵：所以她應該要愛那些曾對她不好的人？

艾：她本來就愛他們。

朵：這很重要。我們不要她累積業。（對。）我們不要她困陷在這裡。

艾：對，她很怕自己已經陷進去了。

艾倫的疑問之一，和她一直在畫的不尋常幾何符號有關。她想知道那是從哪裡來的。許多年來，我一直在處理符號和個案描繪符號的衝動，所以我認為自己知道大部份的答案，但我每次都想看看潛意識有什麼話要說。確認總是好的。

艾：那些符號是基因升級的一部分。

朵：所以這和太空船上發生的事情無關？

艾：因為那裡（指太空船）是資訊傳送出來的地方之一，特別是傳送到她的身體這個容器。我不確定這能不能轉譯得過來。我認為她在寫的東西中有某些是異文合併物，是她在異世界看到的，還有這個世界的古老符號的合成。它們不會造成任何傷害。在某些意義上還有強大的力量，它們是正面的，但她應該順其自然。時機對了就會出現。她在這個世界必須多學一點有關能量的事。

朵：但是另一部分的她瞭解這些符號的意義？

艾：在某些層面上，是的。那是為何她對它們很感興趣。她以前很怕它們是某種負面的東西，現在不怕了，只是不知道它們是打哪裡來的。它們是在對心靈比較聰明但鮮少浮現的那部分說話。（笑聲）她不需要對詮釋它們擔憂。她會遇到其他也有這些符號的人，並和他們討論。

艾倫的生命裡跟男性有過一些負面經驗，她想知道未來是否會有個正面的對象。潛意識說，未來會有別的人出現，但它不想破壞驚喜，所以不肯多說。潛意識覺得這很有趣，所以我知道那將是個正面的經驗。除此之外，她也擔憂她的兒子。

朵：有人告訴我，你這類的存在體進入人類身體後，會有小孩是不尋常的事。

艾：她想要有這個經驗，但又怕有這個經驗。她雖然得到許可，也想讓這件事發生，不過我們認定她並沒有準備好。她還沒有適應，仍在努力當中。她現在比較好了。她的兒子也跟我們一樣。

朵：這是他們倆處得來的原因？（對。）但她不想要有養育他長大的體驗？

艾：那會不一樣。那對他來說不會是完整的地球體驗。（意指由媽媽撫養長大）

朵：這是為什麼他必須由祖父母撫養？

艾：對，養一陣子。情況將會改變。

朵：她想知道她能不能取得兒子的監護權。你們怎麼想？

艾：這在未來應該不會是個問題。事情正在改變。監護權可能不是個問題。這全視時間線和我們做出變動（指次元轉移）的時機而定。在新的地球，這不會是問題。他現在很好。

朵：因為有些人不會跟著變動一起前進，所以這在以後不會是個問題？

艾：不是所有人都會一起前進。

朵：她的兒子也是志願者之一，所以會一起。（對。）或許這是她會有那類型靈魂的小孩的唯一原因。

艾：是的。兒子在她不想活下去的時候讓她繼續撐下去，所以他很重要。

艾倫想問她小時候發生過的一些不尋常事件，但潛意識不想談。他們認為她不要再去想那些事比較好。沒有進一步探索的必要，探索只會令她不開心，庸人自擾。她意識到了那些事，但那些對她沒有幫助。她需要往前邁進才是。「她那部份的人生幾乎像是另外一世。那是很大量的訓練……大量的地球經驗，是在試圖瞭解這裡的生物。她算是在睡夢中經歷那部份的人生。我說『睡夢中』的意思是，她沒有意識到自己在這裡做了些什麼。它們是她意識中的經歷。她幫助過許多她從未見過面的人。其他像她這樣的人甚至也幫了她一把……幫助她記得。這和實體接觸無關，和頻率有關。當靈魂在經歷困境時，它也為其他靈魂開啟了不同的道路。通常在他們艱難行進的時候，在他們度過困難後，他們猶如替其他人開了一扇門。她選擇來此協助有上癮症的人。這是個大挑戰，但她克服之後便能夠幫助其他的人克服。」

我問到她的身體。「她現在把自己照顧得很好。她有一度沒有照顧好自己，把自己逼到極限，身體差點就垮了。」

催眠結束前的最後訊息：我們試圖讓她平靜下來。她很難過，因為我們要走了，但我們不是真的離開。（笑聲）我們要她不用擔心。我們隨時都在看顧著她。

*　*　*

經歷星球被毀的類似故事也散佈在我其他的書裡；他們若不是在地面或太空船上目睹事情的經過，就是返回星球後看到人事已非。這對個案來說永遠是極度情緒化的體驗，並且在這一世餘波盪漾，造成持續性的影響，只不過這些全埋藏在潛意識的層面。

許多人說，他們一直有一種強大到難以承受的深刻哀傷，卻找不到合理的解釋。也有些人告訴我，他們甚至從小就感到強烈悲傷，家人不記得曾看過他們微笑或快樂的樣子。也有人談到一種徘徊不去又不合情理的恐懼，他們的人生因此裹足不前。

這類潛伏的情緒很自然地在這一世產生了問題，但也說明了他們何以在歷史上這個關鍵時刻志願來到地球。他們曾目睹可怕的毀滅，不希望另一個星球也發生同樣的事。所以當上級説地球有難，他們是第一個舉起手，志願前來的人。然而，他們沒有意識到，在進入這個世界之後，當所有的記憶都被消除，前方的路途會有多艱難。意識到自己有要務在身，雖然沒能提供戲劇性的幫助，也確實有所助益。他們的能量對於人類達成必要的改變極其重要，而他們要做的事就只是**在這裡**！

第十三章 樹木的一生和雷姆利亞

瑪莉安是一位牧場主人，專事育馬的工作，已婚多年，沒有小孩。她沒有提到什麼問題，只想知道自己的生命目的為何。我總是會跟個案說，如果來找我只是出於好奇，那麼他們得到的資訊將遠超過期望。瑪莉安就是其中一個例子。

催眠的過程總會有出乎意料的發展，我每次都必須做好心理準備。瑪莉安沒有從雲端下來，反而跑到遙遠的外太空。她看到地球是個美麗、藍綠色的球體，周圍環繞著許多星星。她一邊飄浮，一邊意識到有某種太空船「停泊」在那兒。當我問她想去哪裡或做什麼時，她說：「我想去住在太空船上。我喜歡那種待在船裡而不被束縛在地上的想法。我喜歡飛行到不同的星系，造訪不同的星球。我不是很想回地球。」我問她想不想靠近探索那艘太空船。「我想我已經知道它是什麼樣子。我好像在上面住過；為了某個原因，我也在地球上待過一陣子。可是現在我想回家。太空船會帶我回家。」我跟她說，她想做什麼都可以，於是她說她想上船。

朵：好的。你要怎麼上船？

瑪：我想我可以把自己發射過去。用想的就可以。（驚訝的笑聲）我進到了全像平台(holodeck)，我在那裡……進入紅衫林，看到美麗的樹木和海上的夕陽，但其實這都是在太空船的全像平台上。我在全像平台上，這些東西都是我在這裡創造出來的。真美。那些樹是我的家人。

朵：為什麼你會這麼認為？

瑪：因為我曾在其中一棵樹裡住過，住了很久、很久。我想，我就是決定要當棵大樹，體驗一下當個參天巨木是什麼感覺。不過我是從小樹開始長大，所以周遭的大樹是我的爸媽、阿姨、叔伯，在那裡，我們是一個家庭。我從很小的果實開始長成樹苗，然後不停地長呀長呀長。我們吸收壯麗太陽的療癒能量，它讓我們長出樹葉，它餵養這個星球。我們在那裡好快樂。（激動）

朵：既然是棵大樹，你一定活了很久。

瑪：對，上千年。後來我離開了，但那棵樹沒有死。

朵：你已經體驗到所有你能體驗到的事。（對。）當棵樹的感覺如何？

瑪：（深深地嘆息）啊……太美好了！那些松鼠和鳥。我宛如一種意識，而牠們都住在我的裡面。我愛牠們，滋養牠們，牠們也愛我。

朵：但接著你已經無法從當棵樹中學到更多的事了，是嗎？

瑪：好像有人跟我這樣說，但我不知道是誰說的。有人要我回到太空船上，準備執行下一個任務。

朵：你在太空船上接受任務？（對。）所以現在你又在全像平台上看著這一切，是要回想起什麼或做什麼嗎？

瑪：對。我需要被提醒，為何我至今仍與樹木有著深深的連結，為何我會畫它們，為何它們會對我說話。

朵：所以這是事情運作的方式？你從一個體驗中學到所有能學的事，接著再去下一個體驗？

（對。）那麼你現在要做什麼？

瑪：我被投射回地球上，進入像是雷姆利亞（Lemuria）的地方，就是現在的夏威夷。

朵：你沒有回家？

瑪：沒有。我被送回來執行另一項任務。我被送去雷姆利亞。我很久、很久、很久沒有回家了。

（開始激動）

朵：家在那裡？你知道嗎？

瑪：（輕輕地哭了起來，然後輕聲說）我想是在太陽上。它很明亮，充滿了愛。（激動）。沒有人有身體，我們都只是光體。有好多的愛。（她開始哭泣）

許多個案都用這種方式描述神，也就是我們每個人的來處——源頭。個案常把源頭與太陽明亮的光相提並論，有時會說那是「偉大的中央太陽」。無論如何，它都被描述為一個洋溢著不可思議的愛的地方。

朵：你曾經不得不離開家？

瑪：我應該要出去的。有人叫我這麼做。有人告訴我那是我的工作，以後還可以回家。我需要出去散播些光。（哭泣）

朵：你去了很多地方嗎？

瑪：對。（嘆息）我哪裡都去了。（仍輕輕地啜泣著）

朵：每次都在地球上？還是你也經歷過其他的星球？

瑪：我想大多數是在地球上。我想我認為地球是最好的地方。

朵：你渴望回家，但我猜想你在完成這個工作前不能回去？

瑪：我想應該很快就能回家了。我想在這一世之後，在瑪莉安的生命結束之後，我就能回家。我想這是我爭取到的。

朵：你把要學的事情都學起來了嗎？

瑪：是的。我想我會搭乘某種交通工具回家，像是梅爾卡巴（Merkaba），有很多的光和色彩。就像是我的個人小船。

在舊約聖經裡，梅爾卡巴指的是許多先知都曾見過的火戰車，特別是以西結。在現代，梅爾卡巴似乎指向幽浮，而那是以前的人以他們那個時代能找到的最好詞彙來形容的說法。

瑪莉安提到了雷姆利亞，而我想對此多加探索。雷姆利亞據說是一座位於太平洋的失落大陸。據信它和位於大西洋的亞特蘭提斯有著相同的遭遇，但有人相信雷姆利亞的時代更為古老。

瑪：嗯，雷姆利亞大陸。我應該是個男人，是某種治療師，跟卡胡那（kahunas）有點類似，是村子裡像巫醫之類的人。我們會把能量放進石頭裡。

卡胡那是現在夏威夷島上的神聖女祭司。我請瑪莉安看看自己是如何把能量放進石頭裡。

瑪：我住在一個村子裡。那裡很美，就在水邊，還有一些大岩石，巨大的石柱。那些石頭真的好巨大！不是我們放的，是太空船把它們放在那裡。但我會把能量放進石頭裡。（停頓）我就只是把雙手放在岩石上，然後對著石頭注入能量。我碰觸石頭，聚精會神在能量上，能量便會進入石頭。能量停留在石頭裡，然後生病的人可以去石頭那裡汲取能量，身體會痊癒許多。

朵：所以能量會一直留在石頭裡，以後就能夠使用？

瑪：對。現在還在。只是那些石頭已經沉入水底。

朵：你說那些石頭是被其他人放在那裡的？（對。）是怎麼個情形？

瑪：他們用船在空中搬移。

朵：從其他地方搬過來？

瑪：對，從其他地方。石頭太重了，要經過陸地，所以他們就乾脆帶著石頭從天空飛過來。那真是壯觀的一幕。

朵：能親眼目睹真的很幸運。那是怎樣的情形？

瑪：（咯咯笑聲）我看慣了，所以覺得很正常。可是並不是每個人都被允許觀看。他們通常是在大家還沒起床的大清早做這件事。一個大大的圓盤型太空船發出類似「滋滋滋」的聲音，帶著一顆像是長條雪茄狀的大石頭過來。然後再把石頭放到地上。

朵：他們把石頭放在地面上？

瑪：不是。他們會挖一個洞，然後把石頭插在那裡。有的時候，他們會雕刻石頭，雕出像是臉的樣子。不過那不是我的工作。我的工作只是把治療能量放進石頭裡。

朵：為什麼這些存在體會把石頭放在那裡？

瑪：我想他們是想讓我們見識他們的能力，同時也想幫助我們。不曉得為什麼，但那是一種傳授知識的機制，教我們用心靈的力量移動東西。我們也做得到，只是移動的石頭比較小。我們之中的某些人可以，不是全部的人都會。你必須要真的、真的、真的相信我們就跟他們一樣才行。

朵：你不認為你可以只用心靈力量就移動大石頭？

瑪：對。但我和其他人一起，好比二十或三十個人，就能夠做到。

朵：大家一起全神貫注？（對。）他們想讓你們知道那是可能的？（對。）當然，他們是用船，一艘太空船辦到的，不是嗎？

瑪：不是，他們是在太空船上用他們的念力搬移石頭。

錄音錄到這裡時，帶子開始加速，而且情況越來越嚴重，一直到最後都是如此。因為加速得太快，聲音聽起來就像花栗鼠那樣嘰哩咕嚕，聽寫也變得困難。我很好奇這個情況和我們的主題，也就是把能量放進物體裡，是否有關聯。

朵：我以為太空船會產生一種能量。

瑪：嗯，這艘船和船上的存在體就像是一整個存在體，全體一起透過磁力搬移石頭，每個人都專注在磁性上。

朵：他們能像同一個心靈般運作？（對。）所以才能移動那些東西？（沒錯！）是他們告訴你要把能量放入石頭裡？

瑪：不是用說的——因為他們不說話。他們用一串串的念頭溝通。他們傳送思緒給我。我覺得我有能力做那些事情真好。

朵：你有見過那些存在體嗎？（有。）所以他們不是一直待在船裡？

瑪：噢，不是。有些偶爾會出來，不過會嚇到一些民眾。他們大多是光體。就像球體。他們可以改變型態，但通常就是散發著豐富美麗色彩的光球。他們也散發出大量的愛與智慧，所以令人畏懼。他們若是改變型態，看來有點像是人體，但實際上還是光。光體。沒有真的雙臂和雙腿。他們很高大，很明亮，散發著液態狀的鑽石光采。

朵：聽起來很美。

瑪：他們是從太陽來的。

朵：他們跟你說的？

瑪：我想我本來就知道，因為那是我來自的地方。他們只是過來看看我，我們全都來自同樣的地方。

朵：你有來自太陽的記憶？

瑪：算是。我還記得自己滾進一個嬰兒的身體，然後想著：「噢！不！」接著就覺得好沉重，好稠密。

我問他，他和村民有著什麼樣的外貌。他非常高大，有一頭濃密而長的黑髮和金棕色的皮膚，脖子和頭上有羽毛、小石頭和石塊。他穿著像是裙子之類的衣服。村子的女人有著長長的捲髮，非常美麗，模樣很像是現代的印地安人或是夏威夷人。

朵：你受過巫醫的訓練嗎？

瑪：我想我天生就是。我的媽媽是個巫醫。我的爸媽都走了，他們死了，但我接手他們沒有做完的事。我也做別的——我會去狩獵，那時候大家會過來和我談話。我會跟他們說一些事，給他們可以握在手裡的石頭。

朵：你為什麼要給他們石頭？

瑪：因為那會改變他們的振動頻率。那是物理學。他們因此會有不一樣的感覺，感覺更好。他們這麼相信。因為相信，就會如此。因為相信，振動頻率就會改變。

朵：那些只是普通的石頭嗎？

瑪：不是，基本上都是我們在海灘上找來的淺色石頭——寶石和小卵石。我會把療癒能量放進石頭裡。

朵：就像你把能量放到巨石一樣。（對。）所以你會把小石頭給村民，幫助他們恢復健康。（對。）然後有人透過你的心靈告訴你，也要把能量放進大石頭裡？

瑪：對，因為這會讓地球感覺好過些。這是為人類，也為地球。

朵：大石頭的分布位置有某種設計或是排列嗎？

瑪：有點像是天線，只是排列得像是一條直線。

朵：你說「天線」是什麼意思？

瑪：它會傳送頻率進入太陽系。這是為了讓太陽系的所有存在體知道，地球是個多麼珍貴的星球。

朵：那些存在體和你們一起生活還是只在自己的太空船上？

瑪：他們會到處來去。他們只是過來看看我。他們什麼地方都去。他們去其他的星球，而且速度非常快。有點像是嗖地來，嗖地又走了。我必須和他們一起工作。當我呼喚他們，他們就會出現。他們是我的家人。只不過除非真有什麼需要，否則我不會召喚他們。

朵：為什麼你說他們是「家人」？

瑪：因為我們全都是從太陽來的。

他們彼此連結，就像她是樹木的時候，和所有大自然萬物生生相息。一切均來自於太陽。他一度有過真正的家人，但他們都過世了。村中還有很多小孩子，每個人都快樂地生活在一起，大家互相照顧。因為他能療癒他們，村民很少生病，大多是發生意外。

探索至此，似乎已經挖掘不到別的東西，所以我引導他往前到重要的一天，問他看到了什麼。

瑪：整座島就這樣被摧毀了。發生了一場大洪水。我們沉了下去。整座島沉下去。然後我死了。

但我們不是真的死亡，只是完全被水覆蓋。

朵：事情來得很突然？

瑪：對，突如其來。不過是個尋常的早晨，突然間就出事了，好像是海嘯。

朵：你沒有事先得到警告，所以不知道會發生這件事？

瑪：沒有。不過沒有關係。

我問那些存在體是否曾試圖警告他們，但他說他們不在附近。他們大概也無能為力。事出突然，整座島都被水覆蓋。

瑪：很多人死了。當然，沒有人真的死亡。他們只是飄出去到了別的地方。那個情況當然很恐怖。那是座很大的島。島上有其他數以千計、成千上萬，甚至我們從不知道的人，他們也死了。那就像是一整塊大陸沉了下去。

朵：一塊大陸而不是一座島嶼？

瑪：一塊大陸。我們在大陸的邊緣，以為那是我們的島。我們沒有去很遠的地方，所以不知道它有多大。直到我們離開身體並往下看，看到雷姆利亞有多麼遼闊的時候，才知道它跟一塊大陸一樣大。我們只是住在邊緣地帶的某個族群。為了安全，我們緊密地聚集在一起。從我的角度來看，整塊大陸都沉下去了，沉到了水裡。地球彷彿裂開了一個大洞，像是發生了地震。就是這樣子，一次巨大的地震。海底打開，把整塊大陸都吸了進去。吞下去。水從四面八方湧進。……太平洋好浩瀚。

朵：我很好奇那些存在體若是在場能做些什麼。

瑪：我想他們在看，或許還帶了一些人到他們的太空船上。這是注定要發生的事。

朵：我猜想他們不論做什麼都無法阻止這件事的發生。

瑪：對，那是大地之母的作為。她在調整／校準自己。地球的另一邊有些干擾，所以造成了這次的調整。

朵：你看到了什麼？

瑪：我看到太陽活動的大浪朝著地球而來。這是一次調整。我也不知道這是什麼意思，只知道那是某個擾亂地球格網平衡的團體所導致的結果。是因為這樣才發生了地震和海嘯。

朵：世界另一邊的調整是什麼？

瑪：我想是另一個實驗。他們做了一個實驗，試圖調整某件事，卻造成了反效果。

朵：從你現在的觀點，你可以知道很多事。做實驗的人是誰？

瑪：他們是從別的星系來的，不是地球人。我不知道他們是誰。我看不到他們。不知怎地，他們像是一種集體意識，不過不是來自太陽。我們的族群永遠不會……我們的族群是從太陽來的，我們愛地球。所以我們協助滋養地球和這裡的生命型態。我們提供協助，但不只是我們，大家全都協力讓地球變成現在這個草木茂盛的天堂。我們這個族群仍愛著這個星球。

朵：你能發現其他有關這場實驗的事嗎？

瑪：我想他們只是好奇，想知道弄亂了格網會怎麼樣。他們只是看著實驗進行。（嘆氣）我無法斷定他們是從哪裡來的。

朵：沒關係。但他們被允許做這個實驗？

瑪：他們是在自由意志的次元，沒有人能阻止他們。他們對所有會被影響到的生命體沒有任何關心。他們只是冷冷地觀察，不是惡意。只是像是，好吧，讓我們看看這麼做的話會怎樣。

朵：你知不知道事情發生後，他們看到了毀滅，心裡有什麼想法嗎？

瑪：他們沒有人類的懊悔。他們沒有那種感受悲憫或是懊悔的基因編碼。他們只是離開，再去找另一個實驗場地。他們回到自己的次元，回報資訊。

朵：你往下看看地球。她是否花了一段時間才回歸正常？

瑪：噢，將近數十萬年。地球似乎需要休息，小睡一下，療傷養病。讓太陽的癒合能力助她一臂之力。

朵：人類沒有滅絕，不是嗎？

瑪：有些人存活了下來，其他人被帶來。那些存在體來到地球協助改變基因，讓……這也是個實驗，不過與播種不同。九人議會擔起讓地球重新有人居住的任務。

朵：為什麼他們必須改變基因？

瑪：因為現在的基因只有兩股螺旋構造，雷姆利亞人有十二股。

朵：這會有什麼不同嗎？

瑪：有。他們能跟自然融為一體，也都能與宇宙心靈連結。

朵：這是他們能使用能量的原因？

瑪：對，他們有力量。

朵：這是基因的關係？

瑪：部分是。我們來自太陽。

朵：我很好奇十二股螺旋構造的基因有什麼特殊之處？

瑪：它很有力量，非常廣闊又跨次元，那是造物者的力量。他們很有愛……只做好事。

朵：在每個人都被毀滅後，他們決定讓地球重新有人居住，但為什麼不就讓人類的基因仍是十二股螺旋呢？

瑪：九人議會認為這樣比較好，原先一下子給我們太多了，我們還沒準備好，這是一種放緩演化的方式。

朵：他們認為退化比較好？

瑪：對。很怪異，因為在雷姆利亞之後的山頂洞人、尼安德塔人和古代人只有兩股螺旋構造。他們的大腦不像……他們像是動物。——他們來這裡散佈了他們的基因。然後情況變得很複雜。我們退回到早期階段，他們就離開了。

朵：他們認為倒退並讓人類重新開始比較好嗎？（是的。）人類失去了所有的力量，不是嗎？（對。）你認為那是個好主意嗎？

瑪：這不是我來判斷的。我只是觀察。

朵：可是你知道後退到只有兩股螺旋構造的計畫是什麼嗎？之後還會進一步發展嗎？

瑪：現在正在改變。

朵：怎麼改變？

瑪：我不知道要怎麼解釋，只能說「就是這樣」。這是讓它轉變型態，成為可能是、應該是、曾經有過的狀態的計畫的一部分，為的是幫助我們全體進入新的頻率。不是每個人都能去。不是每個人都會有十二股螺旋構造。

朵：這很花時間，不是嗎？

瑪：已經進行很久了。

朵：基因進行重組？

瑪：對，即將要發生。現在的腳步比較快了。

朵：為什麼現在比較快？

瑪：因為加速……因為他們在排列在調整格網……修復裂縫。

朵：所以他們再次得到改變基因的許可？（對。）現在的人會怎麼注意到這個改變？

瑪：嗯：有些人不會注意到，但覺察的人會感覺到與「萬有」的連結。他們的感覺會被強化。他們會變得比較輕……比較透明。

朵：他們身邊的人會注意到嗎？

瑪：有些會。有些人會繼續夢遊。

朵：我在想，如果他們變得比較透明，照理來說應該會被注意到才對。

瑪：他們將會變成隱形。

朵：（這說法讓人意外）最終嗎？

瑪：對。不過他們仍會在這裡。這就像是改變電視的頻道。

朵：但如果變成隱形，他們身邊的人就不會再看到他們了？（是的。）他們會在哪裡？

瑪：在不同的頻道。

朵：另一個次元。（是的。）他們會意識到嗎？（會。）他們會知道有事發生了？（噢，會的。）可是其他人不會？（對。）改變基因是不是會對心靈能力造成影響？

瑪：是的。人們會變得比較有心電感應。無需言語，只要透過心靈和思想就能溝通。沒辦法說謊或是作弊。你不需要。

朵：因為每個人都會知道。

瑪：對，那是好事。

朵：確實。但為什麼會在現在發生？准許重來一次。

瑪：時候到了。必須發生。時光飛逝，蓋婭（大地之母）該畢業了，並且帶著她最好的學生一起離開。把破壞、腐敗、負面和黑暗通通拋在身後。她就像在裂開，變成兩個……一個新地球……一個新的耶路撒冷。核子浩劫將不會發生。這都是來自天堂偉大的光，九人議會宏偉設計的一部分。

朵：那些離開的人跟十二股螺旋基因或什麼的有關嗎？

瑪：是的，那些離開的人。被留下的人會非常害怕，所以有些人會留下來幫助他們。因為世人會很驚慌，有些人會犧牲自己留在這裡。這很令人難過。

朵：留下來的那些人……他們的基因沒有被改變？

瑪：對，他們不准許。我不知道這是怎麼運作的，但這就像那些人的腳上穿著鉛製的鞋子，自己也不想變得輕盈。

朵：所以這是個人的選擇？（對。）好吧，你可以從現在所在的位置看到一切。你說雷姆利亞原本是在現在的夏威夷？（對。）這整個大陸只剩下夏威夷？

瑪：對，還有部分的日本和新加坡。那是一塊巨大的大陸。加州的巴哈半島（Baja peninsula California）都是海岸的一部分。非常巨大。

朵：還有其他部分留下來嗎？

瑪：有，但我不知道那些島的名字。

朵：是在太平洋上的島嶼？

瑪：對。遠至日本。非常大。

朵：聽起來像是涵蓋了大部分的太平洋，不是嗎？

瑪：我想是的。

朵：我們聽說過很多有關亞特蘭提斯的事。它是在雷姆利亞之後嗎？（對。）雷姆利亞浩劫中有倖存者嗎？

瑪：有些人一開始就過去了。那些人是好人。我想他們是被宇宙的兄弟空運到後來會發展出亞特蘭提斯的地方。

朵：所以他們在世界的那個地區展開了新的文明？（是的。）這些都是今天的我們不知道的事。

瑪：許多人知道這件事。

朵：這個嘛，他們知道亞特蘭提斯，但對雷姆利亞知道得不多。（對。）他們也不知道基因的事。但是取得這一切資訊本來就是我的工作。（是的。）後來有人要你住在瑪莉安的身體？是這樣嗎？（對。）為什麼你決定要在我們這個時代的這個時候回到人類的身體？

瑪：我只是來參與變遷（指次元變動）。

不論我問什麼，她都有很好的回答，所以我認為沒有召喚潛意識出來的必要，她也這麼認為。於是我轉而提出瑪莉安自己的問題。當然，第一個問題永遠都是我所謂的「永恆之問」。她的人生目的是什麼？為什麼她會在這裡？什麼是她應該要做的事？

瑪：她是從太陽來的光體，到這裡來是要提升振動，幫忙淨化水和提升振動，這樣每個人都能感覺好些。

朵：聽起來她在地球上並沒有多少前世。對嗎？

瑪：她有過五百世以上。

朵：在地球上？（對。）我還以為沒有這麼多。

瑪：她有過很多經驗，有些很快，很短暫……只是體驗出生和死亡。如果你以數百萬年的時光來看，其實不多。

朵：也是。為什麼她要來地球體驗這一切？

瑪：（笑聲）因為她很喜歡那種快感還有記得自己真正的來處。她很喜歡愛、付出和收穫的開心。她愛這個星球。她只想開心過日子。不想事情變得太沉重。當身邊的人悲傷時，她也會變得好悲傷。她可以讀別人的心。

瑪莉安想問她是否有需要償還的業。如果有，她想徹底解決。他們說：「她處理得差不多了。這花了她很久的時間。」

瑪莉安基本上過著一個完美的人生，一個休息的生活：做自己想做的事，身體又很健康。她對每樣事物，對人、動物，還有地球傳送光。聽起來她是第二波的人，是個觀察者，來這裡產生正面能量，並傳送給其他人。她做得很好。

此外，我也問到她早年在成長過程中經驗到的一些問題。「她一直都受到保護。她是個催化劑，協助別人化解他們的業。這對她也有幫助，她主要的角色向來是個催化劑，為的是讓大家能學會愛。」

在結束這次的催眠之前，我又想到了幾個問題。「雷姆利亞的岩石，就是那些被搬過去放在那裡並有能量的岩石，現在還在嗎？還是它們到了海底？」

瑪：有些仍在夏威夷的大島上，但被隱藏起來了。它們被埋藏在岩漿裡。

朵：那裡有很多岩漿。（是的。）所以那座島仍然有很多來自於那些岩石的能量？（對，沒錯。）

第十四章 議會

從雲端下來時，凱洛覺得很困惑。「這個地方感覺不對，不像是我在尋找的地球生命。我覺得我在另一個次元。我看到宇宙，星星和銀河。雲感覺像是某種交通工具，它帶我穿越一個洞。我剛從洞裡轟地出來。然後雲……說是雲，卻比較像是一顆光球。我看到很多東西……銀河……那裡有我想去的地方。我要去某個星系，我在那裡比在這裡生活了更久的時間。那裡有幾個恆星和太陽系，我感覺我是要回家去找我的朋友。他們想念我。」

朵：那個星系裡的某個地方很吸引你？

凱：對。它就突然出現在那兒，我現在在其中一個星球上。這裡有個很大的建築物，有很多人走來走去，忙他們的事。建築物是某種總部。我正往裡面走。

朵：為什麼你認為那是某種總部？

凱：我的辦公室在這兒。有些人覺察到我只是用能量的形式去了地球。我有很多的時間都是在這裡。

朵：你想去你的辦公室嗎？（想。）告訴我它看起來怎麼樣。

凱：它在最高樓，全部都是玻璃。我看到遠方的山和城內各地的噴泉。

朵：你的辦公室裡有什麼？

凱：東西不多。空間很大，很寬敞。我的辦公桌上有電腦，整個桌子都是我的資料庫。我的桌面就是螢幕。

我請她意識到自己的身體，她說她的身體像是人類，然而又有些不同。她覺得自己既非男性也非女性。「都不是，也都是。」她穿著長褲和襯衫，還有一件飄逸的外套。當我問她覺得自己是年輕還是年老的時候，她說：「我覺得很老也很年輕……沒有年紀。我像個人類，但非男也非女，不年輕，也不老。這是個非常先進的人類社會。」

除了整個辦公桌面就是個電腦以外，辦公室裡還有其他奇怪的東西。「室內吊著幾面玻璃，它們是資料庫的視窗和螢幕，我只要用手指著它們，它們就會啟動。」

朵：所以那個不是可以看到外面的玻璃窗？

瑪：對，不是玻璃窗，比較像是玻璃板。當我指著它們，它們就會啓動；我看資料的時候，東西會移動。不同的玻璃做不同的事。

朵：你在辦公室負責什麼工作？

瑪：我是某種主管。我是議會的一員。

朵：所以你必須有一個資料庫？

瑪：對，我們在監控星系。

朵：是你自己星系外的其他星系？

瑪：對，其他星球上有別的建築物也屬於這個網絡的一部分。這些星球有仁慈的政府。許多星球上都有同樣一棟建築物。（她開始哭泣）我想念這個地方！我的朋友都在這裡。我全家人都在這個星系。——我一直被卡在地球的這個計畫裡。

朵：你的意思是什麼？地球的計畫？

瑪：我們是地球計畫的實驗者之一。我們是策畫者，是一群物種裡的一個……有很多……我們不是唯一。我們參與了地球的人類實驗，提供挑戰，看著它的計畫和進展。

朵：你一開始就在那裡嗎？（對。）那麼時間已經過了很久，不是嗎？（對。）你說你在監控幾個不同的星系。

凱：宇宙中有其他的星球正在進行許多不同的實驗。地球不是唯一的一個。有些比地球情況更糟。

朵：地球是比較糟糕的星球之一？

凱：不是地球，是人類種族脫離正軌了。

朵：其他地方也有脫離正軌嗎？

凱：不。有些進化得非常好。

朵：是什麼使得地球變這樣？

凱：因為干擾的緣故。

朵：你可以看出是什麼嗎？

凱：我正在看……資料庫……我在檢視歷史。某種生物細菌進入，搞亂了基因，但我們決定順其自然，看看會發生什麼事。

這和《地球守護者》裡菲爾所說的完全相同，也就是在地球發展的早期，有一顆隕石墜入地球，帶來陌生的細菌。人類從此有了疾病，在地球上創造出完美人類的宏偉實驗因此遭到破壞。凱洛說的沒錯，議會對實驗毀了感到很悲傷。他們不得不做出決定，看是要摧毀一切，重新來過，還是在知道人類永遠不會成為規劃中的完美物種的情況下，讓它繼續。

由於議會對這個實驗已經投入了無數的時間和努力，他們決定讓實驗繼續下去。這也解釋了為何仍有外星人在做一些實驗。他們試圖讓人類種族回歸原本的計畫，成為永遠不會生病，只在準備好（想離開身體）時才會死亡的物種。

朵：你的意思是隕石破壞了原本的計畫？

凱：對，但我們相信沒有什麼是意外。

朵：有人告訴我，人類的身體外形是最好用的。這是許多地方都用到它的原因嗎？

凱：對，它是許多物種的結合。有爬蟲類，有矽（譯注：指以矽爲基礎的生物；人類是以碳爲基礎的生物）。許多物種都對人類意識的載具有貢獻。

朵：如果你從最開始就在了，那麼你就沒有年齡，對嗎？

凱：我們不在時間內。我們不在同樣的時間內。

朵：在地球上，我們認為一個細胞要發展成人體現在的模樣，需要很久的時間。但你並不認可「時間」？

凱：事物就這麼顯現。只要想到它們，它們就產生了。

朵：你在議會時顯然很開心，不是嗎？（是的。）為什麼你決定離開？

凱：我決定我要親身體驗，而不是只在外頭觀察。我知道這會很辛苦很艱難，其他人也極力打消我的念頭。他們需要我在那兒。不想找不到我。但我決定要去，我想我可以從內部直接解決問題。我是個能手。

朵：身為能手，應該什麼事情都難不倒你。

凱：對，不過情況並非如此。

朵：聽起來你很固執，不聽他們的忠告。

凱：對，這是我的特質之一。因為我是發明者，而為了發明和創造，你必須從各個角度瞭解創作品。我是個創造者。

朵：你說你從一開始就協助創造地球上的生命？

凱：我只是協助。有個很大的團隊。

朵：但接著你決定要出去體驗？

凱：對，讓自己變得渺小。在一個小宇宙裡，小生態系統。

朵：你必須從那裡開始？我在試著瞭解你的意思。

凱：嗯，小生態系統是最小的生物層級，從有計畫，擬定好的分子開始，然後才有形體。

朵：所以如果你去地球，你就必須從那個層次開始？

凱：我不是非得如此。我做我想做的。其他人認為有這個需要，但我不這麼認為。

朵：那麼小生態系統是你進入的第一個形式？

凱：粒子……粒子的意識。比電極（electrode）還小……比細胞核還小……比…小還小。你的語言裡沒有可以形容的字眼。

朵：你在那個層面能體驗到什麼？

凱：能量，只是能量。變得這麼小是非常興奮的事。

朵：你必須經歷一個很漫長的過程才被允許回來？

凱：我隨時都能回去。

朵：既然你想從純粹的能量開始，那麼你在那之後又進入了哪種形式？

凱：我什麼都試過，我當過樹，當過電子，當過粒子，當過光波，當過細胞核，當過恆星，當過行星，我曾經是海洋，是水，是動物，是爬蟲類，是人類，是我，是岩石，是小卵石；我曾是許許多多的事物。

朵：有這些不同的形體時，你學到了什麼嗎？

凱：沒有，沒有什麼好學的……只是去當它們，只是存在。這和學習無關。這和體驗有關。只是去體驗。

朵：不過你不是非來不可。這是你自己的決定？

凱：對，而且還得強力要求。他們試著阻擋我，但我說：「走開。」

朵：然後他們就不再阻止你了？

凱：對。自由意志永遠是被尊重的。

朵：你經歷了所有這些形式，然後決定到人類身體？

凱：對，我當過一陣子人類，然後不再當了……那時太粗野了。

朵：當你身為人類的時候，你經歷過許多不同的人生嗎？

凱：我所體驗的都有生命。我體驗了全部。我想知道究竟是哪裡出了錯。線路哪裡出了錯呢？細菌是如何造成干擾？要如何修復？

朵：如何修復損害嗎？

凱：損害是指重新導引到另一種不同類型的演化。在這個情況下，只能從內部去修復損害，無法以觀察者來修復。

朵：這是為什麼你體驗許多不同類型生命的原因？

凱：對，必須見識過所有的。

朵：有些生命既是負面也是正面，不是嗎？

凱：對，但負面是種幻相。負面和正面都是建設性的材料。負面是演化的催化劑。

朵：你知道人類把負面看作是不好的東西。

凱：他們應該改稱它為演化的催化劑。那些催化劑是刻意提供的，為了進化。這些看來負面的事物……這些事物是刻意的，是有目的的。

朵：我猜想以地球的時間來說，你做這件事已經很久了。

凱：我來來去去，不是一直都在這裡。是的，我參與這件事比地球的人類計畫還久，我們在這之前還有過更多的實驗。在地球的冰河時期以前，有更多的人類實驗。曾經有六……許多……的第六次。

朵：這是什麼意思？解釋一下那六是什麼意思。

凱：地球曾經有數十萬年完全沒有生命，不過中間偶爾會有小小的窗口可以有複雜的生命形式，而我們每一次都會加以利用。

朵：我就是在納悶那六個階段是什麼。

凱：那不是階段……只是實驗。是人類這種複雜的生命形式可存在於地球上的六個時間窗口。那是人類、植物和動物能夠存在的時候。最初的兩次沒有人類。最初的兩次只有其他物種。它們不一定是你在這個時空所能辨識得出來的生物。經過許多其他生命形體的實驗之後，人類是比較近期且混和了其他實驗的試驗，或許也是最偉大的點子。

朵：你是指人類現在的樣子？（不是。）那是第六個階段？

凱：不是，沒有階段。那些只是實驗。這次是在這裡的第六個實驗，過去四次也都是人類形體的實驗，不過我們已經在銀河許多地方用過人類做實驗，只是相較於其他較老的物種，人類是比較近期的發明。它曾經有過一些瑕疵，不過我們正發現有更多意識可以支托更多的意識，也發現了可以支托和引導意識的身體載具。我們還沒有讓身體載具這個概念得到最完美的形式，但我們有無限長的時間可以探索。

朵：為了讓它完美？

凱：不是完美……是有更多體驗。一旦到達完美，它就不再完美了，因為你會想嘗試不同的東西。

朵：地球上有些物種和人類並沒有存活下來，不是嗎？

凱：沒錯。徹底清除了。重新再來。

朵：事情沒有照應該的進行？

凱：並沒有什麼「應該」或「不應該」。有時候我們會放手，直到情形看來不再有建設性。有時候退化會危害到其他的實驗，那時就需要控制這個實驗。

朵：這是個很大的計劃，不是嗎？

凱：這是宇宙性的。還有其他的宇宙，宇宙不只一個。

朵：而且它們環環相扣。所以你必須監控所有宇宙？

凱：對，還要小心避免實驗之間的滲入影響。它們會對其他實驗的進展造成破壞。當人類的演化在技術上會妨礙到其他實驗的時候，就必須被控制。

朵：還有其他像你這樣的存在體來到地球嗎？

凱：很多。特別是現在。

朵：他們也可以留在那裡，不是嗎？（是的。）他們全都是志願過來的嗎？

凱：沒有人是被強迫的。

朵：我和許多不同類型的志願者談過，他們都選擇在演化的這個時候來到地球。你在這裡的工作是什麼？

凱：由內而外重整線路。

朵：所有的人類或只是特定的人類？

凱：只有教導他人重新接線的特定人類。我們來這裡教導。每個人都可以自己重新接線……重組線路……他們的神經系統受損了。而神經的重新連線只能由各個類型的個體自己去做，我們無法代勞。這是一個實驗，我們在協助實驗的進行，在這個時候輕推他往某個特定的方向。過了這段時間，我們就會離開。

朵：人類為何需要重新接線？

凱：以支托更多的意識。

朵：所以不是要容納更多的知識。

凱：不是。因為技術上來說，缺乏的是心和慈悲心的演化。人類的進展已到了沒有心的平衡，沒有心的演化，就只有技術的進步。這真是個災難。所以我們來這裡先讓心演化，讓心得以與知識的進化一致。

朵：為什麼人類必須要有更多的意識？

凱：以便他們能以慈愛的心來行使力量。濫用力量是人類的失敗。這個生物上的細菌對神經系統的損害發生在人類還沒有完全成形前，那時還只是實驗的早期。

朵：所以你們的構想是以這個方式來停止負面？

凱：或是改變負面使用的方向，因為正面和負面都是有必要的，缺一不可。陰暗和光明是編織出整個織錦的針與線。人類必須學習有智慧地去使用正面和負面，因為正面也可能被誤用。

朵：我知道有很多志願者來到地球，他們進入人類形式只是為了來幫助，但你似乎有不同的使命。

凱：我們不是來這裡拯救人類。我們是來看情勢會怎麼發展。

朵：這是你選擇進入凱洛身體的原因？

凱：對，也是我為什麼選擇要替線路錯接得最嚴重的人重新連線。這是唯一讓其他人看到這個深刻的生物性損害要如何重接的方式。

朵：你進入她的身體時，她還是個小寶寶？

凱：我從這個身體誕生的時候就在了。

朵：你之前有過其他世的人類生命？

凱：那些都是我的生命。我是完整的自我。同一個**我**經歷所有生命。

朵：所以你會將凱洛重新連線，使她能當別人的老師。

凱：對，教導那些肯聽的人。

朵：你知道她有一間形而上學的學校，她在那裡授課。

凱：我知道，我是那所學校的創造者之一。那所學校的創造者多達一千位。我是其中一個有……怎麼說呢……運作頭腦的人。

朵：所以你把建立學校的概念放到她的心裡？

凱：不是，是整個團隊。這是她生下來就有的概念……一個被放進她心裡的概念。這是她的天命。

朵：這是個好點子。她在幫助人。（對。）但她的學校現在卻面臨困難。

凱：她太認同人類的限制了。

朵：她覺得學校步入困境，沒有照它應有的發展觸及到那麼多的人。

凱：沒錯。它沒有觸及到該有的人數。她需要放鬆，隨遇而安。有太多人類狀況涉入。

朵：你可以就如何吸引新的學生給她一些想法嗎？

凱：我們正在策畫。我們是她所謂的「一體」。

朵：她正在網際網路上進行。我猜想你知道那是什麼。

凱：對。那是我們有的初級版。網際網路是觸及所有人的大眾意識資訊的濫觴。這是第一步，但如果這個物種的心不平衡，我們會停止這個發展。

朵：你們會怎麼停止這個實驗？

凱：我們有宇宙的毀滅力量。只需要轉移宇宙力量就可以了。如果科技持續在沒有心靈的情況下進展，毀滅就會發生。

朵：但這意味著每個人都會被摧毀。

凱：不，沒有什麼會被毀滅。

朵：這會毀了整個實驗。

凱：會繼續，只是會重頭來過。沒有什麼會被永遠摧毀。它只是轉變為能量，而能量可以重新使用和再分配。沒有人會死亡。那不是真的。

朵：但如果你們重做實驗，不就是承認失敗？

凱：不是，是承認方向錯誤……不同的方向。我們現在有很大的信心實驗會往正確的方向前進，因為有我們這樣的人在這裡。我們正從內部輕推著實驗前進，而不是像以前那樣只在外頭。這必須是由（人類）形式內部開始的擴展——我們確實看到實驗沒有完全轉向那個方向。還是有很多人類在聆聽……錯誤的指導。

朵：這和正在形成的新地球有關嗎？

凱：地球只有一個，它若不是會轉變就是不會。

朵：我聽説了好多不同的説法。我聽説地球會改變振動。

凱：將會有其他次元的地球。將不只一個……多過一個。多過兩個。會有很多版本的地球。

朵：其中一個版本仍會有負面事物？

凱：對，而且是比你們想像得還更黑暗的實相。有地獄版的地球，我們在其中測試人類載具，看它能承受得了多少。

朵：有人告訴我，負面性的人無法前往較高階版本的地球？

凱：他們會在和他們相合的版本裡。不能符合特定振動的人會死去。我們在清理這個物種的缺陷樣本。凡是從內心下定決心的人都會通過「前進」這關。

朵：所以這是你的一部份工作？使人們做好準備，讓他們知道有事即將發生？

凱：大家都知道有事即將發生。我們已用許多不同的方式讓世人知道。現在這也是許多不同方式中的一個。有些人會以不同的方式前進。

朵：你説不同的方式是什麼意思？

凱：覺醒的方式。目標只有一個，但有許多前進目標的通道。

朵：沒有一定不可的「唯一路徑」？

凱：只有一定要走的路。人類的心必須演化才能往前進。我們已經任由人類實驗在這個只有科技進展卻沒有心的演化現狀中持續下去，我們已經任由這些事走得非常、非常遠……任由這個態勢發展到極限，看看會發生什麼狀況。我們已經看過會發生的事了……沒有必要再重複（指再看到一次）。現在若不是要往新的方向，就是完全沒有。

朵：你們看到了什麼即將發生的事？

凱：星際戰爭是真有其事。在一個很遙遠的銀河系中爆發了。

朵：所以人類若是持續現在在做的事，地球會毀在他們手中？

凱：他們有可能摧毀整個體系，並且牽連到我們不希望他們波及的其他實驗。

朵：這就是為何你們要監看，以免他們邁向那個方向？

凱：為了遏制實驗不要暴走。

朵：人類不知道這些，他們會做蠢事。

凱：她（凱洛）想看看哪一世和現世有連結，我就是連結。

朵：你是其他星球的人，志願下來地球，住在這個瘋狂的世界。

凱：我不是下來。我是過來。（我笑了）

我接著召喚潛意識，問它為何選擇讓凱洛看到那一世。

凱：好讓她明白自己是屬於一個靈魂群組。不只是一個存在體。她在一個星球看到其中一個面向，但在許多星球都有這麼一個團體，她也都是其中一員。

朵：其他存在體是在所謂的「議會」。（對。）她是議會中的一員？

凱：對，議會是一個存在體。

朵：為什麼你要她知道這件事？

凱：好讓她能明白學校真正的起源。她已經在懷疑學校的背後有一個群體能量。她知道，可是她不想把自己想得那麼「特殊」，不想把學校想得這麼了不起。在某種意義上，她怕自己驕矜自滿。

我接著問到她的身體，特別是她正在服藥治療的甲狀腺狀況很嚴重。潛意識說這是恐懼造成的。「還有，憤怒也是元兇……令人不敢置信的憤怒。和憤怒的關聯比恐懼更大。」

朵：憤怒從何而來？

凱：她的人生過得很顛簸。

朵：她說她與生命中所有發生過的事都已經和解。

凱：許多方面是的。她的心靈已經讓事情過去，她的心也已經寬恕，但身體卻不肯罷休。這是細胞的記憶，也是想自殺的願望。這是她沒意識到的自殺願望。

醫師告訴凱洛，如果不服藥她就活不成。我讓潛意識去處理甲狀腺，並問它在做什麼。「放鬆。只是放鬆，還有就是對於身在人類的身體裡感到自在，對於在地球上繼續待個四十到五十年感到自在。」它也說凱洛的學校會擴大，並遍佈全球。「還有得瞧呢。她在這裡已經四十年了。這對一個非地球人而言是很漫長的一段時間。」

催眠結束前的訊息：不要畏懼發光發亮。不要畏懼變得有力量。不要畏懼變得更特別。她害怕自己顯得比別人特殊許多。但她不是的。她非常害怕小我。因為小我是自萬有的墜落，所以沒有什麼比小我更令她害怕的了。她看過太多因為小我而功虧一簣的案例，她不希望她的小我摧毀了她所做的任何事。而為了與小我戰鬥，她讓自己維持在一個較低的位置。她將會得到指引，她會知道如何因應越來越大的成就。她會被引導如何處理。

* * *

雖然其他存在體建議大師／導師級的靈魂（master soul）不要來到地球，但顯然他們也志願前來。有人說，神靈下凡也會迷失。即使是他們，也不免陷入地球的污泥和困境之中。

第二部

外星人和光體

第十五章 更多志願者

把幽浮、外星人跟三波段志願者及地球即將發生的次元變化放在一起談，或許有點奇怪，但其實它們的組合非常自然。會説奇怪是因為關於外星人或外星生物的整個主題，從一開始就被包覆著一層恐懼和不信賴。大多數的調查者尋找並發現了他們認知為邪惡和恐怖的事，而這完全是基於他們的信念系統；他們創造出令自己恐懼的事物。我所發現的概念——我們就是他們，他們就是我們——對那些調查員來説，想都不曾想過。

這些存在體既創造了我們，就不會想要傷害自己的小孩。由於自由意志和不干預法則，他們只能從旁觀察，對著孩子們的愚蠢和幼稚行為大搖其頭。其他的調查員在替個案做催眠時，通常只會讓個案保持在淺層的催眠，我卻是會帶個案進入深層的催眠狀態。然而，淺層的出神會令個案深陷在情緒裡，致使恐懼凌駕一切。

外星人很清楚他們的外觀和行動對人類會造成的效應，因此寧可人們不要對接觸留下記憶。他們懷著一個明確的目的來到地球，而那是以轉世進入身體，記憶便被消除的人類所無法理解的事。許多人要在時機到了，要等到他們的使命到達他們可以瞭解的適當階段，才會記起自己的連結。太快恢復記憶，有可能會危及實驗。

「他們」説過，理想的狀態是人類永遠想不起來發生了什麼事，忘記自己曾見到過外星人。他們不想干擾我們的生活。不過，由於食物中的添加物，還有大氣中的汙染物質，或服藥（不論是否醫藥用途）或飲酒的關係，人腦的化學作用會產生變化，有時以一種扭曲的方式憶起與外星人的接觸（不論是真實事件或作夢）。記憶會受到情緒的影響，加上事件本身超越了理解範疇，人類便以為自己遇到了駭人聽聞的事。這是為何外星生物消除人類的記憶會是比較妥善的作法。恐懼是人類最強大的情緒；任何無法理解的事，都會引發我們的恐懼，記憶也自然地遭到扭曲。

我使用的催眠法能夠除去意識的干擾，直接觸及潛意識，也就是那擁有一切知識的部分。我們因此能夠發現真相，或至少得知潛意識認為合宜的故事。潛意識知道個案的旅程和任務的進展，知道他們應付得了多少，從來不會透露超過個案所能處理的事。因此，在催眠的過程中，我必須尊重潛意識所揭露的內容。它若是表達不能再給更多的資訊，或是說出某件事的時機未到，我就必須尊重，不再追問。我每次都懷著很大的敬意對待潛意識，也與個案心靈的這部分建立起自在的合作關係。這是為何我能取得其他調查員連試圖去找找看都不願意的資料。

外星人的主題所以會與三波段有關，是因為這些志願者通常來自其他次元、星球或是太空船。一如我先前說過的，志願者是純淨而未受沾染的靈魂，他們在這個時候來到地球，是為了幫助我們度過邁向新地球的過渡期。他們以前大多沒有在人類的身體裡，因此沒被困在業力之輪。在《迴旋宇宙》系列裡，我發現他們有很多是直接來自於神，也就是源頭；過去不曾在任何類型的身體裡居住過。他們一直與源頭一體，從未被外派進行漫長的實驗旅程，也未曾為了擴大源頭的知識而去學習。他們很滿足於待在全然的愛的環境裡，純粹是為了協助地球才同意離開。

在《迴旋宇宙》系列，有很多人談到在靈界還有其他不同地點所舉行的會議。他們在這些會議上得知地球有難，需要來自外在的協助。宇宙徵求志願者，許多靈魂就接受了這個挑戰。其中一位說：

「我很愚蠢地舉起手來，說我要去。」她所謂的「愚蠢」，是指她當時不完全瞭解她志願面對的事情有多麼困難。這些溫和的靈魂出於愛的緣故，一心想要協助地球。但來到地球之後，他們終於意識到，地球為何會被稱為宇宙中最有挑戰性的星球。

在這本書裡，我們也有新的發現。原來，有些志願者是到處旅行和探索的靈魂或能量，他們從沒想過要有一副身體。我們不難理解，在適應地球這充滿敵意和陌生的環境時，這些靈魂會覺得多麼困難。由於答應接下這令人卻步的任務，他們在眾人的心目中是勇者，並贏得大家的欽佩。

以下要探討的這些個案住在太空船上或其他星球和次元，他們原先並沒有來地球探索的渴望。在《監護人》中，我寫到我調查一般幽浮和綁架案例有長達二十五年的經驗。在那本書裡，我以為我找到了每個人都想知道的關於飛碟和外星人的所有解答。但我錯了，還有更多有待發掘的真相。

在撰寫那本書的期間，我尚未意識到志願者和他們在地球上所扮演的艱難角色。但你若從這個角度去看，外星人非但不是入侵者，反而是我們的保護者。他們只是來保護和觀察同類。雖然這類型的志願者並不知道，但他們絕對不是獨自一人。在他們身後一直有人看顧著他們，確保他們的安全，並幫助他們適應地球這個很不同的環境。我在《迴旋宇宙》系列已經寫過一些案例，但當時我並未看清全貌。現在，隨著本書故事所呈現的內容，全貌也將呼之欲出。

消失的時間

我的每一本作品都有許多曲折變化，朝著不同的方向前進。所以，調查幽浮和外星人時，再轉一次彎又何足為奇呢？過去，我曾調查過時間消失和時間壓縮的事件（收錄在《監護人》裡），但不論如何，我總是能將事件與太空船上具有身體的存在體連在一起。對我來說，只要能把事件維持在人類意識所能因應的範疇內，多少較易於瞭解。然而，我的工作現在卻往新的方向邁進，許多事件開始與非實體的存有和載具產生關聯。雖然個案的意識並不會想到這麼奇怪的概念，但在潛意識的認知中，這卻是再自然也不過的事。人類的心靈確實正被開啟，而我所有的工作都受到了影響，我不得不徹底地改變觀點。

在二〇〇一年的九一一攻擊事件後不久，我在內華達州的拉弗林（Laughlin）進行了十二場催眠，其中一次的個案名叫賈姬。由於那是一場幽浮大會，我很自然地遇到許多想知道自己是否有過這類經驗的人，賈姬也是其中之一。

在這場大會進行期間，我每天早上都會在芭芭拉・蘭姆（Barbara Lamb）的協助下進行經驗者聚會，而賈姬想要探索令她備感困擾的時間消失事件。當時，她和她的朋友伊蓮起了個大早，在凌晨三點開車前往亞利桑那州的喜多娜。這趟旅程一般會花上四個小時，所以她們預計抵達時間為早上七點左右。然而，她們不僅晚到了幾個小時（大約有兩個小時消失了），在進入喜多娜的時候，還發現車子是在一條陌生的高速公路上。由於時間非常早，我想確認她們不是把車開到高速公路旁停下，然後呼呼大睡。賈姬非常確定她們沒有這麼做。她們之所以那麼早出發，主要就是因為那個凌晨時段的車流量小，因此對於自己最後何以耽擱，完全找不到合理的解釋。

這就是這次催眠的主要重點。賈姬在日記裡記下了這件事，因此她有確切的日期和時間，這提供了我們很大的幫助。

另外一件她想探索的事，是她認為她的鼻腔裡有植入物。她曾經因為身體狀況去做檢查，她把當時醫生拍的幾張X光片拿給我看。其中一張照片顯示，她的鼻腔上部有個微小的白點。但幾個月後再拍的X光片中，那個東西卻又不見了。她也提到那段時期有東西從她的鼻子裡出來，因為不知道是什麼，她把它丟了。賈姬想查明她的鼻子裡是否有過東西，或身體裡是否有其他的植入物。

我於是先探索時間消失事件。在她進入出神狀態後，我引導她回到一九九三年七月一日凌晨時分她的家中。

朵：現在是凌晨，你正準備外去旅行。你往下飄落，進入了屋內，回到你還沒有出門的時候。時間很早，是一九九三年七月一日的凌晨。你在做什麼？你看到了什麼？

賈：我的燈關了。我正要出門。

朵：你已經打包好所有要帶的東西了嗎？（是啊。）你要上誰的車？

賈：我的福特。

朵：你要開車嗎？還是伊蓮開？

賈：我開。現在還很早，才三點五分而已。外頭仍然很暗，我和伊蓮在車裡。我喜歡我的音樂。音樂幫我們打發時間。

朵：你們到喜多娜要花多久的時間？

賈：大約四個小時。我已經去過很多次了。我們討論說要走新的路，先上十七號公路，然後直接從林恩（？）公園到喜多娜。經過一條山路，抄捷徑。我們第一次這樣走。

我們馬上就發現不存在於她意識裡的有趣事情。她談到了一條和她記憶中不同的高速公路。

朵：從這條路走會比較近嗎？

賈：不會，更遠。

朵：為什麼你們決定要走新的路？

賈：這是約好的。我答應要去那裡。去見那些人。

朵：他們會在那條高速公路上？

賈：對。這樣比較容易見到他們。潛意識裡我知道他們會在那裡。不是意識上的。

朵：你說約好是什麼意思？這是事先就安排好的事嗎？

賈：我的人。（悲傷地說）我想念他們。

她的情緒激動了起來，開始掉淚。我和她說話，讓她信任我，這樣她才能繼續談。她邊哭邊說。

賈：他們完全是……光。他們是光做成的。（吸鼻子）我好想念你們！（激動）這個地方好奇怪。

朵：你是在別的地方認識那些人的？

賈：（大聲嘆息）對！

朵：你是什麼時候約好要和他們見面？

賈：睡覺的時候。他們告訴我要去哪裡。（吸鼻子）是在那條路上的某個地方。我不知道確切地點，但我得趕緊了，一定要在某個時間範圍裡抵達。

朵：這是為什麼你想在清早那個時間離開的原因？（嗯。）但你說你認識這些人。你是在哪裡認識他們的？

賈：光。（還在吸鼻子）（激動）他們是光的一部分。他們是光。光的能量。

朵：你怎麼會認識他們？

賈：（激動）我就是他們！（強調）我就是他們！

我試著在不引導她的狀況下，查明她在說些什麼。

朵：當你在地球上的時候，他們一直和你保持聯繫？

賈：一直都有。但我不是一直都瞭解他們。我有時會忘了他們是誰。（激動）一種光的集中型態。那是最大的、集中的藍光。我就是他們！

朵：你就是他們。好，讓我們往時間前移，到快要抵達約定地點的時候。你花了一段時間才到嗎？

賈：我們的車需要加油。我需要停下來加油。我的心情很好，感覺充滿了生命力，很清醒。充滿精神，非常興奮。但當停下來加油時，我卻覺得好睏。馬上就迷迷糊糊的。當我繞過車子，換伊蓮去開車時，我的眼睛都睜不開了。

朵：噢，那是凌晨，時間很早。

賈：這不一樣。這不是一整夜的行程。她在開車。安全帶是繫上的。我看著時速表。時速七十五英里就是我最後看到的畫面。我當時心裡在想，再過二十分鐘就到了。

朵：路上都沒車？

賈：唔，我看到一輛車從高速公路的另一邊經過。

朵：然後發生了什麼事？你的潛意識知道。它沒有睡著，可以告訴你發生了什麼事。

賈：我們停下來了。右轉到一條路上停下來。那是條泥土路。沿路有籬笆。是某種農場。我們把窗户搖下。這裡很暗。

朵：她就在路邊停車？問也沒問？

賈：對。她在微笑。我往右邊看。那裡有東西……銀色圓頂的形狀，像水箱。但不是水箱。有兩個「人」來到我的車門。一個在她那邊的車門。然後我們在走路。

朵：那些人長什麼模樣？

賈：灰色的。

朵：你下車了嗎？

賈：是啊。伊蓮沒事。她只是安靜地走著。

朵：他們要帶你們去哪裡？

賈：我們在這艘船上……在這個房間裡。

銀色的圓頂物體顯然是一艘太空船。

朵：你在房間裡。然後發生了什麼事？

賈：這些機器人……這些灰色的東西……在教我。我感覺到他們發出的聲音告訴我，我是個使者。（泫然欲泣）他們會再一次離開我。我不想回去。（激動）我會回去，但我寧願和他們在一起。我真的想和他們在一起。我是光的一部分。部分光。部分自己。——回去。

朵：你說部分自己是什麼意思？

賈：我再次從他們分裂出來，回到地球。我得回到下面，可是我想和他們待在一起。（激動）他們充滿了愛，每一個分子空間都是光。（吸鼻子）我不知道我能不能做到他們要我做的事。

朵：他們要你做什麼？

賈：散播光。散播光。回去，然後藉由散播光來擴大神的源頭。

朵：他們有告訴你要怎麼做嗎？

賈：他們說我知道怎麼做。

我突然想到這有些類似《迴旋宇宙序曲》巴多羅米故事裡的小光體，他們來地球也是要散播光。

朵：他們就是跟你說的人嗎？還是房間有其他的存在體？

她稱他們為「機器人」並沒有錯，在生物學上來說他們是被創造出來的機器，只會照指令或程式做事。我知道他們通常不會自己思考，一直都在做僕役的工作。我納悶他們是從哪裡得到給她的指示。

賈：很像電話。他們對某個遙遠地方的人說話。

朵：然後對你複述？

賈：他們就是電話。他們在播放。他們包含了訊息（指傳遞訊息）。他們也是光的一部分。這真是美好……可是回去地球以後，我覺得好不完整。（吸鼻子）

朵：為什麼他們要在這個凌晨帶你上太空船？

賈：我需要一個……裝置。是個裝置。他們把一個裝置放在我的腦子裡。（仍在抽鼻子）

朵：他們怎麼放的？

賈：用一種金屬延伸器，從我的右鼻孔進入。

朵：把裝置插入腦中？

賈：靠近腦的地方，這樣我就仍然可以跟他們一同思考。在我活著的時候，可以接收到他們對我投射的概念。這是為了幫助我生活。幫助我教導別人。概念會像圖片般出現在我的心裡。是字，但看起來像圖片。

朵：所以它會幫助你知道要說什麼和教人什麼？

賈：對，但有時我認為它幫不上忙。

朵：為什麼？

賈：因為我要教的人很笨。（笑聲）

朵：（輕笑）那麼，他們把那個東西放到你的腦子裡，這會讓你困擾嗎？

賈：噢，不會。我知道我需要它。那是我的……電話卡。

朵：所以你可以跟他們溝通。它不像是心靈控制之類的東西，是嗎？

賈：噢，對。因為我就是他們。我就是他們。

朵：當他們想傳送資訊給你時，這就是他們打電話給你的方式？

賈：是為了幫助我，讓我不受到傷害。讓我知道。每當有傷害時通知我，讓我警覺。

朵：他們也收集資訊嗎？

賈：噢，對。是的。每個跟我說話的人。每一個概念。每一個看法。每一個價值觀。每一個體驗。這也幫助他們成長。幫助我們成長。

朵：他們會用那些資訊做什麼？

賈：它會像……水晶一樣堆疊？在神的源頭增長。增加。完成功能。讓神的源頭得到增長。增加知識和光。創造一個功能。神的功能。祂必須有個功能。

朵：他們只能用這種方式取得資訊嗎？

賈：不是，他們有很多、很多像我這樣被送出來的光的片段。如果我沒做我的工作，別人也會做。

或許這就是為什麼有這麼多的人告訴我同樣的事。我還會發現更多在地球上做這個工作的光的片段嗎？如果會，那麼他們似乎散佈到了世界各地。或許這就是目的，這樣他們就能從各地蒐集到資訊。

朵：但放在你腦袋裡的小東西是他們讀取或取回資訊的唯一方式嗎？

賈：不是，還有別種方式，但不是全部都有連結。如果我們想到了什麼，大家都會在同一時間知道。我們將有關存在的知識，相互「打電報」，一個傳一個地告知。然後整個光都在同一時間知道同樣的事。這是我在地球的時候，和我聯繫的一種方式（指腦袋裡的植入物）。

朵：以前你的身體裡也有過這些東西嗎？

賈：這一世之前有過。這次沒有。

朵：我的意思是當你還小的時候。（有。）那麼他們為什麼又要再放一個？

賈：有時候身體會吸收。有時候東西需要更新，這樣他們才能把他們需要的知識蒐集齊全。

朵：所以小孩身上也會有這種東西，而且偶爾還要更換？

賈：那是我七歲的時候。我好孤單。他們讓我不覺得寂寞。他們讓我知道我不孤單。（吸鼻子）可是我的感覺還是好孤單。地球是個奇怪的地方。很難和人説話。以前和別人説話好辛苦，現在容易些了。

朵：在那個早上，當你在那裡的時候，他們還做了什麼別的事嗎？

賈：（仍然很激動）他們告訴我不要再拖延了……我要去做我需要做的事。另一次的時候我感覺完整多了；我那時是藍色的光，在另一個地方的一塊藍光。一整塊的藍光。

我試圖理解她的意思。

賈：那是我和他們在一起的時候。每次和他們在一起的時候都感覺很完整。時間並不存在。當我是一塊純粹的藍光時，就是我最快樂的時候。

從我問的問題明顯可以看得出來，我還是不懂她在說些什麼。

朵：那是你還小的時候嗎？

賈：如果我們要談你們想像的時間，以年來說，那會是在五十萬年前左右。我那時很快樂。（咯咯輕笑）是自在而純粹的藍光。

朵：然後發生了什麼事？你必須離開光？

賈：為了協助運作。當我們來到這裡，我們以我們的行為擴大源頭。這是真的。如果我們做了不好的行為，就不是與光同行。我們透過自己的行為創造能量，協助神聖源頭，擴大神之源頭。那塊光原來每次都是要創造更新且更好的宇宙。無始也無終，永遠如此。而有時候在物質星球上，你會黯淡且寒冷。沉重而黑暗。而且寂寞。

朵：那塊藍光是什麼？

賈：神！那是神的源頭。我們每個都是濃縮的能量，且各有各的不同。在那一世，是我第一次……離開？（她不確定要怎麼形容）是我第一次像個火花般脱離神之源頭後，最接近神的一次。當你在黑暗裡，光芒有時會減弱。我覺得和大家分離且寂寞，非常孤單。但我知道我不孤單。只是有時候，我希望情況能簡單一點。

朵：你是志願離開，下來到物質世界嗎？

賈：是的。責任。我們必須學的最困難的事就是責任。我們要為自己的火花負責，我們對擴大神之源頭負有責任。我知道我需要去做，需要提供協助，但有時候很難理解。有時我會好累。

朵：你的意思是在賈姬這一世嗎？還是在所有的旅程中？

賈：所有的。

朵：為什麼你會累？

賈：太慢了。

我以前也聽說過，在地球這個次元，一切都太緩慢。在其他的次元裡，特別是在靈界，思想會立刻具體化，一切都快速得多。我們這個緩慢和稠密的次元，對能量存在體來說，是個很沮喪的體驗。他們習慣立刻就創造出東西來。

賈：其他星球和其他地方也有緩慢的時候。

朵：它們不一樣嗎？

賈：永遠不會很黑暗。

朵：可是這全都是課程？你們去這些地方就是為了學習？

賈：對，我們知道這永遠都是學習。這個特定的星球沒有照它原本應該的運作。因為我們有很多人任由自己感到疲累，在做該做的事情上拖拖拉拉。我們需要保持在垂直的路徑上。物質的東西並不重要。那不是真實（reality）。不是大寫R的實相（Reality）。實相才是真正重要的。大寫L的生命／人生（Life）才重要。而這裡的人生並不是那大寫的人生。所以我有時會討厭待在這裡，但為了擴大源頭，擴大這股能量，擴大創造的水晶，這是有必要的。

朵：這就是賈姬想瞭解的一點。她想知道自己為什麼會發生這些事。如果她知道自己這一世的目的，她會感覺好過些。

賈：我瞭解我的目的。我只是不懂我為什麼讓自己疲累到沮喪的地步。

朵：好，既然你在看，賈姬的身體裡還有其他的植入物嗎？

賈：有，有一個在我的左手手指裡。

朵：那是為了什麼？

賈：我想說「健康」，但他們告訴我這是為了我的血。我的血裡沒有充分的氧氣，因為地球是個沉重的地方，而我的身體沒有製造充分的……我的血裡的氧氣不夠。因為失衡的關係，它創造出比較多白血球。我看到一束束像是雷射光束的光，透過這個東西，進入我的身體。這個東西好小。

朵：這樣就能平衡血液裡的氧嗎？

賈：是的，不過我不知道是怎麼辦到的。我不懂。（像是發現了什麼）光是……推進器？它會踢小分子的屁股。（笑聲）我需要它。為了接下來的二十年，我需要變得強壯，非常強壯。

朵：接下來的二十年？所以這會幫助身體達到平衡和協調。還有其他她需要知道的植入物嗎？

賈：在我的左耳後面。

朵：那個東西有什麼功能？

賈：通訊。我的耳朵後面有過好幾個。我七歲的時候有過，那個的位置比較高。還有一個是最近才放的。

朵：你七歲時的那個是為了什麼要放進去？

賈：讓我能夠聽到我在聽的……和信念有關。它幫助我聆聽，讓我聽到真相後，腦內的模式能夠變得明晰。這也是為了過濾和分類什麼是真相，什麼不是。

朵：放進賈姬鼻內的植入物是否就是她在X光片上看到的東西？

賈：那個是在我的鼻孔裡。

朵：它有什麼用途？

賈：通訊。當他們想知道什麼或看到什麼的時候，就會看到和聽到我看到與聽到的一切。當他們想告訴我什麼的時候，他們會直接放進我的腦子裡。有時我看到的是圖，有時是字。X光片上的東西是通訊裝置。

每次在個案進入出神狀態問他們植入物的事，我都會得到同樣的資訊，其中部分案例收錄在《監護人》裡。外星人說，重要的是我們要瞭解植入物的功能。人類賦予植入物一個非常負面的含義，有些調查員甚至會把它們取出來。關於鼻腔內植入物的用途，一直都有相同的說法，說那是一個通訊裝置，目的是為了蒐集實驗對象腦部所得到的資訊，然後直接下載到紀錄人類文明和地球的電腦裡。有些植入物是監測器，為的是確認實驗對象的位置，並在需要的時候提供保護。其他的則與和緩釋出型的藥丸或在人體內配送藥物的裝置很相似，用途是治療疾病或功能失調。我發現植入物都很正面。我從未在它們身上發現負面的用途。唯一的負面性是被缺乏全面瞭解的人所提出。

朵：所以這和放在腦裡的東西不同？

賈：就是它。它很接近我的腦。我耳朵裡的那些也是。一個是在我七歲的時候放進去的，還有一個我知道是在約九五年時放的。九三年放的在我的鼻孔裡。

朵：就是出現在X光片上的那一個嗎？

賈：那是九三年的，是在去喜多娜的途中放進去的。

朵：為什麼現在X光片上看不到了？

賈：九六年時，我也有過消失的時間，一樣是在清晨。他們來了。它很鬆。我以為他們來是為了要把它取出或做調整。但隔天它卻掉了出來。我想他們是來把它調得更鬆。

朵：為什麼他們要調鬆好讓它掉出來？

賈：因為我知道他們在做什麼，而且當我知道的時候，它的功效也已經不是那麼好。

朵：它就是掉出來被賈姬發現的那個嗎？看起來像個小小的綠色正方形？

賈：對。（咯咯笑）當孩子在騎裝有輔助輪的腳踏車的時候，他們會很依賴輔助輪，直到有人把輪子拆掉。他們拿走的植入物就等於是那些輔助輪。老天，我只能靠自己了！我原本沒有意識到我現在得自己來。（這是個驚訝且困擾她的領悟）我是自己一個人了。

朵：但他們把東西取出來後要怎麼和賈姬聯絡？

賈：水晶。那些水晶。我提過的那個電報系統是最有效，它現在變得更有效。誰需要輔助輪呢？我沒有輔助輪也可以通訊。

朵：這表示賈姬並不是獨自一人。她沒有失去連結。只不過通訊的時候並不是透過一個具體的物件。

賈：他們應該要教我不要物質化。靈性。從精神／心靈層面教導。從精神層面去教導那些瀕死的人。（激動）

朵：這很重要，不是嗎？賈姬現在就是在做這件事。這是很珍貴的貢獻。因為有他們的幫助，她知道要對那些人說什麼。

賈姬在私人療養院擔任護士助手，與老年人和長年臥病在床者有頻繁的接觸。

賈：我還是不確定。

朵：嗯……這是個開始。就像他們說的，賈姬至少還有二十年的生命。在這段期間，很多事情會發生。賈姬還有一些問題。她想知道有關清理業力的事，還有她對家人和不瞭解她的人所懷有的惡劣感受。

賈姬從小到大和家人一直處不來。他們對她在形而上學的興趣有些誤解。當一個人改變生命的方向，尤其是違背了家人的信念系統，往往就會有這樣的情形。許多婚姻的破裂便是在夫妻間有一方開始往不同方向成長的時候。要包容家人在新的關注或喜好領域裡自由探索，往往要有很多的寬容和愛。

賈：我失去的家庭……我失去的是個小家庭，但象徵著我失去的大家庭。這讓我在這裡很寂寞，不過這也是實驗的一部分。因為我需要知道如何在沒有他們的情況下運作輔助輪，並且仍與他們，與光的家人，與來自光之所在的家人，保持親近。

朵：她想念的是這個真正的家庭？光的家庭？

賈：我在這裡失去的家庭只是一個小範例。這是在告訴我他們要拿走我的輔助輪，好教導我責任，讓我知道自己是有責任的，而且我不需要依賴任何事物或任何人。（哭泣和抽鼻子）

朵：而且她有個電話系統，可以跟更大的家庭聯繫。

賈：那比較像是電報。（笑聲）

朵：賈姬在做的事與生病和瀕臨死亡的人有關，這是非常重要的工作。這是她往後人生的工作嗎？他們能告訴你嗎？

賈：我知道。我需要負起責任，不要再吸鼻子，做就對了！去做就對了！對大家解釋功用。說明神有能力讓更新、更大的宇宙誕生。我需要把這些傳授給那些笨瓜。

朵：你們會讓賈姬明白，好讓她能教導大家嗎？因為你必須自己先懂，才能教人。

賈：這個問題問得不好。應該是要保持正面。我們會讓她明白地知道，這需要的是正面的態度。從現在開始，用正面的話說每件事。但我在這方面有困難。當我以肯定和正面的方式陳述事情時，大家都不懂，還會討厭我。他們認為我在下命令。

朵：總是會有人因為他們所在的層次而討厭你。

賈：從光來的人會帶來資訊。他們是已經畢業的靈魂。他們從較低階的人中脫穎而出。他們已經領悟了。時間短暫。校友都是開悟的人。他們與光同行，並且開始回頭教導別人。這些人是校友。

朵：你是說那些畢業生，那些已經完成課程的人。你的意思是這樣嗎？

賈：喔，即使畢業生都還是新手，但較低階的並不知道。小貓若是出生在一個直條紋的房間，一輩子就只看得到直條紋，無法看到任何橫的東西。這是事實！心智也是這樣。我沒辦法教人他們的心智所無法理解的事。

朵：她很好奇，她的前世是不是也當過老師。

賈：有。她有很多世都試圖教導人們加速學習，這可以回溯到古埃及時代。但她覺得自己教的都是一些傻蛋。

朵：（笑聲）對，人們不懂。

賈：不是很多人懂。這些傻蛋。

朵：她現在還是應該教導大家同樣的原理嗎？

賈：黑暗與光明。星星與光。負面和正面。我只是需要去做。我需要去教導。

「他們」有好多次都告訴個案，他們的生命目的是散播光、資訊和理解／領悟，而且次數之多令我吃驚。許多時候，這對個案的意識思維模式來說是很陌生的。儘管他們同意這是很好的想法，卻不曉得要如何開始。或許這就是賈姬所說的植入物會和她溝通的意思。或許他們在告訴她要說什麼和做什麼，而這些都會顯得很自然，宛如是天生的本能或衝動。（我聽到這樣的事情已經有幾次了呢？當人們面臨迫切或危急的情境時，就會完全清楚自己要做什麼。）

賈姬曾在注視自己的雙手時，發現它們變紅的怪事。她想知道：「當時究竟是怎麼回事？」

賈：我有療癒人類的天賦。我將會開始療癒。我是用我的手和我的心去做。我的手呈現的就是我的心的顏色。深紅色。不熱，但有能量。能量會幫忙療癒那些瀕死的人。（輕笑）聽起來很可笑。療癒瀕死的人。

朵：聽起來並不可笑。你是要幫助他們懷著愛而不是恐懼跨越生死。

賈：噢，是的。他們是如此美麗。九十二歲和九十六歲，而且很美。你無法相信這些人有多麼美。

朵：所以雙手發紅是要幫助他們？

賈：是為了讓我在碰觸他們的時候把能量傳給他們。碰觸他們的前額，握他們的手。把能量傳給他們，就像把電輸送到機器裡一樣，變成在他們體內可以產生效用的能量。所以偶爾我看著雙手，會發現它們變紅了。這是在告訴我，這條路是正確的。

* * *

以下是對一段處理了許多前世，內容很長的催眠紀錄摘要。

華萊莉是個在醫院工作多年的護理師。她也參與了二〇〇一年在拉弗林舉辦的幽浮大會。她每天早上都出席經驗者團體，她懷疑自己可能遇過外星人，但沒有特別想要探索的事件。以下是我問潛意識有關個案想知道的問題部分。

朵：華萊莉想知道的事情之一，是她認為她在這一世和我們所謂的外星人或外星生物有關聯。這是真的嗎？

華：她必須知道，生命之網是緊密交織而成的。這個宇宙中有許多、許多的實體物種。她投胎轉世到那些物種很多次。這是她部份的學習路徑。不同的物種彼此相互學習。當然，和外星人的接觸可以分為許多層面。每個層面各有不同的目的，而她和外星人的接觸是事先就約定好的。在某個層面上，目的是要讓她在很小的時候就體驗到這些事。她因而能夠確知，並且是超越懷疑清楚地知道，生命不限於她眼前所見的事物。這也是幫助她問更大的問題，好比「為什麼我會在這裡？」還有「我要如何才能過一個更好的人生？」以及「我能怎麼教其他人過更好的人生？」如果不是有那些早期的（外星人）探視，她可能永遠不會問這些問題。這是在幫助她記得自己是誰。就像是一大早的電話叫醒服務。那些很早、很早，甚至是在孩童時期就有叫醒服務的，都是有福之人。因為要記得自己是誰，記得自己的目的是什麼，通常是很難的事，所以他們有個優勢。尤其如果你沒有誘因去提升自己到比周遭那些只關心現世生活的人更高層次的話。

朵：她也想知道她夢到的那些寶寶。她真的懷過他們嗎？

華：是的。

朵：她想瞭解。

華：這是許多人都難以理解的事。但在地球現階段的歷史，這個基因的傳承非常重要。不只是傳承，還有修正脫氧核醣核酸（DNA），也就是你們所稱的「基因」。地球的未來會有需要這個素材的時候，也要有部分是人類，部分是……你們所謂的「外星人」的生物。未來將需要不同種族的特質，所以要讓這些種族結合。她也同意要這麼做。她在很深的層面上非常清楚這件事的意涵，並且願意對這個計劃做出貢獻。

朵：她想知道那些孩子怎麼了？

華：他們很安全，以他們獨特的方式快樂地活著。如果她知道他們現在所有的境遇，她的意識大概會說服她，這不是活著應有的方式，他們不可能快樂。所以，就這樣說吧，他們現在很安全，也很快樂。她可以放心。她不需要知道他們的生活細節，因為她的意識會要說服她，那不是小孩或人應有的生活型態。

朵：和她所知的生活不同。

華：非常不同。對她而言是相當、相當奇怪的事。但這也是那些小孩，那些靈魂的選擇。是他們選擇要做這個工作，進入那樣的生命，而她會進入自己的生命也是她的選擇。這是他們的選擇，也是他們的業。他們在做自己決定要做的事，而且做得非常好。

朵：她也想知道，她會有機會見到或去探視那些孩子嗎？

華：沒有，沒有機會。這是他們之間的約定，就是她會賦予他們生命，如此而已。當他們需要你們所謂的「媽媽的照顧」時，有其他選擇了當一個以上小孩媽媽的女性。她們應付得來，事實上，她們很喜歡做這件事。她覺得自己沒有能力應付從一個情況換到另一個，然後再回來這裡，所以事情就這麼辦。

朵：所以她並不需要擔心。一切都很好。

華：一切都很好。

朵：好吧。她還有一些問題。有時她一覺醒來會發現身體上有三角形的記號。那是怎麼來的？

華：我們正在學習很多事，學習如何整合，如何讓身體適應其他的環境。我們會測試人類，會把他們帶到太空船上做測試，看看他們對生活中不同的事物，主要是他們對環境裡的東西有什麼反應。我們想知道這會對他們造成什麼影響。不論是他們吃的食物、喝的飲料、藥物，他們服用的那種所謂的「營養補充品」，還有空氣和食物中的汙染物質。我們測試這些東西。我們有自己的儀器來測量。而有時候，我們的儀器會在人體上留下記號，不過不是永久性的，它對人類完全無害。許多時候，我們會修復所看到的身體損害。我們藉由這些測試學習，我們也知道要清除身體裡的「壞」東西需要些什麼，然後我們會幫他們去除有毒的物質。這是好事。

朵：所以她沒有必要擔心。不過人們發現身體上有這些記號的時候，難免會好奇。

我曾聽過許多醒來後發現自己身上有奇怪記號的人說到這件事，而我們總是得到同樣的解釋——記號是太空船上各種機器和儀器所留下的。我原本就知道這不是負面的事，但我很高興能得到確認。人類最害怕的，就是自己不瞭解的事。

* * *

在另一次對不同個案催眠的過程中，又冒出了一件怪事。個案其中一個疑問跟她與外星人可能有的接觸有關。

有個理論說，一個人如果跟外星人有過接觸，皮膚有時候會在日光燈下顯示出什麼。有的調查員以此作為跟外星人有過接觸的證據。以下這位個案就是因為在日光燈下看到身體上的東西，所以想瞭解這是怎麼回事。

朵：是什麼造成的？那是從哪裡來的？

M：（譯注：原文沒有提到這個M是哪個名字的縮寫）她是個很忙的女孩。他們讓她在自以為睡著的夜晚忙得不可開交。不，她不是在睡覺！她很忙。她和其他人一起工作。這個女孩從不休息。

朵：是什麼讓這些記號在光下顯現？

M：每當她和其他的存在體接觸，他們碰觸到她，就會在她身上留下記號。它有點油油的，會黏在皮膚上。你知道她的，她很好奇，然後她又有那個燈。所以她拿出來點亮，就看到了記號。因為她跟他們互動，並跟他們一起工作的關係，才會有那些記號。這只不過是和他們接觸時會有的東西。就是在碰觸到時，有點像是被沾到。

朵：那對人體無害？

M：無害，無害。沒有問題。

朵：有其他的調查員說這是不好的東西。

M：你知道，有很多人藉此顯示權威。——當她理解到自己可能有那些記號，她就看到了。她以為她在睡覺，其實不是。

朵：她和他們一起時都在做些什麼工作？

M：她在幫助安撫人類不要害怕。她在學習許多日後會用上的事。她必須學習，這樣才能教導。人類真的會害怕。但因為她去過，有過經驗，她知道他們不會有事。她有過很多這方面的經驗，她知道不會有問題。那是她很擅長的工作之一。以這種方式，她在幫助別人，同時也學習不同的事。這樣很好。她想要記得她做的這些。有很多事情在晚上發生，天空上也有很多東西。

朵：她現在還在做這些事嗎？還是她已經完成了那部分的工作？

M：沒有，她還在進行，還會持續下去。事實上，會更常發生。她會知道，也不會是唯一知道的人。但這樣很好。不會有問題。她是個很好的工作人員。

所以調查員是對的，記號確實會在日光燈下顯現。這是人類和外星生物接觸過的證據。對需要證據的人來說，這是有趣的事，然而記號對人類完全無害，也不曾造成任何傷害。

第十六章 家人

這次的催眠是在二〇〇二年初進行，當時我還沒發現三波段理論。從我問的問題就看得出來，我腦中想的多是外星人，而不是三波段的概念。

維多莉亞是一位高中教師，接觸過許多青少年。我帶領她回溯了一段非常戲劇性的前世，她在那一世因為散播資訊和形而上學的知識，而（和其他幾個人）遭到殺害。那一世死亡後，她往上升，與其他靈魂結合成美麗的光。那裡是如此平靜美好，她很想留在那兒。然而，她終究得回到地球，在這一世再次為了散播知識而努力。

維多莉亞在地球上過得很不快樂。她想念她的「另一個」家庭。她感受到與光還有靈界的分離，心裡一直有種無法解釋的傷懷。但她仍盡力對任教的高中班級和川堂裡的孩子散播愛。她對他們投射愛，也認為這麼做是有用的。孩子們可以感受到愛，這幫助了她知道自己是在做正面的事，即使是在下意識的層面。當然，她的意識心智並不知道這些，反而覺得很沮喪。

維：我看著那些需要愛的孩子，試著對他們散播愛。他們可能沒有意識到，但我把愛送給了他們。這在他們的生命裡造成改變。他們可能不知道這是怎麼回事，不知道改變從何而來。我在每一處都對看到的人傳送愛。我必須不斷把愛送出去，分享愛。周圍像我這樣的人不多。我很懷念和同類在一起的時候；某個我們可以靈魂融合成為一體的人。……在那裡的時候，我們全都是同一個靈魂，但我們不得不分離。我們必須下來這裡，散播光。現在的情況很糟。我們必須盡己所能，在**現在**促成改變。我們必須盡快地散播愛，必須努力讓人們明白，他們必須去愛。他們所必須做的就只有去愛。如果他們能學會打開自己的心，要改變這個世界還來得及。

朵：可是負面一直都存在啊。

維：噢，我知道，現在有些地方是負面得過頭了。我們必須努力改變那些地方。這是為什麼我們會分散各地。總是得從某個地方開始。也有其他人在散播光，不過他們自己不知道，都只是埋著頭做而已。

維多莉亞接著指出，和這份特殊工作有關的人都在保護的羽翼之下。當我問到是誰在保護他們的時候，她回答：「他們。（笑聲）他們就是我。我就是他們。他們永遠都陪伴著我。我們以前總是在一起。然後我們回到下面這裡，再一次相聚。」

朵：你的意思是，你們是同一個團體？

維：對。有一些人不在我身邊，但現在和我在一起的人始終都在。

朵：聽起來你談的是外星人。

維：我不喜歡名稱。一點都不喜歡。我稱他們為我的朋友。他們，我們。我們在很多、很多年前就是他們。他們以前也曾在這裡，只是現在不在了，離開了。但我們回來盡所能協助。

朵：他們有身體嗎？

維：現在在這裡的有些有身體。就像我，還有附近的，以及散布在世界各地的。

我問的是那些協助者，保護者，但她顯然認為我指的是那些被派來做這些事的人。

朵：好吧，那麼那些提供我們訊息的呢？

維：是我的朋友。

朵：他們在某個地方有身體嗎？

維：噢，有，不過不是在地球上。我們在地球上有身體的不多。

朵：他們是從哪裡對我們說話？

維：我覺得他們就在這裡，但我知道你看不到他們。

朵：對，我看不到。

維：嗯，他們在這裡。就在這裡。

朵：那麼是在這個房間裡。

維：對，他們和我一起在這裡。我召喚他們來的，我知道他們會來。

朵：我原先想的是外星人或在太空船上的外星生物或什麼的。

維：喔，他們在他們的次元中旅行。不過他們現在就和我一起在這個次元裡。他們是我的家人。我們懷著使命來到這裡，有工作要做。當工作需要的時候，像現在就很重要，他們就會過來。我召喚他們來的。

朵：這樣他們就能傳遞資訊。

維：我知道傳遞資訊很重要。（聲音改變了）她還不知道真相，但有一天會的。內心深處，她知道自己的使命，只是目前還不會去面對。她仍在做準備（為自己要做的事）。

維多莉亞另有一件想問的事，一件她認為可能和外星人有關的怪事。我利用這個機會，詢問了這個問題。

朵：她想知道一九九五年夏天發生的事，當時天空亮了起來，她看到三個存在體。

維：她的記憶不完全，但她其實知道全部的事。她知道事實。

朵：她顯然希望能清楚地知道這件事。

維：對，我想或許該開始讓她有意識地看到這些事。我想時候到了。

朵：這對她會是安全的嗎？

維：噢，安全。他們是朋友，是親屬，是家人。

朵：對，但我們不想做任何會破壞她的人生的事。

維：不會的。她準備好了。她已經準備好很久了，沒有問題。她是他們之中的一個，所以……不，我想時候到了。我們快沒時間了。所以，我認為時候到了。

朵：那麼，發生在她身上的事情是真的囉？她與外星人有接觸？

維：有些是，有些不是，不過這不重要，她隨時都在遇到這些事。有好多事情需要去做，所以隨時都在發生。來來去去，去去來來。

朵：我不想揭露任何會傷害到她的事。

維：當然。因為有你看顧著這些人，他們很感激你。他們全都有自己的時間表，所以對你真的心懷感謝。他們現在各自有事在進行，他們在努力提供協助，同時也很感激你做的事。

朵：你能告訴她，那晚發生了什麼事嗎？

維：可以。我聽到嗡嗡的聲響，就起床看看外面，然後去上廁所，再回到床上。接著我從床上起來，伸出手抓住他，就跟他們一起走了。

朵：那三個存在體？

維：嗯……我們看看吧，是三個嗎？（停頓）我想那晚有四個。

朵：他們是什麼模樣？

維：喔，那不是他們。那些只是來這裡的幫手，只是來護送我的。我看到幫手的時候很高興，因為我知道我要去哪裡了。那些只是他們的助手。他們要找的人好多。

這是另一個我經常碰到的主題。向來都有較小的存在體護送人類到太空船上，就好像在兩邊都需要有這樣的存在體，人類才上得了太空船。顯然，人類不能自己辦到。他們雖然可以分解身體的分子，穿越牆壁和天花板，但仍需要護送者才能上到太空船上。在《監護人》中，他們說這涉及兩個不同的程序。

朵：你說你和他們一起去。你去了哪裡？

維：我們往那裡去，沒錯。（她指向左邊。）光就在那裡。我們往上。上升、上升、上升、上升、上升、上升再上升，然後，有個好大的地方。我們進去。坐下，然後……那是個教室之類的地方，裡面有個像是大螢幕的東西。我們在談我們必須做些什麼。沒錯。還剩下多少事情要做？我們必須把事情完成。對，我知道，我們必須完成這件事。我同意，我同意。必須去做這件事，現在就得去做。是的，我同意，是的，是。對，我會。好，我的兄弟。是的，我準備好了。

看來她是在這個教室般的環境中和某個人對話。我在寫《監護人》的時候，也曾描述過這間教室。我有好幾位個案都看過，它顯然位於一艘大型的母船上。

朵：他們給你更多的指令還是什麼嗎？

維：對，我們談到接下來要做的事。我們在做計劃。我晚上也在做事。我有一些非去不可的地方，有一些非做不可的事。還有我必須處理的要務。這裡就像是停下來討論說我今晚必須完成什麼的地方。所以，我離開這裡之後，去了那裡，還有……我去了哪裡？那晚我有特殊的事要做，對。

大多數的人不曉得每個人每天晚上都會靈魂出竅。身體會累，所以必須睡覺，但真正的你，也就是你的靈魂，卻不知疲倦為何物。靈魂在等待身體醒來並繼續人生的時候，會感到無聊至極。所以，當你以為自己正睡著的時候，真正的你卻跑到任何想去的地方，體驗各式各類的冒險；你飛越世界、回到靈界接受更多指示，並去其他的星球探索。許多人都在自以為在睡覺的夜晚執行要務。由於你的靈魂有一條與身體相連、直到死亡才會斷裂的「銀色帶子」，你不需要擔心靈魂找不到回來的路。到了早上，靈魂該回到身體並醒來的時候，帶子便會「收捲回去」，你就能回到你的人生，忘記真正的你外出探險的種種經歷。

朵：是你的身體還是你的靈體在做這些事？

維：不，不是我的身體。對，這是我的自然狀態的次元。我大部分的時間都在這裡。離開身體後便回到這裡。我現在在這裡指導在那邊的人。我在那邊進行某種工作。我現在想起來了，那晚很特殊，我必須做某件特別的事，所以我回來了。那些助手存在體護送我從那裡（指地球）回來。我不知道為什麼。為什麼他們必須幫我？噢，我知道為什麼了。我在脫離身體的過度期需要幫助。就是這樣。他們必須幫助我出來（指離開身體），再幫助我回去（身體）。因為我已經適應了這個身體，所以很難用我需要的方式進進出出。

朵：對。大家都說身體很沉重又很限制。

維：啊，它很累贅。這個，哎，瘦削的身體……不要誤會我的意思，它是個美好的禮物，只是好拘束。好不一樣，又好束縛。不過我們會照顧她的，因為她還有很多事情要做。

朵：可是維多莉亞都不記得了。是因為這樣比較好嗎？

維：（笑聲）我們只讓她記得她當時需要記得的事。我們一直在給她零散的片段，現在她準備好了，開始東一點、西一點地發現真相。她現在準備好了，也已經知道了。她在來看你之前就知道了。她已經知道真相。……有時候聽到人類的情況，我會覺得好悲傷。但是，你必須去愛他們。你必須愛他們。我想她起初可能有一點被助手嚇到。不過我想她準備好了。我想我們將會讓她看到更多的事。這只是小提示而已。

朵：但溫和點，我們不要讓她無法負荷。

維：我們會的。我們不會撼動到系統（她的身體）。她不會有事的。她已經有幾次對我們驚鴻一瞥的經驗。雖然她還沒有完全意識到，但潛意識已經注意到了，而且，我們當時都知道發生了什麼事。

朵：我知道小助手不是負面的，只不過人們第一眼看到他們的時候，真的會嚇到。

維：對，祝福這些脆弱的心靈（指小助手）。我有時會為他們惋惜。他們被不合理的批評。

朵：我一直都在跟大家說這件事。他們的名聲不佳。

維：他們只是被設定好去做他們必須做的事。你也知道，人類自己有時也不是很友善。

朵：我在工作的時候，努力讓大家明白他們不是負面的。這當中沒有任何負面的部分。

維：（笑聲）他們其實是很可愛的小傢伙。你若是看著他們的時間夠久，會越來越喜歡他們。

朵：我認為他們真的很可愛，就是長相不太討喜。不過我不覺得這是個問題。

維：（笑聲）可憐的小東西們。

朵：在我們結束以前，你們還有別的事情想告訴她嗎？

維：（低沉、溫和、沙啞的聲音）沒有，該走了。

第十七章 另一個案例

有多到難以計數的個案告訴我，他們不想探索前世，但想知道這一世所發生的不合邏輯（至少對他們而言）的怪事的解釋。那種隱約有某件事發生的記憶和感覺一直縈繞不去，他們始終無法忘懷。我處理這類案例已有二十五年的經驗，發現很多都是典型的幽浮和外星人綁架事件，其中一些故事收錄在《監護人》裡。然而，年復一年，越來越多的事件超越了「正常」的外星人接觸，揭露出一種完全不同的面向。我在《迴旋宇宙》系列提到了部分案例，原先我以為那些都是獨立事件，然而它們現在卻變成了新的常態，我接觸的個案已和典型案例相差甚遠。當然，我所有的著作都有這個情形，總是不斷地成長、演進和擴展。就在我以為自己釐清一切，理解一切的時候，又有新的概念朝我丟來，讓我的調查轉向從未踏上的新路徑。

＊　＊　＊

珍娜想在催眠中探索的事，包括一個和目擊事件有關的怪異回憶，以及一九七四年的時間消失事件。我將她回溯到疑似事件發生的日期和時間，她進入了深夜（晚上十一點）在高速公路上開車的情境。當時，兩個小孩在後座，珍娜漫無目的地開著車，心中沒有想去的地方。她在生她先生的氣，一心只想離開家。「我不想看到他。我需要離開。他背叛了我。我原本是那麼地信任他。」高速公路幾乎像是被棄置了般的荒涼，偶爾才會看到一輛車經過。天色太暗了，什麼景物都看不到。然後有個東西吸引了珍娜的注意。「有光。我不知道那是什麼。感覺很詭異。從來沒看過像那樣的東西。」她開始顫抖。「我很冷。」她的表情告訴我，她看到了令她惶惑不安的事物。我鼓勵她跟我談談。

珍：它在往上升，升到空中。——寒冷。——一個圓盤。它在轉動。它在轉動。朝著我們過來。我盡可能開快。沒辦法更快了。都是這台老爺車。它朝我們過來了，現在飛得很低。我開得不夠快。車上還有孩子。它從右邊朝我們過來了，我往左邊開，往南，可是開得不夠快。我只能往這方向開。它朝我們過來了。（她變得很激動）我好害怕！我不知道接下來會發生什麼事。我的燈熄了，音樂也停了。——它在車子的上方。引擎停止了。轉動。光在轉動。馬達停了，車動不了。孩子睡著了。是他們讓孩子睡著的。

朵：他們是誰？

珍：太空船上的人。

朵：你怎麼知道？

珍：我就是知道。他們不想讓孩子害怕，所以讓他們睡著了。我好冷。我不知道自己究竟遇到了什麼事。我往上漂浮。我在光裡。

朵：光從哪裡來？

珍：太空船。我不應該記得的。

朵：如果你現在想起來可以嗎？

珍：不是所有的事。

朵：我不想做他們不要我們做的事。我想他們懂的，是嗎？

珍：他們懂。

因為我常跟他們合作，我想他們認識我，也信賴我，所以我才能這般思考和說話。我知道沒有什麼好害怕的。我只想得到資訊，我確定珍娜也是。所以我讓「他們」提供他們可以提供的資料。

朵：為什麼你不能想起全部？

珍：太多了。

朵：我瞭解。我們只想給珍娜她現在可以理解的資訊。（對。）好。珍娜有下車嗎？

珍：沒有。她穿過車頂，升了上去。

朵：這是怎麼辦到的？

珍：光體。

朵：不是身體？

珍：不是。是她知道的時候了。她的身體依然在車子裡，只有光體跟著他們走。和我們一起走。

朵：光體被帶去哪裡？

珍：太空船上。

他們說這已經不是第一次了。珍娜小時候曾有多次連著身體一起被帶走，但他們不肯透露細節。他們說那不是什麼重要大事。

朵：為什麼你們那時候要連身體一起帶走？

珍：幫助監測。對她來說，在地球上很不容易。有太多的創傷。——現在該開始了。該開始她的進程了。該是她想起來的時候。好讓她能展開她真正的工作。

朵：她小時候被帶走時發生了什麼事？

珍：調整。心靈和身體的調整。讓她比較能夠瞭解。比較能夠接受。

珍娜意識中完全不記得有這些事，否則她會更難在地球上生活。無論如何，是她同意要到地球來的。「她想來這裡。」

朵：珍娜在地球上有過很多前世嗎？

珍：不，不，不，不。她一開始是和意識共事。意識，還有意識的創造。播種，以及……

朵：你能跟她解釋你所謂的意識是什麼嗎？

珍：播種——最初在這個星球的意識播種。在一開始的時候，然後還有在地球的幾次關鍵時期，就是發生大變動，那些重大變動的時候。

朵：你所謂的「重大變動」是指什麼？

珍：亞特蘭提斯。古早以前的亞特蘭提斯。埃及。

朵：為什麼那些時候她要到地球上來？

珍：她喜歡在那些時候來到地球。哲學上的改變。關鍵性的變動注定要把這個星球帶往不同的方向。

朵：所以她並沒有任何理由要來這裡過平凡生活。你的意思是這樣嗎？

珍：並不是的。不是。

朵：只在重大事情發生的時候？（對。）所以她可以挑選自己何時要來？

珍：對。也有她想來但時機不對的時候。

朵：有人給她建議嗎？還是會告訴她何時該來，何時又不該來？

珍：（笑聲）固執。非常固執。（笑聲）對，很多，有一群給她建議。

朵：一群實體的存有？

珍：噢，不是。她替邦聯工作。那是意識。她的專長。

朵：你可以對她解釋你所謂的邦聯是什麼嗎？

珍：可以。許多世界。有很多個世界。創造新的生命。新的世界。

朵：她一直都在做這件事？（對。）偶爾在時機對的時候來地球？（對。）其他時候她在哪裡？

珍：做其他事。尋找可以創造的新地方。很多地方。有很多地方。

朵：當她不在身體裡的時候，她和你們其他人共事？

珍：你們的概念很侷限。

朵：所以我們才努力在學習。

珍：會學到的。你們的概念很侷限。所有的時刻都是當下。你可以同時在很多地方做很多事。所以，問到線性的問題……她在這裡還是那裡？她在各個地方。所以，對，她是不在**這裡**，因為她在**每一個地方**。她不在你們的線性時空裡。

朵：我也開始從其他人那裡得到很多這樣的概念，不過這對人類的心智來說，仍然很難瞭解。（是的。）所以她在別的地方也是有任務在身。你的意思是這樣嗎？

珍：（笑）對。她在看螢幕。那就是她對地球做的工作。

朵：她可以看著自己在地球上做事？（對。）看的時候，她有什麼想法嗎？

珍：她很喜歡。（笑聲）

朵：她在那裡的時候是哪種「生物」？不過我不知道「生物」是不是正確的用詞。

珍：她看來像是人類，比較嬌小的女性。她也有其他的形體，但那一個就是那樣。生命有很多表現形式，超過你們所能想像。盡你們人類心智所能地擴大想像，擴大、擴大，再擴大，然後再多，更多……。神所能體驗到的所有方式便是一切萬有。

朵：可是身為人類，我們意識不到全部。

珍：有時候她可以。有時候。每隔一陣子，她會處於連結的狀態。不是常常。

朵：一般來說，我們覺察不到其他的自己。

珍：對，你們不行。對，對。但你們將會發現，你們越來越能意識到其他的「你」。你們會開始合併／整合為更接近真正的自己。整合其他的你。

朵：但這對人類來說不會很困惑嗎？

珍：對今天的人類來說，會。不過整體而言，你們全都在融合越來越多的自己。你們知道你們的童年、青春期、前世、其他的經驗、其他的可能。

朵：可是我在想，依據人類心智運作的方式，這會十分令人困惑。認識自己的其他部份？認識其他的「自己」？

珍：那就是她現在在做的事。（笑聲）那是為什麼她很困惑。在多次元的層面上運作，覺察到其他她可能沒有意識到的**她**。但她覺察到了。只是她不記得了，因為她在不同的層面上做所有這些事。（笑聲）所以，她是在同一個時間，在許多不同的地方，與她的存有的各個不同層面進行連結。

朵：當這些事情發生的時候，她的身體會有什麼感受嗎？

珍：有時候有。

朵：她身體上會有什麼感受？這樣她才可以確認真的發生了這些事。

珍：等一下。我們會替你轉譯。——你從其他記憶短暫中斷的人那裡已經聽說過了。從上一刻到下一刻，有瞬間的記憶消失了。所以你知道這個的。

朵：你是指我們所謂的短期記憶？（是的。是的。）那個瞬間發生了什麼事？

珍：你們正在其他的次元和層面上運作。你們有很多人都正在經驗這件事。最近記不得很多事。小的事情。你們需要體驗更多的平衡。

《監護人》裡也記錄了同樣的事，就是我們會進入一個房間去拿某樣東西，但卻忘了自己進去是要做什麼。然後，在過了困惑的半响之後，記憶有時會伴隨著一句：「噢，對喔！」很快地重現。他們說，在那樣的時刻裡，你已經去了另一個次元又回來。就是那麼迅速。

朵：我們回到她的光體被帶上去的那一晚。為什麼會發生那件事？

珍：該是她記得的時候了。那是她第一次跟她先生分開。那是她第一次大膽離開，第一次擺脫她對先生的執迷。她原本很怕離開。那是個完美的時機。現在是她記起還有更多事情的時候了。所以我們那晚見了面。那是個開始。

朵：所以那只是針對她而不是小孩。

珍：小孩有他們自己的體驗。兒子絕對有。女兒很害怕，但女兒也比她所知道得更有力量。這次是為了珍娜。這是一次覺醒的呼喚。她以為她的人生完蛋了，但不是的。她身心俱疲，所以我們每隔一段時間就會介入。她是因為在地球上生活的次數不多才會這樣。

朵：你們說她還有別的時候也被帶去做身體的調整？

珍：有些是身體上的，有些是情緒上的。

朵：這麼做有原因嗎？

珍：她瀕臨身體經驗的極限了。

朵：即使是在她小的時候？

珍：對。身為一個孩子，那令她崩潰。極為強大的孤寂和虐待。我們不得不做調整，讓她保持足夠的平衡，才能繼續在身體內運作。

朵：珍娜認為她一直在和外星人通訊。我發現我們對外星人的瞭解非常有限。你能說明她在做她的工作時，是和誰在聯繫嗎？

珍：她跟許多不同種族和許多不同的層面共事。他們全都攜手合作。有些只是一束光，有些有你們不可或缺的身體，不過類型不同。然後還有其他的，有些只能隱約被感覺到，有些只是光，有些什麼都是。

朵：我幾乎和所有的類型都說過話。

珍：沒錯。你看吧！（意指生命形態超乎人類心智所能想像）

朵：我想人類不習慣多次元的思考。我們只會想到外星人和太空船，還有具體的東西。

珍：什麼是多次元？多次元是一個同時意識到自己所有生命，包括過去、現在和未來的存有。一個存在體可以在同一時間成為許多的存在體。你們全都是如此。你們只是不知道自己的多次元性質。你們只知道一個自己。

朵：如果我們意識到所有的一切，那會多到難以承受。

珍：這是現在。未來你們可以的。這意味著一個存有可以是許多不同的事物。所以如果你能想像，讓我這樣跟你們說吧，你們可以在外頭擁有許多、許多的人生，全都與現在存在的你互動著，不可以嗎？

朵：但我們沒有覺察到彼此啊。

珍：對，還沒有。

朵：在催眠的時候，越來越多人在這個狀態下告訴我——或者是你們在跟我說——前世不再重要了。想起自己過去是誰已經不再重要。

珍：嗯，前世的影響此刻已不是那麼強烈。程度正在減輕。人們在從夢中醒來。從幻相中走出。脫離幻相的影響，更融入宇宙的大家庭。

朵：你說「從夢中醒來」是什麼意思？

珍：走出分離的幻相。脫離只在地球的生物泡影裡而不在其他地方活著的幻覺。那些影響現在不是那麼強大了。你們的DNA（去氧核醣核酸）正在開啓。你們的RNA（核糖核酸）正在開啓。

朵：我們太習慣過去世會影響到現在這一世的想法。

珍：在線性的構造和概念裡這是事實，只是你們已經不像以前那樣在線性的構造中運作。你們正逐漸轉移到另一個次元，而這代表那個線性構成的影響不會像從前那麼強烈。

朵：我仍然會碰到一些需要我在那個層面上提供協助的個案。

珍：對，如果他們仍在線性功能中運作，那麼你會需要這樣做。他們只是還沒有開啓。沒關係。

朵：他們都在他們該有的位置上。

珍：沒錯。不是每個人都需要在同一個地方。那樣的話，哪裡會有多樣化呢？那就不那麼好玩了。

朵：真的。這是為什麼我必須在他們所在的階段上跟他們配合。

珍：正是如此。

朵：也有人告訴我，業現在變得不同了。是這樣嗎？

珍：絕對是。此刻，在這個緊要關頭，業是一種選擇。走進去，走出來。但仍然有人選擇要走進業力裡。

朵：陷在裡頭？

珍：絕對的。看看你們的星球。

朵：有人告訴我，那就像是黏答答的捕蠅紙。

珍：完全正確。他們若是選擇走進去，就會被黏住。

＊　＊　＊

朵：珍娜説，她在一九九六年時看到自己死了。那時發生了什麼事？她當時受到嚴重的感染，還看到自己暈倒在地上。我猜她當時靈魂出竅了。那時到底發生了什麼事？

珍：她死了。

朵：（這是個令人驚訝的訊息）因為感染還是什麼造成的嗎？

珍：對。她失去了希望。她沒看到自己在地球上的角色。她愛得太深，這會帶來極大傷害。所以有了些調整。做了修復。然而這卻衝擊到她的意識記憶。她失去了許多意識上的記憶。

朵：她那天真的死了嗎？（對。）在調整好後，她就立刻回到了身體？

珍：沒有，她沒有。她的意識有將近三年都沒有完全回來。

朵：我以為如果身體死了，她就必須回去才能讓身體活下去。

珍：她有被照顧。但她無法——好吧——我們會用這個方式向你解釋。身體裡的她只足以在非常低的層次上運作。無論如何，在那段期間有過整合，更多的她，如果一定要説的話，有更多的她的較高自我，更多的整體的她，進來了。這樣説你聽得懂嗎？雖然她在某個層面上有些瞭解，但不是真的知道。等等。等一下。……對。她不被准許去體驗人類所經驗的白光現象。那個記憶被釋放了，否則她無法回來。

我遇過其他有瀕死經驗的個案，他們清醒後對發生的事如不是失去記憶，就是只記得部分。他們對靈界的描述是好美、好平靜、好完美，所以若是完整保留住這份記憶，他們一定不會想再回到這混亂的人生。

朵：換句話說，沒有完整的靈魂，沒有心靈在裡頭，身體也能活下去？

珍：她的身體與靈魂有了結合。她的身體跟靈魂有一個強而有力的依附，好讓她保持溫暖。原本這個與靈魂的關係因為她所經歷的損傷而不夠強大。不只是因為疾病造成的肉體損害，還有情緒傷害。另外，她因為在這裡有適應障礙，所以和別人的情形不一樣。她的靈魂受傷很深。在那三年中，進行過一個基於靈魂連結的神經支配的程序，但沒有帶回更多的她（指意識）。在那段期間，她無法像以前人類的她一樣運作。你懂嗎？

我真的不懂，但我讓他們儘量地說明。

珍：甚至在最後兩年的期間，為了能夠好轉，再次有過一個程序，而在這個過程中，她的意識狀態與在多次元狀態下發生的其他事起了衝突，她很難加以整合，也因此她才有了自己所看到的人格缺陷。她稱它們為「缺陷」。

在《迴旋宇宙》第二冊裡，也有兩個個案基本上已經死亡，靈魂的主要部份離開身體很長一段時間的案例。那兩個案例都是過了一段不算短的時間，全部的靈魂才回到身體裡，而身體也才又正常運作。個案描述那是一種夢遊般的感覺，或像是活在夢裡頭。他們與自己的實體環境有一種疏離感，周圍的人肯定也注意到有事情不太正常。

＊ ＊ ＊

珍：我們要告訴你：你們有些人會在做夢的狀態下會面，目的和這個星球的諧調安排大有關係，並且遠遠超過你們此刻所能想像。你們有些人會為這種形式帶來特定的訊息。我們也要對你說，你們有些人會發揚真相；在沒有隱藏的玄機，在沒有扭曲的情況下說出真相。因此，你們這些在夢境聚在一起的人是同類，是同樣的一個本質，你們比你們所知的更知道彼此。

＊ ＊ ＊

催眠結束前的訊息：我們要對她說，要抱持強大的信念，相信自己所做的每一件事。也要懷著同樣程度的承諾往前邁進。她需要的每件事都會適時出現。我們也會對你們說同樣的話。你們之中擔任這個星球橋樑的人，是被深深愛著的。這並不是說其他人就不被愛。我們要對你說，你在這個星球上提供了偉大的服務。有很多人愛你，欣賞你。保持清楚的意圖，不要動搖。不能失敗。

另一個個案

另一個和外星人有關的案例，當事人是位女性，她看到亮光，想知道那些光是什麼。她很喜歡在海邊，尤其喜歡和海豚一起游泳。她在夏威夷住過一陣子，她就是在那段時期與海豚共泳。她現在雖然定居加州，住的地方仍離海邊不遠。

「他們」說外星人跟她聯繫，但因為化身為海豚，所以她並不知道。當她和他們在海裡游泳時，他們對她做了很多她並沒覺察的事。其中之一是移除植入物。我告訴他們，我聽說植入物並不是負面的東西。它們在身體裡是有原因的。他們說對，那些東西確實有它們的用途。而當它們實現了用途，就必須被取出。你不再需要它們了。

此外，海豚也對她傳送資料。因此，在她以為她只是和海豚游泳的時候，其實發生了種種的事。因為她有海豚能量，所以他們在她的面前以海豚出現，他們和她在一起時也覺得很自在。她來自水的星球，許多海豚的靈魂群組都源自於水的星球。她對她來自的地方留有印象，所以特別受到水的吸引。

能夠再度擁有這些記憶，讓她感覺非常美好。外星人在她的面前以海豚的樣子出現，她因此不但不覺得害怕，反而十分接納，這樣他們就能執行要對她做的工作。再次地，一切事物並不總如我們所認為的那樣。

第十八章 調整

珍妮絲是位社工，有幸福的婚姻和三個小孩。她之所以來找我，主要是想發現自己是否有過幽浮方面的經歷。她唯一的記憶是穿越臥室天花板的奇怪感受。雖然其他的事情都不記得了，但她有種自己被動了手腳的感覺，而且對這件事的認知是負面的。她認為這可能和植入物有關。坊間有太多和幽浮相關的負面資訊，人們以為植入物是可怕的東西。我不想左右個案的看法，因此從不告訴他們我在催眠工作上的發現。我寧可他們找到自己的資訊。

探索現世的經歷時，我從來不直接帶引個案回到他們懷疑的事件情境裡。我總是讓個案回到事發之前，這樣我們才可以從那個方向著手，他們也比較不會抗拒。否則，他們的心智會因為記憶的不完整而創造出恐懼，害怕自己即將體驗到很痛苦的事。我稱這個方法為「走後門」。這樣他們就能在沒有意識到我在進行什麼的情況下，悄悄地返回實際的經歷。

恐懼是人類經驗中最強大的情緒。所以如果個案對發生的事並不完全瞭解，他們只會帶進扭曲和渲染記憶的恐懼。有許多回，我發現個案在催眠狀態下所敍述的情況和個案意識中的記憶並不相同，然而卻更為合理，而且他們可以沒有恐懼和扭曲地處理。我的主要目標就是不去擾亂個案的人生。

珍妮絲一進入出神狀態，我就帶她回到她記下的日期，也就是一九九五年的八月二十四日，並引導她在那晚從雲端下到她的臥室。她描述了她的房間，說她正在床上閱讀（這是她平日的習慣），耳邊傳來小孩在樓下發出的聲音。過了一會兒，她把雜誌放在床邊的地板上，熄燈睡覺。

我問她是否整晚安眠。她回答：「有亮光還是什麼的。有什麼不太一樣。那是什麼？——我想那是光或是前面窗戶邊的東西。不是很清楚。我以前沒有注意過。——感覺有部分的我知道內情，而事情的經過和我記憶中的不同。——現在我覺得光把我抬了起來！在下面抬我！我想弄清楚這是怎麼回事。我感覺自己變輕了。我從床上被抬起來。我看得到下面，看得到床旁邊的地板，可是它似乎變得更遠了。等等！如果不是我在往上升，就是有別的什麼在往上升。往下看的時候，東西變得不像原本那麼近，但我沒有強烈在往上升的感覺。——我正上升到某個地方。我現在上到了屋頂。我不知道這是怎麼回事。我不知道我要去哪裡。我又往上升……再往上……往上。我家變得離我好遠。（不敢置信的語氣）我不可能自己一個人在太空中行進啊。」

朵：你是一個人嗎？

珍：我想我可能是在一個泡泡或是什麼東西裡。我看不清楚，只是有種周圍有東西的感覺。我在這個很小的東西裡面。它看來像是個泡泡還是什麼的。它以一種角度往上飄，離我家越來越遠。

朵：你看得到自己要飄去哪裡嗎？

珍：我往上，往光的地方飄。我感受不到我的腿或其他部分，只覺得自己在飄。

朵：你看得到你要去的地方嗎？

珍：不行。我看不到。我想有東西靠過來了，它正在打開，好像放下了一個斜坡道。我正往上朝斜坡道的方向。我想是在一艘太空船還是什麼的。可是我看不到整艘。就好像有東西打開，然後斜坡道下來了。——我仍然覺得自己在某種泡泡裡。它讓我很安全，它保護我，運送我。我在這個東西裡面飄浮。

朵：接著發生了什麼事？

珍：變亮了……有東西更亮了。是我要進去的地方的照明。就像是從一個暗暗的地方進入比較明亮的空間。

她很困惑，不太知道要如何描述她所看到的。她看到一個高大似人的影子或輪廓。然後，她意會到自己已經不在泡泡裡了，因為她在走路。「我在哪裡？我要去哪裡？——這只是條走廊，不是很寬敞。我看不到任何人，但我聽到他們說我要進到一個房間和其他人在一起。我剛剛看到了一道閃光還是什麼的。看來不像人類。我看不到他們。他們在哪裡？這裡正在進行某種活動，有各種模糊的形狀。我感覺不出我在哪裡。我看到其他的影子，別的生物，一閃而過，但現在……我在某個黑暗的房間，我想外面有些星星。現在是晚上。這裡有玻璃……兩旁是黑黑的窗子。我想有個什麼在駕駛這個不知道是什麼的東西。」

我問她，附近有沒有人可以回答我們的問題，向她解釋這個情況。「有人告訴我，我不應該問問題。我聽到那個聲音說：『你不需要知道。』——有個什麼非常廣大。他們說有個東西或資訊太廣大了……超越我的理解力。——這是什麼？我的腦裡聽到聲音，可是不知道聲音是從哪裡來的。——跟什麼輪子的小齒輪有關。好像在說我比一個小齒輪更重要，但我必須是某個東西的一部分；一個更大的東西的一部分。」資訊來得很緩慢，七零八落地很不流暢。「我看到一個女性類型的生物。我聽到有人說：『保護。』她是保護。像是對理性的保護，像是平衡。我們家族有一個計畫。和宇宙的意識有關，是宇宙的一部分。——我接收到我不懂的資訊。這些資訊是為了要啟動某個什麼。」

朵：是珍妮絲的意識所不知道的事嗎？

珍：我聽到：『是的，當然。』是縮寫字，就像是字謎遊戲之類的。這是一種組織想法……思維的方式。是一個數學公式，是一種訓練她的心靈接收資訊的方式。這是一個開口，就像是個通道。它在清空。一個公式。像座金字塔。

我請她更清楚地解釋。

珍：資訊傳來時有一種廣闊浩瀚或是一個通道還是窄化什麼的，這是為了收集資訊，載具。不清楚。

朵：那晚是第一次發生這種事嗎？還是珍妮絲以前也經歷過？

她的聲音變了，我知道我們接觸到了一個可以提供更多訊息的資訊源頭；不會有珍妮絲意識心的困惑。

珍：她這一生一直在接收資訊。

朵：那晚有什麼事引發了她的經歷嗎？

珍：她的閱讀和好奇，對資訊的渴求，還有想要知道的渴望。

朵：於是便引發那晚的一個特別事件？

珍：她被帶去了源頭。這是一個禮物。

朵：她把事情記成了實際上的肉體經驗，不是嗎？

珍：那確實是肉體經驗。

朵：她帶著身體一起去？

珍：對，她是連著身體一起被帶走。那是一個震撼的體驗，目的是要讓她警醒過來，打破她的保護殼，使事情發生，打破舊有的思維。就像是她已準備好要被推出安樂窩。

朵：她去了一個實體的場所？

珍：那是一艘太空船。她上了船。

朵：她以為那晚在船上的時候，她被動了什麼手腳。是這樣嗎？

珍：是的，那是其中一部分。她知道她是許多孩子的母親。那是一個更大計劃不可或缺的一部分。她的身體素材被用來進行更大的計劃。

朵：許多孩子的母親。這句話是什麼意思？

珍：她的身體部分被用來進行一個更大的計劃。她想協助。她在提供服務。他們可以協助其他的文化，別的文明。她的遺傳因子和基因以化學方式混和或提升或在某方面協助……這是一個更大計劃的一部分，也是她同意要做的事。她同意要做這件事。如果沒有她的同意，我們不會這麼做。

朵：我也這麼聽說過。你們不會在未經許可的情況下進行，對嗎？

珍：對。這是她先前已經答應的事。

朵：她什麼時候答應的？

珍：在她以前的人世。這件事一直在進行中。這不是她涉入這件事的第一世。

朵：其他的人世發生了什麼事？

珍：很類似。經由她的同意，從她身上拿走需要的東西。她以這種方式做出貢獻。就跟她在這一世捐血助人一樣。為了協助宇宙、她自己的文化、她自己的文明中的其他人，她捐出自己的一部分。

朵：其他的文化、文明和其他的宇宙為什麼需要她的基因？

珍：有些瀕臨死亡。有些正在生病或衰退。有些在實驗中。有些在強化許多用途。這個計畫廣大到難以說明……更大規模的。

朵：她在其他世同意了要做這件事，所以現在必須繼續進行？

珍：對，在其他世裡，她也是去做這些科學研究的人。她做過研究，也當過被研究的對象。她在不同的層面上奉獻、接受和涉入。

朵：所以她這世同意要在這件事裡作為被研究的對象。

珍：對，沒錯。

朵：為什麼突然間她的記憶開始浮現？

珍：她一直在問。她想知道為什麼自己會在這裡。她問了所有各式各樣的問題。讓她覺醒到某個程度不會有事的。

朵：因為當你在身體裡的時候，你不能知道所有的事，不是嗎？太複雜了。

珍：是的，所以她並不知道所有的事。

朵：這樣對她比較好，否則她會無法在這個世界生活，是不是？

珍：她有的時候並不想在這個世界。她在這裡一點都不快樂。

朵：她過著很好的生活，有老公和小孩，還有工作。

珍：但對她來說似乎不夠。她沒有成就感。她只是裝作享受的樣子，她在尋找更多的意義。

朵：所以她才被允許想起這些事，好讓她能有一些資訊，一些解釋？

珍：這會給她一種自己不只如此的感受，一種身為某個更大事物的一部份的感受。她在做某個部份的自己並不瞭解的事，但這在某種程度上帶給她一種自己比較重要的感覺。

朵：許多人都參與了這些計畫，不是嗎？（對。）其中有很多人以為發生了不好的事。

珍：她一開始也是如此。

朵：他們其實不知道發生了什麼事。

珍：大多數不知道。有些人知道。

朵：她說感覺有東西放進了她的鼻子裡。你可以跟她說說這件事嗎？

珍：那是通訊用的東西……用來平衡。這個工具不只幫助我們，也是要幫助她。這是通訊和平衡用的，也是要汲取某個東西……能量……它就像處理器。像電腦裡的微處理器。我聽到的就是這個……微處理器。我想他們在研究她經歷到的感受和情緒。

朵：為什麼你們要研究感受和情緒？

珍：這和人類的進步有關。事情正在加速。有些人的容忍度不像其他人那麼大。有些人比較敏感，因此需要更加瞭解正在發生的事。

聽起來，他們指的是即將來臨的變動，還有振動和頻率的加速。

朵：人類的身體現在適應得如何？

珍：不只是身體，也包含了心理和情緒在內。正在接受改變並變得更敏感。

朵：有人告訴我，我們對能量變化正變得比以前敏感。你的意思是這樣嗎？

珍：對，一樣的。大多數人都在改變、加速、往前進。有些適應上比較困難，所以這個溝通和平衡裝置，是一種從另一個角度來瞭解人類如何受到影響的方法。它是一個監視器，也是一種創新的強化器、穩定器，替參與計畫的人類達成平衡。所以，它既可做出貢獻，又能提供幫助。貢獻知識，同時也監看事態的發展，達成平衡，並協助那個人調整。——這個過程涉及許多、許多超越了人類文明的發展，並對他們提供了大量的學習，然而進展不總是固定的。每個人面對的情況不總是相同。有可能會冒出一些可變因素和問題。這是為什麼他們在監看、協助和進行平衡調整。某些情況會需要非常大量的協助。

朵：因為即使是在文明裡也有可變因素。每個人都不一樣。這是你們的意思嗎？（對。）你們也在檢視心智有沒有因為振動的改變而受到傷害？這是監看過程的一部分嗎？

珍：心智成長了……擴張的過程中可能會有一些阻塞、糾結。這有很大部分是跟情緒有關。人類的生命體驗若是曾經歷虐待、負面、缺乏關愛、遭到扭曲……我不知道那些詞彙。

潛意識或外星人找不到適當的詞彙是常有的事。這主要是因為他們處理的比較是精神／心靈溝通的層面。我總是跟他們說，盡他們所能解釋就好。

珍：當一切都充滿情緒時，對某些人來說，要擴展就比較難。他們所有的學習、恐懼……他們要承受的太多太多了。

朵：有人會因為他們的心智和情緒的關係而無法適應嗎？

珍：有，你已經目睹這個情況好一陣子了。有好多的憤怒和暴力爆發，還有自我毀滅、自殺。這就是自我破壞。是的，有些人不會以同樣的方式前進。他們不是無法適應，就是無法奮力前進。有太多的事情拉住他們，阻擋他們，就像一堆雜亂的電線。當你的情緒扭曲了每件事，造成了干擾，心靈就不夠澄澈。許多人因為情緒而導致問題發生。——大家都在接收能量到他們的系統，接收的程度是在他們可以接受、處理和擴張的範圍內。能量系統只要沒有阻塞，有一條清澈的管道或通道，通路清澈會比較好，這樣就能有更多的能量流過，否則就無法照原先的意圖，原先所想的進行。我們已經伸出援手，協助就在身邊垂手可得，但這仍決定於個人。

朵：所以這是個人的事。每個人都會有不同的反應。

珍：在某個程度上，是的。

接著，在停頓一會兒後，聯繫似乎斷了，沒有更多的資訊傳遞。我問了催眠結束前的最後訊息：

「我聽到的是去旅行和體驗。走出自己的路，不要害怕。去探索，要有創意，傾聽直覺。——其他的，她都知道。」

第十九章 外星來的志願者

瑪莉安認為她和幽浮有過接觸，但不確定那是真實的記憶，還是只是夢境。那是她在催眠時想探索的唯一一件事。我引導她回到疑似事件發生的日期，讓她在那一晚從雲端下來進入她的房裡。當我問她看到什麼時，她很遲疑，似乎一頭霧水。「我不知道我在哪裡。我什麼都看不到。感覺不像是我家。」

朵：感覺像什麼？

瑪：我覺得身體承受著很大的壓力，似乎從橫膈膜到我的下巴都有。感覺好沉重。

我下了這不會影響到她的指令，還有她可以隨心所欲地談。

瑪：原先壓力是在中間部位，現在卻通往我的全身，整個身體都覺得沉重。我的雙手和胸腔一帶都有壓力，感覺幾乎是灼熱的，很重。這感覺很不一樣，很不尋常，但我沒看到任何東西。

我下指令，她能更為覺察，隨著她的談話，情況也會變得越來越清楚。

瑪：感覺上我可能是在一個容器裡，這個容器在對我的身體加壓。它從腰部以上施加壓力，腰部以下沒有。我什麼都看不到，也聽不到聲音。

因為她看不到外面，所以不論是什麼，都是固體的容器。「我感覺身體很沉重。我想不出這會是什麼東西。」我帶引她退回到進入這個容器之前，但她仍有同樣的感受。於是我引導她往前，到她已經不在這個不曉得是什麼東西裡的時候；我下指令，她不會再有不舒服的感受，也能看清楚它到底是什麼。

朵：你原先是在什麼東西裡面？

瑪：看起來像是不銹鋼製成的盒子。它不是不鏽鋼，而是某種不會生鏽的鋼壓容器，一個金屬盒，它的大小和你必須躺著待在裡面的聽力室差不多。像是一個圓筒容器。我只是躺在裡面，身體不知怎地就被均衡化。它全部都是金屬。——我不知道我是怎麼進去的。（困惑）我感覺它在均衡我的胸腔。我覺得它和健康性質的能量有關。一股好的能量……療癒的能量。感覺沒有很舒適。我之所以覺察到是因為此外沒有別的可以注意了。不會痛。它平均，平衡了我體內的能量。簡單說，我的身體原先失去了平衡。我不知道為什麼，但我被治療了。

朵：好，你會知道原因，你會想起來的。

瑪：這是我想要的。我想起來了。是那些對什麼都不感興趣的小人給我的治療。他們沒有什麼感情，只是一個勁地在做事。我不知道為什麼我會在這裡，但我的身體原本失去了平衡。

朵：你能看到那些小生物嗎？

瑪：我能看到他們，但沒辦法和他們溝通。他們只是忙著工作。

我想她指的是典型的「小灰人」。他們是生化機器人，因此會不帶情緒、不帶興趣、喜好地做他們的工作。然而，因為她沒見過這樣的生物，所以描述的時候很困難。他們聽起來當然不像是任何電影或小說裡的典型外星人。他們像是一個高大纖瘦的人形和具有動物特徵的混種。「我看不清楚他們。或許是我不想看吧。他們的長相很怪。我這輩子還從沒見過類似的東西，不論是在書裡，還是我的夢裡。這樣說吧，他們不是那種會跟你聊天的人。他們只是在做他們的事，做他們的工作，似乎很專注在每一刻，一邊也在觀察事物，但就是長得很奇特。我覺得看起來比較像是動物。皮膚沒有毛髮，和老鼠的顏色很接近。他們好像沒有任何恐懼。非常奇怪。」

因為這令她不安，所以我請她把注意力放到房間。「這盒子很有診所的感覺。我的對面有幾扇門，像是艙房。盒子再過去……我不知道……看來像是個大機器，我不知道那是什麼，看上去很複雜。這個房間……我對大小不是很有概念，不過或許……有十二乘十二公尺。」

朵：你是怎麼進去那個容器的？如果你不記得，可以問問他們，他們會告訴你。只要跟他們說我們很好奇。

瑪：顯然我的身體仍在我的床上。是我所知為乙太體的那個東西，就是可維持身體良好的乙太體，被放進了容器裡。他們不需要動到身體。我只要把乙太體帶回去，把這部分放回身體裡，就能醫治身體。他們是這麼跟我說的。

朵：你現在在什麼地方？他們能告訴你嗎？

瑪：似乎就在我家附近。（困惑）他們說他們在追蹤人類，幫助人類維持良好的身體，所以會把人類帶來這裡。這裡像是個小小的偵察診所或是什麼的，一間行動診所。他們在觀察一些人，如果有問題，就會用這個小型的巡邏行動診所進行矯正。他們把充滿活力的平衡放入身體，但只替特定對象做。這有點像是例行公事。他們只對他們知道的人，或是保持追蹤的人做這些。不過我們和他們長得不一樣。我跟他們有不同的外貌。

朵：這個地方是在空中或是在地上還是什麼地方嗎？

瑪：在空中。

朵：所以他們能把你的乙太體帶上去那裡。這是他們第一次對你這麼做嗎？

瑪：以前我生病的時候就做過。我患風濕熱時，他們就曾經帶我過去。我那時還很小，只有六歲。我生病……病得很重。

朵：那次他們做了什麼？

瑪：一樣的事。把我放進一個盒子裡。他們把我放到那個圓筒裡面，讓我的身體得到平衡。我原本沒有平衡，不過後來問題根除了。接著，他們把能量放回到我的體內。他們沒有帶走我的身體。

朵：他們不用帶走身體就能治好它，讓你的病情不致惡化。這是很好的事。他們在照顧你。

瑪：我想是吧。

朵：為什麼他們要追蹤你？

瑪：（目瞪口呆）噢，哎呀！他們說我以前是……噢，哎唷喂呀！他們說我以前是他們的一份子。（不敢置信）我不知道我曾經是他們之一。噢，天啊！他們真的很怪。他們在地球上可不能被人看到。很怪，不能被看到。

朵：怕會嚇到人？

瑪：嗯，他們一定會嚇到人！（就事論事的口吻）我以前認識他們，但既然他們不能來，那我怎麼會涉入這件事呢？……我現在不是「他們」，但曾經是。有陣子是。所以他們持續追蹤我的情況。他們在幫我。他們想幫助這個星球，可是他們自己不能，所以他們幫我。

朵：如果他們直接協助會嚇到人？

瑪：噢，會的！

朵：所以他們必須透過人類才能做事？（對。）你說你曾是他們之一。你的意思是另一世嗎？

瑪：對。我有很多世都在那裡，在他們居住的地方……他們的星球……他們的家鄉。他們正在給我看。我看到的是……色彩不多，跟他們一樣灰灰的。他們的心地非常、非常仁慈。他們很和藹。很聰明。他們很有效率，非常井然有序。不過他們不情緒化，而且沒有顏色。他們的星球，他們的屋子，他們的建築物也沒有多少顏色。他們有看起來很像是金屬的建物。那是一個文明，只是建築物都是傾斜的，而不是環狀、長方形或四角形。有點傾斜……高，東西都斜斜的。我們不會建成那樣。我有很多世都在那裡。

朵：你在那裡快樂嗎？

瑪：快樂？我不悲傷。我快樂嗎？我那時很安全而且受到保護。

她說他們沒有什麼情緒可言，這話聽來很合理。我想知道更多那些存在體的事。以下是我重新整理她的說明：她看到了男性和女性，所以他們是有性別的生物。她沒看到小孩，但他們有可能是在別的地方。他們有消化系統，似乎吃一種來自光和陽光的糊狀物，不過，她說：「吃東西不是一種愉快的享受。他們只是為了吃而吃，為了維生而吃，食物並不重要。」

朵：聽起來是個好地方。為什麼你決定離開那裡？

瑪：我想去冒險。生活老是一個樣。我需要離開。

朵：身體必須死亡你才能走嗎？

瑪：我想用的詞是「沒有形體的」。沒有形體。就是不再具有形體。

朵：那麼你怎麼知道要去哪裡？

瑪：我在那裡看到很多地球的畫面。我有很多選擇，但地球有好豐富的色彩，又是如此有趣，如此充滿活力。地球什麼都有，有冒險，有色彩，有多樣性，還有情緒，所以我選了地球。

朵：需不需要徵求許可？

瑪：要，不過我得到了百分之百的同意。完全被接受。

朵：你用什麼方式來到地球？告訴我發生的事，那個經過。

瑪：身體不見了。身體在另一個地方分解消失了，還有這個……這多少讓我想起一個「轉運站」。你就像是電影裡或舞台上的演員，你必須記住自己的台詞，必須準備要怎麼演那個角色。我想確定就是這一個角色，還有我想做的事。會有一段適當的間隔，你如果仍然想這麼做，才會前進到下一個階段。真想去做的話，你必須進行細調。你要住在哪裡？要有什麼體驗？想得到什麼？不斷進行細調，直到「傳送站」的人在你的同意下決定你要去的地方。然後你就會經歷被生下來的過程。

朵：那是什麼情況？

瑪：我不知道。我決定等身體都準備就緒才進去……就是在誕生之後。

朵：那是個好主意。

瑪：我是這麼想的。

朵：然後呢？

瑪：我看到兩段人生一閃而過……最近的人生……有意思。

朵：除了瑪莉安之外的生命？

瑪：對。最近期的……我在維也納曾經很有錢……很出名……社會地位很高。我在餐廳外頭，一個像是寬大陽台的地方吃飯。我是個女人，擁有我想要的一切，但我討厭我的人生。

朵：噢？為什麼討厭？

瑪：我想去冒險。我有色彩，我有風格。我要冒險，但卻必須保持端莊和行止合宜，還要戴帽子，穿上十層的衣服，昂首闊步地走來走去，像是最華麗的……真討厭。

朵：（笑聲）你來這裡不是為了這個，是嗎？

瑪：這個嘛，那是情緒、魅力和風格，但沒有冒險。凡事還必須講求禮儀。我也驚鴻一瞥地看到了另一世。我從波士頓出發，冒險橫越美國，要到西部去過新的生活。我又是個女人，但這次生活裡沒有魅力，沒有色彩，沒有音樂，沒有名聲，沒有財富，也沒有金錢。只有完完全全的冒險！

朵：和另一世剛好相反？

瑪：完全相反。充滿了冒險，可是我恨死了！我有兩個小孩……在途中生下了兩個寶寶，但他們在旅途路上死了。（哭泣）那是一輛運貨的四輪馬車。很辛苦。路像是永遠都走不完。我們花了好幾年的時間才到！但我們沒有抵達目的地。我們原是要一路去奧勒岡州……真荒謬！結果我們和某些人一起停了下來，待在某地生活。那是懷俄明州。我說：「根本沒有神！」我會再來一次。我決定再多來一次，以便知道是否有神……去認識神。我不知道是不是這次，但我這次來是要認識神。

朵：所以每一世都有一個不同的理由，不是嗎？

瑪：對，但我喜歡地球勝過那個灰色的星球。我喜歡地球。

朵：你現在來這裡有任何特定理由嗎？

瑪：我到地球來的次數好多，多到我不知道還有沒有別的事能吸引我去探索。所以我現在想在人類的身體裡，盡己所能地去認識神。這個比較重要。這裡不是我最初的來處，也不是那個灰色的星球。我真正、真正的來處，是在我覺得我知道神的地方。我要地球人知道那個地方。

朵：那個地方是什麼樣子？

瑪：我看到色彩。我看到多采多姿的喜悅情緒。我看到旭日東昇。不是每天早上都有日出。有人在唱歌。所有的造物都在向早晨致敬。好多的喜悅……哇，哇，那是我的家！那是我的家！

朵：那是個有形的地方嗎？

瑪：那是個有形的地方，不是很稠密，但有實體。有建築物、圓形露天劇場……水晶被用來建造。這個有形的地方是個星球，不過沒有負面事物。我們不知道什麼是負面的事物。負面並不存在。

朵：聽起來是個完美的地方。

瑪：這是我所知道的完美。

朵：可是你說你進入瑪莉安的身體。你知道你的目的是什麼嗎？你來這裡要做的事？

瑪：我是來發現神。在我來到地球並變得自由以後，我唯一想做的事情就是幫助每個人自由。（哭泣）知道自由是什麼感受。可是我不知道要怎麼幫助大家自由。

朵：你對自由的定義是什麼？

瑪：沒有罪惡……沒有羞愧……沒有小我力量……只有自由。就這樣。

朵：你的意思是人類不自由？

瑪：人類不自由。對，他們不自由。他們從第一天起就學到自己是有罪的。「你違反了那個規定，真可恥。你沒有拿到『A』，真丟臉。你不夠虔誠，你應該感到羞恥！你真可恥，你有罪，你會下地獄！」沒有人是自由的。

朵：這就是你來這裡的原因？試圖改變？

瑪：我來是要變得自由，如果我能的話，也要幫助別人自由。噢，對，在埃及的時候，在那個學校，我曾經是自由的。我不知道怎麼回事，但我很自由……我那時是黑人，男性……好自由。我知道自由是什麼。（深深嘆息）……自由。

我不知道這一切會導向何處，但我認為我們應該回歸這次催眠的初衷，也就是找出和那艘太空船有關的經驗和更多的細節。

朵：所以你的身體偶爾會被帶進太空船接受治療？

瑪：以前是。我不知道現在或未來會不會，但以前是。

朵：這是為了讓身體有能量，而且保持平衡。

瑪：顯然是。

朵：他們追蹤從他們的家鄉來到這裡的人。是這樣子嗎？

瑪：是的，因為我的靈魂在那個灰色的地方總是不滿足。……我不知道那裡叫什麼名字，那個灰色金屬模樣的地方。我對那兒仍有眷戀。那裡有奇怪……長得很奇怪的人。

朵：他們覺得有義務要追蹤你的情況。

瑪：我們之間有連結。

朵：他們照顧你。

瑪：這樣很好。

朵：好。你可以問他們更多的問題嗎？

瑪：那些外表很奇怪的人？（對。）好。

朵：瑪莉安想知道她的身體裡有沒有植入物。你們能告訴她有關這方面的事嗎？（停頓）他們懂我們的意思嗎？

瑪：他們知道……他們在討論。他們說——我不知道是誰在說，他們只告訴我，我的身體裡確實有植入物。

朵：瑪莉安身體的哪個部位有植入物？

瑪：噢，哎呀！聽起來很多的樣子。我不知道有沒有這個可能！耳朵裡有一些。我不知道那些是什麼。噢！那些是為了透過我的耳朵聽聲音，聽我聽到的。我一直懷疑的膝蓋部分也有一個植入物。（停頓）我這輩子大部分的時間都有非常敏感的腸胃道。我必須查查這點。他們說我很容易就受到消化問題的感染，所以那個植入物是為了要幫助我。我也必須看看，那是不是在針灸脾臟經絡的位置。

朵：膝蓋的植入物和消化道有關嗎？

瑪：很有可能。

朵：瑪莉安認為她的前額有一個。有嗎？

瑪：那是為了不讓她看到，所以堵住了。如果她可以看到那些她現在不能看到的東西，她不會想待在這裡。那會讓她看到她與不可思議的廣闊宇宙的連結。噢，我想看！

朵：那是第三隻眼的部分嗎？（對。）她以後會被許可看到嗎？（會。）所以最後那個東西會被解除？

瑪：漸漸的，它會分解消失。

朵：她認為她的右手臂裡有東西。那裡面有嗎？

瑪：不是每樣東西都被移除了，被移除的也並沒有問題。那裡有個電晶體。是為了維持活動……

她有個非常內向和內省的性格傾向。這是個維持體內活動的電晶體，維持體內的能量活化，但她現在不需要了。這個東西有多次造成瑪莉安的不適，引發嚴重的疼痛。這不是我們想要的，但現在她已經不再有罪惡感，不再覺得羞恥；她現在有她自己的能量。這一個（指電晶體）並沒有干擾到她的身體運作。

朵：她的體內還有其他她需要知道的植入物嗎？

瑪：沒有。她不應該理會那些植入物，它們對她只有好處。

朵：我聽說有些植入物像是追蹤裝置。是嗎？

瑪：是的，我們可以追蹤她的位置。她已經不需要到船上來了。我們現在不用她到太空船就能幫她平衡。

朵：她有個身體方面的問題。她想瞭解她的血壓。

瑪：血壓很高的時候，她應該要觀察，是不是把別人的責任扛到自己身上了。她想解決這個世界的問題，修補每個人並解決每個人的問題。她因此承擔了這一時的業力。她不該承擔這個沉重的責任。那不是她的擔子。當她的血壓飆高時，叫她觀察，她承擔了誰的負荷。

朵：你認為那些是她的客户嗎？

瑪：大部分不是客户給的，因為他們之間有個平衡——她提供她的服務，並收取費用。（瑪莉安在醫師的診間當護士，但另外也替人針灸。）那是個平衡。不過朋友因為她的自由、智慧和關懷來找她。她感覺到作為朋友的責任和義務，可是那不是她該去承擔的。這對來找她，把問題丟給她的人而言，並沒有好處。她需要意識到那不是她的責任。事情其實很簡單。那不是她的責任。當她開始替別人承擔和解決問題時，她需要保持客觀。若她開始承擔，她必須意識到自己可以聽人訴苦，但不需要替每個人解決問題。所以只要觀察就能給她非常大的幫助。她需要做的是容許別人對她訴說他們的問題，而她獲得的則是學會聆聽而不跟著陷進去。她若能做到，便會提升這次旅程的意義。當她的內在強烈地渴求認識神，當那股渴望發展時，她會朝著她想要的方向前進。這不是在書本或課堂上能學習到的事。單是她想認識神的這份渴望，就能擴大和深化她的工作。

朵：但醫師讓她服用藥物。

瑪：只要觀察就好。當她注意到自己的血壓變得比較穩定，而且越來越能維持在健康的範圍時，她就能逐漸排除那有毒的藥物。

朵：我知道你們不贊成服藥。

瑪：對。我們寧可不要。天然物質很好，也已經開始發揮效用，對她的血壓有些幫助。

瑪莉安列出了生命中發生過的幾起不尋常事件，她希望能夠得到解答。其中一件是瑪莉安和她的兄弟晚上開車時看到了三個幽浮。那件事嚇到了她，她想知道那是真有其事，抑或是一場夢。

瑪：那是在你們稱為「靈魂出竅」的時候發生的真實事件。那不是第三次元。那是一次約定好的「靈魂出竅」。

朵：但她的兄弟也在場。

瑪：那是個約定好的會面。他們同意會面。

朵：他們以為他們在開車，不是嗎？

瑪：他們是在開車。他們是這麼記得的。（笑聲）他們把事情記成了一輛交通工具。他們對交通工具的記憶是汽車。實際上他們沒有車。他們以靈魂的方式會面並觀看幽浮。他們不想待在那個地區，所以立刻就回到各自的身體。

朵：她說那件事讓他們兩人都很害怕。

瑪：對。那個地區還有其他的活動。

朵：她以為幽浮是負面的。

瑪：不是幽浮負面。她當時必須離開並回到身體裡。她走得很匆忙。那和幽浮無關。她的心智把這兩樣串在一起了。那並不是一次負面的體驗。

這就是所謂的「記憶屏障」或是記憶覆蓋。你以為自己看到了某樣事物，實際上卻完全不是那麼回事。現在我明白，即便是你以為自己在做某件事，事實上都有可能是另一回事。她以為自己在開車，但其實她是靈魂出竅。具有保護性質的記憶屏障是由外星人結合她的潛意識的協助，所編造出的一個安全且不令人疑懼的記憶。在這種情況下，「眼見不一定為憑。」

另一件她想要釐清的事件，發生在她住在山上自家農場的期間。當時有某種能量籠罩整棟屋子，房屋因此搖晃了起來。這個情況發生了好幾次。

瑪：這兩件事都是有旁觀者目擊的真實事件。她認為自己一定要看到第三次元的實體交通工具或飛行器，而這兩件事都是為了讓她的心靈得以擴展，讓她可以接受無數的可能性……（她停頓下來，面帶微笑）幽浮不只是飛行的碟形物而已。有些飛行器是生物製品。它們看來一百五十多公分高，但你一走進去，它們就擴展成八公里。有些頻率甚至可以覆蓋這整個星球。

朵：這比較像是一種頻率？不是實在的物體？

瑪：那是一個頻率載具。

朵：就是它讓房子震動搖晃？

瑪：對。她會回想起在山上的房子後面看到了第三次元的飛行器。她因為感覺很不舒服，所以進入屋裡。但接著她又走了出來，因為她意識到如果有存在體想跟她接觸，就算她在屋裡也不會有什麼用。他們反正都會來的。然後它就不見了。不過還有別種飛行器。她有兩次遇到肉眼看不到，也不是第三次元的載具，她感受到它的力量與影響。你看不到它們，但你能感覺到。

從我的工作可以越來越清楚地看出，許多目擊外星人並有實際互動的事件，只是他們在追蹤自己人，掌握那些志願來到地球的勇敢靈魂的動態。這些志願者來到地球之後並非孤立無援，而是受到了仔細和關愛的照料。

第二十章　照顧自己人

茱蒂是身體有很多問題的治療師，我們的催眠重點就是她的健康。因為父母親的關係，她有個問題重重的孩提時代，導致她充滿恐懼，思考也往往專注在負面事物上。我懷疑這些可能是她的身體之所以會出狀況的原因，但這次的催眠卻意外地轉了個彎。

茱蒂進入催眠後的場景一片漆黑，我以為她回到了前世的某個晚上（這種情況時有所見），但她卻說：「我在一個很暗的地方。現在不是晚上，可是這裡很暗。我不要開燈。我不想看到他。我不想看到這裡的東西。」我向她保證，她不必去看任何她不想看到的。但我繼續問問題，好讓資訊開始流動。「這是個房間。有燈。他們在進行些什麼，但我不想過去。我不想看。我看到動作。像是有一道光束。房間裡有個地方有光，很亮。這道光束……我不想睜開眼睛。」

朵：如果你不想看就不必看。你可以用另一種方式去感知這件事。你在房間的哪裡？

茱：在光束的正中央。房間很暗，但中央有光，我躺在光的正中央。感覺冷冷的，像鋼鐵一樣冷。

朵：可是你說你感覺房裡還有其他人？

茱：他們在光線外。我不想看到他們。他們讓我很害怕。

朵：沒關係。你知道你不是一個人。我在這裡陪你。我們只會看到你準備好要看的事。你幾歲？

茱：四歲。

朵：所以你還很小。我不怪你不想看。你怎麼會到這裡來？

茱：不知道。我本來在睡覺，然後醒來了。他們嚇到我了。他們有奇怪的手，臉也很奇怪，我不想看他們。

朵：所以他們長得跟我們不一樣。你不用看。不過他們的手哪裡奇怪？

茱：手指頭又長又彎。彎彎的。他們在碰我。我不要他們碰我。他們之中有個女的不斷把手放在我的手上，碰我的手。我不知道她要幹嘛，還是她想要什麼。

朵：她碰你的手時，你有什麼感覺？

茱：濕冷、黏黏的。摸起來很怪。大頭，長長的手指。

朵：你有跟他們說話，問他們問題嗎？

茱：沒有。那個女的要我說話。她想我說話。碰我的那個要我說話，但我怕她。她要我跟她說話，可是我不想。

朵：為什麼你說她是女的？

茱：不知道。她就是個女的。感覺是。

每次遇到這種情況時，我會請個案問那些存在體問題，並讓他們回答，通常就會得到答案。

朵：喔，你知道，和她說說話可能會很有趣。或許我們可以發現這到底是怎麼回事。這是個好主意，不是嗎？然後我們就能知道了。我們總是會害怕那些自己不懂、不知道的事。你認為她想和你說話？

茱：我想是吧。她知道我很害怕。我覺得她是想叫我不要怕。她想讓我感覺安心或什麼的，可是我不信任她。或許他們只是想騙我。（輕聲地說）我很困惑。

朵：我們問她一些問題吧，或許會有幫助。問她為什麼你會在這裡。看她怎麼回答你。

茱：她說我病了。他們正試著幫我。我的身體裡面有個什麼壞掉了。

朵：你知道你生病了嗎？（不知道。）問她你的身體裡什麼壞了。

茱：她把雙手放在我的胃上，可是我不曉得耶，她不是真的在說話。我不知道要怎麼解釋。她用手一指，我就知道她的意思。她指著我的肚子。

朵：你想讓她幫你醫治好嗎？

茱：如果不會痛的話。

朵：告訴她只要不痛就可以幫你治療。她怎麼說？

茱：不會痛。其他人要來了。她不會離開，不過其他人要來治療我。

朵：他們在做什麼？

茱：有個東西在下降。我不知道那是什麼。有個東西要下來了。金屬。在我的肚子上。我沒有感覺。

朵：那麼她跟你說的是真話，不是嗎？

茱：對。不痛。

朵：感覺像什麼？

茱：熱熱的液體。

朵：你可以找其他人問一些問題嗎？他們裡面某個知道更多的人？

茱：我覺得我沒辦法要他們跟我說話。她是唯一會跟我說話的人。

朵：或許他們太忙了？

茱：或許吧。我不知道。但她沒問題。她不是壞人。

朵：他們還要做別的事嗎？

茱：感覺好像要把我切開，不過我不知道。我的肚子上有一條向下的線，我不懂，我沒有感覺，不過有開口，有一條線。像是他們在打開什麼。

朵：問她他們在做什麼，這樣你才能瞭解。

茱：我剛聽到：「修復功能失調。」我不知道這是什麼意思。「修復功能失調。」

朵：為什麼他們要做這件事？

茱：太多的虐待，太多的痛苦。我不知道，我聽到的就是這樣。我不知道這是什麼意思。「太多的虐待，太多的痛苦。」我不懂。

朵：為什麼他們要對你做這件事？他們認識你嗎？

茱：被指派的。被指派的？我聽到：「被指派的。」監測。被指派的，監看。

朵：聽起來，既然他們在照顧你，他們應該是好人。他們做好之後，會送你回家嗎？（會。）所以他們看著你。他們監看你，這樣你有問題的時候，他們就會知道？

茱：這不是第一次了。

朵：你以前也曾經需要修復嗎？

茱：我不知道這是不是第一次修復，但我不是第一次來這裡。他們監測，看著我。

朵：可是有人看著你，照顧著你，是件好事。你叫什麼名字？

茱：艾樂諾。

訪談的時候，茱蒂雖然沒有提到童年時曾遭受虐待，但我以為我們看到的是她童年的一幕。（我對每位個案都會進行兩個小時或更久的訪談，以便在催眠前對他們有一番認識。）現在情況不同了。這個四歲小孩不是茱蒂，而是一個名叫艾樂諾的女孩。茱蒂會看到這一世一定有原因，所以我必須追蹤下去。

艾樂諾說她和爸媽住在一間大房子裡。當我問他們對她好不好時，她回答：「有時候好。」我覺得我不能直接問虐待兒童這麼可怕的事，特別是情況嚴重到有需要修復的損害。我引導她往前，到了他們完成修復工作，再問她發生了什麼事。「他們要怎麼帶你回去？」

茱：白色。我看到光。光束。她和我一起進到光，然後幫我回到床上。有一點痛，不過沒關係。

我引導她離開那個場景，往前到另一個重要的日子，並問她看到了什麼。

茱：我在對我的人說再見。這些是我的人。

朵：你是指你的家人？

茱：不是，他們是我的子民。我是他們的皇后，或公主。我在對他們揮手。有成千上萬的人。我站在一個很高的地方，俯瞰著他們。我必須離開一陣子。

朵：你必須去哪裡？

茱：一個使命？一件幫助我的子民的事。那會幫助到比他們更多的人。我在對他們揮手。他們全都充滿了感情。我不想離開，可是我知道我必須。是我選擇了要離開。（她變得激動）我對他們有好多的愛。

朵：你知道你的使命是什麼嗎？

茱：回到起源，完成循環。

朵：起源？這是什麼意思？

茱：就是我們的來處。

朵：你知道那個地方是什麼樣子嗎？

茱：困難，跟我在這裡的生活比較下。這一世充滿了喜悅，生命很美麗。回到起源是件難事。

朵：為什麼難？

茱：匱乏。限制。不佳的理解力。困難的任務，但必得去完成。

朵：你說你必須完成循環？那是什麼意思？

茱：是的，循環。一切都在循環。需要完整了才能結束這個循環。需要回到起源。起源很老。很老的能量。很老的課題。為了完成，意識反轉是必要的。這個循環裡缺了一些片段。需要回去填補那些片段，才能完成這個循環。起源缺了一些循環，不完整，所以有人必須回去。去瞭解，去理解源頭資訊，必須回到起源，完成循環。

朵：可是你說缺了一些片段？

茱：這個已經開始的循環缺了一些成分。那些是完成這趟旅程必備的成分。整體缺失了一些元素。

朵：你為了找到這些缺失的元素，必須進行另一個任務？

茱：任務已經決定。我要離開去進行任務了。

朵：你的任務是什麼？

茱：回歸源頭。功能失調。回到起源。

朵：起源是什麼樣子？那個地方看起來怎樣？

茱：稠密。困難的能量。非常古老。需要重新同化古老的能量。原型很老。思維很老。意識較低的振動。要與較低的能量同化有很多選擇。要做個選擇。有很多選擇都能完成循環。群體的決定，這涉及了群體，跟很多人有關。……我主要目標的選擇以我為主，但做決定時，會有基本的一群人涉入。

朵：所以他們是在幫助你？給你意見？

茱：對，給我意見。針對很多、很多的選擇，很多、很多的選項，給我意見。整合出一個計畫。時間線很重要。檢視時間線很重要。整合在一起。整理出特別的問題，檢視特別的問題。有各種不同的時間線為要去完成循環的人提供了機會。最終的決定在於我。

朵：你是在看所有的可能性嗎？

茱：同時，對。需要在那些次元裡花上一些時間才能完成循環。

朵：你知道缺失了那些片段嗎？

茱：知道。我們知道缺失了哪些片段。我們知道。我們知道我會去哪裡。

朵：你對那些可能性有什麼想法？它們看來是簡單還是困難？

茱：這和任務沒有關係。困難度和任務無關。那是必須的。

朵：所以不見得都是容易的事？

茱：對。離開自己的家，離開自己族人的決定，要離開同伴是很困難的。但是選擇完成循環是有必要的，這也是對我的要求。要完成這個循環有很多的選擇。非常多，我們正把範圍縮小到一個在許多層面上的經驗。

朵：我們去看看最後的決定是哪個。你已經縮小了所有可能性的範圍。你最後做了什麼決定？

茱：人類。

朵：你以前進入過人類的形體嗎？

茱：我曾經是人類，但對人類來說，那已經是非常久遠以前的事了。

朵：所以間隔了很久？（正確。）你認為再次當個人類是明智之舉？

茱：這是達成目的的最簡單路線。人類體驗到這個旅程中的所有選項。由於選項是這麼的多，做出正確的選擇便很重要。人類是為了這個目的才去體驗。這是最直接的路線。

她既已做出決定，我引導她往時間前移，到她進入人類身體的時候，並問她的感覺。她蹙起眉頭。

茱：很緊。受限。很難調整。

朵：你說調整是什麼意思？

茱：困難的形體。分成各自獨立的部分。適應環境比想像中更困難。

朵：你現在是在一個小寶寶的身體裡嗎？

茱：嬰兒。病得很重的嬰兒。

朵：嬰兒怎麼了？

茱：情緒問題，情緒上的不適。連結得不舒服（指身體與靈魂的接合）。嬰兒在哭。

朵：所以你有適應身體的問題。但這是必要去做的事，對嗎？

茱：正確。

朵：你既然決定了要做這件事，現在就必須堅持下去，不是嗎？（沒錯。）除非你找到缺失的片段，否則不能回去？

茱：完成循環。必須完成循環。

朵：你認為這會是容易的一生，還是困難的一世？

茱：就人類而言，很困難。

她的回答開始緩慢遲滯，漸漸的就不回答了。我知道她現在較認同她的身體，而洞悉事情的那部分則逐漸隱退到幕後。為了得到更多的答案，我知道該是呼喚潛意識出來的時候。

朵：我們以為她會回到某段前世。她看到那個小女孩，他們在替她治療的時候，那是怎麼回事？

茱：連結資料，好讓她瞭解。她這一世的消化問題是源自於那個時間架構。

朵：艾樂諾那一世？（對。）但他們修復了損傷，不是嗎？

茱：只修復到一個程度而已。那一世還有其他的損害。他們試圖修復，但沒有修復完全。艾樂諾遭受了很大的傷害，影響擴及到這一世。她只活到少女階段。有太多的傷害。她在這一世也遭受虐待，一樣沒能適度處理。介入（指修復）不是每次都很成功。

朵：但如果茱蒂的前世已經有過這個體驗，為什麼她這一世要再度體驗？

茱：在缺乏對問題根源完整的瞭解和整合之下，她無法完成她的循環。

朵：她在那一世沒有完成所有該學的事？（正確。）所以一切必須又從頭開始？

茱：不是所有的都從頭開始。只是那個循環。有部分已經完成。不需要重新所有的學習。處理的是那特定一世裡最脆弱的部份。

朵：然後你們給她看到的第二段是她離開她的子民，必須去做一個決定。是那個靈魂進入了現在的茱蒂身體嗎？

茱：正確。那是她真正的來處。

朵：她看到有一個還沒完成的部分？

茱：艾樂諾沒有完成。所以這個靈魂決定回來完成這個過程。

朵：但茱蒂這一世過得很辛苦。有許多挑戰。

茱：對。她要求許多介入，以便完成這項任務。

朵：現在她有一些身體問題，並為此憂心。你們說那是另一世遺留下來的？

茱：有部分是艾樂諾那一世的結果。介入不是每次都很成功。這一個靈魂群組很難跟這個人類同化。這個任務很困難。身體受到了很大的傷害。

朵：這是因為童年遭受虐待的關係嗎？

茱：沒錯。這是任務的一部分。這會讓循環變得完整。替許多人帶來覺察和意識，以克服童年時遭受的虐待。她的選擇是在許多層面上同時互動。

朵：那麼她對其他相關的人，她的父母，有要償還的業嗎？

茱：有一些，但可能不如你們認為得多。以因果而言，實際發生的事情並沒有她以為得那麼多。她已經開始覺察到多重的層面，但這對她在這個身體形態的能量造成了干擾。

我知道現在該來談談茱蒂的生理問題，這畢竟是進行這次催眠的主要原因。我要她把它們釋放到過去；它們本該的位置。潛意識同意該是放下的時候了。茱蒂的腎臟和膀胱都有問題。

茱：她的腎臟在消化老舊能量的時候產生問題。她必須排除老舊的能量。舊能量可以說在拉住她，讓她無法前進。她等於是雙腳在現在，身體在過去。兩者之間缺乏整合。

朵：她肺部的問題呢？

茱：那是離開家的悲傷。哀傷。她花了太久的時間去整合和完成，比她預期的還久。悲傷。她想念她的子民，她的家人。有很多的誤解。校正令身體承受不了。她完成了很多部份，但她意識到欠缺，意識到有一個部份尚不完整，所以她希望能去完成。

接著，潛意識準備要來修復茱蒂體內受損的部位。我向來覺得這個部分很引人入勝，我希望潛意識告訴我它在做些什麼。「能量正被移除。同化中。」我知道潛意識擁有的力量和能力，但它突然間遇到了問題。「移除的機會有限。阻塞。損害。處理中。」我問潛意識，我能否在它工作時繼續問問題，它說可以。

朵：她這一世是否常常進行修復？（是的。）她想知道她和我們所稱的外星人是否有關聯。

茱：那是她的任務，他們是任務的一部分。與那些物種互動是任務的條件。

朵：就像他們跟艾樂諾那樣。

茱：正確。那是任務中屬於互動的部分。在她最真實的感覺裡，她從這樣的互動中受惠。艾樂諾的恐懼造成了一些問題，但那些物種沒有要傷害她的意思。

我鑽研這個領域已有二十五年之久，所以我知道她說的是真的。我從未遇過有人受到傷害的案例。恐懼只是他們的錯誤認知和對不瞭解的人事物的反應。

茱：當時雖然修復了損害，但損害是一次又一次發生。無法每次都修復。

朵：那現在呢？她願意放下，釋放堵塞，除去老舊的能量。你們能解決她的問題嗎？

茱：正在釋放中。但她的腹部仍緊抓著對未知生物的恐懼。

朵：那麼只要她瞭解他們事實上是在幫助她，情況便會好轉。

茱：是的。困惑來自於意識的不足。所有來到這個地區（指地球）的任務都需要互動。與她互動的那些物種是仁慈有愛心的。他們使用人類是有目的的。這是個共同的合約。無法處理這個資訊。……他們從人類物種身上學習。他們是合約中的一方。他們的外觀通常遭致誤解。很大的誤解。她的任務也包含了物種之間的完成與圓滿。

潛意識繼續治療茱蒂的身體，卻持續遭遇困難。「我們正在處理胃部的器官損害。正試圖處理這個問題。這是舊的能量，舊組織。跟過去的連結。體內有一個以上這樣的受損部位。這個身體很難支撐自己。」

朵：這是為什麼我們想要修復它，好讓她能做她必須去做的事。

茱：她的時間未到（指離開地球的時間）。她還沒完成她的任務。她不會離開。她的意願很強。

朵：她害怕自己是不是要死了。

茱：她還有很多工作要做。她會選擇自己的死亡。她的身體有多個器官損壞。有些來自於這一世，有些不是。它們有連帶關係。

朵：全都混在一起。

茱：沒錯。困惑，老舊的情緒。試圖釐清。覺得困惑。她對自己是誰茫然不解。她看自己是個人類，但又覺得自己是另一種物種。她一度是和她合作的那些物種之一。她在排斥自己的物種。她已為這兩個物種的差距／分歧架起了橋樑。她的任務有部分是要完成循環。搭橋樑。她需要一個介於兩個物種之間的橋樑。有道能量橋形成了。我們正在檢視。她的第五脈輪有器官損壞，在她的能量場。移除中。

朵：我們讓你們很忙。

茱：沒錯。我們在同化、調整。在多重層面上移除堵塞。替身分架起橋樑。……困惑，次元上的困惑。她無法自己消化大量的領會。她正在盡力提升她的意識，但還不夠。身體跟不上意識的提升，造成痛苦、不適、瓦解。意識和肉體需要整合。整合是在夜間進行。沒有正確地同化。太多資訊。身體跟不上。身體沒有正確同化。身體機能失常。我們正在調整。沒有藥物，沒有手術。這是她的終極渴望。這在合約裡。我們同意她可以同化，並向較高層次提出要求，創造完成同化的途徑。我們還在矯正。這是缺失的母體。重新排列中。完成重新排列之後，所有的基體會完成，全部都能整合在一起。不需費力。器官損害被移除了。她必須選擇活下去。

朵：我想，只要沒有任何不舒服，她會選擇活下去。

茱：沒錯。合約完成了。任務完成了。跨物種關係完成了。正在進行基體的修復。尋求較高權限者來完成。

朵：他們會授權你們處理嗎？

茱：等候中。（停頓）任務完成。我們已經完成對這個身體所有的工作。她現在獲准入睡。被准許進入較低的意識，讓這個肉體得到完整的療癒。

朵：她需要睡覺，這樣身體才能在夜晚恢復活力和能量。

茱：瞭解。她原先需要提升意識，以便於整合。現在整合完成了。她會獲得許可，進入較低的意識，好讓她能夠睡覺，並讓身體重新啓動，繼而完成任務。以人類的說法，一切會在三個月內完成。她不需要服用任何藥物，不會感覺到任何疼痛，但會察覺一些不適。這需要三個月的時間才能完成。不舒服的感覺會越來越少，最後消退。她會察覺到。她不會感到痛，疼痛將消失。平衡出現。她脊椎不適的根源在於基因。我們正在調整，正在矯正。這也會矯正身體其他的部位，容許身體重新校準，所有的器官系統都將運作得很理想。脊柱內的堵塞造成了各個器官的機能失常，也對她造成影響。但現在都在調整中。她會發現她的髖部變平衡了。她將撐得起自己的骨架。

然後潛意識宣布它做完了。來找我催眠的個案通常只需要醫治一或兩個身體部位，但在茱蒂的情況，潛意識必須專注的地方很多。它花了比較久的時間，而且需要更專心。接著，它宣布：「該是她充滿活力的時候了。」

我跟平常一樣問它，有沒有要給茱蒂的臨別訊息。「我們歡迎你，要保持平靜。你是眾所期待的那一個。不要急。她和許多人一樣，因為執行任務，因為自己所成就之事，而得到我們的尊敬。她是懷著很大的勇氣才能做到，她是備受尊敬的。我們會更常來看她。意識還有另外一個層次。她知道的。我們很高興有你能協助她。」

朵：我在你們的協助下幫助許多人。沒有你們，我辦不到。

* * *

很多有幽浮經歷的個案告訴我，他們也遇過那個對小艾樂諾非常關心和同情的外星存在體。他們對那些存在體的描述總是一樣的：慈愛、關懷，帶有一種女性的能量。由於那些存在體每次都會安慰外星人醫治的對象，我稱他們為「護士」型外星人。而說到小灰人或是真正在做治療的外星人時，個案不是說他們很忙，就是非常專注於他們在做的事。「護士」的任務似乎是照料個案，讓他們感覺自在和安全。雖然個案都說「護士」很醜，皺紋非常多，卻散發出美麗、鎮靜的能量。

本章的案例也顯示，純淨的新靈魂在進入身體後所面臨的困難。身為人類小孩，艾樂諾很懼怕替她治療的生物，全然不知自己曾是他們的一份子。為了能夠在這個世界生活並保持理智，這個記憶必須被消除。因此在她的眼中，他們就是外星人，而且很嚇人（大多數人類也是抱持如此看法）。殊不知這些外星人只是在照顧和監看自己的族人。他們絕不會在族人志願來到這個奇怪且充滿敵意的星球後，拋下他們，置之不理。然而，對外星人那份深深的恐懼，卻延續到茱蒂這一世，造成她嚴重的生理問題。前一世的虐待也留下了細胞遺毒，讓茱蒂的身體變得很不健康。兩者相加，情況變得更難緩解。茱蒂這一世在幼年時期也遭受虐待，只是訪談時並沒有告訴我。而我向來知道，只要潛意識認為適當，沒有什麼事會避而不談。它知道個案的一切；沒有什麼是秘密。

第二十一章　童年遭遇

這次的催眠是二〇〇二年九月的事，地點在北卡羅來納州的夏洛特（Charlotte）。當時我駕車橫越北卡，在羅利、夏洛特和格林斯伯羅三地進行巡迴演說。抵達夏洛特後，我到地方的幽浮大會上演講。

派翠西亞是個美麗的金髮女子，很懂得怎麼梳理裝扮，看上去就像個模特兒。她的工作正是一位梳化妝師，她本人就是自己手藝的絕佳示範。

派翠西亞認為自己不曾與幽浮有過接觸，但長久以來對幽浮一直很感興趣。她只記得在一九七〇年代有過一次近距離的目擊。印象中她在一大早走出公寓，準備開車去工作。關上門時，她碰巧抬起頭來，看到正上方有一艘巨大的太空船，轉動著紅光與藍光，十分美麗。她凝視太空船幾分鐘，接著它就飛走了。派翠西亞很驚訝當時附近並沒有別的人，因此也沒有人看到。那艘太空船是那麼清楚，那麼巨大而明顯。這個記憶一直令她著迷，不過她很確定事情的全部經過就只有這樣。

派翠西亞想在催眠時探索這件事，回到那一天，挖掘出更多關於那艘太空船的細節。我一如往常提出警告，倘若純粹出於好奇而想進行這類型的催眠，可能會打開了一個再也無法放回原位的蟲罐。保護個案永遠是我的第一優先。我每次都跟他們說：「無事何須自擾。」通常只有在幽浮和超自然的經驗對個案的生活造成困擾，我才會深入探索。如果他們只是出於好奇，我會告訴他們，結果很可能超乎他們的想望。這類事情最好不要去理會。派翠西亞瞭解我的意思，但她認為不會有什麼問題，因為她知道那天早上沒有發生別的事。那不過是一個近距離目擊一艘大型太空船（或者別的東西）的經歷，只是她一直無法忘懷，甚至因此燃起了對幽浮的興趣。

派翠西亞一進入深度的出神狀態，我便帶引她回溯到目擊太空船的那個早上。一般來說，我必須從後門偷偷接近，先回到事件發生前，再溫和地引導個案前進到事發當時。但這次的情況不同，派翠西亞毫不遲疑地立刻跳進現場。我引導她從雲端下來，回到一九七〇年代那個早晨，進入她的公寓，到她準備出發去工作的時候。但我才說：「現在你離開了公寓。」她就脫口而出：「他們在看我！」她的聲音流露出恐懼，人變得很激動。「他們在看我！」我想知道她說的是誰。

派：那些生物，他們在看我。

朵：什麼生物？

派：他們一直在看我。他們告訴我他們有兩個人，在太空船裡，就在我的公寓上方。

朵：你現在在外面看著它嗎？

派：對，對。我最初記得看到的是紅光和藍光，但不是的。那是一艘太空船，看起來像顆綠色的球，就像是聖誕樹上的聖誕球，只是你看得到裡面。

朵：這個綠色的球跟房子比起來有多大？

派：也許有一百五十多公分。大小還好。我不知道人類進不進得去。但它是透明的，上面看來有一個小小的蓋子，就像那些放在聖誕樹上的玻璃裝飾物。它微微發亮，不過我看得到裡面。我原先以為它有顏色，現在卻看不到任何色彩。就是一顆透明球。

她的潛意識顯然豎立了保護的記憶屏障，不然就是覆蓋了一層印象上去，這樣她對事情才有不同於真相的記憶。在調查其他許多案例時，我也曾發現真正的事件和個案意識中的記憶不同。這麼做常是為了保護當事人，不讓他們受到創傷。因此，他們所記得的和實際發生的狀況並不一樣。當然，因為個案對事件留下的記憶常是令人害怕的負面經驗，有時也會引發潛意識沒料到的問題。現在潛意識讓派翠西亞的記憶在沒有任何阻礙的情況下呈現，顯然它認為該是讓她想起事情經過的時候了。

我在其他的案例也發現，太空船看起來比個案預期的小，似乎裡面容納不了多少人。但他們進入太空船後，卻會發現自己被那個外觀給騙了。相較於外觀所見，裡面要大上許多。外星人似乎可以操縱大小、空間和時間。《監護人》一書就有探討這些案例。另一個有趣的面向是，派翠西亞現在體驗到目擊那艘太空船的恐懼，但在記憶中，她卻只覺得好奇。人在催眠狀態下，往往會有不同的情緒浮現。

朵：你說裡面有人？

派：對。我只看到眼睛。那是有眼睛的生物。他們在天上，一直在注視我。他們不是要傷害我，只是在看我。

朵：你怎麼知道他們在看你？

派：我感覺得到。他們也跟我說他們在看著我。

朵：這是你第一次看到他們嗎？（不是。）

這絕對不是意識的記憶。派翠西亞說她從來沒有跟外星人有過任何接觸。

派：我當時三歲（非常激動），他們從窗户進來。（驚恐地哭泣）他們從窗户進來。（吸鼻子）我得醒來！

她在試圖使自己睜開眼睛，想從出神狀態回來，但我知道她這個經歷最後會被證明是正面而非負面，因此我阻止她睜開。倘若她曾有過很大的創傷，我的因應方式不會是這樣。她若是在這個節骨眼從出神狀態回來，心裡必定會掛著那個經歷，並把它認知為負面的事。我也知道，屆時她一定會有一種沒有完成的空虛感。所以，我強制地指示她閉上眼睛。但她仍然在抗拒，並堅持自己必須醒來。就在我決定了要引導她離開那個場景，改用別的方式探索時，沒想到她忽然看到某樣東西，反而把我打住。她的好奇心凌駕了恐懼，不讓我移動她。

派：等一下。噢，天啊，等一下！

我給她安全和受到保護的指令，還有如果她想的話，她可以從旁觀者的角度去看那一幕。

朵：除非你準備好了，否則你絕對不會被允許記起不該記得的事。你非常安全。如果是時候了，你就會記得。你的潛意識將只會容許你想起此刻需要知道的事。閉上眼睛。

派：（低語）我想我的眼睛沒有張開。

朵：如果你想的話，可以從客觀的第三者角度去看。你三歲時發生了什麼事？

派：他們從窗户進來我的房間。他們從窗子爬進來。我躺在床上。他們從窗户進來。

朵：那時房裡很暗嗎？

派：我看得到他們，所以夠亮了。他們和我以為的樣子不同。他們不可能是那個樣子！他們看起來不對！他們不……我看到的不可能是這樣。

朵：告訴我你看到什麼。

派：看起來眼睛紅紅的，一張皺巴巴的臉，沒有脖子，有點駝背，還有……他們的樣子不對。

朵：他們很高大嗎？

派：不會，可能一百六十多公分左右。

朵：他們是什麼顏色？

派：我看不到顏色。他們就是有個很怪的外表，嘴和鼻子之間全都縮在一起，眼睛大大的，不是斜斜的，而是睜得大大的。他們從窗戶進來。好像是來檢查我。有一個過來到我的床邊，他正在對我的小睡衣做什麼。他解開了睡衣的釦子。他好像是醫師，只是來替我做檢查，確定我的身體功能運作良好。我得了猩紅熱，他想確定我不會有問題。

朵：你生病了。（對。）猩紅熱讓你很不舒服，不是嗎？（對。）

派翠西亞醒來後說，她聽媽媽說過，她很小的時候患過猩紅熱，但她自己對這件事完全沒有印象。

朵：所以他只是來檢查你的身體。他怎麼做的？

派：似乎是在我的胸口上施壓。也許是振動還是什麼上升了，他就知道我有沒有問題。我看到的只有這些。他把手放在我的胸口上。

朵：他有幾根手指？你看得到嗎？

派：看起來很粗，好像有三根主要的，還有一根拇指還是什麼的。看來又大又醜，跟我們的手不像。反正他又大又醜。

朵：噢，就是我們會覺得醜就是了。

派：他很醜。當然啦，我從沒看過長這個樣子的人。

朵：他把手放在你的胸口上，然後透過你的胸口傳送振動給你。（對。）感覺好嗎？

派：對。感覺很溫暖。他知道我沒事。

朵：所以他很好心，不是嗎？

派：是啊。只是剛開始的時候，他嚇到我了。他好像在告訴我，他會再回來，再幫我做檢查。然後他轉過身，就從窗户出去了。

朵：你對他要再回來檢查你有什麼感覺？

派：他沒有傷害我。他醜哩叭嘰的，（我哈哈笑出聲來）看來像是老妖精。媽媽有唸童話書給我聽，他的樣子就像是書裡的妖精。

朵：你用這種方式描述他很有意思。

派翠西亞雖然對幽浮現象很感興趣，但她顯然對不同種類的外星人不是很熟悉。我因為工作之故，已經接觸到這一型的外星人好多次，漸漸地開始稱他們為「護士」型外星人。雖然她說那是個男性，不過有很多人都說他們有一種女性氛圍，只是從來沒有人描述到性器官。他們似乎比典型的小灰人更有同情心，所以我稱他們為「護士」。比起機器人型的小灰人，「護士」似乎更像有身體的存在體，他們有自己的思考而非自動化地執行任務。我的個案每次都把他們形容成皺巴巴的，醜醜的，然而卻非常善良親切。不過護士很少會執行實際的醫療程序，所以派翠西亞接觸到的也可能是另外一個類型。

當人類躺在太空船裡的工作檯上被外星人檢驗或醫治的時候，他們常常因為不知道自己身處什麼狀況而驚懼不已。護士就是在這個時候出現在檯邊安撫他們。個案總是能夠感覺，她在向他們保證不會有事。小灰人則都很機械化，很有系統地在忙他們的事，沒有任何外顯的情緒。與小灰人相較，護士是不同的類型，雖然外表嚇人，態度卻很溫和。

朵：他走了？

派：對，但他們仍然在觀察我。我想他們把某個東西放到我的身體裡去了。

朵：什麼時候放的？

派：在我更小的時候。真的是個小孩的時候。

朵：喔，三歲是小孩啊。

派：嗯，那是我更小的時候。我現在長大了。

朵：三歲就算大了？（對。）你認為他們是什麼時候把東西放到你的身體？

派：我想是我出生的時候。我出生時，他們就把東西放到我的身體裡。

朵：放到身體的哪個部位？

派：讓我看看。（停頓）好像有東西在腦下垂體附近。有東西在前額那裡。他們把一個像是晶片還是什麼的放進去。很像玻璃，但我想不是玻璃。我不知道那是什麼。我不知道是不是那個男的做的，也許是他的朋友放的。我看著他們把東西放進去。他們是在我進入身體之前做的。

朵：當你的身體還在媽媽身體裡的時候？

派：是在我跳進去以前，在我（指靈魂）進入我的身體裡以前。他們把某個東西放在那裡。

朵：即使你的身體還在媽媽體內，他們也能這麼做？

派：對，他們做了。（笑聲）對，他們放了！那是我生來就有的東西。他們說那是我一輩子都會有的東西，這樣他們隨時都能知道我在哪裡。那是一個追蹤裝置。

朵：你對這件事有什麼感覺？

派：他們沒有傷害我。我覺得他們是好人。他們對我很好。媽媽不在的時候，他們會陪我玩。我們去到院子，沒有人會在那裡。以前姊姊不在，爸爸也不在的時候，他們常和我玩。他們總是跟我說，不要告訴別人。

朵：為什麼不要？

派：因為這有可能會嚇到大家。我第一次就被嚇到了，因為他們看上去很醜。有些人可能會害怕……嗯，我現在看他們還是覺得醜，但他們以前和我一起玩。他們很好。

這和我在《監護人》裡的一個案例很像，女性個案小時候曾和外星人接觸，對方宣稱他才是她真正的父親。他會進入她的房間和她說話，並教她如何讓玩具飄浮在空中。他還帶她上太空船，讓她看他在旅程中從別的星球收集到的動物。當他們的關係開始對她的童年生活造成問題時，他就不再去找她，並消除了她的記憶。直到接受催眠，她才知道自己和外星人有過這樣的互動。此外，我也遇過成人在催眠狀態下，想起童年時與小灰人有過愉快互動的案例。這些孩子通常都很寂寞，所以非常享受外星人對他們的關注。我從來沒有在被消除的童年記憶中發現任何負面事件。外星人似乎瞭解他們面對的是小孩，所以態度非常和藹，又很保護。即使記憶被消除或是被覆蓋，我懷疑當事人仍隱約察覺自己小時候有過一些不尋常的經歷，由於他們怎麼也想不起來，取而代之的，便常是一股難以言喻的奇異渴望。

朵：你們玩什麼？

派：他們會給我看一些東西。他們帶我到院子裡去，給我看植物，對我說明。他們會拿起一些土，告訴我有關大地的事。還有樹木。他們解釋為什麼東西在這裡會生長成那個樣子。他們還對我說明這個星球，幫助我瞭解它。

朵：你覺得有趣嗎？

派：有趣。有一次，他們帶我去一個洞穴。

朵：離開了你家的院子？

派：對，他們帶我到一個洞穴。我們玩得很開心。他們帶我到洞穴裡好幾個地方。每一個都代表我生命中不同的里程碑或特定事件。

朵：你說不同的里程碑是什麼意思？

派：就是我的人生中可能會發生的各個事件。他們帶我到洞穴裡的一條路上，給我看些大大小小的石頭。每次走到洞穴裡的一個石頭前面，就代表我的人生走到那一點的時候，然後他們會給我看更多東西。我會猜關於自己的事、我在這裡要做什麼，還有他們在這裡的工作。他們到這個洞穴似乎是要告訴我，我的人生將會發生哪些事。

朵：所以那是一個洞穴，裡面分好幾個部分。

派：我們會到不同的地方，看不同的石頭還是水晶，我不知道那是什麼，就是一個會發亮的石頭，很光滑。石頭裡有東西在動，它會告訴你有關這個星球各式各樣的事，還有在某個時期的你的事情。他們帶我在洞穴裡走動，向我解釋一些過程，這樣到時候我就不會太受驚嚇。因為地球是個不一樣的地方，對我來說是個衝擊。他們也要我瞭解一些事。洞穴是用來對我解釋我未來的人生，好讓我對未來事件有更多瞭解。

朵：他們能讓你看到你未來在做的事嗎？（可以。）他們能帶你去看你在二〇〇二年時會做什麼嗎？那是很久以後了，不是嗎？

派：對，沒錯。我現在才三歲。

朵：問他們能不能給你看你長大後的人生，好嗎？

派：好。我看到自己繼續往裡面走……那是顆大石頭，有好幾個切面，每個面都和我的工作，還有我在做的事有關。我好像在和很多人工作，但他們不知道我其實以一種他們無法瞭解的方式在影響他們。就單純是以我的能量或我在他們身邊，我就能影響他們。是他們對我的身體做的事影響了那些人。我幫人做頭髮，為人示範。我可以只是走到購物商場的人群裡，就能用一種很正面的方式影響大家。這是因為他們對我的身體做的事；他們讓能量能夠進入人們的身體裡。

朵：他們對你的身體做了什麼事使你有這個能力？

派：我問問喔。（停頓）他們告訴我，那和靈魂有關，而且是在分子的層面上。他們從分子層面進入，改變了我的身體。你知道每個人的身體都有能量，就像氣場。當有人走進我的氣場，他們就有了改變。這是在分子層面上，也是在靈魂的層面上發生。因此，人們會被影響，不只是心態，身體、精神和情緒也是。不過我自己一直都不曉得。

朵：這些分子結構上的改變需要一段時間嗎？

派：我來這裡就是要做這件事。我的身體裡有這些「琢面」（facets）。我現在看到的水晶琢面就像是我身體裡的琢面。它們像是我身體裡不同的能量點，會沿著我的脊椎上下移動。他們在太空船上可以用電腦讓我的身體發生變化，這些能量就能對地球上的事物和我周圍的人造成影響。這都是由他們船上的一個小東西在控制。

朵：所以你來到地球的時候就是這樣了。

派：沒錯！他們做了一些調整，確定調到適當的程度。他們拿了這個裝置，讓它運作。我感覺他們讓它透過我的脊椎運作，或是我的腦袋。他們就是這樣校準的。因為那個裝置失去準頭，我才會那麼累。對，我做了很多事，但二〇〇二年時它偏了。隔年二〇〇三會好些。我太累，它移位了。他們知道我沒辦法調整它。我可以看到水晶上這些小小的不同琢面，它們就像我體內的琢面，我身體裡的能量點。這些能量點跟太空船上的東西調諧一致，透過太空船上的東西，這些能量就能顯現。但這是在分子的結構上進行，在分子層面上影響我，也因此是在分子層面上影響別人。人們接觸到我的能量場，然後就有了變化。我坐在購物商場裡，大家只要走進我周圍的一百英尺內，就會受到能量的影響。這是為什麼它用那種方式被安置在我體內。

朵：他們在做調整時，必須把實體的你帶到別的地方嗎？

派：是的，但我不會發現。他們帶我到太空船。那裡有各式各樣的生物。我看到一些是高高瘦瘦的，不像最初那些人那麼醜。他們瘦瘦的，長相不一樣。他們身上穿著套裝還是什麼的。

朵：你是怎麼上船的？

派：他們就把我帶走了。他們改變我身體的分子結構，身體變得非物質化，然後我就被帶上太空船。我不能穿牆，所以無法以肉體的方式上船。

這個情況我已經聽過好幾次，在《監護人》書裡也有寫到。外星人能分解人體的分子結構，讓它穿過實心的物體。個案穿越房間的牆壁或是天花板，是很常見的事。

派：對，他們必須改變我，我才能穿牆而過。

朵：這是在你睡著的時候發生的嗎？

派：對，有時候他們會帶我離開我的車子。因為在車裡時，我是處於另一種意識狀態。有時候我在想其他的事，他們就能來找我，帶我過去。我一邊開車，他們一邊對我的身體工作。

朵：不會有車禍之類的危險。

派：不會，不會，不會。因為我是跟電腦連結，他們會趁我的意識在做別的事情時進來，然後影響我的身體。

朵：當他們帶你離開你的床，身體也一併被帶上太空船了嗎？

派：我必須問問他們。（長時間停頓）我只聽到他們說他們帶著我的身體。我回頭看我的床，好像有看到什麼東西，但我不在那裡了。我好像看到一個殼，但我不在那兒（意指靈魂不在）。就像一部分的能量在那兒，但我不在床上。

朵：他們做了這件事，但你什麼都不記得了。

派：不記得，不記得，他們從來沒有告訴過我。

朵：那你現在知道沒關係嗎？

派：他們想要我知道。我以前完全不曉得。他們從來沒跟我說。我的身體上也沒有留下任何痕跡。

朵：但現在是你知道的時候了？（對。）派翠西亞想知道自己的生命目的。她的人生在現在，二〇〇二年的這個時候，該做什麼？之後，她又應該做什麼？他們能告訴你嗎？

派：可以。他們要我更瞭解其他人，還有知道地球人的限制。我期待地球人會變得彼此更加關懷和互愛，沒有戰爭。可是他們卻不是這個樣子。我無法改變他們，所以我很沮喪。他們有宇宙的靈性法則還是什麼的，我不知道那是什麼，讓我問問。（停頓）他們說他們有一本符號書，他們想要符號來到這個星球，這麼一來，當人們看到那些符號，就會產生意識上的改變。那些符號是和平、光和愛的符號，沒有任何不好的地方。它能改變人類的心靈。不再去想謀殺、仇恨、貪婪和撕裂這個星球。人類會轉而只去想光、和平，還有和諧。他們要這個星球成為光與愛和關懷的星球。他們要我寫下一些符號。他們要我在一些書裡寫一些話，告訴人類他們可以對彼此做的好事。但我的語彙現在還不到那個程度，沒辦法準確地告訴你。我現在還很小。

我忘了派翠西亞仍從兒童的觀點在看事情。我必須讓她以成年後的角度去看待這個資訊。

朵：問他們，這是發生在二〇〇二年的事嗎？很多人說他們在畫符號？他們說的是這個嗎？

這是我和世界各地的調查員正在合作進行的計畫。我們分別收到符號的圖畫和怪異的文字書寫，因此希望能藉由電腦來解譯。這些東西的相似處令人驚訝，而且越來越常見。有人告訴我，這和麥田圈是同一個目的。只要觀看一個麥田圈的圖案，人類意識就能接收到一整團的資訊。我們並不需要真的在麥田圈裡，只要看到符號，資訊就會傳到潛意識心智。

麥田圈是一種在潛意識層面被理解的語言，它並不是要被意識心解讀。《監護人》一書對這個主題有許多的著墨；他們給了我一些案例，讓我知道在日常生活中，人類的心靈是如何從單一的符號接收到一整團的訊息。他們告訴過我，訊息是在細胞層面上置入腦裡，當有需要的時候，方便我們直接在腦中提取。那會是自發性的，所以我們永遠不會知道這些資訊的來源。

派：我們在試圖與人類用符號溝通。如我剛剛說的，符號是純粹的神性之光、和平，還有和諧。

當地球人看到這些符號，他們的潛意識會接收訊息，並瞭解我們是多麼的美麗、和平。我們就是美麗、平靜和光，我們但願這個星球上的每個人也都是如此。我們對地球人有許多的愛。

朵：這是為什麼這些符號會被一些人接收到？

派：對，對，沒錯！他們就是地球上知道符號意義的人，他們會出現，讓這個星球的每一個人都知道這些知識，因為這在這個時候實在太重要了。現在是二〇〇二年。

朵：但你的意思是，人類不必瞭解這些符號？只要看到就可以？

派：它們會進入人類的潛意識。潛意識知道一切。潛意識來自萬有源頭。一切萬有具有這個知識。當他們來到這個星球，再度看到這些符號，他們會想起來。這是人類的靈魂可以瞭解的溝通形式，意識層面不行。所以讀到這些符號時，他們會知道箇中意義。這個星球上有些人可以為其他人詮釋符號的意義。那是為什麼我們在做這件事。這不是要傷害人類，不是要讓你們害怕，只是在靈魂的層面上溝通。

朵：別人也這樣告訴我，所以我相信。

派：我和他們一起工作。他們送我來這裡。我本來不想來，因為我知道這對我來說會很困難。會有生理上的不適應。這裡的大氣不一樣，也讓我很難呼吸。我有鼻竇問題。有的時候胃也會痛。

朵：你來自哪個不一樣的地方？

派：我來自一個更多氣體的星球。我沒看到實體星球，那似乎是個氣狀星球。很多氣體，不過我們那裡也有城市。如果你去看，你不會看到，因為我們存在於另一個次元，或是說，另一個層面上。如果你看得到我們的星球，你看到的會是氣體。你看不到我們美麗的城市。但我們有宮殿，有壯觀的城市。我們生活在完美的和諧中。

朵：你在那裡是什麼樣的身體？

派：光體。事實上，你看得到我們，因為我們有個肉眼可以看到的外殼，像個形體，就像是從我的窗户進來的那個人。他不是他們之中的一個，他只是替我的人工作。這是為什他看起來很醜。我們的人有身體，你可以看到身體，不過裡面甚麼都沒有，只有能量。我們沒有器官，沒有血液，也不吃東西。我們存在於一個高度的靈性層面，一個高度靈性的星球。我們有光的身體，所以可以穿越時空，人類也看不到我們。

朵：既然你不想來地球，為何會被叫來這裡？

派：是啊，我知道我會進入一個很稠密的地方，所以不想來。這裡感覺很稠密，很沉重。移動身體時，我覺得好沉重。我們的大氣不像這樣。我不喜歡這裡，人類有時很卑劣，心地不好。我來的地方，沒有人是卑劣的。

朵：那麼你為什麼要到這裡來？

派：他們要我來這裡幫忙改變這個星球。他們把東西放到我的身體，這樣我就能幫助改變的發生。他們想要有個人過來，影響一般大眾的生活。如果我們是在一個特殊的位置，譬如，如果我是美國總統，我就不會像現在這樣能夠影響到那麼多人。我是在接觸一般大眾。美國總統只能影響在這個星球特定少數在他身邊的人。

朵：他接觸不到一般人？

派：沒錯。他們要我影響一般大眾。這是他們在我身體裡放那些東西的原因。因此，當我在平常百姓的附近時，我就是在觸及大眾。不過我自己從沒這麼想過。我確實想要觸及更多的人，卻還因為只替幾個人做頭髮而覺得沮喪。但其實只是去去雜貨店也可以。我們在這裡要做的都是一些無聊事。我從來不覺得我在外頭是真的在做我想做的事。但他們說，不，那不是事實。因為我的氣場有這股能量，我光是走路經過，大家就會被我改變。和我談話的人會改變。連我講電話的時候，能量也能沿著電話線傳過去。就是這樣。大家都改變了。他們從來沒有告訴我這點。他們什麼都不告訴我。（笑聲）他們以前不想讓我知道。我好高興他們現在跟我說。因為我原本真的不想來這裡，這裡感覺好差。身體感覺好沉重。我討厭在這個身體裡，好稠密。

朵：但也有別人，有很多人都在為了同一個目的付出，不是嗎？

派：對，有成千上萬在這裡。他們不是都從我的星球來的；他們來自其他界域，其他次元。這很難解釋……就像電梯一樣，如果你搭電梯往上，你會經過許多不同樓層。這就跟存在體在這個星球的方式一樣。很多存在體來自於不同的樓層，他們都在這裡，都在自己的樓層上，為了正面影響這個星球而努力。就好像十樓的人在做他的工作，但不會比一樓的人的工作更偉大、更好。只是不一樣罷了。這許許多多的靈魂擔心地球正瀕臨死亡，所以他們從宇宙各地奉命前來協助。人類的基因結構已經有了變化，整個實驗原本可能會因為一個劇烈的變動而炸毀。我們決定不要看到那樣的結果，所以想促成改變。我們在這裡就是在做這樣的事。

朵：不過這批人不適應、不習慣地球，所以對他們來說很困難。

派：對，我原先就不太想來。對像我這樣的人而言尤其困難，因為我們原本連嘴巴都沒有，也沒有器官。我們不需要進食，還能隨心所欲地前往各處，現在我卻必須坐車。這不是很蠢嗎？我必須在車裡才能去到別的地方。

朵：派翠西亞覺得有存在體一直在跟她的心靈溝通。

派：我們就是從她的童年時期一直在跟她溝通的存在體。我們是她在那個有著美麗城市的氣狀星球的家人。我們很高，很瘦，有大大的眼睛。那就是我們。她曾是我們之中的一份子。

朵：你說她的內部像是發光的能量。

派：對，沒錯，我們的內部都是光。如果另一個存在體看著我們，我們會顯現出纖瘦、高大、微微發亮的身體，還有大大的眼睛，那會是他們視覺所看到的。我們經由進化演變了。最初並不是這個樣子。最初，我們有非常小的嘴巴，也有器官，但億萬年過去，我們的身體變了，我們的星球變了，它不再是實體。星球從實體變成氣狀。靈性的演化已進行了數百萬年。現在，我們只是光的存有，我們的星球也是。

朵：所以你們從派翠西亞出生以來，一直在和她聯繫，好讓她不會覺得寂寞？（對。）她想知道你們的事。她想知道你們是否屬於某個組織或是議會？

派：我們屬於一個議會。我在看……讓我看一下……你要我是三歲嗎？

朵：我們現在可以往前，到你長大成人的時候。

派：好，這樣我比較能瞭解他們想要什麼。

朵：讓我們來到二〇〇二年。在二〇〇二年，派翠西亞有更多的詞彙和理解力。讓我們從那個觀點來看。

派：我們的議會是靈性的議會。不是一個政治的組織，而是靈性的議會。我們遵循萬有的律法。這些律法直接來自源頭。我們是光的守護者，萬有知識的守護者。這是為什麼派翠西亞會在這裡。她直接接收來自源頭的資訊，來自萬有的知識。我們容許這些資訊傳遞出去。這是靈性的教導，但不只是教導，還是一種存在。這些教導不僅是要對彼此好，還要成為光體，成為神。這是為什麼她在這裡教大家如何**是**神。

我回到派翠西亞想問的問題。

朵：她也想知道，有其他類型的存在體在和她溝通嗎？還是只有你們？

派：有其他的存在體。他們是在我們的指引下來到這裡。他們在對她做實驗，好測定人類對我們有什麼反應。不一定是對我們，也包括對另一種在幫我們進行實驗的存在體。我們有小灰人，有一些爬蟲類，還有一些在你們心目中怪異的生物，像是一層層的球狀物，它們就像三個連在一起會走路的球，但那實際上是一個存在體。我們身邊有一些非常不尋常的生命型態，他們和她合作，為的是測定人類如何對我們，還有對不同類型的存在體反應。她看過不同類型的存在體，但她不記得了，因為那很可能嚇到她。我們之前試過，那時就嚇到她了。我們容許特定的物種來此參與，以實體的方式出現，結果她非常害怕。我們因而知道，他們若是在一個大城市或是類似的地方降落，人類的反應會是恐懼，而且可能會動用核子武器，或是對我們進行某種報復。

朵：這對誰都不是好事。

派：對，對。所以我們只是用她來做實驗。她在另一個層面上是知道的。

朵：恐懼，那是人性的一面。

派：是的，但他們必須學會成長，瞭解肉體的外觀和靈魂的靈性無關。我們是非常靈性的存在體，充滿了很多的愛，很多的關懷，但他們看到我們卻覺得我們很可怕，感到恐懼。我們試圖在這個星球與不同的人合作，好讓他們克服恐懼。我們來找像派翠西亞這樣的人，在他們的面前出現。有時候他們記得，有時候不記得。這是為了讓他們習慣看到我們，當我們親自來到這裡的時候，就不會有恐懼了。

朵：人，人類只看外表。

派：沒錯，他們需要瞭解，他們也將會瞭解靈性面的存在，還有人類應該是以他們的靈性本質被評斷。她必須學會習慣在實體世界與我們溝通。到目前為止，我們大多只以思想溝通。這是為什麼她從來沒見過我們；她還沒準備好。我們必須要讓她習慣聽到實際上的聲音，所以才在那個半夜喚醒她。她必須習慣看到會發出聲音的靈體，因為我們將來會與她溝通，我們也會以實體造訪她。她必須能夠接受這一點。我們會教導她，也會有不同類型的存在體過來傳遞資訊，他們會以實體方式下來。她會被嚇壞，她會非常非常害怕而沒有辦法因應。所以我們才要對她做這些實驗，這是為了替她做好準備，好讓她以後能與我們直接溝通。我們有很多不同的組織。有許多不同類型的存在體。……我不會說這是個組織。這些存在體團體是為了一個共同的目的而形成，用你們的語言來說是一個組織，但在我們的語言中，這是一個神聖的目的。每一個存在體團體都有一個神聖的目的。現在和她溝通的是她的自己人，而我們有一個直接來自源頭的神聖目的。也有其他的存在體直接收到來自源頭的訊息，但他們的使命與我們不同。她將會與所有這些存在體溝通。就如同你也有你的一群存在體透過催眠與你共事。這會造成特定的能量振動，吸引在特定能量層面或是振動上運作的靈魂。

朵：她擔心自己會吸引到可能是負面類型的存在體。

派：他們沒有一種是負面的。

朵：我也是這麼聽說。

派：是啊，但她因為還沒準備好，所以不瞭解。我們在她準備好之前也不想告訴她太多。她有很多地球上的事情要應付，但為了讓她變得更堅強，那些都是有必要的。這樣一來，當她終於要做我們的工作時，她將不只是靈性上堅強，身體和心智也是，這樣她處理地球上的事就會容易許多。一旦她對地球上的事務變得更熟練，她的靈性工作就不會受到影響。這是為什麼我們現在才來找她。

朵：有些人有個錯誤的想法，以為外面有很多邪惡的存在體。但我聽說議會不准許他們干預地球人。是這樣嗎？

派：是有一些我們認為不那麼靈性進化的存在體。這不代表他們是負面的。宇宙裡沒有負面的事物。沒有正面也沒有負面。只有一切萬有的美。有一些存在體的靈性演化不如期望，但我們不會稱他們是壞的。我想說，舉個例，和你們的政府合作的外星人就是為了自己的目的，他們來這裡取得地球的金屬和不同的化學製品、元素和其他他們可以使用的東西。有時候他們拿取得比他們告訴你們政府的更多。我們不認同，但我們允許他們下來，因為這個星球的振動偏低，所以他們可以進到這個振動裡，與你們的政府溝通。這不代表他們是壞或負面的。他們的靈性正在成長。我們允許他們進來。他們已經學到必須付出，所以他們不會傷害地球。還有，他們給了你們政府科技。這是一種交換。我們不贊同，不過他們不是負面的。就我所知，沒有負面的存在體在這個星球上運作。

我在《監護人》中也提到，有一些在過去一千年才開始到地球的存在體，獲准採集他們需要的金屬和礦物。那些都是地球上常見的物質，所以取走並不會對地球造成傷害。議會嚴密地觀察他們，確保他們不會做任何不該做的事。

派：這裡有些思考是非善即惡，但真的不該用這種方式去看事情。應該要以靈性的進展去看。有些存在體的靈性是不像其他存在體那麼進化；這不表示他們就是負面的。

朵：有的調查員認為，在外星人據稱對人類做過的事情當中，有一些是負面性質。但我得到關於事情真相的資訊，所以我的看法不同。我發現事情並不負面。

派：沒錯，你是用我們想要你去看的方式去看。你看到了事情的真相。然而，儘管你試圖對這個星球的人解釋，說我們有些外星人並不邪惡或是我們做的事並不負面，他們的意識在這時候還沒辦法接受。或許未來可以吧。你必須追求並維持你對我們的正面觀點，因為他們需要這樣去認知去認識我們，因為這才是事實。

朵：我的演講和著作就是在做這件事，用應有的方式呈現事實。有一個我問了很多次的問題，我聽說這有部分是和牛隻和家畜肢體被切除有關。在許多人的認知裡，那是件負面的事。你們能談談嗎？

派：好的。有一些不同的物種跟這件事有關。美國這裡對牛用了許多的化學藥品……我想你們的用詞是荷爾蒙。有些物種在檢驗那些荷爾蒙在牛隻身上所產生的效應。所以他們把可能受到荷爾蒙影響的乳牛器官和部分身體拿走，以測定結果，測定荷爾蒙對牛的有害結果。還有另一種物種在用這些動物的血。不只牛，還有綿羊、狗和貓。他們在檢定血液的分子結構。有地球人認為這些外星生物在做的事很不好，但其實不是這樣的。他們檢驗血是為了測定這個星球的汙染物質對植物和動物造成了怎樣的負面影響。你們沒注意到植物的部分——因為植物對你們算什麼呢？但當你們最好的牛殘缺不全時，就會展開調查。

朵：這在我聽來很合理，因為我知道你們在檢驗許多東西。我有一些資訊，只是一直沒得到完整的答案。謝謝你們告訴我。

終於有個合情合理的答案了。有人跟我說，外星人非常擔心我們空氣中的汙染物質和防腐劑之類的東西，還有我們的食物添加物。他們關注那些物質對我們身體的健康所造成的作用，以及癌症患者因此日益增多的現象。許多所謂的「被綁架者」表示，這正是外星人所以要做實驗的原因。他們在檢查這些添加物和汙染物質對人體造成的結果，也想瞭解基因構造是否受到影響。如此說來，他們把我們吃的動物也拿去檢查，看看汙染物質對人體的影響，不也是順理成章嗎？總要有人去做這件事；我們的政府肯定沒有。

朵：你們的人也告訴過我，大多數人類的飲食正在改變。我知道我自己吃的就和以前不一樣。

派：這是因為這個星球的能量正在改變。如果你們不改變飲食，你們會生重病，也可能會死。這個星球上的食物正在改變。地球上的一切都在逐漸改變中。這是發生在我們計畫於未來啓動光的偉大擴張之前的事。（請參閱本書第三部。）事情有了變化。我們必須改變你們的飲食，否則你們會被那些汙染物質害死。你們的身體這些年下來對汙染物質變得很敏感，而且情況也越來越惡化，所以必須改變飲食。神聖的力量透過遺傳促動了這個改變，好讓人體能持續運作。我們要他們撐住。但他們撐不住了，他們在惡化中。改變飲食將有助於徹底改變情況。

朵：我聽說的正是如此。我們正遠離難消化的食物，偏向較清淡的飲食。

派：對，這是因為地球上的人體正在改變，變得不那麼稠密。比較不稠密的身體當然需要比較清淡、容易消化的食物。你知道牛很稠密，雞好一點，比較容易消化。海鮮也比較好。最好的是植物。你們的身體在變得不那麼稠密，所以要改吃比較不稠密的食物。這不用多說你們也能瞭解。你們的飲食將會轉變，而這都是為了保護你們的身體，好讓基因構造不會被徹底的破壞。

朵：這是為什麼我有這樣的變化。

派：當然！你住在這裡，不是嗎？

朵：對，沒錯。（笑聲）有人告訴我，這是發生在全世界的事。

他們告訴我，隨著飲食的改變，我們會飲用更多的液體，像是湯和水果加優格所調成的泥狀果汁，同時遠離難消化的食物。

這次的催眠進入尾聲時，那些存在體向派翠西亞傳達了一個訊息：

我要告訴她，我們非常愛她，隨時都在她的身邊。她不需要害怕。我們永遠都會在她身邊保護她。因為我們是光體，無法具體顯現，要以實體的方式出現幾乎不太可能。如果我們下來，顯露實體，那麼蘊含在我們存有內的靈性能量會感到不適，需要一段時間才能恢復。因此，我們不會以實體的方式來到這裡。但她會很開心知道，確實有些存在體想以實體的方式造訪她。這是她過去曾對我們提出的要求。她現在還沒準備好。你必須確定她知道自己現在還沒有準備好。她將會在大約地球時間的十年內準備就緒。

第二十二章 另一位觀察者

以下的催眠是我在夏威夷上課時做的示範。

泰瑞莎是位治療師，已經開業在為人催眠，但她有許多疑慮和不確定，她想知道自己是否走在正確道路上。她回溯到一位漂泊者的前世，是個每到一地工作一段時間就會離開的男子。他沒有真正的家，但他不怎麼在意，只承認偶爾也會感到寂寞。

泰：我喜歡自己一個人。因為我是為別人工作，所以對他們的認識有限。我在一個地方或許會待上兩個月，但做完工作就走。我只知道當我的工作完成，或是有人跟我說我們做完了，那就是該離開的時候。我現在正看著一顆星星。你問我問題時，我一直看到這顆星星。有時候星星會告訴我。有時候是我自己知道。當到了該走的時候，我就會離開。或是有人來找我，我就去做下一份工作。

朵：你說星星告訴你是什麼意思？

泰：那很好玩。我一直在看這顆星星，我知道它會跟我說話，我會聆聽。

朵：它怎麼告訴你事情？

泰：會有一束金色光芒投射下來，然後我就知道了。

朵：那道光束是從哪裡來的？

泰：黑暗的夜空。我不知道那是顆行星還是恆星，但就是在天上。當光束下來的時候，我的腦袋就會知道一些事情。這是為什麼我要待在户外。我覺得這樣我比較靠近它……當我在户外的時候，我跟一切都比較接近。

這可能會拖上一段時間，所以我引導他往前到重要的一天。當我們到了那天，他說他頭暈。「所有的東西都開始旋轉。我的身體現在就是這種感覺。我完全是在轉啊轉的。」我下了他會安好的催眠指令，好讓他不會有身體上的不適。「我的整個身體都在旋轉，像是在離心作用裡。完全就是那樣的感覺。我什麼都看不到。每個東西都像是橘色的。我全身都在旋轉，而且停不下來。全黑的……有帶橘的黑，橘色。就好像我是在某樣東西裡，是那個東西在轉。我肯定是在某個東西裡面。」

朵：你想發現那是什麼嗎？（想。）你做得到的。

泰：我知道我可以。我被往後拉。我在某個太空船裡。現在我從外面看著船。它的底部是扁平的，上面有個圓頂和往外突出的邊緣部分，就像是一個顛倒放的碗，它底下有東西。有光。我發現它不是很大。還有……我在旋轉。

朵：是整艘船都在旋轉，還是你在的地方在旋轉？

泰：我想是我在的房間。房間是在太空船上。有個生物。我不是一個人，但他們不在這個房間裡。

朵：他們的長相如何？

泰：看不到。我只是有感覺。那是個很大的生物……很高。我想說「動物」，但他不是動物。他是個生物。我現在是從外面觀看。我同時身在兩個地方，既在室內，也從室外觀看。我現在看著太空船的上方，好像是玻璃材質，可以看透，不過不是玻璃。

朵：你說的是圓頂的部分嗎？

泰：對。我看到操縱裝置還是什麼的。我認為那是操縱裝置。（她面露微笑。）我知道這裡有其他的生物⋯⋯比較小的。很好玩，因為他們看來好不一樣。（大笑）完全超乎我的想像。他們很小，藍藍的，和我在圖片看到的不一樣。他們是藍色的，另外一個顏色不一樣，類似橘色。

朵：你看得到他們的長相嗎？

泰：看不到，我只看到他們的背面。（笑聲）還有我事實上是他們之中的一個。我看不到自己，但我知道我是其中之一。我還不知道是哪一個。我很想脫掉面具。脫掉面具，做我自己⋯⋯而不是進來這裡的那個人。那不是真正的我。

朵：所以當你進來這裡時，你看起來不一樣？（對。）你想為什麼你會在那個旋轉的房間裡？

泰：那是為了轉回到真正的我。旋轉會對你的分子結構造成影響。它會改變你的分子。我不知道這是否是我真正的形體，但我變成了另一個模樣。我是大型生物的一分子。

朵：你完成你的工作了嗎？所以你才會在那裡？

泰：沒有，我想我還沒有完成。我只是認為我需要回來，在船上待一下子。他們有事情要跟我說。事物變遷，因為某個原因，他們之前與我斷了聯繫，無法跟我溝通，所以我需要回來並且多學一點。有事情變得不一樣了。

朵：他們想要重建連結？

泰：對。我想我需要再和他們在一起。我需要。在下面很寂寞。在這裡不會。

朵：你在那裡時的工作是什麼？

泰：我是某種船長或類似那樣的工作。

朵：你看到自己在做什麼？

泰：我沒有在做什麼，我已經不在同一個身體裡了。可是我可以駕駛這艘船，可以旅行，並去做我奉命要做的事。我喜歡這樣。

朵：誰對你下命令？

泰：上司，他也跟我一起做事。那是另一個星球。我曾經在地球，但我不是地球人。

朵：地球是你唯一會去的地方嗎？

泰：不是，我去過其他地方，但現在是在地球。我在地球上有工作要做。我只是忘了是什麼工作。

朵：你到地球來做這些事的目的是什麼？

泰：先是探索，看看這裡的人是什麼樣子，瞭解他們的演化程度，還有他們有些什麼恐懼。

朵：這是為什麼你和他們相交不深的緣故嗎？（對。）只是觀察？（對。）你累積這些資訊用來做什麼？

泰：提供給別人，他們會去理解。然後我們又踏上另一段旅程。除了地球，我還去過許多地方。我覺得很有趣。

朵：觀察地球人的時候，你對他們有什麼想法？

泰：哦，我到的地方沒有很多人，他們只是生存而已，日子過得很簡單。

朵：你接下來要做什麼？你知道嗎？

泰：不知道，他們還沒告訴我。或許會回地球吧。他們要我做什麼我都可以，我希望他們前進到另一個時代。

朵：不同的時期還是不同的地方？

泰：都是。他們會選。

我引導他往前，到他們決定讓他回到地球的時候。「他們跟你說你要去哪裡還有要做什麼了嗎？」

泰：沒有，他們只是把我放在這裡。

朵：我想你會想要一點決定權，不是嗎？（我們兩個都笑了）

泰：不會，沒關係。他們把我放在這裡，然後跟我說我需要知道的一切。

朵：他們把你放到哪裡？

泰瑞莎看到自己站在一座森林的邊緣。「他們有把你該做的事情告訴你嗎？」

泰：沒有。我就是知道。我看到他的時候就會知道，不過我仍然是個觀察者。我只是個觀察者。

朵：你不應該介入太深？

泰：對，不應該。我只是個觀察者。我觀看。我看起來不像人類。我不知道我是什麼。我又高又瘦……我不知道我是不是人類。我覺得我在另一個星球上。森林……有圓頂的建築，很眼熟。它們是金屬，有很大的圓屋頂。我看起來不一樣。我非常、非常蒼白，又瘦……不一樣。或許我是這個地方的某個生物，但我現在不是人類。我是個觀察者。這是個有趣的工作。我只是觀看著。這和另一個工作很像，但比較好，這裡比較溫暖。

這可能會進行好一段時間，我當然也可以探索這段外星人的前世，但在這次催眠的這個階段，是時候呼喚潛意識，好讓我們得到一些答案並進行治療。此外，這是對學生做的示範，時間並不像在私人催眠時那麼充裕。我問潛意識，它給泰瑞莎看這一世的原因。

泰：讓她對她所看到的有更多的瞭解，並且更深入。她需要瞭解她的過去。

朵：她向來都是個觀察者嗎？

泰：不一定。

朵：但在那兩世她是？

泰：對，她也需要知道如何幫助別人，看看人類的各種面向……更深入。

朵：人類有很多面向，不是嗎？（對。）很複雜。

泰：非常複雜。她可以看到表面之下，但不一定能夠瞭解。她懷疑自己。

朵：既然她有過身為其他存在體的前世，為什麼她決定要作為人類？

泰：為了讓她的演化加速。她以前只是個旁觀者，一位觀察者。她在人類的身體裡可以進展得更快。她決定要這樣做，但幾乎忘了。

朵：這是為什麼你們要提醒她，她之所以在這裡的原因？

泰：對，她有很多工作要做。她是個旅人，前往一個又一個不同的地方，但她在一個地方停留了很久……太久了。這次他們挑了一個偏遠的地方（夏威夷）。就是到處來去……她忘了她喜歡這樣。現在她需要去做她的工作，而且要儘快。可是她忘了，所以不斷製造出責任來。

朵：她旅行的時候應該要做些什麼？

泰：和人談話，聽人說話，幫助別人，做她的工作。讓人們再次有良好的感受……再快樂起來，療癒他們的痛苦。人們會知道她，然後主動找她。她可以幫上他們。問問題，然後聆聽。問題是聆聽的一部分。別的事情都只是途徑，他們才剛把她帶到這裡（指夏威夷）。她會有新的發展。她將會分享。

* * *

朵：她發現她會活上三百年。（我們都笑了。）你們怎麼想呢？

泰：如果她真的想要，她可以的。

朵：我們可以控制人體，不是嗎？

泰：對，但她不知道這是真的。

朵：我聽說你們因為可以控制身體，所以要活多久都可以，是嗎？

泰：是的，我們可以。

「我們正在改變她裡面的東西……她的基因……正在改變。」

* * *

朵：許多人身上都發生了同樣的事，是嗎？

泰：是的，是這樣。

朵：為什麼要改變基因？

泰：因為一切都在改變。這個星球正在改變。你們的DNA，基因在改變。必須改變……要支撐能量，支撐頻率。

朵：有些人無法應付，對嗎？

泰：對，所以他們必須離開，也很樂意離開。他們知道他們必須這麼做。這是件好事。

朵：要留下來的人正在調整他們的頻率，而基因的改變就是為了調整。

泰：對。有時候你們會感覺得到。你們的脊椎會有感覺。

朵：以什麼方式？

泰：旋轉。這個身體現在就有這個感覺。

朵：有些人會說那是拙火。

泰：不是。不是拙火，是DNA。

朵：這表示當情況正在改變的時候，我們將感覺到體內的振動？

泰：對，在調整的時候，你們有時會感到頭痛。背痛……頭痛。但痛會過去。這不是慢性或長期的疼痛。

朵：等我們變得越來越適應頻率，疼痛就會消失？

泰：對，會消失。我們正在給她更多的能量。為了改變，她的能量曾被切斷，所以她才會覺得自己的能量很低。她的身體裡有很多變化，現在，她的身體將會隨基因與這個轉移一起改變。

* * *

泰：她跟我們爭論要不要來這裡上課。她想過要來，但沒有來。

朵：你在說什麼？解釋一下。

泰：我會的。她需要與你連結，而不只是與你其中一位學生。她需要來這裡和你在一起，聽你說話，感覺你，這會改變她的能量。你的出現能夠改變其他人的能量，這不僅是因為你教大家的事，而是你所做的。

朵：你說她原本不想來？

泰：她想來，她只是不知道來到這裡的重要性。她在今天這個時空和你還有這些人在一起對她非常重要。

朵：你認為這個團體能做我教導他們的事嗎？

泰：噢，是的……不是每個人都能，但大多數可以。有些人不想做。有些人來這裡只是為了體驗，不過有些人會去做。

朵：我們需要盡可能多教一些人。

泰：是的，我們需要。

訊息：她永遠都在我們的照顧之下。我們愛她，會一直在這裡陪伴著她。我們永遠陪伴著你們大家。你們絕不孤單。

第二十三章　對地球的最佳作法

藍迪在家用電腦工作。他深入形而上學的研究，並以此尋找生命的意義。他已婚有小孩，然而卻因為覺得有些什麼是他應該要做而沒在做的事感到沮喪。他認為那件事和協助地球有關。因此，幫他找到他在地球上的目的，就是這次催眠的主因。

藍迪從雲端下來時，看到的景象很怪異。他置身在某個大雪覆蓋的與世隔絕之處，正觀察著兩艘降落在雪地上的太空船。「它們在地球一處很偏遠的地方，看起來像是南或北極……是北極。」其中一艘船表面有個鑽石型的徽章。兩艘看來都大到足夠容納十個人左右。他感覺它們代表了兩個不同的派別，雖然他不清楚那是什麼意思。太空船的周圍有人。「他們穿戴著光的裝備。我不知道那是不是制服，不過好像是一種保護層，不像衣服，比較像是太空裝，把他們的全身都包起來，包括頭盔。他們受到很好的禦寒保護。」他似乎只是旁觀，沒有參與，所以那些人沒有察覺到他的存在。

藍：他們像是兩派人馬，正在進行某種協商。

朵：你的意思是像兩個不同的國家？

藍：不是，他們是在觀點或想法上對立。這事和地球有關。他們都希望地球進化，也有一些促進演化發生的計劃。其中一個團體想要直接影響，另一個想間接造成影響，所以有兩個不同的觀點。直接影響或是間接影響，反正是兩個不同的構想。

朵：這兩個構想會導致不同的結果，不是嗎？（對。）你說他們都同意地球要演化？

藍：對。那是他們共同的目標。

朵：他們認為怎樣是地球的演化？

藍：人類意識的演化。使人類脫離現在所處的循環。其中一個團體像是激進派——我說的激進不帶有負面的意思，而是比較直接的做法；另一個團體會是採取微妙隱約的做法。

朵：可是他們都同意是地球意識演進的時候了？

藍：對。他們也同意要一起努力。他們不想有不同的派別，不想要有兩個對立或相反的模式。他們所討論的事情有部分就是和這個有關。試圖瞭解彼此的觀點，以達到一致的目標。

朵：是不是有人叫他們這麼做？你知道嗎？

藍：沒有，他們似乎是在一個較高的意識層面，可以明白彼此的思緒。

我接著問他，他如何感知自己的身體。我納悶他是否是他們之一。「喔，此時此刻我就只是純粹的意識。只是旁觀。」

朵：身為純粹的意識，你可以察覺到他們的思緒？

藍：沒錯。

朵：他們以前就幫助過地球人嗎？

藍：有，他們一直都在這裡。

朵：所以這不是最近才出現的派別？（對。）如果他們一直都在這裡，他們參與過什麼嗎？

藍：微妙的影響。他們在多重平面上，所以就某個層面上來說，他們只是在這裡現身，帶來他們的頻率。

朵：他們的出現和頻率有成就什麼嗎？

藍：我想你可以說帶來了光。我已經看到其中關聯了。

就在他開始要說明的時候，他突然變得很激動。他想哭，但又抑住淚水。

朵：為什麼你這麼激動？（藍迪仍在試著控制自己）

藍：這有點像是當父母……試著提供健康、快樂的環境。這成了一種責任感。

朵：這和你為什麼在這裡有何關係？

藍：這樣我才能回去，看著在這裡的存在體。他們在多重的次元上運作。在其中一個次元，他們有太空船，也有具象的身體。他們具有影響其他存在體和他們的意圖的能力。在那個次元運作時，他們單是現身就能造成影響。想來這裡影響的存在體數目因此受到限制。這是為什麼他們沒有參與任何事，但大家都知道他們的存在。而且在一個較高或不同的次元中，他們的意識、意圖的頻率，也在地球周圍創造了一層保護。這不是把地球包覆起來。地球仍有絕對的自由意志、自由流動，只是附加了一種能量。

朵：如果他們影響到人類的意識，不就違反了自由意志？

藍：對，但他們不會。他們只是提供一種頻率和能量，這是為什麼我說那像是一種光……神聖的光。

朵：所以他們是懷著最大的善意？

藍：絕對是。

朵：但你說有其他的存在體沒有這麼高善的意圖？

藍：對，在多重層面上，這就是摩擦所在……兩種不同的觀點。有一派想要更直接地造成影響，廣義來說，這可以表示他們跟另一個團體有所抵觸。這是一個層面，而他們可能透過對這個次元的實相做出有形的改變，可以觀察得到的改變來影響。有一派認為這樣比較有益，另一派則比較被動。他們還不確定怎麼做。

朵：那麼地球應該要怎麼演化仍是未定之事？

藍：不是地球應該要怎麼演化。這只是介入或不介入的問題。這是回到當父母的事情上。你什麼時候要指導，如何指導，而不致干預或介入？這是干預和介入之間（或類似的事）的微妙界線。他們只是不確定，他們的介入，或另一個團體在考慮的直接行動，是否沒有後果。

朵：有人給他們建議嗎？

藍：看來是集體的決定。

朵：聽起來他們想促進地球的進化；好像地球進化是應該要發生的事。

藍：噢，對。對，這是很清楚的事。

朵：這是不是代表他們想要地球朝正向演化，遠離負面？

藍：我不確定他們是不是這樣看的。我想他們認為的進化，是要意識到自身所具有的自由意志和自由選擇。所以我猜想主張直接影響的那個團體有一點不耐煩。（笑聲）這是我的解讀。他們認為太花時間了，有些行動可以加速進行。但話又說回來，比較像是觀察者，也就是不想那麼直接造成影響的團體，尊重這裡的意識層面。這有點像是第二十二條軍規，（譯注：Catch 22，爲一本小說名，但現已進入英語辭典中，代表統治者對民眾的愚弄和民眾對統治者的抨擊，有處於荒謬的兩難中的意思。）像是人類的意識既不知道自由意志，也不知道自己有選擇，所以很難往前邁進。我們要怎麼告訴他們自由意志的可能性，但又不會影響到他們的自由意志呢？換句話說，如果他們的意識狀態沒有自然地演化到會認知自由意志的存在，那麼他們有可能從未有過自由意志。所以，這只能透過演化，在他們的集體意識裡發生，或者如同另一個團體所暗示的，可以透過外來的影響加速進程。只要引介新的構想、概念和信念系統，就能造成影響。這不一定要透過實體接觸，也不一定有互動的必要。

朵：他們可以把新的構想帶入人類種族的集體意識？

藍：對，已經有了。問題在於如何讓人類看到，如何讓人類覺察到。現在，人類只看著自己的腳。他們除了自己的腳趾，什麼都看不到。宇宙的知識和禮物就在這裡，但他們都不知道。他們的意識層面似乎沒有取得這些資訊的任何工具。

朵：他們大概連它的存在都不曉得。

藍：沒錯。介入不介入還有另一個層面，就是要如何使用那個能力。這是一種技巧。呃，它本身就只是個想法。而你要如何使人類延展意識呢？

朵：他們知道要怎麼才能延展人類的意識嗎？

藍：那個團體裡也有一些不同的構想。最大膽的是讓地球人知道他們的存在，但這似乎會造成一椿巨大的事件，而且是正負兩種性質都有。已有準備的人很容易就能接受，沒準備好的人則很容易受到恐懼、不確定性和懷疑的影響，然後往相反的方向跑。所以這對某些人會十分有益，但也可能會釀出一場災難。不是全球性的那種災難，只是沒有幫助。這是檯面上在討論的項目之一。

朵：還有哪些？

藍：只跟少數已經準備好的人接觸，和他們合作，一同想出個計劃。

朵：這會是實體接觸？（是的。）以不會驚嚇到那個人的方式？

藍：對。這正是問題的關鍵。這是檯面上的事項之一。情況真的很棘手。你對他們自我介紹，建議有哪些可能性，再由他們找一些人來具體實現那些可能性。你知道你不會違反自由意志，而計畫是讓更多人知道這個構想。所以也許是由療癒者，有療癒能力的人產生這樣的想法並散播出去，如此一來，就能慢慢灌輸一個以進化為根本的人類意識。

朵：這樣就不會違反自由意志。（正確。）困難之處在於讓人類聽進去。

藍：那會是人類的責任和任務。所以問題在於轉動慣量（momentum of inertia）。（譯注：物理學名詞，又稱慣性矩，用以描述一個物體對於其旋轉運動的改變的對抗，是一個物體對於其旋轉運動的慣性。）去接觸到關鍵的大眾，然後關鍵大眾能夠改變集體意識的種子。

朵：他們的計劃中有沒有要和政府接觸？

藍：沒有。有很多想法，但那個似乎不是主要的。他們會接觸準備好的個人。

朵：檯面上還有其他意見嗎？

藍：如果是往那個方向走，那麼我們剛剛談到的那一個似乎是最有可能、最有希望的構想和解決方案。另一個方向則是最被動的，他們認為演化會在某個時間點上自然開展，但這會花上更久的時間。

朵：那麼，如果他們與這些人接觸，他們會給人類或是和人類分享什麼樣的資訊？

藍：我想這要看個人。他們知道要接觸的人對什麼感興趣，或者——興趣似乎是最好的詞——知道那些人有什麼意向。他們也會依據適合個人的情況或興趣與那個個體合作。剛開始時，他們會給每個人個別的訊息。

朵：跟一個絕對不是人類的事物接觸，那個人可以接受嗎？

藍：他們接觸的人不會有問題。因為他們可以看到那個人的心靈。

朵：過去許多年來，不斷有人目擊太空船，越來越多人說他們跟外星人有過接觸。

藍：我想那是不同的團體。這一個團體從來沒有被人目擊，是不一樣的團體。這個團體從沒有介入過……不曾干預。他們一直以來都是觀察者，一直以來只是在這裡。他們未來會比較直接。現在他們什麼都沒做。

朵：我在想，他們的使命長久以來一直是觀察者，突然要改變應該會很困難。（沒錯。）可是他們認為這會是最好的想法？

藍：有一派是，是的。

朵：他們會怎麼出現在人類面前？

藍：用那個人最能接受的樣貌出現。我在看的這些存在體具有同時存在於多重空間的潛能。他們可以去任何想去的次元。他們可以有身體，也可以是乙太體，所以他們能夠同時影響實相的多個層面。他們會以最能被接受的形式出現。

朵：他們平常的外觀是怎樣的？

藍：這是有趣的地方。是同時的。他們既可以是乙太體，也可以有身體，也可以同時是這兩者。

朵：所以他們沒有平常的身體形式？

藍：對……不對。我想你可以說，較低頻率的形式是由他們的較高意識所投射出，但這完全是共生的（symbiotic）。

朵：你看到這些存在體穿著衣服在適應這個環境，所以我以為他們的衣服裡面有某種的實體形式。

藍：這很有趣。或許那只是為了接觸，因為……對，他們確實有實體形式。我不確定那個形式的頻率，但似乎也是可以變通，有彈性的。他們在地球舉行會議，而且可能只是為了我才這麼做。

朵：這說明了你為什麼會在地球上的原因嗎？

藍：我為什麼在這裡？我看到他們的意圖和我的意圖之間的相似處。（笑聲）我顯然是為了多「深入」一點。來這裡，活著，支持頻率，維持善，並讓人類可以接觸到善。不論人類知不知道它的存在。（再度變得激動）這又回到我的沮喪，就是關於要不要介入或是干預或是……要不要有更直接的影響。

朵：你認為你的工作是什麼？

藍：我在這個意識狀態的工作還是我在人類形體的工作？

朵：隨便。你可以兩個都談。

藍：看起來是以個人的形式觀察。我覺得是如其在上，如其在下（譯注：As above, as below，此話出自古代煉金術士赫密士的翡翠石板，意思是微觀與宏觀之間是一樣的，宇宙即神，神即人，人即細胞，細胞即原子等等，以此類推。一切都有對應，一切都是一致的。）……是觀察。要當個無動於衷的觀察者很難。我想，我面對的挑戰有部分是在於當個觀察者，而且是具有特定觀點的觀察者。在某個層面上，不論發生什麼都是適當的。但我覺得是有對與錯、好與壞、光明與黑暗，或是較好的影響與負面的影響。我也要選擇是要行動，促成改變，或是介入還是干預。在那個層面運作時，我是解決之道還是問題的一部分呢？這又需要到另一個層面上去看，所以我認為我不確定自己該怎麼演出。

朵：你在這個遊戲中應該要扮演什麼？

藍：我明白如果我要影響，也只是從我所具有的意識狀態去影響他人。但如果我什麼都不做，只是觀察，對我來說似乎是更自然的狀態。這是為什麼我在這裡會覺得孤單。

這真是個謎，雖然已經接收到一些資訊，我知道還有更多是我們無法用這個方式探尋到的。我讓他飄離那個場景並召喚潛意識。我問為何藍迪會看到那個場景而不是別的（尤其我們的意圖本來是想找到前世）。

藍：那是最合理的類比。

朵：你們為什麼想讓藍迪看到那一幕？

藍：以便能全面且正確地看待存在於身體的理由。

朵：請對他解釋。那是他想知道的事情之一。

藍：這個交疊的實相中有多重的層面都在體驗這更廣大的創造。我看不到他此刻在肉體形式中有哪件事是任務性質。他有自由意志，卻不知道該拿它怎麼辦。畢竟，你一旦認知到自己有自由意志，下一個層次是什麼呢？你要拿它做什麼？他正在那個重要的位置上。等他弄清楚了以後（笑聲），就會附加到意識的演化上。

朵：你們可以給他些什麼暗示，好讓他弄清楚嗎？

藍：所以我們才會笑啊。因為試圖去比較介入、干預和演化，對我們來說是件苦差事。

藍迪上過很多形而上學的課程，也探索過許多不同的途徑和形式。潛意識不認為這有什麼重要。「最簡單的就是去表達他的自由意志。他要做的只是去表達出來。這是唯一剩下的事了。不需要更多的知識，不需要更多的洞見。只要達到自我覺察。所以我想，這就是自我探索——想清楚要如何使用自由意志。現在他既已瞭解自由意志，並相信自由意志，明瞭自由意志，現在他所需要的是設定如何表達自由意志的意圖。這將會發生在這個星球和每個人的身上，一旦他們瞭解自由意志，將會碰到同樣情況。我們有自由意志，認知到了這一點，我們可以選擇這個，也可以選擇那個，不過話又說回來，他們需要設定意圖，以便顯化實相。所以，單是知道自己有能力選擇自由意志，或是選擇對錯，左右，上下是不夠的，你還必須具像化才能擁有這個體驗……有這個知識……有智慧去進化。如果我們非要看到一個構想背後的概念，那就不會是進化最自由的形式。」

朵：所以他必須自己摸索？

藍：這是發現過程中的一部分，是的。

朵：他即將完成他的循環了嗎？

藍：是的，沒錯。

朵：那麼如果他完成了所有的課題，這將會是他在地球上的最後一世？

藍：其實沒有課題。沒有要求。沒有傳統的過程。

朵：我在想的是類似一間學校。

藍：這個嘛，當然，在任何地方，在每個地方，你只要有機會去體驗，都有可以學的事。這次體驗的理由是認識自由意志，還有從多重層次去體驗自由意志。過去一直在這裡輪迴的存在體也都在往較高的意識移動，他們的輪迴過程將會有相當戲劇性的轉變。我們在多重層次上同時（平行地）輪迴，有部分就是要在這些平行／同時的層面上提供協助。

朵：輪迴的模式會怎麼改變？

藍：存在於實相次元的信念系統，是由那個實相中不同層次的意識所製造出來，但也非常自我設限。就像地球，在下一個意識層次上即將發生的意識演化，將使人類察覺到更廣大的事物。

朵：但還是有一些人必須不斷回來輪迴，不是嗎？

藍：對，也不對，也有可能。相信自己必須輪迴的人不願意對機會開放自己，有可能會無限期地待在這個實相裡。較容許自己接納其他想法和信念的，則會有機會探索其他的選項，並進入不同的實相。還有一些存在體等待這件事的發生（指次元轉變）已經等了很久。你可以說等待這件事發生的人類，那些存在體，是仍存在於這個星球上各個地方的大師，他們留在這裡是為了協助，提供他們的支持、技能、知識、智慧和影響。他們知道演化不止於此，而他們可以繼續邁進。

朵：所以一切都在改變中？

藍：一切絕對都在改變中。

朵：藍迪說他在尋找真相。但真相究竟是什麼呢？

藍：從最廣義的觀點來說，真相即是一切，而它是無法被理解的。你若不是看到最廣大的景象，就是看著最小的細節。所以要回答這個問題，真相就是，沒有什麼是不協調、不一致的，除了他的思想、信念和構想。換句話說，沒有非真相。他已經完成所有的工作。他擁有知識、體驗和智慧，他現在只需要選擇怎麼使用。如果他去架構自己的意圖，他可以天馬行空，沒有任何限制。他有無限的潛能。這是即將發生在地球層面的事。地球意識的潛能將會覺醒，但它的學術價值……它的智力，還不到體現的時候。必須先有意圖、慣性（inertia）、動機、方向，並且落實那個知識，才能在實相中成真。很少人能夠做到，但這是他的工作的一部分。

朵：聽起來好複雜。

藍：（笑聲）它就像輕撥一下開關那麼簡單。

朵：是他輕撥一下開關還是你們？

藍：是他。我們從不干預。讓我們用另一種說法來說。讓我們保持在這個脈絡，當個參考點。他在這裡有創造任何事物的能力。他有一個信念系統，能夠幫助他顯化意圖和渴望……能夠支持他的意圖和渴望。他的信念系統和顯化能力之間並沒有衝突。這個問題的關鍵在於，雖然他相信他有能力，他也真的有，但他還沒有行使那個能力。所以我們才說這是個開關，不過它是意圖的開關，不是任何其他條件或方式的開關。它純粹是接納你所感知／意識到的自己。這個意圖也不必是要以較廣的人類集體意識而言，你可以說：「你今天想要當誰？」給一個定義，然後就會顯化。我很難描述清楚，但當到達了合併自己的那一點……整合自己的那一點……他不再視自己為個別或分離的面向的那一點，當他到了那個階段，他將只會「在」（be）。一旦如此，他對這裡就會造成影響。所以，他確實擁有自由意志。這不是事先就決定好或註定的事，而是當他到達那一點，他將會展現自己。我們現在正在一個他必須做出往前邁進的決定的時候了。他必須設定他的意圖，定義他的意圖，並且去創造自己的實相。

第二十四章 被外星人綁架的外星人

麥可是從俄羅斯移民到美國的年輕生意人。儘管已婚有小孩，在工作上也還算開心，他卻有很強烈的不安全感和恐懼。他覺得自己被困住了，也一直有種不屬於這裡的孤寂感。他想在催眠療程時探索這些原因。我知道潛意識會找到答案，只是這次走的絕對是條奇怪的路徑。我總是要預期會有意料之外的事發生！

麥可在催眠狀態下進入的場景所看到的第一件事，是紅色的土壤和一個顏色看來不對勁的天空。當他環顧四處，他注意到遠方有些建築物，但定睛細看，那些卻像是建築物的遺跡，類似破瓦殘礫的東西。沒有樹木沒有植被，只有光禿禿的紅褐色土壤和廢墟。沒有任何生物的跡象。「感覺這裡被毀了。我不覺得恐懼。沒有恐怖之類的感受。我獨自站在這個地方，不瞭解自己為什麼會在這裡。地平線上看來有像是破瓦殘礫的東西。」當他靠近廢墟時，空氣中有股燒焦味，不過他沒看到火。有幾棟石造建築似乎遭到某種破壞而被夷為平地。我問他覺得自己和這個地方有沒有關聯。「我覺得我可能沒有在這裡住過，但我屬於這裡，我過來看到它不在了，心裡覺得很難過。我沒看到自己在事發時在場。」他對自己的認知是有一個女性的身體，基本上很像人類，穿著寬鬆飄逸的服飾。

我假設她若是真和這個地方有關聯，那麼事發時，她大概在別的地方。由於在催眠時可以去任何想要的方向，於是我引導她往後，看看她來到這裡之前，人是在哪裡。「我現在在遼闊的太空，眼前是星球的圓弧曲線。我看到星星。這看起來像是銀河某處，不過星球的顏色很暗，像是黎明的暗面，只有邊緣是亮的。我在這個星球黑暗的這邊。」

朵：這就是你剛剛去的星球嗎？你知道嗎？

麥：我不知道，但是我是在太空。

朵：你在旅行嗎？搭乘著什麼旅行？

麥：我不知道要怎麼解釋。有一扇窗，但窗户是……懸吊著。它不像飛碟，我面前的窗户是半個球面，頂端是圓弧狀，底部則很平直。我從窗子望出去。看起來，我是在這個交通工具之類的東西裡飛行。

朵：裡面還有其他人嗎？

麥：我轉過身看。好像有人，看不清楚形體，不過似乎有些生物。我不是一個人。我看起來穿著銀色類的制服，有長長的手臂。很熱。我覺得熱。

朵：你在這艘船的工作是什麼？你看到自己在做什麼？

麥：我的面前是某種飛行系統……有一些燈。我好像正在航行，因為系統的燈就在窗户前面，我看起來是在操縱這架交通工具，我正在飛航。

朵：你是從你的家鄉出來航行？

麥：我知道了：火星。（笑聲）我第一個想到的就是火星。

我請她回到她稱之為家的地方，並且描述那裡的樣子。她說她還是覺得很熱，所以我下了指令，讓她感覺涼爽和舒適。「看起來我是在一棟紅紅的建築物裡。我沒看到窗戶，地板是石頭。我正試著離開這個住處，天空不是藍色的，比較接近灰色。我看不到太陽。我不知道我沒有外出旅行時是否就是住在這裡，但我是在這個星球上看到這個地方。」我問她吃不吃東西，她說她看不出來她的生活中有食物。我讓她往前到重要的一天，問她看到了什麼。「我看到自己注視著一個明亮許多的環境，後面有一艘直立的太空船。那艘船是銀色的，立於地面上。當我往四周看，我看到遠方有綠色的植物。」

朵：所以你站在看來像是太空船的東西前面。你住在那艘船上嗎？

麥：不是。我是很驚訝地看著這艘船。

朵：什麼事情讓你感到驚訝？

麥：看到太空船。我很好奇地看著它。

朵：所以你對這艘船並不熟悉？（對。）告訴我發生了什麼事。

麥：我看到船有一扇門，門往下延伸，底下有一個開口，看來有人要從太空船上下來。他的顏色有點綠，有個大頭，眼睛很大……細細的手臂……正朝我走過來。

朵：它和你們的人不一樣？

麥：對，不一樣……比較矮。我覺得很奇怪。我感覺到有什麼不一樣……因為我不知道它是什麼，內心有點恐懼。

麥可接著看到高高的太空船的尖端投射下來一道光，垂直投射到他的左邊。

朵：這道光有什麼目的？你知道嗎？

麥：我不知道目的，我怕這不是我瞭解的東西。我害怕這可能會有某種……這要怎麼說……負面的動機，或是某個我不瞭解的什麼。我有種想要逃跑的感覺，卻忽然從地上升了起來，我覺得自己是平行地漂浮著，雙腿對著船。好像有東西在拉我進去。我感覺到一股來自太空船的能量要把我吸進去，因為我正往它的方向移動。現在我在裡面了，裡面看來不是很大，不過我看到了像是某種隔間的東西，某種房間……像是全像甲板還是什麼的。我看到另一個生物，它和第一個不同，有很細的腿，很細的手臂，比較小的頭，銀色的項圈。

朵：他們和你的人不一樣？

麥：他們不一樣，對，我現在覺得沒有什麼好怕的。他們像是在試著讓我平靜下來。現在感覺不同了。

朵：你能問他們為什麼要帶你去那裡嗎？

麥：我覺得是做實驗。我問了他們為什麼。「基因。這和你的模式有關。模式。我們必須把它們重新排列。」我試著得到更多資訊。我聽到……這是一個排列重組。他們正在重組基因模式。為什麼？為了改善機能性。哪種機能性？更好的能力。以開啓更多的資源。（他在和他們說話）什麼的資源？操縱能量。朝新的方向前進……我心裡冒出來的念頭是新的次元。

朵：一旦他們重新排列好了或是改變了基因，他們要你用那個能量做什麼？

麥：我想到的是為地球帶來和平。帶和平到地球上。

朵：他們要你去地球？（對。）帶著他們正在調整的這個能力去？（對。）為什麼他們會選上你？

麥：毀滅。我當時人在那裡？我在試著查明。我是要用更有成效的方式去使用這個能量。毀滅的時候我在場不是好事，可是是什麼原因？

朵：他們要你帶著這些能力去地球？（對。）你要怎麼做？

麥：怎麼做？轉世。

朵：這表示你必須在那個身體裡死亡？我只是在試著理解。

麥：我現在越來越熱。我聽到不同的話，但不是完整的句子。我正努力弄清楚這些一閃而逝的資訊。

朵：所以這些新的能力和操縱能量有關？

麥：要用一種比較有效率的方式去架構能量。與其他人連結……超越語言。我聽到「圖像」。要把話都串起來有點困難。（笑聲）我只是在心裡聽到他們要怎麼做。我納悶是不是只有我一個，或者他們也送其他人去地球？我聽到……會有一群，一個團體。

朵：為什麼他們會選你？

麥：因為我有連結能量的能力。比較集中和專注。

朵：所以這些是你天生就有的能力？

麥：對，他們要讓我的能力更集中。到了地球以後，我必須使用這些能力。

朵：所以他們的工作就是去找這些存在體，改變他們，好讓他們去地球？

麥：對。他們知道你在哪裡，你是誰。我指的是一群人，他們知道是哪些人，還有要上哪裡去找那些人。

朵：他們找到那些人，改變他們的基因，好讓他們能做這個工作？

麥：對。我在試著問他們資料庫的事。那是銀河對有不同能力的人的一個巨大資料儲存庫。

朵：這會不會違反了那些人的自由意志？

麥：那裡就是他們的團體所在之處。這很令人困惑。

朵：沒關係，因為這不是你熟悉的事。他們要你把這些能力帶到地球使用？

麥：看起來是。

我想到與麥可的潛意識聯繫可以得到更多資訊，於是我引導他離開這一世，然後召喚潛意識。我問它為何選擇讓麥可看到這奇怪的情境。

麥：那很重要。

朵：你們要他知道什麼？

麥：知道他的能力。知道如何使用能力。

朵：在那一世，他是個不同形態的存在體，他不是人類，對嗎？

麥：對。他有操縱能量的能力。

朵：另一種存在體改變了他的基因以強化這些能力，是這樣嗎？

麥：是的，他曾濫用／誤用他的能量。這次是要學習為了人類的福祉正確使用。濫用能量是很常見的事，但有嚴重的後果。

朵：你們的意思是那是要償還的？

麥：必須改成以更有創意的方式去使用能量。

朵：這是你們要麥可做的事嗎？這是為什麼你們給他看那一世？

麥：那是個例子。

朵：他現在應該要使用那些能力嗎？

麥：以特定方式去解碼……解什麼碼？能量模式……回到能量模式。某種能量模式。練習專注。專注在能量上。能量操縱的系統。恢復平靜。宇宙和平衡。

催眠期間，外面傳來暴風雨的嘈雜聲響，使得錄音帶的聽寫變得困難。

麥：把其他人組成團體並促進健康的生活。他可以用他的組織能力來組織團體，並對地球上許多人的生命產生更多的影響。這會更有力，更精彩。那會是一個沒有負面、恐懼和悲傷的組織，人們用正面的方式集體轉換能量。這是個很棒的工作。他要做準備，事情會逐漸朝他而來。那是個次元的團體，組織著人們，這些人會前往新地球。……去散播這方面的意識。去幫助人們瞭解。更善用能量……這和使用某些磁場有關。聲音非常有力量，它是結構的組成要件。當他專注並要求支持的時候，他就在提供幫助。我會提供所有他需要實現這個目的的資源。他什麼時候需要我們，我們都在。他知道的。

這是一次相當令人困惑的催眠療程，我真希望能夠從潛意識得到更多的資訊。但看來外星人也會被綁架，並在他身上做實驗。這一切都有著相同的目的，而且顯然不是專屬於人類的地球現象。此刻被帶來協助地球的群體中，也包含了外星生物在內。

第二十五章　不尋常的外星存在體

桃樂絲遠從澳洲來找我催眠。她是一位在整形診所工作的護士，未婚，有很多關於人生方向的問題，特別是找個伴分享她的生活。她也希望得到關於事業上的建議。在一般的情況下，這應該會是一次例行的正常前世回溯。但潛意識另有計畫，這次的催眠一點也不例行。

桃樂絲穿越藍光下來，進入了一片白光。她覺得被白光包圍。

「我現在只看到白色。我可以感覺自己想去碰觸它。你可以感覺到這個光，你摸得到，我可以穿透它。它會流動，不是固體的。現在我正在穿過它。牆上有不同的光，就像隧道一樣。牆壁也是這個光構成。這些牆壁就是光。」當她仔細去看的時候，她發現這些光事實上是會發光的水晶。「我正在穿越這個隧道，我覺得我的手一碰觸到它們，它們就變成固體，而且摸起來冰冰的。它們是閃爍的光……現在就只是白光。我事實上是走在水晶上面，我的腳下有水晶，它們也發光。自然光。我可以感覺水晶在我的腳下，我可以用手去觸摸。」到處都是水晶，因此她是被水晶和它們變化的色彩的光所環繞。雖然她走在水晶上，但沒有感覺不舒服。

她一邊走，隧道的牆也一邊變成清澈的玻璃，可以往外看出去。她發現自己身在外太空，在某種太空船裡，正往下看著一個有部分被雲層遮蔽的星球。當她在太空船裡圍繞著星球浮動時，眼前所見的極致的美令她驚喜。接著她意識到自己的身體，而從她的描述聽起來，那絕對不像人類。「我的手……你不能叫它們是手，但感覺是手，因為我在摸東西。我看到一些長長的小東西，它們不太像手指。它們周圍有果凍狀的東西。跟章魚的觸手不像，不過有章魚下面那種小小的吸盤。它們是深藍色的，頂端有一點橘。我以為我有腳，可是那跟腳不一樣。是觸腳嗎？好詭異……真的好詭異。它不斷在變化。」

我接著問她身體的其他部分，而聽她的描述，它們似乎也是由同樣物質所組成。「看起來像是某種乳漿……果凍狀或膠狀物的東西？這不是人類的身體。我在試著碰我的臉。感覺起來像一朵花，是花瓣的觸感，柔軟、絲滑。不過我分不出眼睛和嘴巴。我可以呼吸，也看得到。這真是難以形容。這有點像是……荷包蛋的質地。而且當它移動的時候，它還可以一邊變化，變出這些觸角的東西，我也可以變得很光滑。也許比較像乳漿。真的很不一樣……就像水母。」

這聽起來很類似《魔鬼終結者》系列電影裡那個可以改變形體的生物情節。正常來說，這樣的描述最起碼會令人震驚，但我畢竟探索這些案例多年，已經沒有什麼在我聽來是不尋常的，因為我們在生命的歷險中所具有的外觀，都只是一件戲服。重要的是內在的靈魂。

桃：我還在這個玻璃東西的裡面，我可以碰觸它，可以透過它看到外頭的宇宙。這個玻璃水晶的東西也可以讓我看到所有的地方。

朵：你是獨自在這裡還是有其他人和你在一起？

桃：我原本以為我是自己一個人，但現在有兩或三個人和我在一起。我們都在看那個星球。他們在做筆記。

朵：他們看起來跟你像不像？

桃：不像。他們看來和我不一樣……不同的物種……不同的生物。

朵：你也在做筆記嗎？

桃：對，但不像人類做筆記的方式。我完全是用心智在做筆記，我進入這個與它的腦部連結的小房間。當你碰觸玻璃並往外看時，資訊會從你流入這個物體，它會記錄你看到的事物。

朵：像是在吸收資訊？（對。）你把資訊傳輸過去的那個物體是什麼樣子？

桃：它是全黑的。很小，它會散發小小的光芒。感覺起來不冷，也不暖。我現在正把身體往它靠過去。一手貼著玻璃，另一手——你會說那是手的東西——伸到另一邊碰觸那個物體。我看到的一切就從我直接流入這些機器裡。

朵：所以它是這個小房間裡的小機器。

桃：對。很怪，這個小房間是圓形的。我看到其他的生物……滑稽的生物。他們比較高，和我不一樣，他們在碰觸在他們面前的東西。非常怪異的生物，全都在忙著做事。他們沒有注意我，他們在做自己的工作，而我也應該用我這個可以散發出不同光芒的水晶做我的工作。但我現在只是看著他們，他們則繼續做他們的筆記。

朵：你只是在觀察那個星球？

桃：觀察，對，觀察這個星球的形狀。雲層是由某種氣體形成，那種氣體創造出雲。我們在很靠近這個星球的地方。太空船吸收了一些氣體進來。氣體很清澈，所以看得到它的移動路線。我們想瞭解這個星球，看它是由什麼組成。我們做筆記，並且採集氣體的樣本。氣體真的好清澈，你可以看到它穿牆而進，穿過這些小房間，緊靠水晶，然後就停在那兒，成了固態。我們的太空船在這個星球的氣體中飄浮著，不知怎地把氣體吸了進來。氣體進入這個房間，你可以看到它在穿越，穿越，穿越，進入某樣東西裡，然後就看不到了。它進去了那裡，但那不是我的工作。有別人在做。我的工作是用這些像手的東西，用這些觸手之類的東西碰觸，然後資訊會進入我體內許多的小光裡，也進入我們碰觸的這個工具裡。

朵：你的工作是去不同的星球觀察並吸收資訊嗎？

桃：對，但收集的資訊是為了瞭解我們能對這個星球做什麼。

朵：對於你正在看的這個星球，你認為自己有應該要做的事嗎？

桃：對，這和我們看到的另一個星球有關。和光有關。就我們有的資訊，我看到的另一個星球充滿了不同的光，不一樣的光。那裡已經有人和生物。這個氣體對那個星球的資源非常重要。所以我們被派出來，瞭解我們能不能利用它。這是個非常小的星球，另一個是很大、很大、很大、非常龐大的星球……非常巨大。我們去過那裡，也來過這個小星球；我們將會使用這裡的資源，但我們不會耗盡它。我們會使用能夠幫助那個大星球的自然資源，不過不危害這個小星球。我們的母星，我們的家好大，這個星球就像顆青豆那麼小。

朵：你也被派出去檢查其他地方嗎？

桃：對。因為這些星球，它們的資源……我們想看看能如何用在那些大型星球上。這個小星球很好。它很健康，但星球上沒有生命。我們在這裡採集了很多資源用在我們的星球。這個小星球的大小就像是一粒小青豆，我們的星球像是一顆柳橙。

朵：你們必須長途旅行才找到這個星球嗎？

桃：不，不用。這就是美妙的地方。你在平靜的狀態下，依附著光的薄霧，它們就會帶你去你想去的地方。

朵：所以你不用搭太空船或飛船？

桃：如果可以這麼說的話，我們在的地方是某種「泡泡」，它是由這個可以觸摸到的玻璃製成，但是你可以摸得到這個光。

朵：所以這是像一個交通工具。（對，對，對。）你們沒有燃料？

桃：看上去是沒有，不過我們需要碰觸一個光板。這塊光板會動，當它移動，我們就會停在要去的地方。我們依附的是光，是這個光板。

朵：有人告訴你要去哪裡嗎？

桃：都已經在我們的太空船裡了。信息已經被放進那裡，我們必須連結不同顏色的光。我們都知道一切會很順利。我們就只是採集樣本，稍後就會回去。

朵：你說你們不會耗盡小星球的資源？

桃：對，對，對，從來沒有那樣的事。我們確定不會傷害到星球或是任何棲息於此的生命。這些氣體對我們會很有幫助，有一些成分是我們需要的，可以用來在我們的星球上創造各式各樣的東西。

朵：你知道那些成分是什麼嗎？

桃：我只能看到它們是什麼顏色。我們在找的是帶黃色的氣體。我們知道這個星球有，但我們需要潔淨它，讓它變成那個顏色。

朵：你現在要做什麼？你要把資訊帶回你的母星嗎？

桃：對。我們知道了在哪裡可以取得這個氣體，只是想確定這樣做是安全的，是正確的，而且是我們需要的。採集樣本和資訊後，我們就會離開。每個人都有他們要做的事。

朵：你們可以快速地來回嗎？

桃：對。我們回去時和來的時候不一樣。我們只能用一種方式過來，然後用另一種方式回去。我認為很像蟲洞。當我們準備好要離開時，只要經過這些有些許藍光的蟲洞。我們穿越它，它就會帶我們回家。有人知道怎麼做。

朵：回家途中情況如何？

桃：我在上方盤旋。我們正要進去，現在在盤旋。我覺得很驚訝。在我眼中，這個星球一直是由光組成……長長一串串的藍光和白光。你可以看到後面近似海軍藍的天空，還有很遠很遠的小星星。如果你往下看這個星球，它只是由一連串投射進去的光所組成。當你穿越光流，它很自然地會帶我們過去。我們只要定位出我們要去的地方就可以了。……我們現在已經降落在某處。我往上看，看到太空，天空幾乎完全沒有星星。我看到很多帶你去不同地方的小管子，但這附近人不多。因為這裡是我們工作的地方，不是大家的住處。所以只有應該要在這裡的人才會在這兒。有很多管子，有的管子上面有縱橫交錯的窗子，那些管子可以通到四面八方。

朵：所以那裡是你工作的地方，不是住處。

桃：現在這個管子帶我經過某處，我感覺像是在雲霄飛車上。我在這種乳漿果凍狀的身體裡，可以這樣被載著出去很好玩。現在停下來了，我下來了，如果我要的話，我的乳漿可以延伸，形成手臂或是腿，要不就只是飄浮著。

朵：需要什麼就能變出什麼嗎？

桃：對。我停在一個白色的平台上。這裡是家。有一個類人的生物，和我不一樣。它和我不像。我覺得它是太太。這裡是家。

朵：那個地方是什麼樣子？

桃：它是由水晶和白色的金屬製成，有窗户可以看到外面。當你往外看出去，你看到太空，那裡幾乎沒有一顆星星。我們使用像是玻璃的窗户。牆壁混和了金屬和水晶，裡面還有一種白色的材質，有大有小。它會進來，出去，到處移動，白色的。當你碰它的時候，它會發光，你知道你想去哪裡就要碰觸哪一個。你不是用走路的，是用飄浮的。我現在在和這個生物說話。它對我們的發現很興奮。它看著我，我們都在飄浮。

朵：你們在這個地方必須進食嗎？

桃：不算。如果我要吃東西，我知道我可以透過手的觸碰或是光來延展自己。我把手壓在光上面，就能得到我需要的東西。

朵：所以你必須吃某種東西？

桃：那不是固體，主要是小小飄浮的能量球。我有小小的觸手。我知道哪裡有這些小小白色的光，只要把手壓在它上面，它就會進到我的身體，我便覺得充滿能量。

他解釋他的太太是另一類型的生物。我問他們在那個星球是否生殖、複製，他盡他所能的解釋。「你可以，只不過是在別處進行。我們怎麼做的呢？噢，對。就像是你把手壓在這個東西上，它會拿走一部分的你，然後也拿走一部分的她。然後他們可以進行混和，就會出現別的東西。我在請她（指他太太）解釋我們怎麼生殖，我聽到她說：『噢，我們就是這麼做。』然後我們會看到新的生物在我們的眼前被創造出來，它會進到別的東西裡，直到成熟為止。但我們不會養它們。它們不和我們在一起，它會去別的地方，它需要生長。當它生長後就會發育。現在我們看到它們長大了。它們需要去一個特別的地方生長。」這聽起來像是某種在體外進行的實驗室基因操控。或許是使用細胞和基因。

因為工作的關係，他們必須住在這些封閉的地方。「我們進入這些分派站裡。你一生下來就懂這些了。這是為什麼我們可以做這個工作的關係。我們天生就會。」平常人住在這些封閉場所外的地表上。「這個星球上有很多不同的生物，不同的生命形式。大家都和平共處。」

朵：出去尋找這個星球可以使用的東西是主要的工作之一嗎？

桃：對，是我的工作，很重要。她的工作不同，不像我必須出去。她待在星球上，我會說她是在做研究工作。

既然她看來不一樣，我請他描述她的外觀。「她的形體比較像人類。有長長的脖子和小小的頭，還有小小的手臂似的東西。我看不到腳，大概是因為她不走路的關係。」

我認為該是往前到重要的一天的時候了。那天的情況非常混亂。「發生了很不對勁的事，有很多非常、非常不好的能量。每個人都很驚慌。這是在星球的工作站裡發生的。爆炸！發生事情了。有東西外洩。我看到爆炸。我束手無策。我在站裡面，我所看到的就是這場爆炸。現在我的眼睛看不見了。太亮了。不曉得是從哪裡爆出來的。」他複述的時候一臉茫然，很恍惚。「一場爆炸。爆炸了。我在的地方。爆炸了，一切都衝到了太空。很大的爆炸……有東西造成的，炸穿了我們這個站，直往上衝，衝到太空。沒有人……沒有一個倖存！好慘。」

朵：你說亮到你看不清楚？

桃：對，我看著它。那是白天的時候。爆炸一個接一個，好大，所有的東西都毀了，玻璃破了，全衝了出去。我看到爆炸，我看到自己試著不要去看，可是……全都毀了。我們失去了一切。研究站爆炸後什麼都沒留下來。每個人都死了。有人沒留意自己在做的事。有東西外洩造成了燃燒，然後往外擴散，沒有一個人來得及跑。

所以，他們即使有很多的知識和專業，還是會發生意外事故。他現在離開了他的身體，卻仍受到爆炸迴響的影響。「我覺得很累。我還在看著爆炸的混亂，但覺得需要休息。我需要飄離這裡。好快。我看到發生的事，可是現在不被影響了。」

朵：平常在那個星球上，人們也有生老病死嗎？

桃：對，像現在因為爆炸的關係，我聽到大家的哭喊。他們束手無策，不得不封鎖這個區域，看看有沒有什麼更大的損害。我死了，可是我可以感覺我太太正在看著發生的事。由於他們封鎖了那個區域，她什麼也不能做。她知道我在爆炸中死了。

朵：在那個星球上，有人生病嗎？

桃：不。他們都很長壽。

朵：會死嗎？

桃：會，會。你可以決定什麼時候死。但這次不是我的選擇。那是一場意外。在這個星球上，你可以讓自己恢復成年輕和健康的狀態，或讓自己平靜地走……沒有疾病。你可以選擇讓自己走（指離開身體）。

朵：這都和心靈有關？

桃：不是心靈，感覺像是本質。（打了個大哈欠）我看到爆炸，現在還在看，可是感覺很睏。我要飄去別的地方了。我只是飄浮著。我和奶黃色的雲是一體的。我看到的只有這團黃色的光，我需要進去裡面。（她不斷在打哈欠）要去休息。

接著她便進入休息的地方。在經歷如此暴力且意料外的死亡後，這很自然，因此我們很難再得到更多資訊。通常當靈魂進入休息的地方，在他們決定（或是有人叫他們）重回輪迴之前，他們可以待在那裡很久、很久。所以我讓桃樂絲飄離那一幕，召喚潛意識。我問的第一個問題是，為什麼潛意識選擇重現那一世。它向來有它的理由。

桃：為了讓她看到，她覺得有可能的事情確實都有可能。

朵：從人類的立場來看，那是很不可思議，很奇怪的一生，不是嗎？

桃：對她不會，不會。她似乎很習慣。她知道還有別的世界。她應付得來。

朵：為什麼你們要她知道那一世？

桃：這樣她就能確定還有其他的生命，而她也像自己一直以來懷疑的那樣，度過了那樣的一生。那是有可能的，也是真的，她確實是來自於……用她的話來說，就是「從星星來的」。我們只是想告訴她：「對，你想的沒錯。」你向來都在別的星球。

朵：她說她一直都對別的世界很感興趣。（對。）這是原因嗎？（是的。）她在其他世界經歷了很多世嗎？

桃：很多……非常多。

朵：那一世的身體很怪。

桃：不，很正常。

朵：身為桃樂絲，這是她第一次住在人類的身體裡嗎？

桃：不，不，不是她的第一次。

朵：可是你們沒有讓她到那些人世。

桃：不需要。沒有需要。這段比較重要。她曾住在人類的身體，只是次數不如在其他星球上那麼多。她不需要知道那些在人類身體的經歷。她需要知道她在那個星球上的生活。

朵：她想問她有沒有需要償還的業？

桃：還了……還了。對她來說，每天都是新的一天。她需要多學一點關於愛的事。還有很多要學。

我接著提起每個人都想知道的永恆之問：她的生命目的。她不確定是否該繼續做她現在的事，也就是當個護士。她想得到建議。「她需要學習信賴和顯化。這是為什麼我們要給她看到那一世，為了喚醒她。她知道身為別的生物是怎樣的情況。那些振動對她這一世會有幫助。告訴她要專注在振動。她在對的軌道上。振動，聲音……她需要聲音，需要音樂……這很重要。當她聆聽時，振動會變得更好。她接觸音樂不夠。她忘了要快樂。要聆聽音樂。她的生命以前是有音樂的，現在她需要更多的音樂。很多很多的音樂。會讓她動動身體的那種音樂很好，對她的振動很好。她沒有這麼做。」

朵：她說氣味和香水對她也很重要。

桃：她的感官會與香水的氣味調和。香水是她需要的。所以我們要她使用香水。香水對她好，會讓她的感官清晰。那是她需要的。她需要讓自己周圍有更多芳香的植物。這會清鼻竇。她也需要專注在心智的訓練。我們讓她看到要如何顯化，她嚇壞了。沒有必要害怕。那是她天生就會的。將會有知識和意識的擴張，跟她會非常合調。那會對她很好。她認為她不值得，但她不僅值得，還值得更多。我們可以給她更多。她只需要允許我們給她更多。她每天都需要專注……每一天，直到這變成她的第二天性，然後她的學習會更進階。她的心智非常強大。我們需要她的心智有更多共振。我們需要她的振動。這對我們很重要。她需要更清楚地聽見我們並提高她的振動。振動越高，她越容易聆聽到愛。我們需要她為了這點而使用香水，為此而快樂，為此而聽音樂。

第二十六章　信標臺

艾莉絲進入催眠後的第一個場景是站在海灘上望向大海。她專注地看著海天連接處一道與海面相連的美麗彩虹。接著，她跳入水裡，游向彩虹。「我跟色彩游泳，朝著色彩游去。我現在在這些顏色裡。黃色、橘色、粉紅色、白色。好美。我游進色彩裡。我在彩虹裡。」她深深地嘆息。「好美！我在色彩中轉動，也或是它們圍繞著我旋轉。我跟這些色彩融合。太美好了！好溫暖，好平靜。我在新的振動裡。我在水晶能量裡。」

朵：跟我說說，你的意思是？

艾：水晶能量。它是一種全知。我為什麼哭了？

朵：因為很美。為什麼你稱它水晶能量？

艾：（深深嘆息）這是一種頻率。它包圍著我，給我好大的安慰。它很白……還有……我無法解釋。它沒有一個明確的形狀，只是有些顏色。沒有形狀。

朵：你也說它是全知的。

艾：它就是……一個地方。我覺得被光環繞著，但我也察覺到振動。這是不同的。很難解釋。

朵：沒關係。我以前聽說過這個地方。

聽起來她像是回到了源頭。個案通常描述源頭是美麗、舒適且散發著白色光芒的所在。他們也說它有很多柔和的色彩。

朵：這是個好地方。你對自己的認知是什麼？

艾：我在融化。不是融化，只是沒有身體。我進入色彩後，就消融在色彩中。

朵：所以你在這個地方不需要身體？

艾：對，我也不想要。在地球上的時候，人非得有個身體不可，但那很令人沮喪。我在這種振動裡是有身體的。我現在呈現出來的就是這個振動的形體。

朵：你的意思是，有形體感？

艾：對。因為我還在那裡（指地球）。

朵：你是獨自一人，還是感覺到這裡也有其他人？

艾：沒有別人。

朵：只有你和振動？

艾：你在**這裡**啊！還是說，是我聽得到你的聲音。

朵：這裡對你是熟悉的地方嗎？

艾：是老地方。我現在要離開了。

朵：你要去哪裡？

艾：我不知道。我離開這裡，現在要去另一個地方。我在飄浮，在穿越，沒有東西，什麼都沒有。我就是穿越而已。這裡什麼都沒有。只有現在這個房間裡的能量。紫色。它進到裡面了。它是在你房間裡一股很強的能量——就在這個房間。很強大。

朵：你要去哪裡？

艾：不要問我。（笑聲）我不確定。現在在穿越能量。那裡沒有東西。什麼都沒有。

我決定帶引她到她在拉斯維加斯的家，好讓她可以看到些什麼，然後引導她進入適當的前世。她先是發現自己躺在床上，然後看到臥室窗戶投射進來一道白光。由於她沒有提到她可能和外星人有過接觸，這是個意外的發現。

「有一道非常亮的光。哇！它在閃爍，好巨大。就在屋子外面。太亮了！它在把我拉出去！我的眼睛會痛。我們正在往上升，往上！它把我拉上去，進入這道光裡。那裡只有光。它在閃，就好像是在我的第三隻眼。他們把東西放進我的第三隻眼。從我的前額接收訊息。我在光裡，它對著我的頭灌注。我可以感覺到。（耳語）讓我專心。（停頓）正在接收智慧。聽起來有些好笑。（停頓）喔！這個水晶智慧……正進到我的腦袋，它往裡面灌注。這就是現在的情形。我不知道我在哪裡。好亮，快受不了了。好亮！我張不開眼睛。」

朵：你覺得智慧進入你的腦袋。（對，對，對。）你知道是哪種智慧嗎？

艾：知道。追蹤。我必須保持聯繫。這是我溝通的方式。噢，上帝！我又要哭了！（激動）我想念我原來的地方。他們為了跟我通訊，所以才到我家。因為……我發誓這真是可笑……我是從那艘太空船來的！我想回去。（哭泣）我想念那艘船！我和它有關聯。我正透過我的第三隻眼通訊。（接著是一聲深深的嘆息和突然的領悟。）噢，天呀！我是一種振動！我是某個好大、好大的東西的振動。我看到它了。我看到它了。太神奇了。它就像是巨大的閃光燈。我跟它是有關聯的。噢，天啊！它好遠！我好想念它。

朵：既然你從那裡來，那麼你是怎麼到這裡的呢？你可以看到事情的經過嗎？

艾：可以，我可以。我在一個……上百萬個小碎片……飛速穿越，我看到了。噢，天啊，它是上百萬個……往外射出。非常小，但非常亮。

這聽起來像是最初的爆炸，也就是脫離源頭，所有的小火花往外飛出，最後變成我們個別的靈魂。

朵：有人叫你要從那裡出去嗎？

艾：對，那是個計畫。

朵：你知道計畫內容嗎？

艾：對，我知道。我對那個計劃不是很自在。我不得不來這裡。播種……真好笑。對地球播種。（停頓）來自遠端的智慧。用幾百年的時間分享來自遠方的智慧。我的意思是超過幾百年。（停頓）我看到一個老人，年邁的賢者。我的眼睛看不見。我是個老人，而且很窮。我來自很遠的地方，來自太空，他們把我放進了一個可怕的身體裡。我非常有智慧，可是很窮。雖然我的眼睛看不見，但腦裡可以看到一切。我有個破損的身體，但我知道所有的事。我很孤高，很窮。人們認為我看不到，很可憐。但我在那時候就可以看到我現在看到的一切，也感覺到一切。當他們送我下來這裡時，他們沒有給我一個好身體，但給了我智慧。

朵：你那時能跟別人分享智慧嗎？

艾：不能。他們不聽。他們很害怕，因為我的兩條腿的樣子，還有因為我是個瞎子。那是計畫的一部分，但我不喜歡。現在也不喜歡。（笑聲）

朵：你現在還是計畫的一部分？

艾：我是計畫的一部分。老實跟你説，我認為那不是一個很好的計畫。

朵：你不是做計畫的人。

艾：對，不是。

朵：在那之後發生了什麼事？你有進入其他的身體嗎？（有。）你有分享過智慧嗎？

艾：有。我透過持續與宇宙通訊來分享智慧。我一直沒有斷了聯繫。他們會來探視，帶我回去。

朵：他們來探視的時候，你會去哪裡？

艾：我和他們一起走，上太空船。真的。我好喜歡。

朵：那時他們會灌輸給你更多的智慧？

艾：對。就是那個時候。我上了太空船。我往上，然後進去，現在我看到裡面的生物。我愛他們，他們是我的人。

朵：一開始的時候，你説智慧是來自這個光。

艾：我現在明白了。我在船上，也或者是在一個星球上。他們過來帶我。他們可以用光把你發射回去。我懂了。他們會透過光和振動把你發射出去。

朵：他們每隔一陣子就會過來找你？（對。）他們那些時候都在做什麼？

艾：更新我。真奇妙。我現在有療癒力了，有更多的能量，有更多的心電感應。他們放……那就像是充電。

朵：他們這麼做已經……

艾：對，一直。一直。

朵：你身為艾莉絲的這一世也是？

艾：一直都是。我必須得到更多的更新。情況現在對我的衝擊更大了。他們必須回來，做更多的調整。

朵：是什麼開始影響到你？

艾：新的次元。我現在比較多重次元，我必須要能更快地離開身體。我必須更快離開，也必須要能更快變成光。他們必須做些事，以便……這聽起來真的像是胡言亂語……這很瘋狂，但我必須能轉換成一種新的光的能量。

朵：為了做你現在必須做的事？你的意思是這樣嗎？

艾：對。因為他們現在有了新的技術，所以我必須能夠反應回去。

朵：他們也在成長？

艾：他們在成長，非常成長。我想我有個要給你的訊息。我知道這個訊息。

雖然這種事已有前例在先，但我還是感到意外。

朵：你有事情要告訴我？

艾：他們要你知道，他們在轉移，他們也在轉移你。你的能量就像我們的能量。你將會……你也會翻轉，我稱那是翻轉。你現在能更快速地翻轉進來又翻轉出去，他們在對你工作。他們的太空船越來越多，遍佈這個星球。他們要你知道你必須加速。他們也要帶你走。還有那是……（深深嘆息）好驚人。你大概已經知道了，但速度越來越快，將會變得明亮許多，不論他們在地球上做什麼，那些人絕對跟不上。他們用好多的光，還有好多的電環繞著這個星球……不是我們在地球物理所知的那種電……。因為地球正在做的事將能穿透……造成深刻的影響，所以他們在環繞著地球。他們太先進了，而且速度快過我們好多。不要恐懼。

聽起來像是外星人朝著地球所發射的光，以抵銷人類對這個星球造成的損害。《迴旋宇宙》第二冊對此有詳細的說明。

朵：為什麼會發生這件事？有理由嗎？

艾：有。太空技術和地球空間。有一個大變動，轉移。不同的恆星。這是個保護，是個保護層。（語氣堅定）政府永遠接觸不到他們。

朵：這樣很好，但你說有一個保護層圍繞著地球是什麼意思？

艾：他們在他們的太空船周圍放了一層保護。這是一種新科技。政府不能接觸上他們。這是因為他們必須在光裡進行工作。這是個旋轉的頻率。他們必須這麼做才能生存。他們還是能看顧著這裡。他們因為留了我們好多人在這裡，所以必須來來去去。也因為我們這些還在這裡的人，他們還有事情沒有做完。他們必須保護我們，也保護自己。

朵：這是為什麼他們仍然跟留在這裡的人聯繫的原因嗎？

艾：對。我只是個管道。我就是把周圍發生的事傳給他們。我收集了很多資料，然後傳送回去。（停頓）有一個大計畫。他們在賦予人類力量。不只是我，而是許多人。他們透過振動去做。但你必須在一個清澈的地區。因為有很多干擾。這是為什麼你在的地方很好。（我住在美國一個遺世孤立的山區。）譬如說，我必須離開拉斯維加斯，那裡的干擾太多了。

朵：對，那裡的能量很混亂。

艾：對，那是干擾。所以他們試圖讓我們搬到比較清澈，比較乾淨，沒有汙染的地方。沒有汙染，沒有干擾。他們必須要有我們（的協助），因為我們反饋給他們。我看不到他們是怎麼做的。

朵：讓他們做給你看。

艾：（停頓）他們要我做什麼？（停頓）什麼也不用。我想我就像個信標。我也不懂。

我在前面解釋過，有些人只是管道、天線，或者如同這個案例，是個信標臺。他們什麼都不用做就能幫助即將來臨的改變。他們只需要在這裡，透過他們無意識的傳輸資訊，就是在提供協助。

朵：你們給他們反饋是什麼意思？

艾：（低語）你們說什麼？（停頓）這真可笑。我應該跟你說嗎？一點道理也沒有。

朵：是的，跟我說。我可能聽得懂。

艾：（深深嘆息）好吧，我是個信標臺。如果某個區域的線路太雜亂，我可以回報資訊給他們的能量場。（她做了一些手勢）當他們可以安全進來時，我回傳給他們。我現在可以感覺得到他們。如果這裡太混亂，他們就進不來，真奇怪。……他們在監看地球，有些地方會被摧毀。很多地方會被破壞。因為我們有連結，他們追蹤我們是為了讓我們到最安全的地方（她輕柔地對自己說：「這真是怪異。」）因為有些地方很混亂。線路全纏在一起。所以他們要移動我們，讓我們能聚集。他們要我們在一起。這是水晶能量。他們會讓人們聚集在一起。他們需要水晶能量。這是他們跟地球保持聯繫而不需要降落地球的方式。如果有我們在，他們就不需要降落。我們不被地球束縛。我們和他們有連結。這樣對每個人來說都比較安全。這樣比較安全。更清楚。

朵：他們不要每個人在同一個地方，但要大家有聯繫？

艾：對，他們要我們都有連結。我感覺到這些強烈的水晶振動正在下來，我們則是向上連結到好遠、好遠的地方。好美！它在我們的心裡。為什麼他們要我們遍佈各地區？因為有些地方會受創，所以他們要我們散佈各地。還有，他們要一股散佈開來的能量模式，這樣他們便可以透過我們傳輸。他們要在許多破壞發生的時候，保有可以聯繫的傳輸者。因為某些地方將會爆炸，直直衝上天！

朵：這是一種形容方式還是自然事件？

艾：有部分自然也有不自然。在某些地區會有排山倒海的破壞。會發生戰爭，當然，我們知道會有戰爭。但如果他們讓我們散佈各地，我們就能將地球現況的第一手訊息提供給他們。

朵：所以我們甚至在自己不知道的情況下仍然可以通訊？艾莉絲進入這一世的時候就帶著這個計

畫？她原本就是計畫的一部分？

艾：我原先並不想成為計畫的一部分。（笑聲）我在來之前就看到那個景象。我知道自己覺得這對我並不是個好計畫，因為我看過計畫，而且以前就看過這種景象。我真的想休息。我是非常宇宙的，只想待在它的振動裡。我不喜歡混亂，不喜歡戲劇性和混亂。

朵：你說這些存在體在累積我們傳送出去的資訊？

艾：對。

朵：他們要這些資訊做什麼？

艾：我要給你正確的訊息。他們在收集編纂。這就像電台節目。他們在為了未來的世代研究。這是在做星球的歷史紀錄。他們在做日誌。我現在看到他們了。（笑聲）滑稽的生物。對。他們是很滑稽的生物。他們是奉命行事。

朵：他們從哪裡得到指令？

艾：我看看。（停頓）他們是被設定好的。看來我們全部都是。他們從母艦上得到指令，那是母源（mother source）。有一個很大的源頭，就像是發明之母。有趣，發明之母。（笑聲）他們好像永遠都在做測試。好吧。我不會虛構事情。你真的想要我告訴你我看到的事嗎？（對。）這艘太空船上有一些藍色小蟋蟀。有一間小辦公室。好可愛。他們在收拾一些小東西，看起來十分勤奮，工作個不停。他們有長長的手臂，像是小小的工蜂，但不是蜜蜂。他們很勤奮。收拾東西的動作很機械化。你一旦上去那裡……那是我嗎？或許。我不知道。我在歸檔，把東西收起來。把東西收回原位。每樣東西都會被收到一個地方。我喜歡收東西。

我喜歡這個工作，是個好工作。噢，資料越來越多了！這就像是可以引經據典的聖經。他們想要有東西能夠參考。如果未來他們跟地球人接觸時就有個參考。他們會想知道：「好吧，大家都贊同和這個人說話嗎？我們想要有個參考資料。」他們會知道要去哪裡找資料。我們現在正在整合我們的社會，他們想要有個像是醫院病歷的紀錄。他們想要知道如何聯繫。這是為什麼他們在不同的地點放置信標。如此便可得到紀錄，往回追溯，閱讀歷史。從現在往後的七百年，他們可以回顧歷史。他們可以活這麼久，活七百年。這是他們一生的工作，所以他們必須過來做他們的事。對我們來說是七個世紀，但對他們來說只是一輩子的時間。他們必須觀察，並且記錄。他們沒有什麼個人意見，就是客觀觀察和記錄。

朵：你說還有整合？

愛：社會的整合。我們必須整合。我們正在變成更進化的靈魂。他們想讓我們進步。我是個進化的靈魂，你是個進化的靈魂。他們想看看對人類的身體要做到什麼程度，才能讓我們進步到他們的水平。我在這裡的時候是多次元的。對，我應該要累積這糟透的能量。（笑聲）對，我就像是實驗的白老鼠。

朵：艾莉絲應該用什麼方式去使用能量嗎？還是只是累積然後傳送？

艾：這是很重要的問題。我有能力用我的雙手把能量分享給別人。我有能力把我的能量灌入別人的前額。我可以傳送出去，只是不知道是否該這麼做。

朵：他們怎麼說？

艾：我應該要去傳輸智慧，是的，我應該要這麼做。我可以把這個智慧傳下去。我的內在有這個智慧。我現在就感覺得到。

朵：而你甚至不會知道那是從哪裡來的。

艾：對，我不會知道。嗯，我現在知道了。要用第三隻眼。這完全和第三隻眼有關。

朵：你說他們要我繼續做我現在在做的事。

艾：你是個信標臺。這是為什麼你必須去到世界各地，行遍天下。（笑聲）他們派你到各個地方去，因為這非常重要。

朵：他們說他們在更新艾莉絲的身體。

艾：他們也在更新你。因為你必須繼續去到不同的地方。每次你離開一個地方，你就會留下些什麼，他們則能循線找到。他們愛你。你必須出去。

朵：我試著傳遞資訊。

艾：對，他們會找到你留下的資訊。他們會找到你所教導的人，因為你留下了些什麼。

朵：他們也在更新我的身體嗎？

艾：對，他們在更新，你知道的。他們不要你被地球束縛。他們要你和他們更接近，要你變得輕盈，要你進入清澈的光中。

朵：所以他們會照顧我的身體，好讓我可以繼續做這些事？

艾：讓你變得輕盈是他們的希望。你將會變得像個水晶。他們在改裝你的全身。他們在改裝你的一切。他們在進行你的頭腦的部份。

我從開始這個工作的時候，就被告知這件事。早在我前往世界各地之前，他們就已經說我會去很多國家，還有我去到每個地方都會留下一部份我的能量。我不會因此精疲力竭，甚至不會有感覺，但其他人會感受到我所留下的能量。他們也說我的書會攜帶一股別人能夠感覺的能量。看來，有許多事情都在我們意識沒有察覺的情況下發生。

第二十七章 通道

潘蜜拉想探索她認為是幽浮經歷的事件。她記得看到了像是幽浮的東西，但不知道有沒有發生其他的事。

我帶她回到那一晚，她進入自己正在開車回家的時候。她看到天空有東西，可是很難清楚描述。起初她以為那是山丘上的一道光，接著卻說：「不，不是光。那是一艘看來像是大月亮的太空船。我知道那真的不是月亮，只是有著月亮的形狀。但那就是它看起來的樣子。我好像是在自己的車子裡，我記得我把車停在車道，但我也知道我上去那裡了。我看到自己在開車。我看到自己持續往回家的路上開，卻也知道自己在那上面。我被帶上了太空船。我甚至無法解釋我看到的東西。」

朵：就像是同時身處兩個地方？

潘：對，我意識到自己在車裡，在開往回家的路上，但又意識到自己不在身體裡。然而我知道身體回到家了。現在我看到長長的……我不知道它們是什麼，只能說是「一束束」。那是尖尖的能量。（用手比劃出某種橫向的東西）它們平平的，但那是能量。我認為它不是金屬。我想它完全就是能量。有一個核心，它有一個中心，看起來很暗。有一圈閃耀的黃光圍繞著中心。我也看到一束束的光投射出來，一定是從我的左邊投射來的。一切都只是能量。沒有結構。每樣東西似乎都運作無間，但也朝不同的方向前進。我看到我上面有一個輪子。一個巨大的輪子。那邊也有一個東西（指左邊），它投射出耀眼的光。那是非常明亮的光，太亮了，你幾乎無法注視。它看起來像是……我想說「太陽」，不過我不確定它是不是太陽。

朵：它和輪子有關係嗎？

潘：沒有，輪子現在不見了。只有這個很亮的光。我原本在想著那艘太空船，結果就回到這個地方。這裡是我的歸屬。

朵：為什麼你會這麼認為？

潘：因為我覺得很自在。這就是我，我就是那個光。不論這個地方在哪裡，不論它存在哪裡，它就是我的家。我就是這個光。它在投射，幾乎跟茅一樣，或者，它投射出來的是巨大的投影……我真的不知道它在做什麼，可是它非常亮，很舒服，有很多的能量。這裡有很多生命、很多存在體，它們都是能量。全為一體。

朵：你覺得你以前去過這個地方？

潘：噢，對，我很熟悉這裡。它在閃耀。我根本想不出有什麼類似的東西可以解釋。它就是在那裡。

朵：是在這艘太空船還是飛行器裡面嗎？

潘：不是。我甚至不知道這艘太空船和那個地方怎麼會有關聯。可是我一上了船，看到那些一束束……像是有一束束的東西以某個角度往下延伸，還有一束束的東西從這個亮光，從這個家，往外出去。它是家，那裡的一切都很平靜和不可思議。它使一切都亮了起來。那裡充滿了能量，而且全為一體。你只有在離開那個地方才會各自分離。但是，我在這裡的這個身體，我可以感覺到一切都是分子，就像能感覺到組成**這裡**的每一個分子一樣。我也感覺到兩者之間的連結，但不知道是怎麼連結的。

朵：身體和這個地方之間的連結？

潘：還有那個光。那是它的一個層面。我猜想你會稱身體為它的一小部分。

朵：可是你說這已經不是太空船？

潘：這是另一個地方。船是進來這裡的入口，像個起點。你一到了太空船上，就會被帶來這裡。所以這幾乎就像個三角形，在這裡，然後到那裡，然後又過來這裡。這就是它的連結方式。

朵：首先你必須去那個看來像是月亮的地方。

潘：對，它就像個通道。它就是通道。它（指太空船，飛船）只是個通道，通往這個地方的通路。這個地方是一個整體，是整個能量體。這是個所有能量都混合的空間。我們離開這個地方去體驗身體。那明亮美麗的光，行星就是從光裡出去的。它好亮，它在閃爍。

朵：可是你現在是住在地球上的一個身體裡。為什麼你這晚在開車時會回到那裡？

潘：只是探訪。（她變得激動，聲音開始哽咽）我需要回去那裡，好想起這個家。只是要提醒自己，知道自己屬於那裡。那裡就全是能量。沒有結構，沒有構造。就是家。你會以為我能告訴你一個名字，可是它沒有實體的名字。我只能告訴你，他們在地球上會說這是「家」。它就是家。我回去是一個愛的提醒。

朵：所以你那晚才被允許回去？

潘：我常常回去，只是都不記得。

朵：為什麼你會特別記得那一晚？

潘：我猜是因為我對在這個星球上的事感到很沮喪。所有那些悲傷和發生的事，還有對自己無法改善這裡的情況感到無助。

朵：地球是個很有挑戰性的地方，不是嗎？

潘：有時更是個醜陋的地方。

朵：你說還有別人在那裡。你能和他們說話嗎？

潘：你不需要和他們說話，因為你到了那裡就被包含在整體裡，每個人都互相知道和瞭解。回去就像是一次更新。沒有說話的必要，就只是存在。你知道一切都很好。你也知道你必須在地球提供協助，但每隔一陣子你必須回去，就只是回去感受。因為當你下來到地球，你跟世俗的事有了牽扯，你被拉往不同的方向，而你需要再度感覺那個整體。你需要感覺光裡的那個愛和安慰。你就是需要感覺到愛與安慰。

所以，這些從未來過地球的純淨無邪的靈魂，這些在地球有需要的時候被召喚到這裡的靈魂，確實會有孤單的感受。我遇到過許多個案在和幽浮上的存在體互動時，會哭喊著要和他們一起走。他們不想被留在這裡。他們覺得與這些存在體好親近，比地球上的家人還要親近。但是那些存在體通常會提醒他們：「你還不能離開。記得你有使命在身，沒有完成就不能走。但最重要的是，記得你永遠不孤單。」所以，他們獲准偶爾回「家」探視（意識不會記得，以免記憶會干擾到「計畫」），好讓地球的生活還堪忍受，這是很合理的。只是他們若是記得太多，就不會想要待在這裡。

這個家聽起來也跟回到源頭或神的所在的描述非常類似。所以，外星人也能幫助人類回到那裡嗎？看來他們在監測的時候，如果察覺到有人很需要一瞥自己的來處，他們會協助那個人短暫回家看看。人類之所以體驗到所謂的綁架經歷，顯然有很多不同的原因。人們只要能瞭解真正的理由，就不會覺得那是負面的事，反而會因為知道自己被如此美好和充滿愛的照顧著，而得到極大的回饋。

朵：如果那個地方是那麼美麗，你在那裡又那麼快樂，為什麼你要進到身體？

潘：因為我真的認為我可以造成改變。

朵：有人叫你過來嗎？

潘：沒有。是自己選擇要來。當你和整體一起，你並不會覺得厭倦，因為你就是整體。可是你會離開去做別的事。我現在正在看一大堆不同的東西。我不知道這些其他的東西是什麼。但是大家會去不同的地方。我來到地球，因為我想要協助。

朵：你從那個地方看得到地球上發生了什麼事嗎？

潘：不，我看不到發生了什麼事。

朵：那麼你怎麼會知道地球需要幫助？

潘：你就是知道。這是你是誰的一部份。因為你是整體的一部分，所以你知道。你是萬有的一部份。你是那個光。你就是知道。待在地球上並不差，只是你需要偶爾回家一趟，然後你知道一切可以是寧靜、美麗和平靜的。

朵：你覺得你如何能造成改變？

潘：我不知道。我現在又看到那個入口。是那個月亮，它現在顛倒過來了。……就只是待在這裡。透過打斷這裡的頻率：我認為我的頻率會造成改變。我們有很多人都是這麼想的。看看現在，確實有所改變。只是那個頻率、能量，大量的能量，這個整體，地球這個星球有一層……塞住了？那是正確的字眼嗎？它阻塞住了。它沒有在改變。而藉由不同的碎片進入不同的地方來穿透這個星球的能量，就能夠造成改變。

朵：就好像地球的能量變得停滯了？用這個字形容好嗎？

潘：對，地球阻塞了。我看到的就是這樣。那一束束的光是那些進來地球的碎片。朝反方向出去的光束是離開的能量。它們在我看到「家」之前就出來了，那些長長的、有尖端的碎片。它們一離開光，看來就不像光了。它們開始看起來像是褐色的，也像是有比較多物質在裡頭。那些是離開家要去別的地方的能量。我不知道它們都去了哪裡。有些來到地球，它們會往下穿透進入整體，進入群體。它們會產生洞並分散能量。對，就是這樣。那就是會造成改變的事。每次有很多碎片離開（指離開源頭）。我不知道其餘的去了哪裡。我們有些來到地球，不過大家都分頭去不同的地方。

朵：那麼已經在地球上的靈魂的能量呢？他們難道不能造成改變？

潘：他們卡住了。他們做同樣的事情太久，卡住了。

尤其是如果他們在地球上經歷過無數世的生命，陷入業力的話。所以我說：「他們帶著好多包袱和垃圾。」他們需要放下這一切，才能開始改變。我有許多、許多的個案無法釋放業力，但正是業把他們束縛在這裡。他們說：「我怎麼能原諒他（或她）？你不知道他們對我做了什麼。」顯然地，只要這樣的態度不變，他們就會被卡住，而無法創造出或是參與非常需要的改變。

潘：所以我們需要穿透現況，好讓能量能夠散播。那是唯一可以造成改變的方式。就像是如果你有一大團的什麼——它就是那樣，一團。如果你派碎片下來這裡，你就可以打散它。然後能量會開始變得不同。

朵：這就是你決定要做的事。

潘：當我離開光的時候，這就是我來的地方。其他人也做了同樣的決定。

朵：這是你第一次有身體嗎？

潘：不是，但我看不到自己以前有過這個模樣。我看到自己是個物質，比能量濃，可是我沒看到自己是像現在所居住的身體。我看不到自己是現在這樣，從來沒有。我正在看。（停頓）我看不到身體。我看到物質。我看到薄膜似的東西，乙太能量，不過看不到堅實的物質，不是實體。這和地球上的身體不同。

朵：和你來的地方不同。

潘：噢，對。我來的地方是……我甚至無法解釋那個感覺和狂喜，因為它就是那麼神奇！它是光，是透明的，而且崇高。每個人都是一體，或者，所有一切都是一體。所有的能量都是一體，一切都是共生。我想應該可以這樣子解釋。然後，當你離開家，你會覺得不是那麼自在，不過我們全都會出去。我們可以進入其他領域並且具有形體。我可以看到那些形體，但它們不像這個這麼濃厚。它們沒有這麼稠密。

朵：你可以看到是哪種形體嗎？

潘：事實上，我看到一連串形體，有些瘦又高，有些只是薄膜，有些像束狀飄渺。看起來它會又開始進入一個核心，進入一個球狀物裡。每當它開始這樣，看來總是很暗。它會變得很濃密，你再也無法看穿它。

朵：你認為你是不是多少在實驗不同的形體和物質？

潘：我們大家都這麼做。我們會去實驗，看看我們能住在哪裡。在哪裡可以做最多有益的事。哪裡最令人自在。

朵：有些地方你不喜歡？

潘：事實上，當我看著它們時，每個都很好。我想最好的地方是你沒有實體的形態，但可以到處移動、飛翔和飄浮。感覺上，我去過的所有地方裡，地球是最濃密的。這是個有很多體驗的地方。

朵：很多課程。有很多要學的？

潘：是的，我只是不瞭解為什麼非得學這些。或許當我回去時，就會更瞭解。

朵：那麼，潘蜜拉的身體是你進入的第一個身體？

潘：我感覺這是我第一次有像這樣的身體。感覺很不同。感覺其實不好。其他的都沒有限制，可以自由移動，在這個身體……你被困住了。被困住不是好事。你知道自己可以做更多的。

朵：潘蜜拉說，當她還是個小孩時，她可以讓東西升空還可以移動它們。

潘：對，小的時候最好玩了。她也可以穿透你們認為是固體的東西。但她現在已經不能了。（激動）我不知道是怎麼回事。因為你不能做自己，所以在這裡才這麼不好玩。你必須做跟其他人一樣的事，不能做自己知道自己能夠做的事。她還是個孩子時，她知道自己做得到那些。她現在也仍然知道自己可以，但就是做不出來。這都和信念有關。當她上去那裡，因為能量不一樣，所以她不會被卡住。你可以到處移動，可以看，可以感受。你可以做所有當你困在身體裡的時候所無法做的事。當你下來這裡，一開始你認為自己可以做這個，可以做那個，然而，在你開始試圖去造成改變時，問題就來了。這是為什麼我必須回到那個光，好讓我記得並得到提醒。

朵：所以她必須瞭解，她不能試著去改變每個人。

潘：對，她不是那樣的功能。那不是她的能量。她的能量就是做她自己。內心深處，她知道這些。她只是沒有實踐她所知道的。每當你知道什麼，卻不斷做著別的事，真的會讓自己被東拉西扯。她的身體問題都是因此而來。我們一直試圖否定或否認自己來到這裡的目的。我們有很多人在這裡。還有很多從別的地方來的也在提供協助。有很多人。

朵：他們都為了同一個目的而來嗎？

潘：不是。許多人……他們不是人類……應該說許多**能量**來到這裡是為了感覺這裡。有些是下來學習。我想他們全都有自己的理由。我不懂他們的能量。現在感覺他們似乎都在用自己的方式在這裡協助。我會說，對，確實是這樣。

朵：他們全都來自同一個地方？

潘：噢，不是。很多不同的地方。

朵：所以他們不是全都來自那個充滿能量的地方。

潘：噢，不是，不是。我現在看到一個看來像是反射體的物質，它散發出藍綠色的光。有時候它看來像是有個尖尖的天花板。有時候它看起來就是會這樣繼續恆永地存在。許多能量來自這個像反射物質的地方。我不知道那個地方在哪裡。它很遠。我感受到這些能量。我現在也看到另一個地方。噢，這個地方看來不太好，周圍暗暗的。這是個陰暗的地方，能量不是很好。但從那個反射物質出來的能量來幫忙了。

朵：許多能量都是第一次進入身體嗎？

潘：讓我看看。（停頓）有一些是。我的瞭解是，當我們在能量狀態時，我們都會認為自己不論去到哪裡都能有所幫助。我們都選擇分開，在不同的時候去不同的地方，因為我們覺得自己的能量能對自己的去處提供協助。大多數的時候，我會說情況確實如此。所以我的瞭解是我們……因為全都是能量，所以我說「我們」……我們會分頭去我們認為自己能夠提振的地方，不然就是去可以有新的體驗的地方。

朵：當然，當你們下來這裡以後，情況就不一樣了，不是嗎？

潘：噢，非常不同。天差地遠。

朵：主要是因為大家一旦進入身體，就失去記憶了。

潘：那就好像是跟真正的自己切斷開來。我常常回去。我剛剛才發現我常常回去。我記得自己渴望回去並待在那裡。我不知道是誰告訴我，或者是我告訴自己，我需要待在這裡。**是**我。並沒有**他們**。我需要留在這裡，做我來這裡要做的事。如果我可以提早結束，我很早前就會離開這裡了。我會已經走了，但是能量不是這麼回事。我知道不是這麼回事。每當你去到地球，你就會被捲進去，陷進去，然後你會覺得：「我不要在這裡。這個地方好醜陋。我想離開。」可是事情不是這麼容易。我現在看到的就是這樣，我們留在那個地方（指家）的能量還不讓我們回去，因為它需要去體驗，去感受。

朵：它需要體驗？

潘：我現在收到的是，我想要去體驗。想不到吧！但我收到的訊息就是這樣。

朵：你在完成工作以前不能回去。（對。）但潘蜜拉記得或是感受到的許多事，在她看來都跟外星人和太空船有關。你說的聽起來不是。

潘：讓我了解一下情況。（停頓）現在我看到很多艘太空船。噢。你知道那是什麼嗎？我們有時候就是用那種方式旅行的。那是我們旅行時搭乘的交通工具。我沒有搭乘。我說「我們」是因為我想到那些來這裡的人，我們來地球時不是坐太空船。我們就是以能量的形式下來。我現在看到一個小小的、很小的嬰兒。那不是很有趣嗎？我們是這麼龐大的能量，卻下來進入這個小小的、非常小的嬰兒身體。真是不可思議。其他的能量都去哪裡了呢？

朵：你必須得到許可才能進入嬰兒身體嗎？

潘：一切好像都處理好了。我現在沒看到那是什麼情況。

朵：我想的是一定有什麼規則或是規定。

潘：有指導。一切都是指導。我現在沒看到那是什麼情況。

朵：那麼，搭乘太空船旅行的目的是什麼？

潘：那是和同類的能量一起去其他必須去的地方。因為我們在的地方，就是當我說我可以看到那美麗、明亮、巨大的光球時，那是個特定的能量。那是家的能量。所以，當你離開了自己的領域時，你需要搭你的星球的飛行船，符合你的能量的太空船。

我也聽說過這個獨特的能量必須受到控制，不然會與其他經過的能量融合。這是一種保護。所以許多搭乘這些幽浮旅行的存有都是光體。許多光體都有能力改變形體，以適應他們所處的環境。

朵：她在她的身體裡的時候做這件事嗎？

潘：不是，不是。那只是另一部分的她在旅行。（領悟）就是這樣。她與其他部分的她密切連結，所以感覺得到其他正在做這些事情的她，但她看不到整體。我現在看到一部分的她搭著太空船旅行到一個地方，那裡有著很高、非常高的柱子。那些是水晶，還有能量體。那不是她的來處，所以她必須在她自己的能量裡旅行到那裡。我不知道她在那裡做什麼。事實上，那不是個「她」。（譯注：意指不是有性別的存在體）

朵：但那是另一個部分的她？（對。）就是當她離開家，從家的光分離出來所變成的那些不同的碎片？

潘：對，有很多不同的碎片。

朵：其中一片是潘蜜拉？

潘：它們都是同一片，就像當光束從整體離開的時候。光束可以去到許多不同界域的不同地方，獲得不同的經驗。不知為什麼，我無法與所有的連結。我只知道是這個情形。曾經有個波段圈住她的頭。她感覺頭部有一圈什麼很緊。（比劃手勢顯示那個東西橫越了前額）它封鎖住那個連結。好讓她不會觸及其他部分。我猜她不應該知道。只要知道還有其他部分在運作，還有其他運作中的能量就好。一切都在完美的秩序中。所有部分都在通力合作，做應該要做的事，他們很快便會回到一起，合為一體。這就是訊息，這應該會是個慰藉。

朵：你知道人類的。如果他們不瞭解一樣東西，就會覺得害怕或是去誇大。

潘：你知道那是什麼嗎？那是因為這裡的限制。我想一旦你離開身體，一旦你是真正的自己，全部就會連結起來。這就像是一大鍋湯。你可能是個胡蘿蔔或馬鈴薯，但你還是湯的一部分，你和其他的部分都有關聯。當你從湯裡被舀出來，放在不同的地方或地點，與整體脫離了，你就不懂這是怎麼回事，情況令人困惑，不合情理。然而一旦你回到家，或是回到整體，那麼你知道一切都很好，一切都是應有的樣子。

朵：那麼當她以為自己有太空船和外星人的經歷時，她只是收到其他部分的她的記憶或體驗。

潘：對，事情就是如此。

朵：她對植入物很好奇。你知道她體內有植入物嗎？

潘：知道，是有植入物。一個在太陽穴，一個在右肩膀。

朵：誰放進去的？或者我們這樣說吧，它們是怎麼進去的？

潘：事實上，當她來的時候就有了，它們是她來自的地方的能量，一直都在。最近幾年她開始好奇，但她知道它們沒有問題。

朵：我在工作中得知，其他的存在體會為了各種不同原因把東西放進人體內。

潘：不，我的瞭解是，這和其他存在體無關，植入物是源自於她的來處。

朵：它們有什麼目的？

潘：那是她可以召喚的資訊。那會幫助她找到入口，知道怎麼回家。

朵：聽來像是當她來這裡時就被放進去了，好讓她不會迷失。這樣形容好嗎？

潘：好，那會是正確的描述方式。

朵：這樣她就不會迷失在實體世界裡，也能讓她能夠找到回家的入口。

潘：對。這真的很好。這也是提醒她自己是誰。他們剛告訴我，每當她覺得太陽穴和右肩在癢，那就是她和家有比較多接觸的時候。我想她沒有意識到這點。

朵：我看過很多不同類型的人。她和我曾合作過的是不同類型嗎？

潘：不是，我想你和我們許多人配合過。

朵：當然。他們告訴我不要把這些人放在一起。

潘：沒錯。他們個別會比較有效益。他們聚在一起會強化回去的需求。但他們需要待在這裡。

朵：有人告訴我，如果他們彼此聯繫，能量會被稀釋。

潘：會被稀釋。

朵：他們說我會遇到一些來自源頭的存在體，可是我從來無法確定。所以這就是那類型的能量了。

潘：這是不同的能量類型。能量有很多類型。我們來自不同的地方，我們有不同的特性，聚在一起就是整體。我沒有遇過和我來自同一個地方的。但我感覺你遇到過。我想這些能量在地球上不需要相互接觸，他們獨自會比較強大。

朵：有人這麼對我比喻，說他們就像是大海中不同的兩股浪潮。

潘：沒錯。他們往不同的方向前進。

朵：但每當浪潮合而為一，他們的力量就會被削弱。

潘：然後他們就會開始往同一個方向走。

朵：所以這是為什麼我可以知道他們，但不該讓他們彼此接觸。（對。）即使他們覺得很寂寞。

潘：我在潘蜜拉的身體裡並不覺得我是寂寞的。我獨自一人感覺很有力量。我一個人的時候比跟其他人在一起時更有力量，其他人好似有些散亂（指能量），他們太深陷於他們星球上發生的事，忘記了自己是誰。這個潘蜜拉的身體，當她獨處時，她會記得，然後感覺很強大。不過當她和其他人類一起，開始做人類做的事，就會把她拉往令她不是很自在的方向。這是為什麼她喜歡獨處。

朵：可是當她第一次看到那個光，她想要回去。所以我以為她很寂寞。

潘：那是一種迫不急待的感覺，好像你等不及要回家一樣。有許多存在體從宇宙不同的地方來到地球，他們來提供協助並驅散這裡的能量。這是地球非常需要的。

第二十八章 另一個（更高？）的面向說話

這一次的催眠是在新墨西哥州聖塔菲（Santa Fe）的西北新墨西哥大學班上的個案示範。這所學校很特別，因為它提供了全方面另類醫學和自然療癒的四年課程。

珍是位美麗的年輕女子，也是位日漸知名的靈療師。她生來就具有許多天賦，跟許多這類小孩不同的是，這些能力不曾被壓抑和遺忘，她一直保有並使用它們。

珍最想知道的資訊是關於她的起源。這也是另一個常見的問題，「我從哪裡來？」當然，答案總是一樣的。人們認為他們來自一個特定的星球，但這只是他們漫長旅程裡的一個步伐罷了。我們都來自同樣的地方；那是上帝創造我們，並送我們出外體驗旅程之地。珍也想知道關於她生命道路的資訊。

當珍從雲端下來的時候，她不是下到地球，反而是往上去。她進入群星之間，情緒激動了起來。她說她有像是要回到家的感覺。「因為那是我來自的地方。」她說她想念那裡，如果能找到會很開心。她於是照她想的往北前進，她看到自己被天空中的水晶包圍。然後她很快速地穿越太空，來到她尋找的地方。

她看到遠處有幾艘太空船飛來。「它們看起來小而且圓，黑色和銀色的。它們來歡迎我，但它們不是真的來自我的地方，他們只是接待員。」接著她感覺自己突然被吸進其中一艘太空船裡。接下來發生了我曾經驗過的奇怪現象。我向來都對不尋常的事有所準備，對我來說，它們並不罕見。然而，對一個班級來說，這會很令他們震驚。催眠過程間，有個不一樣的聲音出現，情況看來，我不是在跟珍說話，而是在跟太空船上的某類存在體。當這樣的事情發生，我就是順其自然。

朵：你在太空船裡面看到什麼？

珍：（困惑）我不瞭解你的語言。

我下指令，它會瞭解我說的話並跟我溝通。「你能夠接通珍頭腦裡能夠瞭解我說的話的那部份嗎？我真的很想跟你交談。你可以接受嗎？」它同意了。我向它解釋，我知道它通常是以精神交流，並不使用語言。然而，無論如何，我們必須使用話語。「我希望你覺得自在，我希望我們能夠溝通。你可以嗎？」在它同意下，我開始問問題。

朵：我們在找資訊。你可以跟我們說說關於這個地方的事嗎？（可以。）它是個小太空船嗎？

珍：是的。它非常小，我在這裡的時間不多。它只是作為往返用途。它的裡面看起來就像是小飛機的內部，除了沒有座位以外。它有個金屬類的小廚房。我不確定怎麼解釋。我可以在這裡準備食物，但我不是真的瞭解這個廚房。

朵：如果它是個廚房，那你必須吃東西嗎？

珍：我不需要吃……我不知道要怎麼解釋，人類稱它食物，但我們創造礦物……不，這不是正確的字。我們就是創造出我們的構造使用為能量的東西。我沒辦法解釋。但我被要求要讓……有人需要知道這個資訊，因為他們需要跟能量工作。

我請她描述她的身體。「我看起來不像任何東西。我看不到我自己。我感覺像個能量……人類稱它靈球體（orb）。總之，我們能夠變成任何形狀，這要看我們到哪裡而定。」

朵：你是在想要變形的時候變形還是當情況……

珍：只在必要的時候。我們不濫用我們的能力。

朵：你曾經有過一個實質的身體嗎？

珍：是的，我對身體並不陌生。我不瞭解這怎麼回事，但我知道這個感覺，從我還是個小孩的時候，我的身體會變成能量，然後我就會消失。

朵：所以你確實有過身體。

珍：是的。我曾經有過許多形體。

朵：這是你們的能力嗎？（是的。）可以從一個身體開始，然後改變。（對。）喔，那樣很棒。所以你現在不需要身體了。你就是變成能量。（對。）嗯……能量都做些什麼？

珍：我們教導，我們做很多事。宇宙裡有很多工作要做，因為人類搞砸了很多事。

朵：（笑）哦，我相信。

珍：當他們投射能量出去，我們必須重新將行星校準，我們也必須拿掉他們的氣體。我不瞭解他們投射的是什麼能量。這些陌生的能量進入宇宙，把整個宇宙都污染了。很令人不安。

朵：它是來自人類嗎？（是的。）你離地球很近嗎？（沒有。）所以它延伸到很遠的距離？（是的。）他們投射什麼東西那麼負面？（珍開始哭了起來）很難處理，是不是？你必須清理殘局。你的工作很重要。為什麼這會讓你情緒激動？

珍：哦，我就是不懂這些人類為什麼不瞭解他們對我們在做什麼？他們在誤用他們的神奇力量。他們在製造會散佈到各個宇宙的化學物，而且他們不瞭解這點。

朵：他們不知道那不是只在他們自己的世界裡。

珍：沒錯。

朵：它們散佈出去影響到你的世界。

珍：我沒有什麼世界。我就是屬於這個宇宙。

朵：你曾經有過，不是嗎？

珍：是的……（哭了起來）在它被摧毀之前。

朵：告訴我怎麼回事。

珍：我住在水晶星球上。氣體好強，強到把星球給溶解。我們必須製造太空船才有地方可去。

朵：為什麼會溶解？

珍：那是從人類世界過去的氣體。它們太強了，把星球溶解了。

朵：那氣體已經有一段時間了嗎？

珍：是的。它摧毀了很多星球，所以我們也必須救援很多人。有很多不同的生命在其他的星球。我們接走了許多不同的存在體。

朵：所以它毀了很多的星球？

珍：是的，它繼續在摧毀，我們也繼續試著去……

朵：你的意思是這個能量依然在外流？

珍：是的，我們試著過濾它並努力修補，但他們（指人類）一直在做讓臭氧層打開的事，氣體跑了出來然後……（深吸一口氣）非常令人不安。有這麼多事需要處理。

朵：在你的星球毀滅的時候，你說你離開了？

珍：我們建了艘船，所以我們才能離開並繼續做我們的工作。然後，我們發覺我們的星球沒了。

朵：你們在船上的時候有身體嗎？

珍：是有個結構。

朵：那麼你們為什麼決定不要再有實體？

珍：我們不需要。失去這個星球在某方面也是個祝福，因為我們當時已經進化到不再需要家的階段了。而且我們也不需要任何實體的構造來維持我們的能量。

朵：你們已經進化到超越肉體了。（是的。）你是什麼時候變成這個能量的存在體，你現在的這個靈球體？

珍：是後來的事。

朵：有人告訴你你一定要做這個工作嗎（指清理工作）？

珍：是議會決定的。這不只是我的工作。我們有好幾位都在做這個工作。

朵：你有跟議會見面嗎？

珍：我覺得像是他們傳遞指示。我沒看到他們。我們就是和他們以能量溝通，他們在我們的周圍。

朵：所以你同意去宇宙各地並努力修正發生的這些事？（是的。）當你發現那個能量是來自地球的時候，是什麼情況？你是如何確定？

珍：它有非常稠密和較低的頻率，我根本不明白它們是怎麼進到這些次元的？它幾乎就像個冒著煙的黑蛇滑行而來，但它沒有打敗我們。很容易清理。只是當還有其他事情需要執行的時候，我們必須花時間做這個很沒有必要。

朵：我納悶它是怎麼從地球到那麼遠的次元？

珍：對，它還越過了我們的銀河。它超出我們的銀河，進到其他宇宙。它瀰漫各處，我們知道人類不是故意的。只是看到這個情形很令人不安。

朵：他們認為它只是在地球，他們沒有傷害任何人。

珍：是的，我們關上了很多出入口，不幸的是，人類認為他們仍然需要特定的老師。人類覺得他們需要辛苦的學習，因此他們邀請了讓他們透過痛苦來學習的能量。

朵：嗯……這個星球是個課堂。

珍：是的，沒錯。

朵：你說負面能量很容易清理？你是怎麼做的？

珍：我不瞭解那個字……我們用某種非常強大的液態水晶能量來包圍這些氣體……我們圍住它們，然後產生不同的運算。我們必須測試它的頻率並找出足夠終結，讓它消失的振頻。然後它會消散為能量，但如我提過的，這很花時間。宇宙裡有其它任務對集體來說有益得多。

朵：什麼是集體？

珍：宇宙和宇宙住民的總合。宇宙有許多物種，人類不瞭解這點。但我們喜歡人類，他們是我們的一部份，當他們離開他們的身體就會知道了。如果他們知道，他們的行為就會不一樣了。他們很可愛。他們沒有惡意。他們在心裡都有愛，我們只是要他們從心裡去愛。他們如果從心去愛，就不會製造出現在發生的事了。

朵：愛就是一切，是嗎？

珍：對。造物者充滿了愛。人類只一瞥了造物者對他們的愛。

朵：我想那就是他們為什麼在地球的部份原因：來發現這些真相。

珍：沒錯。他們沒看到樹木在跟他們揮手，對他們眨眼，跟他們打招呼。他們就這樣把它們砍掉。

朵：他們不知道所有一切都是活的。他們認為這一切的存在是為了他們的利益。

珍：沒錯。

朵：如果你沒有花這麼多時間在善後，那你會做些什麼？

珍：噢，有很多的計劃。有很多星球等著要誕生，但它們知道現在還不是安全的時候。也有很多種族希望成為進化為集體的過程中的一部份。

朵：所以這是你能做的事情之一？

珍：是的，創造星球很容易，就跟毀滅一個星球一樣。或是將它們轉移到有助於集體的其他銀河和形態。

朵：我曾經跟很多像你一樣創造星球的存在體對話。這是一個共同創造的團體，是嗎？（是的。）你們是用能量嗎？

珍：是的。但不僅於能量。如果人類瞭解……我們**想**，然後就**發生**了。

朵：這是為什麼思想這麼有力量，不是嗎？（是的。）也許那是人類還不到那個階段的原因。

珍：人類有豐富的腦資源，如果他們把想法和意圖做不一樣的使用，他們會創造出遠為平和的存在。當我們創造這個星球，它是被創造為一個綠洲。不是用來受苦的。有人教他們要受苦……不是我們。但他們內心深處的智慧都知道他們的腦很有力量。他們只用到一顆花生米大小的腦而已，但他們的腦是很大的。如果他們使用他們大腦的全部能量，這個星球將會是個非常不一樣的地方。而事實上，他們知道怎麼回事。他們感覺得到。他們在轉變中，在過渡時期。這個星球不會被摧毀。我真的不希望他們聚焦在那（指摧毀）上面，因為當他們把焦點放在破壞的能量時，他們就是在創造它。

朵：他們專注什麼，就創造出什麼。

珍：沒錯。

朵：你對你現在做的事覺得開心嗎？

珍：是的，我真的很喜歡我的工作。當我說「工作」，那是人類會用的說法。

朵：對，我們會這麼說。所以你就是從一處到另一處做你該做的事。（是的。）這樣很棒而你也很開心。（沒錯。）

現在是跟珍連結的時候了。「你知道你是透過人類說話嗎？」

珍：我覺得很滑稽，很奇怪。這裡有些阻礙。

朵：那是為什麼你必須使用語言。（沒錯。）這會困擾你嗎？

珍：使用人類身體？

朵：跟我溝通。

珍：不會。這是必要的。

朵：我想釐清一些事。我想知道你是不是她，還是你是一部分的她或什麼的？你如何認知這點？

珍：她是我們的一部分。

朵：她是你們團體的一部份？（是的。）請告訴她，她在尋找答案。

珍：她已經知道答案了。

朵：沒錯。但她意識上並不知道。你可以告訴她讓她瞭解嗎？

珍：好的。她是在這裡教人們如何創造。如何使用她來自的地方的能量。

朵：你來自的地方的能量？（是的。）她其實就是你，是不是？（沒錯。）當我們試著用我們的語言來描述時就變得複雜。

珍：是的。這通常會讓她處在很有力量的情況。通常，在她的人類存在裡，她有過許多你們所稱的「引人注目」或高調的情況。人們不瞭解她只是想教他們如何創造。

朵：如果你對你的工作很開心，你為什麼會決定變成人類？

珍：這是必要的。

朵：很受限，不是嗎？

珍：沒錯。她（指珍）不喜歡。

朵：你第一次必須要當人類的時候是怎麼回事？你是奉命的嗎？

珍：是的。這很難解釋，因為她從沒有「登記」要做人類。但她向來接受她被分派的任務。

朵：你的意思是她沒有志願？

珍：沒錯。

朵：可是有志願者，不是嗎？

珍：是的。很多想在現在來到地球的靈魂是在人類所稱的「候補名單」上等候。

朵：可是她並沒有志願來。

珍：沒有，她不喜歡身體。

朵：（笑）她就是被交付任務就是了。

珍：我們有很多——你現在正在對話的整體有許多部份——現在存在於其他次元，而她選擇在地球。我們有很多部份／片段現在是在別處。

朵：我想我比大多數人能夠瞭解你所説的，因為我明白我們有許多部份。（是的。）我們不是只有一個部份。（沒錯。）所以她能夠以人類的形式存在，也能以你們的形式存在。

珍：沒錯。但她有很多的職責，她也明白有個更大的局面。她需要帶來能夠讓人類專注在他們能量的頻率和教導。將人類大腦的活動重新聚焦在能為他們的造物者和宇宙有更多服務的地方。而一旦他們離開了身體，他們就會瞭解這點。

朵：對，那時候就很清楚了。（是的。）但總之，她決定接受這些任務，變成人類？

珍：是的。她從不爭論她的工作。這是我們給她艱難任務的原因。她喜歡。她喜歡接受挑戰。

朵：當你在一個人類身體裡卻具有這些各種不同的能力（指珍的心靈能力）並不容易，不是嗎？

珍：沒錯。在讓人們知道她擁有的能力之前，她已盡了最大努力讓人們在她身邊感到自在。

朵：好。你現在透過她說話的這個人，叫做珍。（是的。）她在地球曾經有過其他人世嗎？（是的。）有哪一世是她需要知道的嗎？

珍：沒有，這時候並不需要知道。

朵：所以她現在所專注的這一世是最重要的。

珍：沒錯。

朵：她這一次的任務是什麼？

珍：她必須教導許多人。有很多療癒者需要記得他們是誰，他們帶來這裡的頻率是什麼，還有他們的能量，這樣他們才能發揮全部的潛能來執行他們的工作。

朵：聽起來像是很重要的任務。（沒錯。）她說她記得她還是小嬰兒的時候，她能夠做很多奇特的事。

珍：是的。她以前時常從搖籃裡跟我們聯絡。由於她的任務，她不需要有跟其他人類同樣程度的「遺忘」。

朵：大多數人並不記得他們小嬰兒時候的事。

珍：沒錯。大多數人也不會想記得。那些靈魂非常美麗，但人們不這樣認知自己。他們需要沒有記憶的來，為那些服務這個星球的人服務。

朵：但她卻能記得她小嬰兒時能做的事。（沒錯。）她的家人很能理解。

珍：是的，他們很複雜。

朵：然而，她還是必須把那些能力擱置起來，如果你了解我的意思的話。（對。）為了要活得像個人類，你必須適應。（沒錯。）她想知道現在有沒有可能拿回那些能力？

珍：是的，是時候了。她知道如何使用它們，但她需要控制它們，因為有很多人類所稱的「灰色」能量，在她工作的學校裡。她知道他們可以看到她的能力。因此為了保護資訊，她需要先暫停使用她的能力。她這是在保護她自己，但也是在保護資訊。

朵：所以她那時候必須讓自己融入，做個人類。（是的。）

我知道跟我對話的這部份能夠回答珍所想知道的問題，我不必召喚潛意識出來。它也同意，因為我已經是在跟它說話了。在進行催眠的時候，有時會很難知道要如何區分指導靈或別的存在體和潛意識的差別。指導靈或別的存在體很可能無法獲得或進入所需要的資訊類型，而且它們通常會是第一個知道的。有時它們會告訴我應該召喚潛意識，因為它們無法回答所問的問題。這又回到我們都是一體的結論。我們自己的所有其他部份加上潛意識，全都屬於源頭的一部份。

起初，跟我說話的這個存在體聽起來是個典型被分派到那個小太空船的外星人或生物。然後它聽起來又像個負責創造的存有，接著它又認為自己是珍的另一部份。所以它是很多東西，跟我們大家一樣。因此，我知道我不用召喚潛意識也能得到資訊。

朵：我們可以就這樣談話然後取得資訊，對吧？

珍：是的，你是個很出色的管道，能夠讓資訊傳遞。我們對你所做的一切表示感謝。

朵：我一直都在跟你們合作。

珍：是的，你是的。

朵：我知道，也尊重你的力量。如果珍現在被允許取回她的能力，這是好事嗎？會安全嗎？

珍：會的，我們會在她周圍產生保護機制，好讓她取回能力。現在在這個星球有許多人類在等候資訊透過她傳遞。是時候了。

朵：我很保護個案的，我們不想做任何會傷害她或是打擾她人生的事。畢竟，她必須住在這裡。

珍：沒錯。這是為什麼我們重組了她的原子。

朵：告訴我這是怎麼回事。

珍：重組的原子能夠保有更多的碳和更多的氧，這樣能量的擴展和力量才能進入她的能量場。

朵：為什麼細胞必須被重組？

珍：你可以想像將透過她進來的頻率數量。（是的。）我們不想她的身體毀掉。

朵：這我聽說過。有些能量太強了，它們會毀掉身體。

珍：沒錯，這已經發生在很多人類身上。

朵：很多時候當你們這類型的存在體要進入時，小嬰兒的身體會沒辦法承受這些能量。（對。）它會放棄或是一生下來就死了。這是我聽說過的情形。（沒錯。）所以你必須要做些調整。

珍：胎兒很好。是母親沒有照料好胎兒周圍的能量。

朵：對母親來說也太多了。（是的。）在珍出生前，你們必須做些什麼嗎？

珍：喔，是的。珍是直到大約六個月才進入子宮，因為他們在對她的母體做些工作。她媽媽的身體。所以她要直到六個月後才能進去子宮。

朵：可以這樣說嗎？嬰兒的身體發展六個月後，她才被允許去試水溫？

珍：沒錯。不過她也在忙著做其他的事。我不知道該怎麼解釋，但基本上是人類的較高自我啓動了他們的智慧去創造身體，並在細胞層面建構胎兒，好讓能量能夠進入。

朵：很多時候你因為很忙，要直到最後一分鐘才會想進來。

珍：對，這就是珍的狀況。

朵：你指的能量是將要進來的靈魂？

珍：沒錯。他們不進來。

朵：他們依他們想要的來建構胎兒？

珍：是的。胎兒的建構向來都一樣，然後當胎兒準備好後，靈魂就可以進入了。

朵：所以他們不會操控或改變胎兒？

珍：嗯……他們會，但是母親需要去製造……靈魂需要去形成……。有時能量或靈魂會告訴母親他們來了，然後他們忙著做其他事，忘了進到身體裡。

朵：會這樣？

珍：沒錯，所以小嬰兒出生時沒有靈魂在裡面，那是因為有其他的事更重要……就是這樣。

朵：一個小嬰兒沒有靈魂在身體裡要怎麼活？

珍：嗯……母親的身體被設計為可以運送所有的血液和氧氣到細胞。因此人類身體的智慧會為將要進入身體的靈魂掌管胎兒的實際形成和身體結構。

朵：身體是一個分離的實體，是嗎？

珍：是的。所以它就像個工廠的產品。身體已經一次次地知道要如何創造胎兒。這是為什麼靈魂能夠放心它可以稍後才進入，因為身體的工作已經完成。

朵：這是為什麼我告訴大家胎兒依靠母親而活，母親的生命力維繫著胎兒的生命。所以說，靈魂在胎兒與母體分離前，不必一定要在身體裡。

珍：沒錯。有時候靈魂會進來檢查，這是父母感覺到胎動這類事的時候。然後靈魂又再離開，這是為什麼母親無法預測什麼時候會胎動。靈魂進進出出的。當然，靈魂可以同時在許多地方。

朵：這就是我跟大家說的。靈魂不必一直在胎兒身體裡，除非到了要出生的時候。（沒錯。）然後它就必須要在身體裡了，不然小嬰兒就沒辦法活。（是的。）但你說一切要重新結構，這樣珍才能負荷這個能量。（是的。）她對她小時候的能力有印象。（對。）那現在她可以使用它們了？（沒錯。）你要如何重新啟動？

珍：我們今晚會到她的夢裡提醒她。提醒她怎麼安全地使用，還有身邊有人的時候該怎麼使用。如何安全的教導。如何安全使用。你知道的，這些能力很強大。她準備好了。

朵：你預備先帶回哪個能力？

珍：嗯……她真的很需要同時在好幾個地方。所以她會熟練這個能力再來教導別人。

朵：這就是她所說的在兩地同時出現（bi-location）？

這是珍記得她小時候擁有的能力之一。只要用想的，她就能立刻將她的身體從一地移到另一處。

珍：沒錯。而且還不止於此。她時常旅行到未來，為她的未來做好了準備。她將會更常到未來，並也同時到更多的國家為日後她抵達教導別人需要的資訊預做準備。

朵：大家看到的她會是具有實質身體的人類嗎？

珍：對，對。她會有不同的形式。

朵：你的意思是，她不會以靈體的方式出現在兩地。

珍：不會，她會選擇一個形態然後進入。

朵：那會跟她現在的形態相像嗎？

珍：不會，嗯……有時候會。這要看她是去哪裡，還有她需要如何融入（人群）。

朵：所以其他人看她就是個人類？（沒錯。）在她身為珍的這個身體，她會覺察到她在做這些事嗎？

珍：是的。她已經在做了，她只是還沒有意識到。

朵：所以她現在知道並沒有關係？

珍：是的。她一直在幫助人們。

珍有個問題跟她感覺晚上有東西來找她有關。他們似乎是不同的存在體。

珍：哦，那是她許多任務之一。基於她在宇宙所做的工作，他們會來找她，讓她知道他們的任務進度和情況，還有請她參與和提供其它方面的協助。

朵：她說有時候這會困擾她。

珍：沒錯，嗯……她喜歡忙碌。

朵：她說有時候她覺得進行了某些調整。

珍：沒錯。不停地離開身體對她是很困難的事，所以我們必須持續調整她，這樣每次她回到身體，她會記得她現在是在一個身體裡。所以晚上我們就是在進行這些事。

朵：如果讓她瞭解會比較好。（對。）還有什麼能力是你想帶來的？你希望她能熟練掌握的？

珍：她會同時使用這些能力。她周圍有很多事、很多活動在進行，她需要學習如何更輕易地移動東西，少花些能量。她可以在她抵達前先把它們移好。

朵：你是說她從小就有的飄浮物體的力量？（是的。）請解釋。

珍：我現在看到她在車子裡的畫面，有時候路上有些障礙，或是其他交通工具。也可能在她行駛的路上發生了一些狀況，使得她的速度慢了下來，因而無法及時到需要她的地方。這些狀況都會被移除。

朵：所以她就是會知道，然後能夠搬開這些狀況。（沒錯。）那是很有意思的天份。

珍：是的。確實。有時候她會忘記她的交通工具不是太空船。（我笑了）她開得很快。然後有一些更大規模的計劃。有些火山在人類所稱的「夏威夷地區」已經準備要爆發，但時間還不到。她將會需要跟別人合作來延緩火山的爆發。像是這類的活動。

朵：哦？這些是你們晚上給她的任務？（是的。）她會在睡夢狀態下做這些事？（是的。）那麼她不會有意識上的記憶？

珍：她會想起來。有些時候，我們必須讓她好好休息。

朵：當然。我們不想她累壞了。

珍：沒錯。

朵：所以當她進行任務時，她會保有記憶？（對。）她並不需要跟任何人說，對吧？

珍：她會找不出適當的字去描述。

我問了更多關於珍的問題。其中之一是她是否應該搬離加拿大。

珍：她確實需要搬離。現在還不是時候。在她住的地方有很多的強大能量需要被驅散。有很多的有毒能量，還有城市環境。有許多的污染。我會提醒她如何消解那些能量並且過濾空氣，但她知道的……她看到化學污染在城市形成，當她開車進到城市時，她看到天使們在城市上方。

朵：那是她其中一項任務？

珍：是的。那裡有很多的污染……水源的汙染。

朵：所以這是她在離開加拿大前必須做的事。（是的。）她想知道最適合她去的地方……對她最理想的地方。

珍：她應該去西雅圖。那裡的人會瞭解她。而且那裡的土地需要做修復的工作。有部份已經準備要下沉。能量越來越無法承受。她會在一年左右搬到那裡，人類的時間。我們會送她去沿岸地區。那裡有許多工作要做。她想有意識地與我們建立聯繫。我們正準備在她的客廳跟她會面。她想見我們，因為她想念我們。她的人類頭腦不瞭解我們是無形的。她會想看到我們，所以我們會不時地去找她。我們會選一個她覺得自在的形體。

針對珍的身體：我們進行了身體掃描。「化學物不平衡。荷爾蒙。內分泌系統現在正在修復。工作過量、過度勞累。我們需要她慢下來。她的脊椎被好多醫生處理過，所以我們也需要重新校準她的脊椎。我們在做調整，但需要幾天的時間。她不應該讓任何人對她的身體工作。別的療癒者不瞭解這個身體。她也沒意識到她在承擔其他人的能量。她需要保護她的胃。她的胃接收到別人的能量。（他們處理好了）我們在她的胃周圍造了個能量罩，保護她不去承擔跟她一起工作的人的能量。」

離開前的訊息：我們為她感到驕傲，我們知道她很努力工作。她有很重要的工作要做，她也愛每一個人。我們對她所做的感到開心。

朵：我們原本是要回到前世，但你說那些不重要。

珍：對。她在整合她所有的多面向實相。這一世是最重要的。

朵：那麼我們看到靈球體是因為那是她的主要能量之一。（對。）而我並不需要請你出現？（不用。）你早知道我們要做些什麼，是嗎？

珍：沒錯。

第二十九章 老師的遇害

洛莉塔是一位按摩治療師，她主要的關切是有許多外星經歷的記憶。她很想知道，這些經歷只是夢境，還是真實發生過。收穫總是會超出預期，因為這次催眠很有意思，情節迂迴曲折。

洛莉塔沒有浪費一點點時間，一進入出神狀態，她便立即進到埃及的一個巨大金字塔裡。她看到一扇通往金字塔的大門，毫不猶豫地走了進去，下到一個昏暗的隧道。途中經過了幾個房間，她知道這些房間不可以進去，於是繼續向前走。她說，她是一位年輕的女性，有著長長的一頭黑髮，她的聲音嘶啞，似乎處在不安和驚恐中。「這裡有很多的情緒。我不怕。這是能量。我可以在太陽神經叢的位置感覺到這些能量。我想我感受到的是金字塔的能量。——這裡有個樓梯，我應該要走上樓梯，進到房間。好，我現在在這個房間了，我面前是兩個很大的黑貓雕像守護著入口。裡面看起來有光，但門口很暗。我想知道裡面有什麼。這邊有個火把，我可以用火把照看看——哦，那邊還有一扇門，我用鑰匙開了門。我沒看到房間，我只看見到處都是紫色光。——我想問它是不是有什麼訊息。它在說，「時代的智慧」，這就是了……時代的智慧。我曾經見過這種紫光。我常常看到，當這個紫光出現，它就會傳授時代的智慧。」

朵：它怎麼傳授？

洛：就是會知道……有時候我知道答案。我知道答案，但我不知道我是怎麼知道的。

朵：你有問它更多訊息嗎？

洛：我不用問，訊息就自己來了。我從來不知道它要告訴我什麼。

朵：今天它想讓你知道什麼？

洛：它來自神廟。（吃驚）來自一個神廟……浮現的就是這幾個字，但我是在一個金字塔裡啊。哦！這是一個建在金字塔裡的神廟。

朵：你跟這個神廟有關係嗎？

她收到訊息——黑貓守護的門就是通往這個神廟。紫色的光在神廟裡。她看到她的工作跟死人有關。

洛：石板上有一具屍體，我正打算處理這具屍體。

朵：你都要做些什麼？

洛：用甲蟲……甲蟲，然後把他們包裹得像木乃伊。

朵：你說甲蟲是什麼意思？

洛：甲蟲……跟甲蟲有關。我把甲蟲放在屍體上，這兒有一些罐子，裡面裝著不同種類的風乾植物。當我包裹屍體的時候，就把植物放在屍體上。

朵：你為什麼要做這些？

洛：為墳墓準備屍體是一項榮譽。

朵：這些墳墓也在同樣的地方嗎？

洛：不是。（她開始變得激動）好像是我準備這些屍體，然後他們過來就帶走。
朵：為什麼這件事會讓你有情緒？
洛：我好像非常難過，我不想做這件事。
朵：為什麼難過？
洛：跟甲蟲有關。
朵：我以為你難過是因為人死了。
洛：不，那倒不是很糟——我認為，甲蟲爬滿了整個屍體，所以它們可能吃掉屍體。
朵：它們被包裹在屍體下面嗎？
洛：是的。那是必要的程序。我現在看到了……它們爬到了屍體上面，我不知道身體裡是不是也有。
朵：但是，如果這是程序的一部分，為什麼會讓你難過？
洛：這種事讓人想哭。我懷疑這個身體可能沒有死。他們會給我還沒死去的人嗎？也許他們給了我一些人來包裹、埋葬，而這些人實際上並沒有死。嗯。
朵：你能看出來他們是否已經死了嗎？
洛：不能。我覺得有點像是昏迷。他們也許處於昏迷的狀態，我不知道。
朵：他們在呼吸嗎？（沒有。）
洛莉塔突然間有個令她很不愉快的想法。「所以，如果是……或許不是我在準備他們，或許是某個人在處理我，是我在檯子上？——我覺得是這樣的。」她不安起來，非常害怕。我立刻給她安撫的指令，如果她想的話，她可以客觀的觀察，並且談論這件事。「他們把我包裹起來，而我還活著……（痛苦狀）……把蟲子放在我身上。他們把我放到墳墓裡。我還沒有死！」（哭泣）……他們以為我死了嗎？」她的呼吸開始沉重起來。

到底她是觀察者還是參與者，這種拔河般的反反覆覆是典型的保護措施，潛意識是要確保事件不會超出個案的承受能力。我決定引導她回到事件發生之前。這會是讓她擺脫這個令人不快的情境，並找出事件原因的方式。她開始描述自己，「我看到我的背面，我有長長的黑髮。我就是剛剛看到的那個年輕女孩。我的頭髮上有金色的飾物。他們正告訴我，「為了人們的好處。」……沒有道理啊，「為了人們的好處，你將被埋葬。」

朵：為什麼？這要如何對人有幫助呢？

洛：看起來我是一位直言不諱的年輕女性。這件事會教育女性，她們不能像我這樣。舉例來說，我非常坦率，我以自己的生活方式作典範來影響她們，所以他們懲罰我來警告大家。我看到紫光了，我看見自己站在一個男子面前，他告訴我他們要殺一儆百。現在我看不到自己了。我看見紫色的光。

朵：但你說，你是以身作則來教導她們？

洛：是的，我是一個很好的典範。這個男人不想我教這個。（不服氣的口吻）但如果我教了什麼不好的東西，為什麼我可以看到紫光呢？我看到他們把我拖走了。兩個男人……每個人扯住我一隻手臂，我的腿被拖在地上。他們打我的頭。那就是他們對我做的事。他們一定是把我打昏了，然後把我……把蟲子和風乾的東西放在我身上，把我裹了起來，裝進一個箱子裡！他們以為我已經死了，他們活埋了我！

這些發生的事令她情緒激動，我必須不斷提醒自己，潛意識不會讓個案看到超過她所能承受的場景。在許多案例中，潛意識拒絕告訴個案和暴力有關或可怕的前世生活，因為它不希望困擾個案。在這個情況，潛意識一定是認為這個令人不安的資料對個案很重要。我引導她離開那個場景，這樣她就不必去體驗那些感受。我仍然想找出她被懲罰的原因。她做了什麼，要承受如此激烈的死亡？「你是一個老師嗎？」

洛：我教授魔法。魔法是好的。這跟那兩隻大黑貓有關——我看到那裡發生的事情了。有一些女子在有兩隻黑貓的神廟裡。我讓她們圍成一個圓圈，我想我可能是在教導她們紫光所教我的。

朵：你是說，時代的智慧？

洛：是的，男人不喜歡。

朵：他們不想讓女人知道這些事情嗎？（是的。）所以他們決定殺掉你？

洛：對。當你做這些事……看看自己的下場。

朵：他們想要嚇唬其他的人。（是的。）嗯，現在你離開了那個身體，你可以從一個不同的觀點回顧一生，你從那一生學到了什麼？

洛：我教導我認為對的東西，而我被封進一個箱子裡。

朵：所以你覺得學到了什麼？

洛：也許是為我所信仰的事奮鬥，要再更努力一些。

朵：即使你因此被殺？

洛：要嘛就是為我的信仰更加努力奮鬥，要不，我的死亡就是不必要的。我不喜歡白白死去，我不明白為什麼一定要有爭鬥。

朵：你認為這就是那件事想要教給你的？為你的信仰奮鬥？

洛：是的，他們已經做了最糟糕的事。我最喜歡的一句話就是，「我有什麼好損失的？」

當我引導她離開那個場景，試著發現另一世的時候，她看到自己漂浮在太空，沒有身體。身為能量是一種非常好的感覺，這是一個平靜的地方，在這裡她感到無牽無掛。我試著引導她到別的場景，但是，「我沒看到任何東西，只有能量經過。一團一團的經過。一團團紫色的……深紫色、灰色和橘色。我好像在一個光的世界。有很多能量。我仍然處在這個有著各種顏色的能量世界裡。」

朵：你應該以某種方式去使用那些能量嗎？

洛：我正被告知，是的。去使用這些能量……各種顏色的光。我應該怎麼使用這些能量……用眼睛？怎樣做……只是看和存在？那麼容易？就是那麼容易。我用眼睛投射能量。他們正教我專注在能量上。

朵：當你專注在能量的時候，能量去了哪裡？

洛：去了我正接觸的人身上。我跟老年人接觸，跟年輕人接觸，跟路上的人接觸。

朵：就只是看著他們？

洛莉塔很顯然是第二波志願者。

洛：是的。人們過來跟我交談，他們不知道是怎麼回事。但對我來說就只是看著他們罷了。

朵：不需要費什麼力，是嗎？（是的。）你知道你在做這件事嗎？

洛：我想我最近知道了，也許。我知道我正在用眼睛做更多的事；尤其是對老年人，因為我的眼睛吸引他們的注意，然後他們就聽我說話。

朵：我們正在談論的這個人是洛莉塔嗎？（是的。）所以你進入了洛莉塔的身體？（是的。）

接著這個聲音變了，它把自己定義為來自於太空船上的某人或某物，據它說那艘太空船是洛莉塔的。他們開始把能量導入她的身體，他們在治療她，並讓她更容易專注在這股她將要運用的能量。

洛：她只要看著人們，人們就會好多了，無論是身體還是心理上的問題。她跟人接觸，他們甚至不知道怎麼回事，但也變得健康了。她一直在做這件事，但她並不知道。現在她可以知道這些了，因為這是她的工作。她將會旅行，跟各地不同的人見面。就像風一樣。風輕撫了很多人，而且是如此容易。不需要很辛苦。到你心靈嚮往的地方吧。前景會更開闊。她會使用到另一種光，那種光是金色的，很明亮。她將開啓更寬闊的體驗……更寬闊。

我詢問有關這艘太空船的更多資料。「為什麼它對洛莉塔有興趣？」

洛：它說，「你是我的女兒。你會用你的眼睛工作，你是一個光的孩子。」

當我詢問更多太空船的資料，信息開始停滯了。她似乎有些害怕，使得溝通被打斷。因此我呼喚潛意識，問它為什麼選擇了我們剛才經歷的這世。

洛：事情不必都是那樣的。她不必再那樣了。她認為她總是因為說出真相而被懲罰。（她轉換成第一人稱，這意味著洛莉塔正試圖插話）我認為我在許多、許多、許多世裡都是被懲罰的，也許我現在不知道在這一世要如何接受。

我使用正面指令來釋放那一世的經歷，讓這些事不再牽絆她。重複指令花了些時間，直到她說，「我看到了，我看到能量被釋放了！」接著我回到要問的問題，並強調，她會讓潛意識來回答。

朵：幾年前，她住在奧克拉荷馬州的埃德蒙（Edmond）時，發生了一件事，她看到房間裡有些存在體，她想知道那天晚上發生了什麼事。你能告訴她嗎？那是一個真實的事件嗎？

洛：是的。一個朋友回來看她。「我來帶你回家。」

朵：它帶她去了哪裡？

洛：去了一個藍色的星球。那裡有樹，有草地。從太空看，這個星球是藍色的。那裡也有一個城市，她叫它金色城市。那裡的人都很快樂。他們在舉行慶典，慶祝她回家。她已經離開好一陣子了。

朵：如果她很快樂，為什麼要離開那裡呢？

洛：應該去幫助……她志願去幫助宇宙。她志願成為人類。

朵：她要如何志願去協助？

洛：透過成為人類。用她的能量去協助。

朵：那天晚上發生這件事的時候，她看到了像是三角形的東西。

洛：是的，明亮的白色三角形！它回到太空船上。在一束光中回到太空船。三角形在太空船頂端，它們是能量。那是她穿越隧道……蟲洞……會需要的能量。

朵：那個光帶她回家？

洛：對，它們是由白光構成的。這些三角形是能量的源頭，也是光之存有。它們是能量的存在體。它帶我回到太空船上，讓光束照在我頭頂（洛莉塔又一次插話）我不認為所有的太空船都是善意的，他們想拿我做實驗。我記得我躺在一張很冰涼的檯子上，沒有衣服覆蓋。他們都圍著檯子。

朵：問問他們為什麼你在那裡。

洛：我們在試著幫你，幫我什麼？（她在問他們）你們要跟我說話啊。他們不懂我的語言。你說你不懂我的語言，那是什麼意思？我可以聽到你說話——他們說他們在試著幫我。我不認為他們想要幫我。（抗拒的口吻）為什麼他們把一根管子插到我的鼻子上，通到我的大腦？（不安起來）你們想讓我這樣對待你們嗎？

朵：告訴洛莉塔為什麼會發生這樣的事。請解釋給她聽。如果你解釋，她就不會害怕了。人類喜歡事情有解釋。

洛：調整腦垂體……調整？

朵：為什麼需要調整呢？

洛：不夠容納……更多的知識。

朵：你想讓她能夠重新取回一些她原本擁有的知識嗎？

洛：是的。幫助人們。

他們解釋，他們並不是傳送知識給她的人，那些人會從別的地方來，但是腦垂體必須要大到可以接收這些知識。然後她再次不安起來。「他們用東西刺進我的陰道。卵子？你們想要卵子？」

朵：為什麼你們想要卵子？

洛：胚胎……保存……為她保存？——他們在為我保存胚胎？

朵：為什麼他們必須為洛莉塔保存胚胎？

洛：不一樣的生活。未來……未來的生活。

朵：為什麼他們必須為未來的生活保存胚胎？

洛：生物學現在很重要。

朵：什麼意思？在未來的生活，她不能產生自己的卵子嗎？

洛：不像現在這樣。

朵：有什麼區別？

洛：事情改變中……變化中……轉化中……突變中。

朵：你是說，在現在或將來，還是什麼時候？

洛：現在……事情不一樣了。卵子現在已經不同了。

朵：卵子改變了？（是的。）你們想保留這些卵子？

洛：是的，我可能不會再回到這個狀態。

朵：是變得較好，還是較差，還是怎麼？

洛：不是較差……只是不同。它們會在以後被使用。

朵：所以，在未來他們不會製造這樣的卵子了？

洛：是的，不是這樣的卵子了。

朵：是什麼東西造成卵子的變化？

洛：振動頻率。

朵：我知道振動頻率讓身體有了變化。（是的。）但它也會造成卵子的改變嗎？

洛：是的……DNA改變中。

朵：但她沒辦法有小孩。這會有任何不同嗎？

洛：她在這一世不會有孩子。

朵：但卵子仍然是能生育的？

洛：當然。

朵：所以卵子必須被取走和保存？你是這個意思嗎？（是的。）所以未來它們可以被植入她的身體？（是的。）未來這些卵子會有什麼問題嗎？

洛：沒有問題……只是不同。這是個帶有很高的振動的特殊時候。高頻振動讓事物產生變化……讓事物更有能量。

朵：但未來這些卵子不會有這麼高的振動頻率了？

洛：對她來說是的。未來她不會產生卵子了。

朵：人們不再產生卵子了，還是只是她？

洛：我真的不能說。她是不會了。她在未來會有不同的事情去做，小孩也會不一樣……會是不同的過程，跟地球不一樣。所以她保存這些卵子，以便日後在新的過程裡使用。

朵：到那時候她會瞭解嗎？

洛：是的，她會瞭解的。她到了那時候就會明白。

朵：她會有一個物質的身體嗎？

洛：可能不會。

朵：這些卵子會被用來製造另外的人類嗎？

洛：另外的混合品種……不是人類。會是一個非常高頻的混合品種。也許在新地球！

朵：聽起來這會非常重要。

洛：是的。有一個團隊正在做這樣的事。她是團隊成員之一。

臨別的訊息：愛你自己。愛你自己。我們都愛你。

第三十章 連串資訊

伊芙琳是照顧瀕死病患的護士。她展現了偉大的慈悲心，也很喜歡做這類的工作。她想知道她懷疑存在的幽浮事件到底是怎麼回事。她主要想探究存在體到她房間探訪的記憶。她印象裡也看到外星生物在培養箱裡處於暫停生命（休眠）的現象。

當她進入出神狀態，我引導她回到事件發生的那一天，她在家裡正準備入睡（我稱此為後門方式）。她描述了她的小公寓，並說她的小貓和小狗喜歡跟她一起睡在她的大床上。「我們從收容所領養了小狗（一種混種獅子狗），貓是流浪貓。我養了好幾年。牠們現在有個很棒的家。牠們很得寵。」

這個晚上她很煩躁，雖然過了午夜，還是沒辦法睡著。接著發生的事使得這晚變得特殊。「那個人影從天花板下來。我很訝異。小動物看到了，但牠們什麼也不能做。」我請她描述，她說有兩個存在體。「他們有長長的手臂……像人類一樣……他們有穿衣服……黑色西裝……和黑襯衫……黑色的鞋子。」

朵：他們融入了暗暗的房間裡，是嗎？他們的臉是什麼樣子？

伊：幾乎就像人類，但他們不是人類……他們的眼睛大而且圓，像人類的一樣，但比人類更大。沒有情緒。他們不說話。他們不笑。他們看起來也不是在生氣。他們看起來沒有表情……就是張臉……短黑髮。

朵：然後怎麼回事？

伊：拉我的手……我的右手，但他拉錯地方還是怎麼的，很痛。（我下指令，這不會困擾她。）他很有力，力氣很大。他拉扯我的手臂。在另一邊的那個比較小心，但右邊這個，他拉我的手……加上我又很重。——我們穿過屋頂往上。

朵：他們一定很強壯，如果他們可以這樣的話。

伊：他們不需要強壯。那是用別的方式。跟重力有關。他們知道怎麼做。

朵：所以你們往上朝屋頂去？

伊：不，我們已經越過屋頂了。

朵：穿越屋頂的感覺如何？

伊：好玩。穿越屋頂……你變得跟屋頂是一體的。你能感覺到屋頂的成份，它們看來像氣泡還是什麼的。天花板變得不一樣。幾乎就像是幅畫，不是真的存在。

《監護人》書裡有好幾個類似的案例。最初他們發現可以穿越天花板的時候，覺得很困惑。外星生物解釋，人的分子結構被拆解為可以符合他們所要穿越的物體的結構。在每個案例裡，都有兩個存在體在旁邊，一邊一個；好似這對幫助他們穿越實體物質以及上到太空船是必要的。

伊：我很驚訝。我們就這樣直直穿過。我現在在外面，往下看著房子。發生得好快。我甚至不知道該怎麼想。

朵：你要去哪裡？你看得到嗎？

伊：不行……上面的某個地方，但我看不到。它發生得太快了。

朵：你接下來看到什麼？

伊：一個房間。很暗。有光在裡面，但還是暗。沒有窗户……沒有門。

朵：那兩個存在體仍然和你一起嗎？

伊：是的。他們就站在我後面。——我在想這一切根本沒發生。

朵：什麼意思？

伊：這是艘船。一艘太空船，而那兩個在我後面的人，他們不是人類。所以我的邏輯告訴我是某人來接我，載我一程。

朵：你怎麼知道這是太空船？

伊：我怎麼知道？我就是知道。

朵：接下來呢？

伊：沒什麼。我們就是站在那等候著什麼。

我不知道這會延續多久，所以我壓縮時間，讓她看到自己在等待什麼。她接著看到前方走道有光，有個生物朝她走來。「這個東西非常非常高。他很和靄，但我不記得曾經看過像這樣的東西。他的臉像梨子的形狀……沒有頭髮，沒有下巴。他智力很高，很聰明。我認為他是個領導者之類的。他的皮膚跟我們很不一樣……很密實。沒有衣服，沒有鞋子，什麼都沒有。」

朵：你說密實是什麼意思？

伊：沒有人類皮膚上呼吸的毛孔。但它很柔軟。非常非常軟……很瘦長的手指。

朵：多少根手指？

伊：四根手指，但幾乎都同樣長度。看起來有大姆指，但我想它們的排列跟我們不一樣，而且每根都距離得比較近。

朵：他有跟我們一樣的眼睛、鼻子和嘴嗎？

伊：有，但他沒有使用。它們並不真的有什麼用途。他也沒用鼻子呼吸。也沒用他的嘴吃或喝東西。它們就是在那兒，我不知道，像是裝飾還是什麼的吧。

朵：那他的眼睛呢？

伊：眼睛很長，橢圓形……很漂亮。我沒見過那樣的顏色。就跟我的一樣……藍綠色……跟我同樣顏色。他不需要跟我們一樣使用眼睛。他看得到，但是是在他的心裡看到一切。他的眼睛不用來閱讀或是跟我們一樣的用途，但它們很敏銳……非常柔和。

在這個時候，伊芙琳開始咳嗽，沒辦法停下來。我下指令緩和，這樣我們才能繼續，而且她不會被干擾。

伊：他在告訴我跟我的肺部有關的事。被污染……太過污染。

朵：他可以看到你的肺？

伊：是的，在他的心裡。

朵：他能看到你的身體內部？

伊：他不需要去看。他能感覺到。他就是知道所有的事。

朵：他可以為你的肺部做些什麼嗎？還是那就是他要做的？

伊：他做很多事。他做所有的事。他說我們的整個環境都被污染了。

伊芙琳依然在咳嗽，所以我必須給她更多的舒緩指令。

伊：他說污染幾乎已經到了一個極限，需要被清理。氣候本身……他向我顯示必須要有強大的風來將這一切污染吹走。

朵：有可能做到嗎？

伊：沒有什麼是不可能的。你知道的。他試著用我能瞭解的話告訴我，他說如果強風來到表面並以順時鐘繞著地球，透過其中某些元素或能量，它會帶走所有黑暗、灰色的毒素。污染不只是空氣污染，是所有人類和負面情緒在污染地球。這一切都有關聯。他在給我看一切都是結合的……都是一個整體。

朵：但如果他們用強風來試著吹散污染，這會影響到人們嗎？

大概在這個時候，我可以知道伊芙琳已經不是在以觀察者的角色從存在體那裡接收答案。就如通常發生的一樣，存在體接管情勢並開始直接回覆問題。或者，也有可能是潛意識，因為它開始使用我熟悉的術語和措辭。無論如何，伊芙琳已經退出了對話。當這種情形出現，我可以直接得到答案而不必透過個案的心智審查過濾。

伊：強風不會傷害民眾，因為風的組合具有能量粒子。有數以百計，非常多非常多的不同粒子。它不只清潔空氣，也會潔淨頻率。它就像能量波一樣吹過人體，清理人體和所有的山脈、河流及動物，所以它不僅是風，它有多種不同的構成要素。他說我不會瞭解的。

朵：所以它不是像颶風或那類的強風？

伊：它是非常強的風，但它也具有能量。它只是吹過整個星球。

朵：我們總是會把強風想成具有破壞性。

伊：它會繞著地球順時鐘旋轉，像風裡的霧。它是一陣強風，但不會有颶風類的損害。它就像朦朧的、乾淨、明亮的能量。它會有很多中和的能量。它可以中和不同的能量，不好的能量、污染、毒害、痛苦、不幸、沮喪、金錢……這些都甚至不重要了。當這個風吹拂過這個星球，人們會忘記以前發生的事。失憶，他們將會失憶。這些粒子會清理掉很多東西。

朵：你說他們會失憶是什麼意思？

伊：他們將有新的開始。

朵：你的意思是他們會忘記他們緊抓的事物？

伊：不是，他們曾經有的，還是會有，但他們將會用非常不同的眼光看待事物……一個不同的觀點，不同的見解，不同的理解，不同的意識。這是我們唯一能清理這個星球的方法。這個星球已經受到太多的傷害。

朵：你認為這會影響這裡所有的人嗎？

伊：喔，是的……整個星球。它必須如此。我們不能只做一半，不管另外一半。

朵：可是有些人非常負面。

伊：沒關係。他們會成長得更堅強。風會讓他們忘記不好的事，他們需要往前邁向好的事物……很多的愛與光。它主要會終止時間，然後我們會有新的一頁，新的開始。你們對過去不會有問題。很多人對此非常期待。他們知道有什麼要發生了。

朵：他們知道是放下過去的時候了？

伊：是的，而且跟指引的光合作……與宇宙合作。

朵：但這麼做不是在對抗他們的自由意志嗎？

伊：不是，因為時間並不存在，我們只是把這段時間結束。他們可以在下次去別的地方的時候再重拾或恢復就好。我們只是延緩。

朵：可是我在想，自由意志是這麼重要。我以為他們不被允許干預自由意志。

伊：我們瞭解你所說的，我們會用更多時間來解釋。讓我們這麼說。優先事項……你們有優先考慮的事項。我們的優先事項是……不……這不是好的說法。——我們是一體。我們是神……具有神……的能量。你們已經玩你們的遊戲好幾百好幾百萬年了。你們在一個小小的遊戲圍欄裡，我們一直在看著你們練習你們的遊戲。但你們現在正在毀壞這個圍欄，我們不希望這個疾病傳染到仍然是在學習過程的其他地方。

朵：你說的其他，是指別的星球嗎？

伊：其他星球……其他仍站在沙盒裡玩耍的存在體。

朵：我們不是都在不同的學習階段嗎？

伊：你們學習你們選擇學習的，但你們也早就知道了。你其實沒有什麼要學的。你們是神。你們是全知的光。我們都是光。

朵：但你知道的，我們來到地球，就把這些全部都忘了。

伊：因為你們選擇在你們的沙盒裡玩耍。你可以做你們想做的，所以這並不真的是干預，因為你不能甘預神為一體。它只是個選擇。你在沙盒裡玩耍，我們看著你們，想要確定你們不會像小孩一樣玩得不可收拾。但你們已經玩得失控了，我們讓你們在時間裡慢慢玩，現在我們要來清理沙盒了。就是這樣。就只是延緩事情罷了。

朵：所以，當我們進入這個你說的新的時間，舊地球會發生什麼事嗎？我們討論過風，但還會有其他的嗎？

朵：水，升起的水……堤防潰決、海水，還有大浪。並不只有風會清理地球表面，會是裡裡外外徹底清理。

伊：我知道在這個星球底下有一些城市，不是嗎？

伊：沒錯……他們有些也需要清理沙盒……。所以讓我們工作吧。他們並不是都完美的，有些玩的遊戲甚至比地表上的還要髒。所以讓我們做一次清理。你在想他們都會死。不是這樣的。這只表示風的頻率會將裡裡外外清乾淨。

朵：我在想水也是一種清理。

伊：要清沙盒不只需要水而已。在你星球上的每一件事都將會改變。我很抱歉無法說明細節，但每一件事都會改變得跟你現在所經驗的不一樣。我們有今天的這些知識是因為我們並沒有真的跑去玩耍。我們沒有那樣選擇。有很多人做了那樣的選擇，那很好，那是他們選的。我們留在光裡。在所有人類的時間，我們都沒有那樣選擇，但這不表示我們不知道你的星球或其他星球發生了什麼事。……到時星球的振動會比較高，雖然無法具有我們的振動，仍會有很重要的改變。頻率正在改變。就像收音機的波頻……能量的身體，能量。

朵：我們還會保有我們的身體嗎？

伊：許多人可以，絕對的，是的，但身體會有些改變。改變將來自光，來自食物。人們會跟環境還有他們的身體更和諧。他們會了解這個身體的目的是為了完成遊戲的目的。因此他們會校準他們的身體以適應他們在玩的任何遊戲。他們將更為覺知——如果這是正確的字——他們會對身體更覺察，對心智更覺察，並對遊戲更警覺和覺醒。

朵：身體會如何改變？

伊：會變得更「泡泡」……更高的振動。

朵：我們還會吃食物嗎？

伊：嗯…你會停止殺生吃肉，因為吃下一個生物的振動會讓你很不舒服。你將會飲用更多帶水份的食物。當你種植食物，你不再以數量為主，而是以愛的品質。你種植的樹木將帶來更高的振動，水果也會有更高的振頻，所以你不需要像以前吃得一樣多。

朵：我們不那麼需要食物了？

伊：不那麼需要……只需少量來維持液態的部份。食物會包含較多的液體而不是固體。你所種的東西將有別的頻率。你種在地上的植物會有更高的振動，因為你的雙手和你的思想、你的心智、心智上較高的振動，都會跟著栽種下去，因此一切都有較高的振動。

在催眠前與依芙琳訪談時，她提到她的問題之一是她現在吃食物會感到反胃。我納悶是什麼原因。「她的頻率升得太快。她很固執，所以現在食物讓她不舒服。」

朵：為什麼會發生這樣的情形？

伊：她想快點提升振頻，因此身體沒有順從她的潛意識所知道的資訊。我們不瞭解為什麼。我們無法適當地同步她的身體。為了某些原因，它沒有結晶化身體。我們在身體結晶化和帶進最高振動上有些問題……帶進她最初的振動。我們看到她的想法，她喜歡食物，她在放棄她會想念的東西，可是我們需要趕快提升振頻。

朵：但你知道她必須要進食才能活下去。

伊：她以液體和純淨的水晶就能活下去。為了提升身體的振動，你需要結晶化並純化身體，而不是毒害身體。它需要更快的進程。它現在是向前一步，向後兩步……一步前……兩步後……為了某個原因，她無法跟上我們對身體的工作。我們對身體做了很多的調整。

朵：你的意思是她為了某些原因在抗拒，這是正確的字嗎？

伊：她因為不知道自己該做些什麼，還有抗拒……她有許多悲傷。

朵：悲傷從何而來？

伊：在地球上的寂寞，非常，非常寂寞。我們瞭解她想回家。我們知道這讓她非常非常難過……非常寂寞……孤立……她孤立她自己。

朵：她不想受傷。她曾被傷得很重。

伊：你瞧，問題是在心裡。是想法……她的更高自我知道她是什麼。她知道她是誰。她知道。

朵：我們意識上不知道這些事。這是原因。

伊：我們不是很瞭解為什麼我們必須把每件事說給你們聽。

朵：我瞭解你的意思。（笑聲）我常跟你合作。我們慢慢來。

伊：是的，但因為我們知道一切，我們與神和諧，我們接通了神的知識還有會讓你眼睛看不到的光。它不會讓你看不到，這只是表達的方式。我從沒有喜歡在身體裡過。我從沒有過實質的手指頭，好嗎？因此，我想在某方面，我們真的不瞭解那個部份。我們不了解，如果你來自家，你來自的那個地方，她來自的那個地方，你們怎麼會不知道這些？她知道，但她不知道。這是什麼意思？你怎會同時知道和不知道？你瞧，如果有眼罩或什麼把你的眼睛遮了起來，然後你移開它，或不論你要怎麼表達……你的心智沒有連結？我們了解，但你為什麼需要問這些問題，當你已經知道你是誰，知道你是什麼的時候？

伊芙琳開始自己閒扯了起來，但內容並沒有意義，所以我刪去了一些。我試著忠於最重要的部份。

伊：這又要回到她的哀傷。她需要移除所有意識，移除，因為你可以在沒有它的狀況下運作，信

不信由你。不，這不是真的，因為我們看到你需要語言、算數和開車。（笑聲）

朵：因為我們需要意識來活在這個世界。

伊：是的，我們現在瞭解了。我們在相互教導。所以我們需要把她從那個次元帶離一些，並讓她瞭解更多一些，所以她的其他心智，她的意識心就會放鬆並准許我們進行頻率互換，讓振動更高。

朵：但我們探究的那個晚上，她以為她是第一次到太空船上，第一次和你們會面。（伊芙琳笑了）我跟你們合作很久了，我知道這很可能不是她第一次。（我們都笑了）為什麼那晚她會被帶去那裡？

伊：是為了在意識上提醒她。這是為什麼我們讓她記得每個小細節，這樣她才會接管她的好奇心並問更多問題，而不是只是「哦，對，啊，管它的。」

朵：那是她的好奇心。那晚後來發生了什麼事？

伊：發生的事就是她的頭頂被象徵性地移除。這是象徵性的，不是實際上的。我們沒有砍她的頭。（笑）

朵：是的，我知道。（笑）

伊：我們讓她徹底體驗到光的完整。所以她想把一切用言語表達。嗯……我們沒有五百萬年的時間來把所有一切用言語表達出來。（笑聲）所以，這很難。你無法用言語表達。宇宙沒有足夠的時間。這很討厭。

朵：我知道。我被告知很多次了。文字和語言並不足以描述。

伊：我們甚至沒有語言來表達。傷腦筋。會有個晚上，她將想起那個光。

朵：你為什麼想要她記起來？

伊：那個光？那是她的源頭。它一直在那裡。只是被掩蓋起來。我們想要她完全記起來並且知道……全然知曉……沒有語言。這是為什麼有她無法解釋的消失的時間，因為在全知裡並沒有時間。她會擁有完整的記憶，她不需要擔心其他事和質疑事情。「這是真的還是假的？」它就是。沒有解釋。神是光，是能量。你稱為神的……祂就是……沒有語言。

朵：你認為這些記憶會有助她的人生嗎？

伊：是的。然後當她把能量帶入意識，她也能夠傳播能量。你瞧，這就是風的一部份。她所傳播的知曉和粒子是風的部份。它不是像身體會炸開成幾百萬片。這個能量，即使沒有從全部的身體，而是從心智投射，也都是風的一部份。散播這個全知的部份，主要是從你的第三眼開始。你知道我現在看到什麼？（什麼？）什麼都沒有。什麼都沒有。沒有語言，沒有思想。什麼都沒有，而同時，它又是一切。一旦你投射那個知曉，所有一切和空無都成為風的一部份。

朵：你是在太空船上的那個生物，是嗎？

伊：藍眼睛的那個？不是。

朵：我不確定我現在是跟誰在溝通？

伊：原本是藍眼睛的那個。但我不是個身體。我是光。我所投射的形象只是投射而已。就像一部電影。只是為了讓眼睛去看……去產生關聯，但那不是真正的我……不是的。那是為了讓眼睛去看去記得……一個有形的東西。你需要給人類圖像。這樣她就能告訴你，「我看到一個很高的人。」因為如果她說她看到光……沒有人會知道她在說些什麼。

朵：我會知道，因為我跟它們工作。

伊：但大家不知道。——沒有耐性。她沒有耐性。現在，她期望每個人看到她所看到的，這使得身體又多了負擔。因為每一個負面情緒、性急、灰心，所有這些都只會是另一個障礙，她在意識上需要擺脫它們。它需要被校準——你知道這令人難過——這要怎麼說——你知道得越多，你越是不瞭解其他人。你越是瞭解某個你甚至無法文字化的東西，你就越對別人沒有耐性。你會想，他們怎麼會不瞭解光，他們都是從那來的啊！你們怎麼能忘記？你們怎麼能這麼——我不想說她使用的字。是「s」開頭——（輕聲說：stupid（愚笨））。你們怎麼會不瞭解？你們怎會被觸動那些良善美好和無條件的純粹的愛？……這個光的存在體，她只想要每個人內在有那麼一點點微小的光可以被觸動。她有能力去觸動，但在同時，她也對自己造成傷害，因為她的沒耐性和不理解。人們在某方面並不瞭解，但另一方面，她在意識層面上也不瞭解。所以，哪樣比較好？知道多些還是少些？我們如何平衡兩者？——你怎麼知道我沒有身體？

朵：我跟你們這類存在體，跟光說過話。它們很多都是投射出影像，這樣人類比較容易瞭解。

伊：哦，確實如此。我們對來到這裡和光工作的人也很熟悉。只是很難把事情解釋清楚。但我們給人們一個身體的影像，所以你現在有上百個身體。（笑聲）很迷惑，是吧？這是跟你開玩笑的。

朵：人們總是把你們想成負面，我知道不是這樣的。

伊：我們甚至不瞭解何謂負面。（笑）我們無法理解。

朵：但不瞭解的人說你們是負面的。

伊：那是因為他們沒看到光，他們害怕。恐懼。我們將要清理恐懼。至少要好好過濾。

朵：她想知道她能不能常跟你們聯繫？

伊：對，那是她悲傷的一部份。你知道，我們向來都是相連的。我不知道要如何解釋，但你知道我們都有連結。當她第一天到這個星球時就有了。在她一出生前就有了。所以我們大概會讓她常看到光。就像現在，光好明亮好燦爛，這是她唯一能找到平靜的地方。不是在她平日的活動裡。人世的活動沒有什麼讓她真的有感受。她只在與光完全連結的時候才有平靜。

朵：她小時候發生過很多負面的事，她很自然地忘掉了。她變得跟人類一樣。

伊：非常忙碌，對，非常忙的生命，因為我們需要清理她周圍的環境。我們需要散佈光並且啓動光，然後，就像現在，你說自由意志。有些遵守有些沒有。每當她很不好過的時候，她並不知道她一直在這裡和我們一起。我們帶她回家。這樣她才能繼續前進……一天天地把眼前的日子過好。這是為什麼所謂的「自我毀滅」沒有發生，沒有發生在具體的身體裡。那不被允許，她與我們在一起。她在家裡。

朵：那她有時會在耳朵聽到的音調是什麼？

伊：我們試著調和身體到較高的振動。我們在試著調整。那不是具體的晶片，不是植入物。我不知道要怎麼解釋。她需要注意並做出一些改變。

朵：當她冥想的時候，她把自己投射回太空船，有時候她會看到自己在一個保育箱裡。你能告訴她是怎麼回事嗎？

伊：那是她的身體。我們不只協助物質粒子、原子和第三次元的顯化，每一次我們也都會對頻率做些小小的調整。那個東西就像調音管。

朵：你的意思是，依芙琳的身體在那個時候被調整？

伊：是的，身體也需要被調整。管子就像調音的裝置，它不只幫助身體療癒。在同時你回到家，跟我們一起在光裡，那是身體部份。當你移除靈魂，身體會是多次元的。……我們不能看穿它，所以我不會說多次元，但它是全像式的。全像式影像……所以這些粒子，當我們投射特定的光到頻率，這些全像畫面會接收並帶著這些頻率，就像你在調整這些機器或什麼的。

朵：她醒來看到自己在某種容器裡。

伊：那是我們允許她看到和知道的部份。這樣她就可以說，「我沒有瘋。」我有碰觸它。我看到它，身體在那裡，然後有機器、光和其他東西，全像式的。而在同時她也能進到光中，重新恢復能量，於是當她回到地球，一切都不一樣了。一切都完美。什麼都沒發生。每件事都是可以忍受的。每件事都不一樣了。

朵：她也看到上千人在其他容器裡。所以這表示這也發生在其他人身上？

伊：上千……上萬。我們現在需要很多人來協助。我們需要重整或製造。並不是全部都是像她一樣的存有。我們也會帶來有或是沒有身體的存有。我們沒有區別待遇。我們都是一體的，所以我們試著儘可能調整越多的身體，讓它們帶有更高的頻率，並且能散佈（高頻率）並參與。

朵：但不是每個人都可以做到？

伊：不是每個人，不是。但我們現在做得不錯……很不錯。它將造成主要的改變。這是一起合作的事，你知道的。你必須改變全像影像去適應地球上的人類身體。原本的身體保有較低的振動頻率，但也夠高了……這很複雜，不是嗎？（是的。）但總之，他們有能力投射人類身體或投影在身體上面，就像你在影片上面再加層影片。這個身體被帶到太空船上的保育箱。——試著把身體想像成是由內在的光體所具有的全像式影像。

朵：我會說一旦生命的火光消失，那麼身體狀況就會惡化？

伊：不會。因為我們在進行的是全像式的影像，那是她在這一世所使用的。

朵：我的意思是當我們所稱的「死亡」發生，當生命的火光離開身體，身體就會衰亡。

伊：是的，全像影像衰亡，因為心智不再能維繫思想模式。

我有過其他個案看見他們的外星身體被保存在某類圓筒形的容器裡，而且被照顧。在這些例子中，當靈魂去地球體驗人類身體，他們其他的身體繼續在某種暫停生命的模式下活著。其他的身體被保持在那裡，當他們短暫的地球生命結束後，靈魂便可回到太空船上繼續他在那裡的生命。我有許多個案有這樣的觀察，而且他們對在放置在圓筒容器裡的身體感到認同。

靈魂（或外星生物）同意在地球需要時前來協助，但並不想留在這裡。他很想繼續他在太空船的生命，因為那是他已經達到的進化程度。此外，地球是個鬧哄哄的地方，他們不想在此停留。另一個他們被保護不會累積業力的原因是因為業會使得他們留在地球的循環裡。對一個純淨或進化的靈魂來說，志願前來地球是非常勇敢和有勇氣的事，因為他讓自己面對很可能受困在這裡的真實危險裡。這也可以解釋為什麼靈魂在進入身體之前，靈魂的能量必須先被調整（還有母親的能量）。

有時候一開始只有少部份的靈魂能夠進入，否則身體會無法負荷。身體若無法承受，往往會造成自發性的流產，因為能量太強之故。隨著孩子成長，更多的靈魂部份被允許進入並整合。因此志願者的（外星）身體在等候靈魂完成任務的時候，就被安置在睡眠狀態下接受監測。

據稱，有一條銀線連結靈魂與圓筒裡的身體。我知道我們都有銀線連結到我們的身體，當死亡的時候，這條線就被切斷。由於我們有許多身體在同一個時間存在（我們所有的同時性的人生：過去、現在和未來）因此，這意謂著，我們一定也有多個銀線與分裂出的碎片（許多身體）相連，再連到主要的靈魂。外星生物在太空船上的身體要繼續維持生命狀態，這樣靈魂才能回來。有時候支撐生命的能量看起來像是閃動和振動的光。這也是處於暫停狀態的外星生物將能力傳送到我們地球時間架構的方式。

也有一些外星生物一方面繼續在太空船上進行工作，而一部份的他們也來到地球扮演志願者的角色，在人類身體裡生活。這類型態基本上可以同時存在於兩個地方。這跟我們擁有許多同時存在的人生的說法是相符的。然而各個部份對其他部份並沒有意識上的覺察。由於外星生物對這個過程比較瞭解，他們可以意識到他們活在地球上的那部份靈魂，然而地球上的這個部份並不知道。據說人類最好是不要知道，因為這個概念對人類來說實在太難以消化和理解。然而，次元間的罩紗越來越薄，有越來越多的知識在滲入，潛意識將會讓個案一瞥它們認為個案可以處理的事。事情越來越複雜了，對吧？

我想把重點放在依芙琳的身體問題上。她從小就有的頭痛是很嚴重的生理問題。與我對話的這個存在體有困難瞭解並用我們能懂的話來解釋，因為在它眼中，所見一切都是全像畫面，而且不是真的。我必須向它解釋這些對依芙琳來說都是很真實的，因為它們產生了問題，所以我要盡最大能力去緩和及減輕這些問題。一切必須要回到最基本，我才能理解也才能對大家解釋。

伊：這就像在試著裝滿這個瓶子，但你加了太多能量和原本有的東西。要縮減其實並不容易。你知道我的意思嗎？減縮能量？（是的。）我們為什麼要把我們有的光縮減到這麼低？這是困難得多的技術，要減少是比較困難的。我認為學習增加會容易得多，比縮減容易。

朵：這也會引起血壓問題嗎？

伊：絕對的，這是現在的頻率引起的主要原因。要幫她處理這些問題，我們需要進行更多調整。我們需要更常清理這個身體，並多跟更高的振動校準。你瞭解嗎？

朵：你能在她還在太空船的時候做這些嗎？

伊：我們就是那樣做的。我現在正在看。左腦有壓力。我現在正看著全像影像。我們需要增加她的心臟和所有器官裡的動脈和靜脈的振動模式。那就是我們要做的。

朵：不會有任何傷害？

伊：不會。沒有傷害。有時候當你平衡了全像畫面和全像畫面裡的影像，一切就會變得非常平衡。

朵：所以這會釋放壓力？

伊：當你將許多不同的量子粒子放在一起，它必須要是完美的校準，你才能在這裡提升振動頻率……在那裡降低。我們會從心臟的靜脈和動脈開始，這是個健康的身體。她有很多的能量。這是為什麼她說她睡不著。

朵：我也在好奇那點。

伊：那是為什麼她沒辦法睡著，因為我們在進行工作。當我們進行時，一小時的睡眠相當於你們的好幾個小時。

朵：好，我們想要身體回復平衡。

伊：沒錯，而且不只平衡，我們也在提升身體到更高的振動。

他們談了很多食物的事，並建議她少吃不容易消化的食物，多喝液體。我問湯，他們說湯沒問題。「不要有大塊的東西在湯裡。讓它們是糊狀。這樣用來消化的能量就會少許多。」我說我們常在餐廳吃飯，有時候無法避免吃到固態的東西。

伊：在未來，你們會的。當這些事發生（指次元轉移），很多事會改變。現在，沒錯，會比較困難，但當你喝純果汁，它很容易就通過你的消化系統。它不會加重肝或膽囊的負擔去釋放特定的東西，因為液體容易通過而且不會帶給器官那麼多壓力。它會平順地通過身體，凡是消化所省下來的能量便能使用在其他事上。

朵：但現在我們偶爾還是可以有固態食物。

伊：喔，是的，但這不只是在你未來的人世，它會是此後的上百年……五十年也許……會有的情況。

我想他指的是在久遠的未來這會是正常的飲食方式。「現在要讓她習慣較液態的飲食，使用更少的能量。我們不把能量浪費在消化上。」

我有過個案表示當他們出生的時候，他們不想被餵奶。他們必須被留在醫院進行靜脈注射來補充營養，直到他們開始吸吮。潛意識說他們來自的地方，身體並不需要食物。當然，他們必須要適應這點以便在這裡生存。

我鼓勵潛意識在伊芙琳冥想或睡覺時，繼續處理她的身體問題。我說，「我的工作就是盡我們所能地幫助她。你以不同的角度來看事情，但我必須在現在，我們所住的這裡，試著幫助在實體世界的人。」

伊：是的。這是件棘手的事。你的工作比我的還難。

朵：（這很讓人意外。）你這樣認為？

伊：是的，因為你必須讓他們了解他們無法理解的事。

朵：沒錯，但你這麼有力量，所以我認為會比較容易。

伊：不，因為我了解過程。我了解計劃／程式、全像影像和思想。我知道這個計劃，而你是活在這個計劃裡，因此，事實上，實際來說，如你說的，你們會比較難認出你是在一個真實的計劃裡，然後你們還要擺脱這個計劃並試著讓其他人相信他們是在一個計劃裡面。

朵：是的。你跟我說很多次了，這是個幻相。

伊：它並不存在。這是為什麼我們覺得有趣。

朵：這是個遊戲。一場戲。

伊：沒錯，它是部電影。它甚至不是電影，因為它好簡單。

朵：但你知道，當我們涉入其中，它就好真實。這就是它難的地方。

伊：那是設計。故意設計成那樣。

朵：讓它像是真的和活的。

伊：沒錯。而一旦你離開，你就會知道你在一個計劃裡。但當你在裡面的時候你甚至無法想像——不是說有其它的計劃或節目——只有一個節目，那就是上帝的節目。每一個遊戲都必須感覺真實，這樣你們才會彼此互動。你知道，互動？（是的。）所以你來到這裡，而身為光體，我們看著你說，「哦，看看那些小嬰兒。看他們怎麼玩。他們真可愛。」（我們笑了）我們並不真的理解你們的痛苦和苦惱，因為我們知道這個計劃是怎麼回事。但我們也知道這只是個計劃，所以我們需要活在計劃裡去體現它，就像你們一樣。不過，如果你回到一切的起點，並沒有什麼要學的。不論有沒有這個計劃，都只有一個整體。我會這麼說：你們太無聊了，所以你們創造了這個計劃。你知道，就是要有些解釋的方法……就是要有些事去做。

朵：希望我們可以學到些什麼。

伊：因為這個計劃是計劃裡的計劃，你知道我的意思嗎？一個學習經驗的計劃，但你來自一個早於計劃存在的地方或之後計劃被關閉的地方。不論你是怎麼看它。計劃可以永遠進行下去，然而最初與結束都是「一」。

朵：那麼是源頭……神的源頭設計的，還是我們？

伊：並沒有神的源頭。只有一，只有一體。祂就是了。

朵：是祂設計這個計劃？還是我們自己？

伊：好，我們需要回到最初的源頭是嗎？你無法理解源頭是一。你在把它分成許多個體。我不知道這會不會是好的解釋。在這個被稱為你的神的這個存在體，祂有極大量無法計數的思想模式、遊戲、母體和種種種種的事物。它從未與任何東西分離。祂向來是一，也永遠是一。這或許是我所能理解的最好方式了……我可以腦袋裡有五十億個東西，但它仍然是我的腦袋。知道我現在的意思嗎？會比較容易了解嗎？我有一個腦袋，那裡面裝了無數的思想模式。我可以有很多很好的想法，可以有很多的事情，我可以有我想要的東西，但這些仍然是在同一個腦袋裡。那個頭永遠不會爆成許多個頭。所以，我們在我們的腦袋裡玩。這樣解釋可以嗎？（是的。）

我的頭暈頭轉向的，試著瞭解來自這個存在體的大量信息和比擬。然而我知道我已經讓伊芙琳在出神狀態下比一般來得久，所以我必須打斷她，帶她回到正常意識，讓這個存在體回到它來自的地方。

伊：這些資訊對你很平常嗎？

朵：我從很多人那裡得到類似的資料。大多數人不瞭解，但我會書寫散播這些訊息給人們。你希望我有這些資訊好告訴大家。

伊：是的。傳播這些光和消息很重要。你有火光，我的意思是，當你知道的時候，你知道你自己知道些什麼。這樣非常好。

朵：嗯……我仍然在學習。

伊：你瞧，你已經知道一切了。你只需要脫下那些小小的太陽眼鏡，去看那完全的絕對的光，然後你就會知道。要讓他們瞭解這些很困難，你會知道的。我們無法讓他們瞭解這些是什麼意思，但當他們知道的時候就會知道。

臨別訊息：不要尋找我的身體。我可以將自己投射為任何東西。不要尋找類似的影像，只要往有光的地方去找。那是所有答案的地方。與其心裡一直想著（次元）轉移和尋找特定的存在體，往光的地方看，答案就會到來。我能夠具有任何形象，在任何太空船上任何顏色的眼睛，或任何我所創造的形象。它不是固定不變或始終如一的。我們沒有身體，所以我必須要投射些什麼。那是為什麼我選了她眼睛的顏色。我看進她的眼睛，藍色的眼睛。這樣她比較容易產生關聯。

我跟潛意識說是離開的時候了。它說，「我可以說『神與你同在』，但我們都是神，我們都是一體，所以我們一直都是在一起的。」

因此，一開始看來典型的幽浮案例在過程中擴大並迂迴曲折地變成了很不一樣的情況。顯然個案所記得的只是他們在意識裡能夠應付和理解的事件。而且即使那有限的版本也是扭曲的，因此要分辨什麼是真實，什麼是幻相實在不太可能。

我們探測得越深，越是冒險進入潛意識，越是發現不可思議和難以置信的答案。因此，不去探究，只去接受表面意義會比較好嗎？去接受我們的心智和一般社會所能處理的說法？還是，挖掘得更深些，去尋找那更為複雜的解釋；當我們的心智準備好接受的時候，這些解釋很可能將揭露出真相。

然而，就如「他們」所言，什麼又是真相呢？

第三十一章 格網的守護者

瓊安的催眠內容與外星人或光的存在體無關，但因為它的重要性，我也把它納入這本書裡。但應該把它放在哪裡呢？它介紹的是另一個有非常特定目的的群體，和我描述過的其他類型的志願者不一樣，我覺得也會有些人對這個群體有認同感，雖然他們的人數較少。而這世上可能還有很多有待我發現的特殊存在體的團體。

瓊安的疑問之一是她非常迷水晶。她對水晶有很濃厚的興趣，她甚至開了一家水晶專賣店。她想知道這個無法抗拒的興趣從何而來。在催眠狀態下，瓊安來到一個像沙漠的場景：到處是砂子，沒有植物。她看到一座非常巨大的金字塔，有許多人穿著非常簡單的束腰袍子，推著小推車和牽著牛經過，大家都在忙著做生意。她注意到一位留著鬍子的男子，他穿著綠色寬鬆的長袍，黑髮上戴著白色頭巾，因為他的穿著如此不同，看起來特別顯眼。她低頭看了一下自己的穿著，發現自己也是不同的式樣，柔軟飄逸的紅色絲綢長袍。她是一位接近三十歲的年輕女子，有著黑色長髮和褐色皮膚。她看到自己戴著許多黃金珠寶，有戒指、手鐲、項鍊和飾物。她喜歡撫摸黃金的感覺。

當這位男子朝她走來，她突然變得情緒激動，開始哭了起來。部分的原因是因為能再看到他，「我好想念這裡。」

朵：你認為自己往在那裡嗎？

瓊：是的。一座宮殿裡。在前方的左邊，有個階梯……很寬、很寬的階梯，通往有著廊柱的入口。我想我是在那裡出生的。所有的東西都是用石材雕琢，表面非常光滑，透著涼氣，感覺非常舒適……這個地方非常寬敞。好像有些婦女在照顧我的生活起居和孩子。

我問她大部分的時間都在做什麼，她的情緒又一次激動起來。「我感覺在一間療癒神殿裡。」

朵：為什麼這會讓妳流淚？

瓊：噢……因為我對已逝的過去感到難過。

朵：你認為已經逝去了嗎？可是你現在可以看到它，而且都在眼前。療癒神殿在哪裡？宮殿裡嗎？

瓊：是的。那裡有不同顏色和形式的金字塔。它們就在宮殿附近。這些是光的金字塔，我在那裡消磨時間。

朵：它們是不同的顏色？

瓊：是的，不同的光的頻率。

朵：他們怎麼把金字塔上色？我很好奇你說的顏色的意思。

瓊：你可以使用水晶來產生不同頻率的光……那就是我們的做法。

朵：它會讓金字塔呈現不同的顏色？

瓊：對。這要看當時需要什麼顏色而定。你可以利用水晶調整折射，產生不同的療癒頻率。我們透過意圖來達成。

朵：你必須進到金字塔，還是從金字塔外面做？

瓊：你從外面做。這很難解釋，因為在一定程度上，兩者皆是。你雖身在金字塔裡，但你還是在依頻率產生的有顏色的金字塔外面。

朵：我在試著了解。這些有色彩的金字塔跟一般的大金字塔是分離的？

瓊：有顏色的金字塔是乙太的，它們是透過控制水晶所產生的乙太能量。我現在在金字塔右下角一間寬敞房間裡的平台上。我感覺自己像是在控制……就像你在想像開飛機、船隻或者使用電子器材控制的感覺。有些具體的東西。

朵：類似機械的嗎？

瓊：有一點，但不太一樣。比較像是你把雙手放在它上面，然後從那個層面上產生意圖。跟水晶溝通，產生能夠呈現乙太金字塔的乙太頻率。

朵：那些水晶在哪裡？

瓊：有些水晶也是乙太體。但是這個空間的地板是水晶做的。整個房間就像是個水晶在另一塊水晶上。控制裝置位於右下角，這是一塊很大的水晶地板。就是在那一大片平滑的地板上，你創造出乙太水晶金字塔。這整個房間都是水晶。

朵：它就像一個神聖的空間。（是的。）有人教你這些事嗎？

瓊：我天生就會。我向來就知道這些。我不需要別人教。

朵：一旦你產生乙太的彩色金字塔，並且決定你的意圖後，你用它來做什麼？

瓊：你可以治療、創造或是生長任何東西。你可以使用它治療任何事物……可能是個星球、思想模式或者……

朵：這就是意圖的作用？

瓊：是的。你能運用它創造任何你想要的東西。我們可以生產食物，提高農作物產量。

朵：妳如何用它來引導這些事？

瓊：事情似乎是在金字塔內部發生。我現在看到一個綠色金字塔，你可以在這裡生產食物。或許我們談的是地球的生命，當把水晶調成地球的頻率，就可以啓動作物生長的綠色頻率。在有花園或是任何植物型態的以太地區啓動能量。

朵：其他的乙太金字塔是什麼顏色？

瓊：我現在也看到可以使用藍光來療癒海洋。當我們最初過來的時候，我特別注意到黃色和藍色的金字塔。但當我們談到植物時，綠色金字塔就特別明顯。

朵：黃色金字塔是用在哪裡？

瓊：製造黃金。（她開始哭泣）

朵：為什麼這會讓你有情緒？

瓊：我不確定原因，因為它來自內心深處。很內心的東西。我的痛苦是源自於所失去的。

朵：妳提供人們許多協助，不是嗎？

瓊：是的，但我看到的人都是非常單純。我們生活在這個王宮中幾乎就像是不同的種族。他們是如此單純，而我們處理的是乙太體和顯化的事物，我們幾乎就像創造之神一樣。

朵：他們無法了解你做的，是嗎？

瓊：沒錯，他們無法了解。

朵：妳的家人也像創造之神的角色嗎？（是的。）那麼妳跟這些單純的人們相處都做些什麼？有任何人曾經告訴過你關於你來自的地方以及你如何來到這裡的嗎？

瓊：是的。我有一種感覺，就像我們聽到關於阿努那奇（Annunaki）的故事；從另一個地方來到這裡，使用地球的能量進行創造。

朵：並且來幫助這裡的人？

瓊：你知道，我很想說沒錯，但真的比較不像是要幫助那些單純的人。它的感覺更像我們在幫助創造之神。

朵：創造之神的工作是什麼？

瓊：使用這個星球的遺傳基因DNA……那就是工作內容。

朵：整個星球嗎？（是的，沒錯。）

從我的其他的個案中，我們聽過關於人體DNA的工作，因為它現在正在改變。我從沒想過星球的DNA。

瓊：我不覺得我們是來自地球。我一直都在別的地方。我一定是在那裡出生的，但我父親不是來自那裡。我好奇我的母親。我不知道她的身分。她跟我一樣。

朵：妳喜歡你的工作嗎？運用水晶，創造能量？

瓊：還有運用光的頻率和能量的頻率。顯化和創造的工作也很重要。它是有關建立格網（grid）

和格網的工作。那是地球的格網……心智和心靈、心靈的純化……心智的整合。

我認為我們對這位神秘女子和她的工作已經有足夠瞭解，因此我引導她到一個重要的日子。她開始哭泣，喊著，「格網不見了！格網正在崩毀！乙太格網正在崩毀，造成了破壞，這些美麗的光的頻率正在消失。光的頻率產生格網，但是當格網崩毀的時候，它也摧毀了光頻所呈現的水晶金字塔。而且我感受到有個巨大的裂痕。就像科技和乙太的創造正被毀滅吞噬。」

朵：是什麼事情發生導致格網的瓦解？

瓊：我感覺像是地球的地幔發生破裂所造成。我感到極深的地層下陷，有個岩層裂縫，有一道破裂。是什麼原因造成的？我不知道。一定有什麼失衡了。有東西失去平衡。造成能量格網的崩毀。

朵：所以它們彼此都有關聯？（是的。）你能看出是什麼失去平衡嗎？是因為人類所做的某件事，還是別的原因？

瓊：嗯……我們聽到一些故事，但什麼是真相呢？我所感覺到的是，它對純粹意圖的需求。是貪婪的頻率導致了不平衡。我不知道他們在做什麼。那不是我們的團體。

朵：因為你已經擁有純粹的意圖？（是的。）因此不是在你所在地方造成的？

瓊：沒錯，但它還是完全被摧毀了。

朵：難怪你這麼沮喪。以你們心智所擁有的力量，有沒有什麼你們可以做的？

瓊：我們無法阻止。我們只能盡力搶救我們的科技。我們拿到了水晶，等日後再來恢復。

朵：你要怎麼做呢？
瓊：那是在時間的軸線。你只要把記憶記錄到水晶的時間線裡。這就是技術所在。
朵：你把記憶放到水晶裡？
瓊：記憶和頻率。
朵：那麼水晶能夠記得這些事情？
瓊：對，水晶知道每一件事，我們日後就可以取出我們放入水晶裡的資訊。
朵：因此，你是運用心智的力量做到……取回你當初放進水晶裡的資訊？
瓊：是的，使用光的頻率、心靈以及意圖。我們就能救回資訊。
朵：你是把資訊放到這些巨大的水晶嗎？
瓊：不，似乎不需要用到巨大的水晶。只要一般大小的石英水晶即可。你可以記錄下資訊。（她自言自語著。）我們記錄了什麼？……下載……所有的資訊。運用電腦科技的人會認為所有的知識、所有轉移到能量格網是透過……必定是使用我們的心智。在崩毀之前，所有的頻率、幾何、所有的創造模式都被放進裡面。就像把它們放入水晶的DNA裡一樣。
朵：聽起來有些複雜，但是以後可以取得這些資訊？
瓊：是的，沒錯，水晶裡有時間線的安排。
朵：是某個特定的水晶嗎？
瓊：不是，不是一個水晶。有很多、很多的水晶都可以存入和保有資訊。
朵：當你將來要取用這些資訊的時候，你需要找到這種特定的水晶嗎？

瓊：我可以從大部分的水晶取得資訊。你知道，它多少有點像是……有像普通人一樣的水晶，也有像我一樣，擁有比較多的知識的水晶。

朵：所以它們不是都有這種知識。（沒錯。）如果你手邊有個水晶，妳如何感應它有沒有資訊？

瓊：我只能分辨是不是有資訊。那是一種感覺。存在於它們的頻率裡。那是在時間線裡。在這一世和未來世中，我需要接通資訊來修復格網。（她的情緒又激動起來。）

朵：修復格網會不會複雜？

瓊：不複雜。只是把你的DNA跟水晶的DNA融合……只要進入其中、發送意圖，然後喚醒「關鍵點」（鎖匙）。一旦你進入水晶，你就會與它連結。因為水晶的頻率流經地球，你可以透過水晶來啓動地球的格網。因此如果你碰觸某個關鍵點、一些關鍵點、或者入口……入口是個形容詞，而不是真的有個門。入口就是關鍵，它們擁有能量頻率，如果你啓動這些關鍵點，那麼格網將會重整和組合。

朵：以前它是存在於乙太的格網，現在地球上也有格網嗎？

瓊：是的，在地球上會有格網，地球現在更像乙太體了。

朵：而你說它就像入口？

瓊：是的，但使用「關鍵點」會比「入口」更貼切。它就像開啓一把鎖。地球上有許多地方的能量格網是鎖住的。水晶擁有的訊息，就像一把可以打開格網鎖的鑰匙。我從未想過用「格網鎖」這個名詞。

朵：它很適合，不是嗎？（是的，沒錯。）但是你曾説過，在地球上有些格網被鎖住了。是什麼造成這些格網被封鎖？

瓊：我們必須在他們造成更多破壞之前關閉資訊。我們必須撤回我們的科技，因為人類不尊重生命。唯一停止它的方法，就是摧毀它。

朵：那必定是一個非常困難的決定。（她激動地說：是的。）因為你害怕人們會把它使用在錯誤的地方？

瓊：他們已經在錯誤使用了。他們可能摧毀整個宇宙！（憂心）

朵：當你決定鎖住格網時，發生了什麼事？

瓊：我意識到，如果我們不在地球上阻止，它就會摧毀宇宙。

朵：整個宇宙？（是的。）請解釋你的意思。

瓊：它會複製在小宇宙和大宇宙。就像拔出關鍵的一根針。它會是一場崩毀的災難，一切都會被吞沒。

朵：這是因為一個格網架構在另一個格網上嗎？（是的。）這是因為這些人錯誤使用它，使得它脫離了和諧的後果嗎？（是的，沒錯。）所以，你必須破壞地球上的格網，或是鎖住它們之類的？

瓊：我們必須破壞，我想說就像「亞特蘭提斯」一樣。我們必須摧毀這個古大陸以阻止誤用。

朵：我以為那時是人們對權力的追求而導致災難上身。

瓊：不是，那個情形必須被阻止，因為它會在所有的空間、時間複製，所有的空間、時間……所有的格網。我們必須摧毀，以便遏止。

朵：它會造成骨牌效應嗎？從地球開始？（是的。）地球將遭到摧毀？

瓊：是的。相較於可能發生在宇宙的情況，那只是件小事（指亞特蘭提斯的毀滅）。

朵：所以破壞會影響到其他宇宙？

瓊：是的。它會從微觀宇宙複製到巨觀宇宙，然後從巨觀宇宙反應回微觀宇宙……雙向進行。它會摧毀一切。

朵：那就是你們決定摧毀亞特蘭提斯古大陸的時候嗎？（是的。）將它終止在那裡？

瓊：是的，摧毀格網。那就是我們做的。（她開始大聲哭泣，而且情緒激動。）

朵：但你必須這麼做。（是的。）因為狀況可能更糟。（對。）而且，它並沒有完全遺失，因為你說過你把知識保存在水晶裡。（沒錯。）在那一世，當大陸被毀滅的時候，你怎麼了？你也被毀滅了嗎？

瓊：沒有，我們只是離開地球。藉助我們的意念，我們離開了。

朵：你不需要交通工具或什麼的嗎？

瓊：不，我不覺得有交通工具。我們只是意識。

朵：當你離開地球之後，你去了哪裡？

瓊：回到萬有一切。沒有別的選擇。

朵：好，從那裡你可以看到那一世的每一件事。當你前往亞特蘭提斯的時候，你是來自哪裡？你已經獲得了這偉大的知識。

瓊：我來自另一個時間和空間次元。我們選擇來到地球。

朵：你最初來到地球的目的是什麼？

瓊：創造療癒、進化意識、擴展光和愛，以及拓展意識。

朵：你曾說過那裡都是很普通很一般的人。

瓊：是的，他們確實如此……確實如此。

朵：你在當時有擴展意識嗎？

瓊：是的……擴展「萬有」的意識。

朵：那麼，一切都很順利，直到不知有個什麼干擾出現，改變了狀況？（是的。）你有發現那個干擾來自哪裡嗎？

瓊：在群體中出現欺騙的行為。有些人私下有其他的想法和安排。他們只是為了個人的權力，而他們的探索已經轉向黑暗。

朵：他們在探索什麼？

瓊：暗物質…………動力和暗物質。它和光是相對的性質。它會造成失衡。他們正在利用暗物質。

朵：他們希望利用暗物質來完成什麼嗎？

瓊：我感覺他們想要了解蟲洞（wormhole）或時空旅行。或者他們想要使用暗物質，創造他們自己的宇宙。

朵：他們可以做到嗎？（不行。）但是他們認為他們可以？（是的。）因為他們不是創造的存在體，是嗎？（沒錯。）他們在研究過程中使用水晶嗎？

瓊：感覺不像是水晶……不像。剛好相反。它是像光的擴展和黑暗的收縮。他們使用收縮的能量。他們發現了接通的方法。

朵：他們做這個是基於某個理由，還是他們只想試試看可以做到什麼程度？

瓊：他們自己的權力、貪婪、控制、操縱和扭曲。我的想法是好奇心殺死貓（指好奇惹禍）。但更可能的是，貓只是好奇死亡是怎麼回事。那就是他們當時的情況。

朵：他們並不清楚會發生什麼事。（沒錯……不知道……不知道）但情況確實會失去控制？

瓊：有這個可能。

朵：整個宇宙有可能被破壞。（是的，沒錯。）因為他們沒有成功創造出他們自己的宇宙。（沒錯。）他們只創造出負面能量。（是的。）但是你能夠穩定這個負能量嗎？

瓊：是的，透過格網的崩毀。

朵：而知識並沒有失去。（對。）在未來還是可以取得這些知識？

瓊：是的，我們現在就可以取得。

朵：那就是我在想的……我指的未來就是我們現在說話的時候。——這麼多年來，我接收到很多關於亞特蘭提斯陸沉的資料，但我從沒聽過這個故事。

瓊：那是因為我們以前從未告訴過任何人。我們認為現在應該是公開它的時候了。它不可以再發生。

這個資訊在二〇一〇年披露出來時，正好是「對撞實驗」（Collider Experiment）逐漸引起熱烈爭議的時候，這純粹是巧合嗎？資訊的類似令人不安。大型強子對撞機（the large Hardon Collider,LHC）位於瑞士日內瓦郊外的地底，被描述為有史以來最偉大的科學計畫。它是由「歐洲核子研究組織」（European Organization for Nuclear Research, CERN，亦翻成歐洲粒子物理研究中心，是世界上最大的粒子物理研究實驗室）建造，是歷史上耗資最大的科學計劃。它是科學家用來實驗太空中的反物質、暗物質和暗能量的最大設備。曾經有人說，他們正在嘗試創造蟲洞，甚至他們自己的宇宙。對撞機很複雜，它可以向前、後以不同方向射出質子或鉛離子。這兩道粒子束的碰撞，產生出雙倍於太陽中心溫度十萬倍的能量！懷疑論者說，他們可能會釋放出無法控制的巨大能量。科學家表示，他們只是在實驗已經存在於宇宙的未知能量。我的研究則指出「概括來說，大型強子對撞機實驗是一個試圖窺探上帝在創造當下的『心智』的科學實驗」。

對我來說，這聽起來跟科學家當初發現原子能量所做的實驗是相同類型。科學家那時候並不知道自己在實驗什麼。這也讓人想起在阿拉斯加州的HAARP實驗（高頻有源電離層研究計畫，High Frequency Active Auroral Research Program），透過把粒子束射入大氣層來控制天氣（在我的其他書裡可以找到關於這些實驗的更多資訊。）當我接觸到關於亞特蘭提斯大陸沉沒的資料時，他們很多次都這麼說：「你必須知道這段歷史，因為你們的文明已經走在一樣的危險道路。」我發現這些資料的出現巧得不像是巧合，我想我們的科學家正走在火坑上的繩索。他們可能會釋放出具有破壞格網和摧毀整個宇宙的危險能量。對撞機實驗目前是以一半的能量運轉。預計在二〇一四年會全速運行。

朵：我需要召喚潛意識，還是你能夠繼續回答問題？你做得很棒。

瓊：是哪些問題？我可以試試看。（我們都笑了。）

朵：瓊安想要知道，她如何從水晶取得資訊？她能取回她自己放在那裡的資訊嗎？

瓊：她每天都在取得資訊。

瓊安經營一家水晶店，所以她隨時都被各種形狀與大小的水晶包圍。

瓊：她並不知道她已經在這麼做了，有一個更大的計畫要進行。第一步是開始有意識地處理格網，找出和啓動那些在格網的入口和關鍵節點，重新啓動它們。這可以透過放置水晶或運用意圖達成。

朵：水晶必須放在特定的位置嗎？

瓊：是的，他們會在四處放置水晶。我可以看到格網正被重新啓動。

朵：瓊安必須親自到各地旅行，還是可以用不同的方式完成？

瓊：是的，那就是她去聖克羅伊（St. Croix）和阿拉斯加州時一直在做的事。也就是修補格網，依循著格線進行。

朵：妳現在想要她做什麼？她會繼續使用水晶工作嗎？

瓊：是的。接通地球的水晶，大型水晶，然後重新啓動格網。

這聽起來像是瓊安會想做的事，但身為人類的我們需要有個程序或指令。我問他們是否希望她去做任何特定的事，這樣她就可以開啟鎖在水晶裡的資訊。

瓊：淨化地球這個容器……喝大量的水。雙腳踏在地面，手上拿著水晶，要求其他人協助。在啓動格網的時候，水晶將作為已建立的乙太格網和我們嘗試啓動的地球格網之間的媒介。所以透過站在地面並且手持水晶，人類身體就成為乙太格網和我們嘗試改善的地球格網之間的連繫。

朵：她可以獨自做這件事，還是跟其他人一起做比較好？

瓊：最好是幾個人一起。三、六、九……任何三的倍數都是啓動格網的關鍵數字……能量的三角。

朵：以三的倍數運作？

瓊：是的。在他們本身的DNA裡運作。他們應該在附近有水的地方進行。他們會和其他存在體在乙太層面上合作。他們在維持乙太格網的位置。他們是意識和光的存在體。

朵：維護地球的格網是他們的工作嗎？

瓊：是的。他們是格網的守護者。

朵：「格網守護者」是很好的稱呼，可以用這個稱呼請他們來協助。

瓊：是的，來修護格網。

朵：他們可以使用人體的能量和水晶的能量嗎？

瓊：是的，並且把地球上不同的點劃分成三部份。

朵：這樣她就不必親自到這些地方了，對嗎？

瓊：沒錯。會是地球組、格網組和啓動點三部份。格網的鑰匙。

朵：他們知道應該把重心放在哪個啓動點嗎？

瓊：是的。就是他們會明顯察覺到的那個點。他們將來就會知道。它會浮現在他們的心頭，進入他們的意識。他們可以在世界地圖上作標示。如果你注意主要的地震地區，發生天災的地點就很明顯。注意目前海灣地區發生了什麼事。

這段催眠是在二〇一〇年五月初進行，當時墨西哥灣正發生漏油事件。

瓊：那裡有能量不協調的情形。最不協調的地方就是需要「調整」、校準對齊或開啓的點。火山、颶風、目前的漏油事件、地震、戰爭……這些全都是徵兆。

朵：就是格網中的干擾嗎？

瓊：是的。而且有些火山其實並不是格網裡的不安定因素。它實際上是格網裡的平衡力量。

朵：讓格網恢復平衡？

瓊：是的，這是好事。能夠釋放能量。

朵：這些守護格網的存在體將提供他們知識嗎？

瓊：是的，守護者知道整個狀況，他們知道怎麼做。

朵：她也能夠使用水晶的資訊來療癒嗎？

瓊：是的，這是地球的療癒，因此它是使用為療癒用途。如果你讓一個體系恢復平衡，它自然就會療癒。

朵：所以那比進行個別的療癒更重要？

瓊：是的，沒錯。運用地球格網和能量格網。療癒海洋要比療癒個人來得重要。

朵：我們現在得到許多關於進入「新地球」的新資訊。新地球跟這個療癒有關係嗎？

瓊：這就像關心孩子一樣。我們治療母親，孩子才能健康。我們治療母親，這樣她才能誕生「新地球」。這是為了讓她成為新地球。

這是為什麼我們必須療癒「舊地球」的緣故。

朵：她把資訊放進水晶，所以她應該能夠取得回來。

瓊：是的，而且是有時機性的……每個事物都有它適當的時間。就像花朵綻放時的花瓣一樣，你不能催促花蕾，否則你就會破壞花朵的綻放。我感覺一切都有它的神聖時間，它們會在應該的時候綻放。我們能夠修復格網。那是第一步……療癒地球。

朵：你曾經告訴我，你不想再一次摧毀整個文明。要重建的時間太長了。

瓊：是的，而且要失去這麼多的資訊。

朵：你說過每個人或文明都有自由意志，而且你們不被允許干涉自由意志。你說因為自由意志，你們不被允許干涉文明的發展。

瓊：那是真的，沒錯。

朵：但是有人問過我們，為什麼亞特蘭提斯被毀滅，它不是有自由意志去做這些事嗎？我想你已經回答了。

瓊：是的，沒錯。（笑了起來）

朵：因為即使自由意志，也有它的界限。

瓊：是的，如果有人不知道他們在做什麼……

朵：就像小孩在玩火。（是的。）你以前說過，你們會介入的唯一時候是我們快要摧毀這個世界了，因為它會在宇宙間造成影響。（是的，沒錯。）所以你可能已經補足了我的故事裡那缺失的部份。事情現在更合理，而且更清楚了。所以這很重要。你就像「看守者」一樣。（是的。）瓊安在照顧地球的時候，她就是「看守者」嗎？

瓊：是的，她是。

當人類生命在這個星球被創造的時候，它被給予了智慧和自由意志，為的是看看人類會如何使用。宇宙裡有自由意志的星球非常少。我在其他書裡探討過這個主題。除了自由意志，另一個不干預的指令，在「星際爭霸戰」影集經常談到；這個指令並不是虛構的事。它非常真實，而且所有的外星人和外星生物都確實遵循。這個指令意謂他們不被允許干涉文明的發展。他們曾說過，這個原則只有一個例外。當文明的發展到了將摧毀這個星球的時候，他們就能獲准介入並阻止，因為後果將影響到整個銀河系。誰會想到像地球這樣的一個小星球，會有那樣的影響力？

我們是一個小星球，而且我們是被刻意地隔離和孤立在太陽系的小角落裡。他們怕我們，怕我們使用暴力所做的事。這就是他們一直觀察我們這麼久的主要原因。我們的行為所造成的影響可能散播到太陽系、銀河，甚至進入其他次元，我們很可能干擾和摧毀其他我們不知道的文明。後果將會非常可怕。而我們現在明白，這就是純潔的志願者靈魂這時候被派來協助地球的原因，為的就是防止這種情況發生。

透過我的工作，我知道歷史上有許多文明都曾經被毀滅。「他們」告訴我，這些文明每次都達到智慧與知識的頂峰，心智能力也到達傑出的程度。但是在每個情況（包括亞特蘭提斯），人們都濫用他們的力量，開始做些出於貪婪和權力的事，而非為了人類的進步。

我們知道在亞特蘭提斯時代，他們使用水晶獲得很大的能量。他們對抗自然法則，操作基因遺傳，結合和創造出半人半獸的生物。他們的作為肯定已經越線。然而，依照我女兒茱莉亞的看法，她認為他們也只是在運用他們的自由意志。「他們」因此必須摧毀那個文明，這對她來說並沒有道理。她說：「畢竟，原則就是原則。」她對於遵守原則很堅持，而且知道之所以會有原則必然是有理由的。因此，亞特蘭提斯人當時雖然在做他們不該做的事，但他們並沒有讓地球處於炸毀的危險。沒錯，水晶的威力強大，也沒有被正確使用，但是，是什麼可怕的威脅使得「他們」決定消滅整個文明？那是我還沒有想到的部份，直到茱莉亞提起來。

現在，事情變得清楚了。亞特蘭提斯的文明程度已經和我們現代人相仿。他們當時在進行暗物質的實驗，但是他們不知道可能會有反效果並因此摧毀整個星球。所以這是為什麼「他們」必須對抗主要指令——自由意志的原因。

綜觀地球歷史，這種情形已經發生了許多次，他們不想再次發生。每一次，人類的能力都必須被取走，文明必須從廢墟中重建，許多時間過去了，許多科技喪失了，人類必須一步步地慢慢重新爬升。這一次，他們不想再重蹈覆轍。為了防止舊事重演，宇宙於是徵求志願者前來幫助地球。

朵：瓊曾有其他的地球生命嗎？（這是她其中一個問題。）

瓊：只有很少數是有實體的形式。她大部分的生命是在光的界域。

朵：但瓊不是唯一做這件事的人，對吧？（對。）這是一個非常重大的工作。

瓊：我聽到數字：有一萬人。遍佈整個地球。

朵：他們都在做重建格網的工作嗎？

瓊：是的……只有極微小的不同，但全都是相同的意圖。我們都知道我們為什麼在這裡。有些比其他人更有意識，更能覺察到。或許那也是工作的一部分，喚醒其他人。

朵：所以他們能夠療癒地球母親？

瓊：是的。它也與ＤＮＡ有關。ＤＮＡ就像生命的橋樑，喚醒格網裡的關鍵點就像喚醒ＤＮＡ裡靜止的資訊包。

朵：人類的ＤＮＡ嗎？

瓊：人類的ＤＮＡ……它是一切的ＤＮＡ。它是接通一切的宇宙階梯。它連接每件事物，因此人類ＤＮＡ和地球的ＤＮＡ是同樣的。

朵：所以這些全部都必須被啓動或改變嗎？

瓊：要去喚醒當我們瓦解格網時被關閉的ＤＮＡ資訊包。

朵：所以，當你瓦解格網的時候，你也關閉了部份的ＤＮＡ？（是的，沒錯。）有任何原因嗎？

瓊：是的，為了讓它減緩下來……使它減緩。停止啓動ＤＮＡ裡存放知識的那些部分。現在是引動它們的時候了。

朵：我被告知人類的心靈能力會恢復。（是的。）那是喚醒DNA的部份過程嗎？

瓊：是的……取得生命密碼。

朵：它要如何被啓動？

瓊：使用光的頻率。提升我們自己光的頻率。

朵：在身體裡？

瓊：是的。它是從外太空透過宇宙射線進入我們的行星體系。它會激發一直處於靜止狀態的DNA資訊包，我們因此啓動光的密碼。

朵：這會影響到人類以及地球嗎？

瓊：是的，地球和所有的生命或光。

朵：光非常重要。它其實就是宇宙萬物。它是萬有一切。（是的。）——那些負面的人又會如何呢？那些不在光裡的人？他們的DNA也會被啓動嗎？

瓊：感覺上他們好像就是繼續沈睡。他們有點像是睡著的靈魂。那是我的看法。他們在睡覺。我有種「攙入」的感覺，就像睡著、捲入……攙入能量。但是那並非意謂在其他的時間點也會……你知道，我們談論的是「目前」這個時間節點。在其他的時間節點，會是他們的編碼被喚醒的時候。如果沒有，如果被留下來也不是一件壞事。最終，每個人的編碼都會被啓動，但你知道，如果你未被喚醒也沒關係。因為你的時間還沒到。再一次地，這跟時機有關……時間線。就像種子一樣。你不可能讓每個種子同時發芽。（笑聲）

朵：你所謂的「時間節點」是什麼意思？

瓊：時間節點是被控制的光和空間的能量。我們存在於時間節點，目前的地球也是。我們會說地球在二〇一〇年是一個時間節點。

朵：好。我想要釐清我聽到的一些事。當我們進入新地球而離開舊地球的時候，最後會變成兩個分離的地球嗎？

瓊：我不認為如此。我並沒感覺到那是一個新地球。我感覺到那只是一個擴展，在同一個次元或者跨次元的擴展。就像你有一個點。如果你把它和另一個點連結，你就有一條線。好，當你連結成一條線後，第一個點會消失嗎？這是相同的道理。它只是一個次元的轉移。三度空間仍然存在，但是我們將擴展進入光的頻率。

朵：因此它就像兩個分離的世界……一個在別的次元嗎？

瓊：不是兩個分離的世界。那個點跟畫出的線是分開的嗎？我想那就是我提出的問題。那個點仍然存在，而且那個點仍然是那個點。但是畫的線是另一回事，就像地球將是另一回事。舊地球仍將存在。新地球將會存在，但它就像點和線的類比。

朵：在另一個次元……另一個頻率裡？

瓊：另一個擴展的頻率……擴展的頻率。

朵：所以那些輕盈的，他們的頻率正在改變DNA，將去到另個頻率，我想。

瓊：是的。就像是同時的存在。它只是一個次元的轉移。

朵：那就是人們很難了解的地方。我們無論如何是存在於其他次元裡。

瓊：是的。我們沒有自我的覺察，我們的DNA也沒被喚醒，所以無法意識到。

朵：這次我們會意識到嗎？（是的。）我們將覺察到我們的舊地球，人們沉睡的世界？

瓊：那不會是我們的顧慮。

朵：我們將會前進。（是的。）每次我得到一些更多的資訊，事情就更清楚一些。當我以這個主題演講的時候，都會有聽眾提出很多問題。有一次你告訴我，你甚至不知道究竟會發生什麼事。（笑聲）

瓊：沒錯，我們不知道。

朵：因為它是有史以來第一次發生。那是我聽到的情形。

瓊：第一次在地球發生。（笑聲）許多星球都經歷過次元的轉移。

朵：因為地球是活的，她必須進化？（是的。）但這是第一次在宇宙的這個部份發生？（是的。）

瓊研究過雷射和思想的運作，她能夠把它們使用在療癒上。

瓊：我現在看見雷射光可以用來連結格網點、乙太格網點和地球格網。那是她會使用雷射的方式。

朵：你說過，那會是在未來。（是的。）你想要她怎麼使用雷射？

瓊：只要把雷射光照向宇宙，然後三角區分出界定點，使用雷射光把乙太格網定位到地球的格網。

朵：水晶也是一樣嗎？

瓊：是的。光會定位到水晶裡。

我們回答了瓊的其他問題，而且潛意識也對身體進行了治療。

臨別訊息：不要害怕失敗。它們代表的是更多的機會。

所以，經過了多年的工作，我發現在這個非常重要的時期，有「三波志願者」前來幫助地球。在這段期間，我也發現了另一組來到地球的群體：一萬名格網守護者。他們在這裡是為了不同的目的；修復因為亞特蘭提斯的毀滅所造成的地球格網的損害。他們來讓它們恢復平衡。他們在此也是為了發現和取得放置在水晶裡的隱秘知識。這些知識非常有價值，它們一直在等待這個特別的時候再次出現。這一次，讓我們正確使用吧！

第三部

新地球

新地球

這整本書的重點是放在這時候來到地球參與轉移到「新地球」的志願者。然而，他們所說的「新地球」究竟是什麼？我們要如何知道我們已經到達那新的境地？我們又會注意到有任何不同嗎？

關於新地球的資訊在過去五年或更久前便已漸漸出現。數百位催眠個案所透露和累積的一點一滴的資料，花了我許多時間才看出浮現的模式。這些資料散佈在我的其它書裡（尤其是《迴旋宇宙》系列）。許多參加演講的聽眾和透過電子郵件聯繫的讀者，都建議我把關於新地球的所有資訊集中在同一本書。因此我將其它書裡的資料集合起來放在這裡。

本書接下來的這部份有更多的片段和訊息。令人訝異的是，這些資料並沒有任何矛盾之處。我所有的個案都在說同樣的事，只是使用不同的措辭。由於這些資料彼此互補，也提高了訊息的真實和確實性。以下是取自我其它書裡的資料。

第三十二章　新地球

我們在星期天去教堂做禮拜的時候，都聽過神父誦讀聖經的下述詩篇：「我又看見一個新天新地，因為先前的天地已經過去了……我（約翰）又看見聖城新耶路撒冷由神那裡從天而降……我聽見有大聲音從寶座出來說：「看哪，神的帳幕在人間，祂要與人同住，他們要做祂的子民，神要親自與他們同在，作他們的神。神要擦去他們一切的眼淚，不再有死亡，也不再有悲哀、哭號疼痛，因為以前的事都過去了。……「看哪，我將一切都更新了。」又說：「你要寫上，因這些話是可信的，是真實的。」……那城內又不用日月光照，因有神的榮耀光照……凡不潔淨的，並那行可憎與虛謊之事的，總不得進那城……不再有黑夜，他們也不用燈光、日光，因為主 神要光照他們，他們要做王，直到永永遠遠。（啟示錄第二十一、二十二章）

自從聖經撰寫以來，教會就提出許多不同的解釋。但是直到目前為止，〈啟示錄〉的內容仍然像謎一般地難以理解。本書裡的說明，是多位個案在深層催眠狀態下所傳遞的內容；他們似乎握有答案。他們多次描述「天國」（Kingdom of God）為光明之地，他們因為與造物主（Creator）、「源頭」（Source）重聚而滿心喜樂。在那個時候，他們都成了「光之靈」，而且並不渴望回到地球的實體形態。這解釋了詩篇的一些含意，但是有關「新地球」的預言又是如何？再次地，答案似乎透過我的多位個案在催眠過程中傳來，而我是在把書中資料匯整之後，才發覺跟聖經的說法非常類似。我們談的都是同一件事。〈啟示錄〉的作者約翰使用他那個時代的用語和他的詞彙，把他看到的寫入書裡。這在今天也是如此；我的個案必須使用他們所熟悉的術語。我因此明瞭，我們看到的只是即將到來的新地球的一小片段，但那已是他們所能做的最好描述了。不過，它至少讓我們能夠一窺這個美好和完美之境。

我在工作時聽過許多關於一切都是由能量組成，形體和形式只是因頻率和振動決定的說法。能量永遠不會消逝，它只是改變形式。我也被告知，地球本身正在改變她的振動和頻率，而且正準備提升到一個新的次元。一直以來，都有無數的次元在我們周遭，只是我們沒辦法看到，因為當振動加快，它們對我們的眼睛來說就是無形的，但這並不影響它們的存在。在《監護人》書裡，我解釋外星人如何使用這點並藉著提高和降低他們太空船的振動頻率來進行時空旅行。有時候，我們也會在毫無覺察的狀況下往返其他的次元。我在《隕星傳奇》乙書討論過這個議題。所以，我在過去其實就已經觸及了這個主題，但當時並不瞭解它的完整意義，直到我開始收到越來越多關於它的資料。

「他們」希望我們知道得更多，因為「新地球」很快就要來臨。它將會是一個重大的事件。當然，甚至在聖經裡，它也被描述為「近了」。而現在，當世界準備轉移、進入新次元的時候，我們也確實能夠看到並感覺到它在我們周遭產生的一些作用。

「他們」說過，當頻率和振動增加時，我們會越來越注意到身體所受的影響。我們當中有許多人能夠感覺到在存在的另一個層面，有些事正在發生。為了適應正在進行的微妙變化，我們的身體也必須有所改變。這些身體症狀有些會讓人不舒服和擔憂。「你會看到並注意到，當地球繼續提高她的振動頻率時，你們能量阻塞的症候也會比較減輕。」

我的許多個案被告知他們必須改變飲食習慣，以便適應新的世界。我們的身體必須要變得比較輕盈，這意謂在飲食上排除難消化的食物。在催眠療程中，他們一再告誡停止吃肉（尤其是牛肉和豬肉），主要是因為這些動物飼料裡含有添加物和化學物質。他們說，這些化學物質和人工成份會沉積在我們的器官達六個月之久。要把它們從身體過濾和移除會很困難。我們也特別被告誡不要吃動物蛋白質和油炸食物，因為它們對身體有刺激作用。「在多年的錯誤飲食後，它們會讓你的身體系統惡化。我們不是要批判，但是身體是被設計為特定類型的載具，如果被濃度和毒素污染，身體就無法提升頻率到更高的次元。」

當然，如果你能幸運找到不含毒素的有機肉類，那會比較安全。他們說雞肉和魚比較好，因為比較容易消化，但最好的是「生鮮」的水果和蔬菜。這表示這些蔬果生食要比煮過的好。我們也被提醒要少吃糖，多喝更純淨的瓶裝水和不加糖的果汁。最終，當頻率和振動持續增加，我們將會適應流質飲食。身體必須變得更輕盈才能揚升。「當地球上的能量持續提升並且更純化的時候，你的身體需要跟著轉變。」當然，這些說法沒有一樣是新的。我們多年來都聽過這些和營養有關的事實，但在一切開始變化的時候，我們就更有必要注意我們的飲食。

在二〇〇一年，「他們」為了讓我改變飲食和生活方式，激烈地介入來引起我的注意。在進行催眠時，不誇張，他們簡直是對我用叫喊的來表達他們的觀點。那年，我在佛羅里達州的時候，身體因為脫水很不舒服。「他們」訓斥我，並要我停止喝我的「標準飲料」——我貪喝多年的「百事可樂」。他們完全改變並改善了我的飲食習慣。到了二〇〇二年，我的身體已經清除許多毒素，我也能感受到之間的差異。過了幾個月，我的身體才算是所謂的「去毒」了。

他們只要一有機會，就會讓我知道他們仍然在監看我。當他們看到我又悄悄回到舊有的習性，責罵就免不了。在英國進行的一次催眠時，他們說：「你的身體已經被教導如何處理你將要合作的新能量。不要忘了，有些能量和你們無法調諧。但在現在這個階段，或許不是把這些能量丟開或推開的時候。因為你對它們不熟悉，你會想：『它們不對。』然而它們是被吸引到你這裡，你要問：『它們是什麼？』事實上，它們是新的能量。也許它們正在重新調整你的身體，移除你體內的毒素。尤其是你的腎臟將要跟過去無法接受的能量合作。只要接受這是清理的程序，它就會發生。」

他們接著告訴我一個給飲用水注入能量的作法，它可以幫助解毒。「你的身體有百分之七十是水，地球也有百分之七十是水，所以水的重要性簡直難以想像。也因此你喝進身體的水的共振非常重要。當你喝水的時候，使用你擁有的知識來能量化所喝的水。把知識傳進去。成螺旋狀進入。想像水在旋轉，產生朝順時針和逆時針兩個方向轉動的漩渦，形成正面和負面的關鍵點。你必須讓它轉動，使它失去平衡。想像有個思想能量進入了水裡，這個能量旋轉並形成了渦流。這就是你需要做的。然後思想會將水能量化，重新把這個星球接納的生命力導入水中。在地球上的所有流體，不論是岩石或是液態，都是以較慢或較快速度移動的流體。每個事物都有對本身的共振和記憶。人類已經失去對自己（本質）的共振和記憶，但是水可以再次供給能量，人類思想形式的過程也可以有助（水的）共振。你要記得，注入能量的一瓶水，它的效果可能只維持幾個小時。你也許會需要重新導入能量。在喝任何液體前，你也可以進行同樣的程序。對食物也可以這樣處理。食物只是流動較慢的液體。這會對身體有幫助，並且幫助淨化和創造在你們思維形式裡的清晰，因為你們已經不再那麼清明，運用這個技巧，清明就會恢復。」

*　*　*

以下是我收到的一封來源不明的電子郵件：

時間事實上正在加速（或者崩解中）。幾千年來，地球的舒曼共振（Schumann Resonance）或地球的脈衝（心跳）都是每秒7.83個週期。軍方一直在使用這個頻率作為可靠的參考指標。然而，從一九八〇年起，這個共振已經在緩慢上升。它現在超過每秒12個週期的頻率！這意謂我們每天的時間是少於16小時，而非原本的24小時。

時間的加速與縮短，就是正在增加的頻率和振動的跡象之一。

*　*　*

個案：自二〇〇三年起，將有一股能量流入，推動著地球。在將被留下來和前往新地球的群眾之間會有更大的分裂，結果將是地球的振動增加。這正在影響整個宇宙。這不只是地球的事。這是銀河的事。

第三十三章 舊地球

安妮說她想要回「家」，體驗是什麼感覺。因此在催眠的這個時候，「他們」讓她驚鴻一瞥，她的情緒變得激動起來。「告訴我，你們給她看了什麼。那裡是什麼樣子？」

安：（聲音輕柔）能量。（她現在哭了起來）他們像是在為我充電，能量還是什麼的。（喃喃自語）我能夠完全感覺到……（哭泣）它就像愛。

我讓安妮哭了一會，然後穩定她的情緒，這樣另一個存在體才能回來回答問題，並且情緒穩定的提供資訊。「我們很愛她。」

朵：我知道要離開那個美麗的地方，在這時候志願來這裡要有很大的勇氣。

安：她覺得她沒有實現她的目標。那是她主要，最大的挫折感——她沒有在做她來這裡要做的事。她想結束（生命）。她有許多能力和才華，她覺得她應該把它們用在特定的地方。而她一個人無法做到。

朵：你說過她是在這個變動的時期志願來到這裡。這些變動就是我曾被告的嗎？（是的。）你想談談那個部份嗎？

安：很多的變動。你一直在處理哪些事呢？

朵：我們正在轉變到新的頻率和振動嗎？

安：沒錯。你有任何問題嗎？

朵：我聽說很多的資訊，像是一切都在加速，還有我們整個次元的振動和頻率正在改變。是這樣嗎？

安：混亂，許多的動亂就快來臨。需要非常穩定。很混亂。大家會很迷失和困惑，他們會很痛苦，所以會需要你和那些來到這裡的人（指志願者）的穩定力量。你瞭解嗎？

朵：你說的混亂是指地球上一直在發生的劇烈改變嗎？

安：是人類造成的情況，以及地球變動所導致的狀態，還有不是人類習慣見到的新能量和存在體的出現。這將引起很大的混亂，只有那些瞭解發生什麼事的人會保持冷靜，並且安撫慌亂的人。請記得，並為此做好準備，因為說來容易，但要等到情況實際發生了才算數。我們的身體需要準備好去處理能量的轉移，以及變化過程中的衝擊。你覺得你能瞭解怎麼回事是一回事，但當事情發生，要在混亂中保持冷靜則是另一回事。

朵：那對人類來說會很困難，不是嗎？

安：是很難。但那就是這時候所要注意的關鍵和實際面，因為你是要在實體層面幫助人。也會有其他層次的存在體協助，但你和她和其他人，都是在實體的層面（意指具有身體）。因此到時他們就可以傳送在混亂時所必要的冷靜。

朵：但人們會聽我們的嗎？

安：這不是由你決定的。你可以決定的是確定自己保持冷靜，並且提供穩定踏實的能量給那些會聽你的人。單單這樣，你就需要做許多跟身體有關的工作，好讓能量能夠就緒，因為這就是你來到這裡要做的事。安妮受過很好的訓練，因為她的生活經驗訓練了她在瘋狂的狀態中仍能保持一定的冷靜。

安妮的孩童時期是在與粗暴和情緒不穩的雙親同住下度過，接著是一場混亂的婚姻。

安：那對她是很好的訓練環境，所以當變動來臨，對她來說要實際保持冷靜並不是那麼困難。你瞭解嗎？

朵：是的，我瞭解。我一直聽說這些改變會使得地球分離成兩個。當振動和頻率增加，會分成舊地球和新地球。是這樣的嗎？

安：沒錯。會是不同的世界，在變化之後，有些靈魂會留下來或選擇生活在這個改變後的世界。他們所停留或進入的世界，就是那個有著他們想要的振動層次的地方。但是新能量將只會適合那些已經把自身能量提升到那個振動的人。

朵：妳談到的動亂，會是在舊地球嗎？

安：我們現在正在經歷這些變動。往後幾年正是轉化的時候，而且許多人都曾經預言結果。對此我沒有什麼要說的，除了，那些現在在這裡的人，需要記得在變動或者最後的變化發生之前，他們在實體層面所扮演的重要角色。在這個過程中間，他們需要提供協助。就像在軍隊一樣，整好隊伍。他們出場的時刻到了；他們正被召集要出席並做好準備。而且要維持他們的立場，因為到時的情況，靈魂可能會是處在轉往另一個振動方向的關鍵時刻。而你或許可以在那時候發揮一定的作用。

朵：妳說的「可能」意謂什麼？

安：他們的靈性成長可能是在灰色地帶，他們可能有資格前往更高的振動層級，但是他們要有勇氣跳躍才行。或者他們選擇不提升，那是他們的選擇。但你的角色是，如果你維持你的能量，你可能會對在那個情況下的某些人很關鍵，因為你或許就是幫助他們勇敢一躍的那隻手。

朵：使他們跳到更高的振動。（是的。）但是，更高振動的新地球不會經歷這個動亂狀況嗎？（不會。）看起來好似現在我們就正經歷這個混亂。

安：這只是開端。它已經開始了，但是混亂還沒有。混亂時，瘋狂的人們會在慌亂中亂跑，因為他們所有的幻相已經破滅。對於前來幫助這個變動過程的你們，那就是測試你們力量的時候了。那時人們會非常迷惘和恐懼地在街上奔跑，就跟颶風侵襲路易斯安那州的情形一樣。

朵：那就是我想的，海嘯和颶風。

安：那個情況若在世界各地的多數城市發生，就是一個非常不同的景象。

朵：在許多城市也會有類似災難嗎？

安：有些是大自然的因素，有些則是由掌權者想保持原來秩序所造成。他們注意到這些變化。他們拒絕接受，就像不想聽真話的小孩一樣。而且他們拒絕承認他們已不再居於主導。因此他們繼續緊抓住權力，因而可能導致更多的混亂。他們覺得他們可能可以透過維繫表面上的恐懼來保持低下的振頻，以便緩慢轉變的過程。

朵：他們試圖灌輸人們恐懼。

安：恐懼一直存在人們的心裡，因為這是這個世界大部分的社會（就算不是全部）運作多年的方式。讓民眾恐懼是他們保持權力的方法，而且幾乎世界上每個人都有恐懼。恐懼有不同的層面，但是這些變化以及使每個人都能自由溝通的科技，已經引起那些掌權者的關心，因為現在恐懼正在消失中。將要發生的許多事，即使是災難，都可作為讓恐懼現身以便處理的一種催化劑。因此在某方面而言，它是一種淨化。但那些掌權者並不希望這個過程發生，他們想要人們心中維持某種程度的恐懼。就像絕望的孩子，他們嘗試任何能夠想到的方法，不讓那恐懼消失，這就是目前的情況。然而，不論表面上看來如何，恐懼仍然在消散中。

朵：人們開始自己思考了。

安：是的。你可以說他們在面對自己的魔鬼，因為生命正帶引他們去正視一些他們以往不必去處理的事。因此，他們的恐懼雖然一直存在，至少現在正浮出表面，以往並非如此。也因此，它是種淨化，隨著情況的持續，它將只會解放越來越多的人心，這是那些掌權者非常清楚的事。他們想要緩慢這個現象，認為有方法可以防止。因此他們會盡力防止，直到事情變得非常棘手為止。會有許多人對於被逼到極限沒有準備。

朵：戰爭是其中一項嗎？

安：戰爭，絕對是的，還有他們用來嚇唬人的疾病。

朵：這些病並不是真的存在，是嗎？

安：如果人們選擇讓那些能量進入他們的身體，它們就會存在。但它們主要只是在能量場。而且就像我們所談論或想到的其他事情一樣，它可以在物質層面變成實相（指成為事實）。

朵：是的，如果有足夠的人接受它成為他們的實相。

安：但是這些疾病被極不成比例的誇大，而且它們並非如描述的那麼容易傳染或流行。媒體和電影堅持對大眾呈現負面和以恐懼為主的資訊，顯示出他們不顧一切的心態。像是謀殺、死亡、背叛、攻擊等這類主題使得群眾的注意力集中在這些內容，這正和媒體給人希望和鼓舞人心的印象相反。不過，現在已經有足夠的正面訊息散播開來，就像骨牌效應，不再能被阻止。

朵：政府正在試圖助長的另一種恐懼是恐怖主義。

安：是的。它就像傳染病一樣，是政府的另一種工具，它讓民眾有理由害怕而不是成為一個整體（譯注：利用恐懼與敵視來製造對立與分裂），並只好信任政府會解決他們的問題。但這些是虛構的問題，而在潛意識裡，許多人已開始覺察到。群眾中有許多人不再相信。在潛意識層面，他們開始覺醒，而且掌權者知道。這是為什麼他們正訴諸於荒謬的故事，而那些說法只有想要相信的人才會相信，因為任何有邏輯和理智的人都無法相信他們。

朵：是的，任何會自己思考的人都不會相信。

安：因此，他們是在提供人們選擇的機會。而透過把人們逼到極限，他們提供了了某個目的；每個人因此都要選擇，因為這是選擇的時候。這不再是一個妥協和中立的時代。

朵：你稍早曾說過，當混亂發生時我們會在這裡。混亂是因為許多這種災難所造成的嗎？

安：是災難和政府組織架構的崩潰。還有大部分人覺得自己屬於的社會安全網的崩潰。像是他們的社會安全福利，他們的薪水、工作和宗教信仰。尤其是當太空船以及其他類似的事開始成為他們意識到的一部分，而他們卻還沒準備好（接受）。因此，他們可能在震驚和困惑中四處亂奔，不知道什麼是真實，什麼不是。政府的體系在瓦解中，而且會到一個混亂的程度。就像骨牌效應，就像崩塌。

朵：如果太空船真的來了，他們的目的是什麼呢？

安：他們一直都在這裡。只是他們獲得允許可以顯現在我們眼前的時候到了，因為現在不單是自由意志，而是其他存在體也可以在新地球要求他們的位子的時候。這不只是人類而已，還有其他屬於這裡而在不同振動頻率的存在體。因此，在一定程度上，並不是他們選擇讓我們看見，而是能量使得他們可以被看見。

朵：我注意到他們已經在這裡。我一直都和他們合作。我知道他們是正面的。我對他們沒有意見，沒有問題。

安：但是隨著他們變得可見、成為人們認知的一部分，還有政府組織的崩塌、混亂和天災，你就能明白大多數人會是多麼震驚。而且人們的宗教和他們對生命架構的觀念都將被摧毀。因此他們將沒有東西可以依附。對那些固守門户的人，這會造成極大的恐懼。這種恐懼可能導致瘋狂、精神分裂或其他類型的反應。也就是在那個時候和那樣的反應，大部分的人會很脆弱，你因此能有最大的貢獻和服務。

朵：那麼其他像我和安妮一樣的人，都是來這裡幫忙的嗎？

安：那些準備好面對這些改變而且不因恐懼而潰散的人，將是那些無法理解這一切的人所倚靠的支柱。這並不意謂你將提供他們真理，這只是說你不像他們那樣潰散。

朵：因為，我在想，當大家都亂作一團的時候，我們能做什麼？

安：當你沒有失去理智而且保持冷靜的時候，你做什麼並不重要。人們會從你身上看到並尋找那樣的冷靜，因為他們不知道要如何解釋他們眼前所見。你可能也不知道該怎麼理出頭緒，但是你已經有所準備。因此，你會明白，而且隱約相信不會有事。你沒有瘋。

朵：其他人完全沒有任何準備。

安：沒錯。

朵：你知道在過去的兩年間，有許多、許多的人來找我，他們若不是治療師，就是你，潛意識這部份告訴他們，他們將成為療癒者。我們很想知道為什麼世界上會需要這麼多的療癒者？

安：你知道這個星球目前的人口數嗎？

朵：是的，是個很大的數目。

安：那可能是其中一個原因。同時，因為目前所提供的學習機會，對許多靈魂來說非常珍貴，這是地球未曾經歷過的難得、稀有的時期。因此，這是個去體驗獨一無二的靈魂旅程的機會。它呈現的挑戰是在靈魂層次更上一層。所以許多進化的靈魂對這個機會都很有興趣。

朵：我在想，如果社會架構會崩潰的話，醫療專業絕對是其中之一。也許那是要有療癒者的一個原因，因為他們能夠使用能量和自然療癒。

安：未來的能量將會提升到足夠高的層次，那時疾病就不會像今天你所知的這樣。雖然療癒者的幫助確實有需要，但會有一天那些疾病將不再存在。因此，療癒只是暫時的。當有需要時，療癒者將會療癒。舉例來說，如果因為大家都離開了城市而沒有了醫院（指醫院無法運作）或者淹水了（她是意指城市會淹水嗎？），那麼就會有療癒者可以提供協助。但這不是他們在這裡的唯一原因。他們在此是為了他們自己的學習目的，因為他們的靈魂有興趣經歷這一次的轉變。

朵：那是為什麼我們全都選擇在這時候來到這裡嗎？

安：這是主要的原因。

朵：我也聽說過，我們的DNA正被改變，這樣我們才能適應這些變化。是真的嗎？

安：有許多團體參與能量提升的實驗，他們有他們自己的科技。從我們的觀點來看，我們認為透過在地球上注入更高振動頻率的能量，它會反射到人們身上。因此並不是他們的DNA經過了調整，至少從我們的觀點來說是這樣，而是更高的振動自然地影響了他們在某方面靜止的DNA。因此，它（DNA）正被啓動中。

朵：我聽說這是為什麼人們現在體驗到許多生理症狀的原因。

安：身體（能量）的堵塞部位，不論是業力問題或是因為對自己的飲食習慣或其他事缺乏自律所導致，基本上這些堵塞是因為這些新能量而顯現，而在以前它們可能就一直潛藏。它被帶到檯面的意義就跟現正浮現的業力問題類似。這些新能量是在迫使這些區域去處理黑暗與負面，這樣能量才能自由流動。這些堵塞需要被清除，因此，必須去處理造成這些疾病的問題；這要那些正受病痛的人某種程度的參與。而他們是否關心或處理這些議題將是他們的選擇。

朵：我聽說許多有生理症狀的人所經驗到的是他們的身體在適應振動的改變。

安：沒錯。

朵：如果動亂屬於舊地球，它會發生在兩個世界分開的同時嗎？我不知道這樣形容是否正確。新地球據說是要進入新的振動和新的次元。而這個過程被描述為分離，變成兩個世界。這麼說合理嗎？

安：有許多理論，要看依據什麼觀點。這是能量振動的問題。有個振動是看得見的，而有些振動彼此都看不見。因此，如果一個振動——較低或較慢者——繼續存在，它並不是變成一個分離的世界，它只是不再被看見。新世界基本上是因為更高的振動頻率而分離出來的。

朵：但是在新的世界，事情和舊世界不會一樣。不是嗎？（是的。）他們不會經驗到混亂？

安：不會，混亂主要是因為信念體系的瓦解。混亂是因信念體系被挑戰、崩潰到了一個空白，要從頭開始的地步。這對大多數人就是混亂。那些到達新地球的人對新的信念體系感到自在，因此不會像那些人一樣的掙扎。這並不是人們突然之間變成不是自己，成了另一個層次的人類的轉化。人們要嘛可以轉移，要嘛不能。

朵：那是我一直想瞭解的。我聽說新世界會很美麗，我們不會有舊世界的這些問題。而且他們說，不要回顧過去。你不會想看到舊世界發生了什麼。

安：回顧過去基本上沒有好處。並不是你不能往回看，而是你不能改變其他人的選擇。所以，如果你回頭看，而它令你哀傷，那它只是使你腳步慢了下來。

朵：但你說過我們跟這些人有關。

安：我們在變動時期來到這裡。我們在這裡是要保持我們的能量穩定。並不是要跟那些具有較高振動的人一起，因為他們能夠照顧自己。我們也不是必須要陪伴那些深陷負面的人。我們在此是為了那些在困惑中，但或許準備好要縱身一躍的人；那是我們最能幫助的人。

朵：這是否意謂我們必須要留在舊世界工作？

安：你只能留到你應該離開的時候。在你停留的期間，你能夠提供你的服務。當你離去的時間來臨，你會知道的。這不是「我應該停留多久？」的問題——這個問題最終會被回答。這是知道你停留的期間，要做什麼的問題。

朵：我曾以為我們會跟那些經歷混亂的人分離。我們會在一個不同的美麗世界。

安：經歷轉化的過程，不必然會是分離。它並不是一件隔天你就是新世界的一部份，然後舊世界走遠的事。這是一個過程。到最終，事物將會改變。但在這個小過程中，不論它持續一個月或五年，你仍是這個過程的一部份，就如你現在。你現在就在其中。因此，只要你還在這裡，你的工作就是為那些困惑和混亂的人維持穩定能量。一旦實際的轉移（次元）發生，即使你想待在這裡，你也無法如願。

朵：那些已經提升他們振動頻率的人將會到新地球。

安：沒錯。

這回答了當初我在巴哈馬的一個印度聚會所演說時，曾被問到的一個問題。一位年輕女性說她很願意留在舊世界，幫助那些被留下來的人。我告訴她那是高尚的情操，但我不認為事情會是如此。現在，這就是答案了。它跟振動有關，一旦你的振動到達了正確的頻率，你就自動到達下一階。如他們所說，「即使你想留下來，你也不能。」你的意圖並不重要。這是遠超過你所能決定的。

朵：所以我們要嘗試幫助的人，是那些仍在試圖決定和下決心的人嗎？（是的。）那是我為什麼要弄明白的一點。我從很多人那裡聽過，但有時會有些困惑。

安：從人類的觀點來看是令人困惑。

朵：那麼你確實看到會發生更多的動亂。

安：是的，沒錯。這是開始，因為那些掌權者還沒完成他們的計劃。他們將引起更多事件。而且也會有因為自然因素而導致的其他事件。因此動亂遠遠超過我們在個別情況下所設想的程度。但當然，所有這些都可能改變，並沒有已定的未來。

朵：我被告知年齡不再重要。

安：年齡只是一個幻相。當我們沿著演化過程進行的時候，這點將更明顯。

朵：我也聽說，當次元轉變發生的時候，如果我們想要的話，可以被允許帶著身體一起。是這樣嗎？

安：是真的，但只會是一段短時間。很快會有另一個轉換發生。

朵：那時會發生什麼事？

安：人類將成為純粹的能量。

朵：那些揚升的人。

安：沒錯。

朵：我也聽過不是每個人都能夠轉移。

安：每個人都會被給予這個機會。他們能不能具有那個振動是決定於他們個人。不會有針對個人的判決。就只是他們**能**具有那個能量，或**不能**。但沒有人會被毀滅。他們會依所散發的振動被安置在適當的空間。

朵：那就是他們說有些人將被留下來的意思。

安：按照上帝的計畫，萬物都將回歸上帝。

朵：只是在不同的時間。

* * *

在另一個不同的個案催眠期間，我在跟潛意識對話。

朵：你一直在說事情正在改變。

夏：正在加速改變，而你們的科學家卻無法控制。生態環境正因全球暖化造成極大的破壞。它的發生速度比科學家所說的還要快。

朵：他們並不是真的相信它會發生？

夏：他們相信，但認為危機是幾十年以後的事。它不是的；它就在眼前！危機已經在敲我們的門了。在美國會有一些安全的地方。

朵：是什麼原因造成全球暖化？

夏：你知道的，那些觸媒。我指的是懸浮微粒、氣體、污染環境的每樣東西——環境污染。它是人類的傑作。那就是我們的夏天為什麼這麼熱的原因。而且將會有更多的暴風雨。許多、許多的暴風雨。令人難以相信得多。你不會相信將要發生的事。沿海地區，海岸會有變化。逐漸增加的暴風雨和海嘯將加速它的發生。時間表正在改變中。

朵：原本是不同的時間表？

夏：是的。現在正在來臨。比原先的時間更快，這是因為人類行為所造成。

* * *

以下是另一位個案在催眠時看到的可怕的未來景象：

朵：珍妮絲想知道最後一個問題。她想被允許前往西元二三二五年。二三二五。她想知道到時她是以肉體還是靈體的方式存在。你能帶她前往那個時期，給她看看那個時候的情景或畫面之類的嗎？

她立刻進入一個場景，而且開始述說她所看到的情形。

珍：我是一名指導員。我正在教導民眾如何種植「庫奇」（語音coogies）。（咯咯地笑）

朵：要如何種植什麼？

珍：庫奇。就是「庫奇」。你知道，它們是為地球種植的食物。它很像球芽甘藍菜。種了很大的一片。只要用手去碰觸栽種這種植物的金屬容器邊緣，它會產生振動，然後植物就會生長。

朵：你為什麼必須種這種植物作為食物？

珍：在地球上沒有作物能夠生長。這是在外太空的太空船上栽種的。生長的藤蔓爬滿各個牆壁的表面。我們透過網線提供氧氣給植物、房間和太空船。我稱它為「庫奇」。這是個有趣的名字，「庫奇」。工作人員身穿太空衣和地上的繫鏈連結。他們像電梯一樣沿繫鏈往上移動，到太空站照顧這些植物。我有一個班級，我是監督這項工作的人。這個工作很重要。

朵：地球發生什麼事了，不能種植食物？

珍：複製人搞砸了！他們摧毀了地球的生態。地球這時還在療癒她自己。

朵：複製人對地球做了什麼使得地球生態被破壞？

珍：戰爭、仇恨、 忽視、濫用、浪費。生態就這樣被他們給毀了。他們毀了動物、人類，直到他們自己再也不能在那兒生活。

朵：他們住在哪裡？

珍：他們是混種。他們是剩餘的地球人和另一個靈性星球的後代。他們混種以便接受即將到來的次元。小灰人混血。

朵：他們住在地球上嗎？

珍：是的，他們住在地球，包在衣服裡。火焰。地球有些地方從地面噴出火焰。到了二〇三〇年，亞歷桑那州的多處地面噴出火焰。二十五呎、五十呎，就像噴泉一樣噴出火。人們在爭戰。在地上走動時，大家穿著防熱衣保護，但彼此還是在爭鬥。墨西哥和美國之間發生戰爭。這是沒用的。他們無法在那裡生存。

朵：他們為什麼和美國人打仗？

珍：想要爭奪土地。某些地區仍然適合居住，但是不多了。

朵：你的意思是到了那時候，大部分的土地將不再適合居住嗎？

珍：是的。破壞已經發生了。

朵：這會導致某些土地不適合居住嗎？

珍：依照人類的生活方式，它會導致所有的土地都不適合居住。在二〇〇一年，我們已經變得……現在呼吸和生活都越來越難了。

朵：但是地球發生了什麼事，使得土地無法使用呢？

珍：振動。當他們開始破壞地球生態的時候，一連串的反應就被引發。而那些振動一個接著一個相繼持續下去。先是一個動物，接著另一個物種，然後另一個物種。一種連鎖反應。他們第一次試爆原子彈就產生了一連串的反應。自然界的振動就像你丟一塊石頭到水裏所產生的一圈圈漣漪。當他們第一次消滅了一個物種，事實上就形成了物種滅絕的導火線。他們引爆的炸彈導致他們從未想到的後果，甚至在他們自己的心靈。這個振動動搖了根本的創造。

朵：我懷疑是否是戰爭造成土地資源耗盡。但你認為就是人類的作為。

珍：一切都是戰爭。每一次你做任何負面的事，那就是戰爭。彼此殺害是他們所稱的真正的「戰爭」，已經太晚了。我的意思是，當你做了某件事，你不能改變你所做的事。它會產生循環，造成影響。它甚至會造成你想像不到的結果，而且它導致對自然的干擾。當我們擾亂自然，這就像條死路，因為它無法繼續成為大自然所意圖的完整。如同當初上帝想要的樣子。

朵：這就是我們所說的「外星生物」在二〇〇一年來到這裡，試圖幫助的部份嗎？

珍：他們是如此充滿了愛。而且他們好友善。光之族。能量透過他們散發。我說的是「小灰人」，還有其他的外星人種族。他們只是在不同的層次。甚至還有爬蟲族外星人。他們都是以自己的方式來幫忙。但是「小灰人」尤其是他們種族派來的特使。我認為他們帶來比其他外星族更多的愛。我可能是特別偏愛那個特定的光，他們有較多的愛。

朵：但是在珍妮絲現在所看到的這個未來世，許多已經影響了地球，她正在幫忙種植食物餵養人們。

珍：其實只需要很少的食物就可維持身體的日常消耗，但是人們並不知道。你可以以愛、氧氣和滲透作用（osmosis），而不是食物為主食。食物對身體來說不好消化。

朵：但是人們不了解。他們喜歡食物。

珍：當他們成為混種時，他們就會了解。然而他們在抗拒。他們不想成為那樣。他們認為小灰人正在接管這個世界，而且：好嚇人啊！（輕笑聲）他們放棄了什麼？他們放棄戰爭、他們的敵意，以及他們的黑暗面。目標？（笑了起來）

朵：當他們的身體修正到可以自理的時候，他們就會瞭解。總之，這些會是我們要面臨的事。

再次地，這已不是我第一次聽說和寫到這個情形發生在我們的地球。在《隕星傳奇》乙書，我在最後所放的催眠內容就是一個想要回到過去，卻到了未來的女性個案。她住在地底下一個小農場的隧道裡。這時候地表被污染的程度，已經沒有任何東西可以生長。大氣層變成有毒的氣體，令他們無法生存。他們能夠到地表的唯一方法，就是穿著某種防護衣，而且他們不能長時間待在地面。這個未來的生物因為在地底生活，已經演化得跟現代人類不一樣。他們看起來就像我們熟悉的小外星人，「小灰人」，這帶出了他們可能就是未來的我們的理論。而也許，他們已經回到我們的時代，前來警告我們將會發生的事——如果我們繼續現在的生活方式的話。他們也可能是想改變他們自己淒涼的未來。

當我在世界各地進行群體回溯催眠時，我也發現了相同的情節。在我帶領這個工作坊的時候，我會讓所有參加者同時進入催眠狀態。這是很有趣的工作坊，我帶引他們回到過去世，找到對於他們目前的人生有所幫助的資訊。這個工作坊還有別的活動，包括讓他們前往未來，看看他們未來的可能生活。

我知道他們有可能看到的是「可能的未來」；也許會，也許不會成為現實，因此不必把這個體驗看得太嚴肅。但是以一位好奇的記錄者來說，我很驚訝看到蒐集到的資訊裡，同樣的可能情節重複出現了許多次。有些人看到他們生活在環繞地球軌道飛行的太空船上，在缺乏重力的情況下，以水耕的方式種植所需的食物。他們之所以用這種方式耕作，是因為地球需要食物，然而地面又無法種植作物。有些人看到自己生活在水裡的實驗室，從海洋獲取食物，這樣地球人才有得吃。這些淒涼、令人悲傷的可能未來與珍妮絲所見類似。這並不是我希望發生在我們後代的未來，但它確實顯示出人類求生的驚人韌性與創新力。

第三十四章 更早的轉移

我一直收到大量關於即將來臨的變動的資料。這些資料有許多已經寫在《迴旋宇宙》系列第二冊。然而資料依舊繼續傳來。這是我們的命運，我們的未來。

在這次的催眠療程，我得到這個故事另一個缺少的部份。這件事曾經在地球發生過；在過去有群人已經能夠全體一起進入另一個次元。這些團體通常有種神秘的氛圍，因為他們就這麼消失不見，沒有留下任何有關他們的文明究竟發生了什麼事的線索。所謂的「專家」曾經有過很多推測，而且提出各種不同的理論。但很少專家認為那些人事實上是就這麼離開了地球，然後進入一個不同的次元，所以才沒留下任何蹤跡；馬雅人是主要例子，此外還有一些北美印地安人的部落。

我從工作中得知。這些群體在發展上已經非常進化，他們選擇了改變振頻，並且集體轉移次元。我被告知這是馬雅曆法結束在二〇一二年最合邏輯的解釋之一。如果進化的他們已經能夠完成次元轉移，他們也就能看到，在未來，整個地球將跟隨並完成同樣的成就。這會是比他們所達到的成就更加偉大的事。因此他們在曆法上註記了屆時整個地球和地球上的一切改變振頻，帶著所有生命一起進入另一個次元的時間。他們這麼告訴我，而我覺得聽起來蠻合理。

無論如何，我並沒有期望在回溯催眠時，真的有人回到了他們實際經驗這類事件的前世。這位女子告訴了我們一些目前只能臆測的事。這是來自過去的聲音所提供的另一個片段。「他們」在確定我得到所有的拼圖。我的工作就是把這些資訊組織起來，成為一個連貫和條理清楚的故事。

蘇珊經歷了在羅馬出意外身亡的那世後，她俯視她曾經走過的路，看起來就像螺旋狀。「它像是道路，但也是一種象徵。就像是他們切成一半的貝殼。這是個好例子。它就像……當你看著螺旋時，你能夠更洞悉宇宙的奧秘，並且更深入瞭解是什麼讓事物運作。你看到你在螺旋上的位置，看見螺旋是如何與宇宙和時間連結為一個整體。」

我接著引導她離開死亡的場景，指示她去別的地方，不論是未來或是過去，她會看到某個適合她看的畫面。「我在木製的樓梯上，左手邊是木製的欄杆扶手。正前方有某種原木建築，沒有半個人在那裡。你就像是站在一座堡壘或某個建築裡，透過建築物看到外面。建築物在半山腰，但是他們很聰明的把地基打入山腹。建築物的主體就是建造在這裡。它深入這座山的岩石。這是美國原住民的地方。而且我有種它是在乙太或是星界某處的感覺。或者它現在是在第五次元，它不再是3D。」

朵：不是實體的建築嗎？

蘇：好像是實體建築，但不是地球層面的東西。感覺就像地球是在別處振動。好像有一個次元罩在地球上方，而這個建築是在這個次元罩裡。它可能曾經在3D的世界，但是它增加了振動。它現在就像是在那個宇宙中的平行世界或是跟地球有關，但它不是三度空間的地球。

朵：你對這個地方覺得熟悉嗎？

蘇：它對我來說就是家。

朵：那個次元？

蘇：是的，它很像地球的環境，有岩石和樹林。而且這一定是在山裡。它比較像我們的西南部地區。在這裡很舒服。我的興趣和工作都是屬於心靈的事，還有療癒。

朵：你如何感知你的身體？

蘇：我感覺我是男性，而且年輕，還不是個老人，大約三十歲左右。老練。我正在做我的工作，我仍然很健壯。

朵：你的穿著如何？

蘇：很簡單。某種針織衣料。它的功能性很強。是某種到膝蓋的束腰短袍。很簡單的衣服。

朵：但你說你不覺得你是在地球上。

蘇：沒錯，它不是地球，但它跟地球有關。

朵：但是你有一個實質的身體？（是的。）如果它不是在地球，那麼你是怎麼到這個地方的？你能夠看到，而且了解是怎麼發生的（我下指令）。

蘇：現在看起來那裡似乎很天然，跟地球沒什麼不同。人們出生和長大。我現在正試著去瞭解我們是不是曾經在地球，然後轉移了過來。很可能就是這個情形。

朵：你說它跟地球有某種關聯。這是什麼意思？

蘇：我認為我們可以覺察到地球，就好像我們是在另一個次元。因此若不是我們可以從我們所在的地方感知到它，就是我們曾經在地球上，屬於地球，而因為某種原因離開。

朵：所以如果你離開了地球，你把這個實質的地方帶過去了嗎？

蘇：離開的似乎是一群人，我說「一群」是因為不像是有許多、許多人。從某方面來說，我們已經到達某個轉變頻率的關鍵點，好似我們全都經歷過類似的經驗，當人們以群體方式做事的時候就是這樣。就像整個社會都能超脫。

朵：這是一件刻意去做的事嗎？（是的。）是大家討論的事？

蘇：討論和努力的方向。人們嚮往這個境界。

朵：所以並不是每一個人都做到了，只有你們人裡的特定一群嗎？

蘇：都是當時我們認識的人。我們是一個印地安人部落，我們知道附近有其他的部落，但他們不屬於我們的世界。我們就是靠自己。我們只關心發生在我們身上的事。

朵：你們是怎麼做到的？有人教導嗎？

蘇：幾個世代以來都有老師，也就是有智慧的族人。我們被教導冥想靜坐。我們全部。也許我們只有幾百個人，不過那就是我們的整個世界。我認為我們在轉移前就經驗過了。我們會以個別和以團體的方式前往。振頻被提升，我們體驗過後，又轉移回來。

朵：他們怎麼知道可以這樣？

蘇：我也正在納悶。好像人們就是知道。我不知道是不是曾經有人在什麼時候告訴過他們。我現在感覺，也許我們並不是全都來自地球，而是從外太空來到地球，建立起殖民地。我們心裡明白我們可以傳輸自己並且位移。

朵：你們為什麼會想那麼做？

蘇：我想這是一種探索。只是想看看是否能夠做到。我們體驗了3D的世界，然後轉移，轉移到另一個次元。

朵：所以不是有任何理由要離開地球這個3D的體驗？

蘇：沒錯，不是因為立即的危險。

朵：我在想，如果你滿意在3D世界或地球的體驗，你就不會有任何想離開、想轉移的需要或渴望。

蘇：這麼做讓我開心。這就像心靈的本質總是要去學習。所以即使一切都不錯，你會：「嗯…附近有些什麼呢，要去探討什麼呢？」

朵：在3D世界裡，你們是一個靈性的群體嗎？

蘇：非常靈性。我們極其尊敬地球，以及她內在的力量。

朵：但是你並不想留在地球。（沒錯。）因此你們決定全體馬上進行轉移嗎？（是的。）你說過你曾經這麼往返過。

蘇：起先，是的。就像最初練習離開。而當我們熟練整個過程後，我們就可以全體進行轉移。我現在看到一塊藍色的石頭，青金石。它似乎和我們來的地方有關，它是那個地方的象徵。就像綠松石對美國西南部的印第安人和西藏人的意義一樣。從某方面來說，青金石和這些人有關。他們似乎是從宇宙其他地方來的。

朵：所以他們不是地球上土生土長的人類？

蘇：我認為是從祖父輩時來的。

朵：他們告訴過你發生了什麼事嗎？

蘇：他們一定講過，但我不記得了。

朵：也許那就是你們可以較容易前往另一個次元的原因吧？

蘇：或許吧。當然知識也有關係。但我也想說，人們比他們認為的還要聰明。每個人都知道要怎麼做。他們可能不知道他們知道。

朵：而你的族人把他們的身體和周遭一切都跟著帶了過去。是這樣嗎？

蘇：這我不確定。我想他們若不是顯化出類似的環境，就是他們轉移到已經擁有類似環境的另一個次元。

朵：你喜歡那裡嗎？

蘇：比較喜歡學習所帶來的興奮。「那裡」並不重要。興奮隨著學習而來。我的思考很活躍。

朵：你在那裡必須飲食嗎？必須吃任何東西嗎？

蘇：我們會吃東西，但食物似乎比較清淡，振動頻率更高。它在我們體內持續的時間更久。對飲食的需求不是很多。

朵：你們並不想回去地球？

蘇：我們已經繼續進化的路程。我們在進行下一個階段的進化。

我下指令要他往時間前移，看看是否有任何重要的事情發生。聽起來他是在一個悠閒寧靜的地方，在這裡他能發現什麼重要的事嗎？

蘇：我看到我們正被要求回來。我現在流下了眼淚。我們被要求回到地球。

朵：整個群體嗎？

蘇：一部份人。我們知道一些對人類會有幫助的事。而且我們對這些人很有同情心。

朵：但是你不想去嗎？

蘇：是，也不是。這就像踏出探索的第一步一樣。是的，你想要去，但是你很掙扎。離開家令人難過。我們是非常有愛心、慈悲心的。而且我們希望和別人分享愛與慈悲。

朵：但是你現在的這個地方並不像是靈界，是嗎？

蘇：不完全是。它似乎是另一個實體世界，但是沒那麼稠密的存在感。不完全是靈界，我不認為如此。

朵：它不像你死亡後，靈魂脫離肉體前往的靈魂世界。

蘇：我不知道。我們似乎是永恆的。我們已經離開了會有死亡的物質世界，到了死亡不再必要的地方或頻率。我認為我們實際上是脫離了肉體。這種變動甚至是連同我們身體組織的分子結構一起轉變。我想我們變成了靈體。

朵：你的意思是身體某方面改變了？

蘇：是的，當我們脫離肉體的時候，它有了某種轉變。我認為當我們離開的時候，我們是帶著我們的身體。我認為我們帶著改變的身體一起進行轉移。

朵：你說身體的分子結構改變了？

蘇：是的，完全改變了。是的。

朵：這是你可以進行轉移的唯一方法嗎？

蘇：我認為我們可以死亡，可是那樣我們就沒辦法完成集體轉移。我的意思是，我們可能集體死亡。但這算是一種實驗。它是3D世界群體心靈的結合／合併。……我知道了，有一群先行者。

朵：所以是有一群人先做實驗。

蘇：是的。我認為還有其他人在嘗試不同的方法。這是我們的方法。

朵：你們不是對地球感到不滿意。你們只是想嘗試些不同的事，比較靈性的。

蘇：兩者都同樣靈性，但是我們似乎比在3D世界的時候較少限制。這樣比較有利。

朵：所以，有人在跟你說，你必須回來？

蘇：不是必須。就像是有個召喚，有需要。有個機會。

朵：你是如何知道的？

蘇：這個情形曾被討論過。比較像心靈感應，但有溝通過，大家知道這事。好像是自從我們離開地球後，地球上的情況變得非常糟。情況已經變了。

朵：所以，你能夠知道地球上發生什麼事。

蘇：是的，非常清楚。這就是為什麼我說我們有連結的原因。我們能夠知道這些事。發生的事就如全像式的思維過程。我們任何人，幾乎每個人都能調諧到他們想要的頻率。我們的人和仍然留在地球的人之間有某種關係。就像有人有這個計劃，有人體認到地球有這個需要，然後我們全都有了相關的資訊。而時間就是現在。

朵：你曾經轉移過，所以你知道是怎麼回事。

蘇：是的。噢，擁有豐富的地球生活經驗會是很大的優勢。

朵：所以你想要做什麼？

蘇：哦，我一定要去。我認為我在那裡會幫得上忙，是的。

朵：你不介意離開那個美麗的地方？

蘇：是的，我介意。（笑起來）但是你不可能同時在這裡和那裡。

朵：你要怎麼做呢？你知道嗎？

蘇：從當個嬰兒開始。我無法看到我們是在靈魂裡了，還是一個意識的合併。但這是個真實的經驗。在某處，你和一個胎兒結合。感覺像是我們整個活躍的意識都過去了。

朵：那麼你在那裡（另一個次元）的身體會怎麼樣？

蘇：我現在不很確定它是一個身體——還是只是意識，振動的意識。能量。

朵：所以，你的意識回來進入一個嬰兒的身體嗎？

蘇：好像就是那樣，是的。

朵：那表示全部重頭來過，不是嗎？

蘇：是的。嗯，差不多這樣。

朵：但這麼做很重要。你認為相同的事會在地球上再次發生嗎？

蘇：相同的事是……？

朵：你說你在這裡是要讓他們知道如何進行次元轉移。

蘇：這裡的一些情況很糟。人們已經忘記，或是沒有學會基本的事物。我認為他們很需要學習愛和寬恕。你在什麼次元並不重要，課題似乎都是一樣的。我們是愛，來自造物者。但人們在許多層面只為求生存。

朵：但是當你以嬰兒重新回來的時候，你還會記得你應該做的事嗎？

蘇：它是被規劃好的。感覺會有計畫要進行。是的，我們會忘記，而那樣就不是很清楚了。但是有些程式會被啓動。像是一種會慢慢釋出的東西。有的會是被人或事件所觸發，例如地震、火山爆發、強烈的暴風雨。我現在全身都感覺到了。會有召喚。

朵：因此當地球有事件發生，它會觸發事情？

蘇：那會是一個方式，是的。我的身體現在感受到很強大的能量。

朵：所以當這些地球事件發生，它們會觸發人類心裡的程式或計劃？（是的。）會觸發那些為了這個任務而來的人？

蘇：是的，他們有那個計劃或程式。參與古老慶典也是重要的觸發器。

我決定是呼叫潛意識來回答問題並且更完整解釋事情的時候了。雖然蘇珊的這部份提供了很豐富的資料，它也建議召喚潛意識，「雖然，很可能都是同一個。」我問蘇珊的潛意識，為什麼它挑選那段生命給她看。

蘇：她需要先了解她是探險家，總是會遇到新的狀況。還有此刻的地球是探索的時候。它不是已經確定的事。

朵：她所在的地方似乎是個不同的次元。

蘇：沒錯。

朵：她有一種感覺，這群人來自地球以外的某處。你知道任何相關的事嗎？

蘇：是的，他們來自「源頭」。

朵：直接來自「源頭」？（是的。）一起嗎？

蘇：它不真的是一群人或團體。它是一個嘗試擁有經驗的心靈，因此，它分裂成碎片。它是同樣的靈魂。蘇珊瞭解靈魂會分裂，離開。這些是有自己生命的「可能性」。事情就是這樣。這沒關係的。因為我們都是一體。

朵：他們為什麼想要生活在地球上？

蘇：地球很特別。可以學到很多。

朵：但他們後來決定轉變頻率。

蘇：他們藉著來到這個世界並具有肉體形式來作為先驅。創造模式和軌跡非常重要。人們能夠因此推斷曾發生的事。擔任開路先鋒要面對較多的困難，後繼者就比較容易。有一個詞彙可用來形容：第一百隻猴子（the Hundredth Monkey）（意指百猴效應裡那達到臨界質量的關鍵），或類似的詞。如果你走出了一條路徑，你會讓其他人比較輕鬆。時間也是一個整體。因此我們一直都知道，必定會有需要揚升、轉移、轉化和超越的時候。

朵：是因為發生了什麼事使得他們想離開並嘗試這種實驗嗎？

蘇：他們在探索該如何改變次元和形態。他們探索該如何成為真正的3D實體，然後連同身體一起轉移。

朵：帶著身體一起走。

蘇：在這個情況，就是連同身體一起轉移，這就是當時所做到的。

朵：那是為什麼它是一個實驗。

蘇：是的，那個模板就在這裡。那個知識是可以取得的。

朵：因為他們直接來自「源頭」，所以對他們來說是否比較容易？

蘇：是的，我想他們有更高的技巧。以地球的措辭來說，那發生得非常快速。但是花了些功夫。

朵：他們在這裡不夠久，所以還沒被污染。這樣說對嗎？

蘇：我不清楚污染的問題。

朵：你知道地球確實會污染人們。他們在這裡被困住了。

蘇：地球是完全善良的。

朵：我想是因為他們不曾跟別的人類有很多互動，所以對他們比較容易？

蘇：他們只和自己互動，其實算是同一個心智。因此，好吧，從我們偉大的成就取下榮耀。（笑了起來）

朵：她說那是個印地安人的團體？

蘇：是像印地安人的群體。那是古代。

朵：我們有一些印地安人部落就這麼消失的故事。人們都在疑惑到底怎麼了。你說的就是個例子嗎？（是的。）那麼他們連同身體一起進入另一個次元，在那裡他們依他們所想的樣子創造？還是說，是到了一個這些事物已經存在的次元？

蘇：他們先是體驗在3D的形態，但從沒失去與源頭的聯繫。他們知道有另一種可能，因此來回轉移，反覆轉移，形成一個途徑。這是個實驗，因為他們讓自己變得非常稠密。但他們的靈魂永遠知道源頭，這是他們的優勢。接著就變成一個嘗試改變3D的實驗。如何提高頻率，如何轉變次元，如何在身體轉移，如何連同身體一起轉移。因此在所有這些來來回回的過程中，有時在另一個次元中已經有事物就位。也有時當他們前往另一個次元的時候，他們會創造出一些東西。

朵：他們讓那裡和他們來自的地方相似。（是的。）但她後來說，他們是被召喚回來的？

蘇：是的。這是計畫的一部分。你先是探索，開創出一條其他人可以遵循的路。有些人會開始遵循，然後更多人也開始遵循。這會很有用，但是有人必須回來，再次展現這個途徑或這條路。他們回來，去做，去執行，採取他們曾經建立的途徑，然而他們並不知道。她回來是要幫助其他人，這樣他們就能通過這個變遷。

朵：但是蘇珊意識上並不知道。

蘇：還沒開始，還不知道。但她一直知道源頭。

潛意識要她去美國西南部旅行。「峽谷、岩石、乾燥的高地。然後她的使命將更清晰。曾經有過的記憶在岩石裡，在骨骸裡。那裡有記憶。」美國西南部是那個印第安部落在次元轉移前所居住的地區。

蘇珊納曾經旅遊世界各地。我想知道旅行對她的靈魂的意義。「當她朝螺旋往上時，她會留下一個振動的軌跡。這是螺旋往上的重要性。（請參見本章開頭關於螺旋的內容。）當她經過的時候，她會留下印記，那會成為經由那個路徑前來與她接觸的人所依循的密碼。它會啟動並教導他們如何也沿著螺旋往上揚升。她不需要告訴人們怎麼做。那是能量上的轉移。她只要在那裡，就可影響許多、許多、許多的人。她每前往一個大陸，都會留下她的印記。我們希望她能按螺旋進行。她知道，她身上每個細胞都知道，她會很清楚。那是個能量螺旋。」

我好奇這是否也適用於我。當我剛開始我的工作的時候，我被告知我會去到全球各地，雖然當時我只參加過美國境內的一些會議。他們說我一部份的能量會留在我去的每個地方。這並不會消耗我的能量，它只是存留在那裡，並會影響許多人。他們說我需要做的只是回想我曾經去過的地點，然後我的能量就會立刻回到當地。他們的預言當然實現了，因為我現在幾乎在世界各個大陸演說，而且我的書現已翻譯成二十種語言，因此能量自然能夠散播和發揮影響。而當我們在那些地方的時候，卻對此完全沒有覺察。

第三十五章 身體改變時的生理影響

我收到相當多的資料是關於身體在適應這些頻率和振動改變的時候，生理上所出現的症狀。這些症狀包括：頭痛、倦怠、憂鬱、暈眩、心律不整、高血壓、肌肉痛和關節痛。這些症狀並不是都同時發生。當事者可能會有一或兩個症狀延續幾天，然後逐漸減輕，幾個月內不再出現。這些症狀是因為身體在適應振動的提升，而它必須有時間去做調整。「他們」說過，身體無法突然間改變振動；這個能量會強大到身體無法負荷而毀壞。因此過程必須逐步發生，好讓身體能夠適應。有一個會反覆出現且持續一段較長時間的症狀就是耳鳴。它對身體無害，但確實很惱人。這個症狀被解釋為身體在試圖適應增加的能量。有個改善的方法是觀想一個刻度盤，並在心裡把它往上或是往下調，直到調到想要的頻率。然後對自己說，「我想要我的身體向上提升，不斷提升，直到符合這個較高的頻率。」

由於身體出現這些症狀，許多個案去看了醫生，得到的說法卻是他們沒有任何問題。醫生找不出導致這些徵候的原因，然而，他們的解決方式就是讓個案吃藥，由於不知道起因，因此並沒有任何幫助。

我有幾位客戶曾出現更嚴重的症狀，令他們的醫生非常困惑。其中一位是任職大醫院的註冊護士丹妮絲，她在二〇〇五年八月來找我。她有時會癲癇發作，身體也有些部位失去感覺，但醫生說那不是中風。丹妮絲有一天在工作時昏倒。當醫生對她進行核磁造影和X光檢查時，他們看到像聖誕樹一樣的亮點分佈在她整個腦部。他們稱這些亮點為「小瘤」（nodules）。在照胸腔X光時，他們也發現相同情形：肺部分佈著小瘤。她的肝也有不正常的酵素活動。醫生無法解釋她的身體到底怎麼了。

在後續對腦部進行核磁造影和X光檢查的時候，光點已經移到不同的區域，此時是條狀分佈，而不是遍佈在整個腦部。醫師們找不出適合的診斷，但終於提出了想法，他們認為這是類肉瘤病（也稱肉狀瘤病，Sarcodoisis）。然而其中一位醫生說，「我不認為可能是這種病。一方面，這種病症非常、非常、非常罕見。另一方面，她住在沙漠，那裡的空氣很乾燥，根本不可能得這種病。」這個病只可能發生在潮溼和有黴菌的地方。但除此之外，他們沒辦法給出別的診斷了。因此他們開含有類固醇的藥物給她，而這種藥導致了糖尿病。

當我們進行催眠的時候，潛意識說她沒有生病。身體沒有受到損害。他們重新連接了大腦，好讓它能應付未來的變動。肺臟和身體其他部位也是一樣的情況。那是身體的能量調整，以便處理更高的頻率和振動。我問，「那為什麼在她的腦部各處都呈現像是點和光的影像呢？」他們只說，「連接那些點！」之所以會有癲癇發作和身體麻痺的情形，是因為在太短的時間內進行了太多串連。他們通常不會讓身體負擔過重，因此，這些改變和調整都是非常慢速地發生。但在某些情況下，我猜是因為時間正在加速，改變也越來越明顯，他們必須要更快速地調整身體。由於太多太快了，因而有癲癇發作和麻木的現象。她昏倒的時候就是身體系統超過負荷。但他們說她不必擔心，這個情形不會再發生。腦部完全沒有問題。如果現在她再做一次核磁共振，並不會顯現出異狀，因為那個階段已經結束。下個階段是調整身體的化學成分，而這並不會產生這類影響。

當醫生告訴她，她有這種奇怪的疾病時，也說她只剩下不到六個月的生命。丹妮絲一直說，「我不這麼認為。」回診的時候，醫生直盯著她看，說道，「我真是不明白你為什麼看起來這麼健康。」

她不需要醫生解釋就知道他的言外之意：「你應該快要死了才是呀！」丹妮絲是加護病房的護士，她說，「我經常看到瀕臨死亡的病患。我知道我沒有病危。所以我不知道他們在說什麼。」

潛意識看到她在地球變動的時候有很美好的貢獻，而且在往後的十年、二十年，她會在這一切扮演著重要角色。我想多了解跟類固醇有關的事。我知道使用類固醇會有危險，尤其是如果它們導致糖尿病的話。他們說，糖尿病症狀會逐步減輕。那只是教導她關於身體課題的測試。她現在不需要了。他們說不必擔心類固醇，即使它是效力強大的藥物，他們可以讓它無效，使它不對身體產生負面影響。它會沒有副作用且被排出身體系統。他們有能力這麼做，把任何不需要的藥物，經過中和處理後排出體外。

* * *

來自其他個案的更多資訊

派蒂來找我，她抱怨對灰塵和花粉過敏。潛意識說，「這是對身在這個星球的身體反應。我覺得她可以承受。這也是在提醒她是誰。她活在一個不是家鄉的環境裡。」她的結腸也有問題，她並且想找出為什麼她會無緣無故起疹子。「我一直收到『製造』這個字，除此外我不知道要怎麼解釋。但是身體內部是一直在製造些什麼。像是有個必要的元素在製造中，因此在結腸和皮膚上起了反應。黏液也是身體因應改變的副產品，是皮膚的反應。它跟此刻在地球上發生的事有關。長時間以來，她都知道她的身體正在改變。只是當你在身體裡的時候，這種方式不是你能了解的。有許多改變正在進行。在這個層面上，醫生也幫不上忙。他們不瞭解正在發生的變化。」

派蒂的血壓也經常很低。「這對她是正常的。她不需要像其他人一樣。這樣的血壓就能讓她的身體運作了。那是我們影響她不要去看醫生的一個原因，因為他們只是試著去找出某個地方有問題。她不需要去配合。」

朵：他們希望每個人都一樣。

派：是的，他們確實如此。這樣他們比較容易控制和用藥治療。但有很多人不是一樣的。她的身體並沒有受損。

朵：我遇到很多人，如果他們不了解某件事，他們就會恐懼。

派：他們在學習中。恐懼有破壞性，非常有破壞性。

凱若在回溯時經歷了一段與本書無關的前世。潛意識在談論治療她的身體。他們把一個位於她骨盆的腫瘤分解了，它會安全地從身體排出。這是潛意識處理這類腫塊的方法；不需要進行醫生所計劃的外科手術。這個腫瘤是因為她處在其他人的負面情緒下所產生。「憤怒、抱怨、恐懼。特別是恐懼。她接受其他人的恐懼然後轉變他們。在某些情形下，這是必要的，但在她的情況，這些負面情緒對身體造成了破壞。」她是以前從未來過地球的志願者之一，所以她無法處理強烈的情緒。第一波和第二波志願者並不了解情緒，在某些情況下，他們會毫無應對能力。

凱：現在是停止痛苦和受苦的時候了，要向前邁進。我們也需要處理血液、血液的變化，以及血液濃度的改變。身體有直覺，它有關於血球、骨髓以及細胞和物質形成與變形的智慧。改變在進行中。她需要了解那些改變是如何產生的，因為身體將要改變。她需要了解這個過程，這樣身體才不會因為在未來十年內的變化和轉變而故障和死亡。

朵：你說身體正在改變？

凱：是的。身體在改變它的振動。

朵：這會對血液有什麼影響？

凱：血液在改變濃度。有時候「變濃」，有時候「變淡」。當整個身體的振動發生變化，細胞的運作就會不同。有些舊功能會被拋棄，而有些細胞將會有新的功能。我不確定該用什麼字，但是……

朵：必須學些新東西嗎？（是的。）是這些細胞先前沒有做過的（指沒有的功能）。

凱：沒錯。

朵：所以這就是你的意思，她必須學習如何去調整，要不然身體會無法處理嗎？

凱：沒錯。

朵：這個情況也發生在現在這個世上的其他人嗎？（是的。）我聽過許多不同的症狀。（是的。）所以每個人都必須學習調整嗎？

凱：不是每一個人都要學，但是將要幫助其他人、教導其他人和指導團體的人需要。它是跟渡過會在身體裡快速造成巨大改變的頻率有關。

朵：這通常是要花好幾世代來進行的改變。你是這個意思嗎？

凱：是的。這跟壓縮時間有關。其實並沒有空間和時間，但在地球層面，這裡有（指時間和空間）。因此，自發性的療癒要能在地球層面發生的話，當細胞接到新指示並放下舊指示的時候，就必須要有「時間的壓縮」。

朵：噢！這對某些人的身體會很困難。我想這會產生連醫生都不了解的身體症狀。是這樣嗎？

凱：沒錯。醫生並沒有了解這些症狀的科技。有些心智進化的醫生能夠應付。但醫學界一般來說，對於需要知道些什麼或者需要什麼器材是非常過時的。那實在行不通。那種方式將會消失。心智是被用來作為改變的工具，但是人們也必須能夠改變他們的心智，放下他們被扭曲的信念並走入真理。

朵：我們必須逃離外界的洗腦，他們一直在告訴我們要依靠外在資源。我們真的不需要那樣。

凱：沒錯。

朵：凱若的一生是個受害／犧牲者，她也曾被背叛。（是的。）她為什麼有這樣的人生？目的何在？

凱：因為很快會有大批受害者，而且是一大群人，所以她需要瞭解「被害」。要能同時協助他們會非常重要。透過清楚明瞭受害的面向，這樣的即時知曉可以省略許多的步驟，也可以說，就不會有必要處理受害的問題。在轉移的時候，需要自發性地調整需要調整的事……這跟（次元）轉移有關……

朵：在和這些人一起工作的時候，她會發揮相當的作用。（是的。）因為她能認同並且瞭解他們。

凱：是的。而且她會跟療癒者一起工作。

南希抗拒了幾次引導她回到前世的嘗試。她的意識心很活躍，一直插話說一切是她自己捏造出來的。在使用過幾個方法都無效後，我決定召喚她的潛意識，並讓它來處理這個情況。

朵：有沒有哪個重要的前世是南希需要看到的，會對她這世有幫助的？

南：有，但也沒有。從有利的方面來說，這對業的課題很重要。然而，我們正要前進到沒有業力的必要。這是為什麼我們會回答「有」和「沒有」。

朵：那麼她不需要看看她的前世嗎？

南：不必要。它們不重要。

朵：那麼業呢？

南：當我們轉移到新宇宙的時候，業力事實上會被取消。

朵：那麼她就沒有業力要煩惱了？

南：沒錯，她是有業，但不重要了。

朵：這是南希為什麼不被允許看見她其他世的原因嗎？

南：並不是她不被允許，只是那不是必要的。它會造成困惑。人類的心智會懸念在它所看到的畫面，它無法釋放她對於所看到的情境的判斷。

朵：許多人在跟其他世所發生的事做了連結後，他們就能繼續前行。

南：但是因為我們正位於往上的頂峰，這就不再重要了。因為將不會再有以我們所知的方式轉世到地球的情形。去查看其他人世只會更困惑，因為在舊世界認為需要和有幫助的概念與工具，在新世界將不再需要。

朵：我仍然有很多客户的問題是來自前世。

南：但那些都被釋除了。你的工作很重要，因為有些能量工具需要在這一世被釋放。能量工具多少牽涉到健康問題。這是當下的事，跟往前邁進（轉移次元）沒有關係，因為在你往前邁進的時刻，那些都將被釋放和放棄。我們從不知道新地球什麼時候會出現，但它會來臨。它會在這裡。這只是振動和能量什麼時候會到達那個……突然出現和創造出第二個世界的問題。所以你幫助身體有病痛的人，使他們在新地球來臨前，不必那麼不舒服。這很重要，因為我們不知道它何時會發生——可能很快。所以，如果這些人來找你，我想他們身上一定有不明原因的不適。

南希想知道她的人生目的（就如其他人來找我的人一樣）。潛意識回答，「這並不是她想要的答案，可是，她的目的還未揭露，因為新的宇宙還沒被創造出來。一切仍在計劃中、進展中、在促成的階段，而且它仍可能全部改變。我們可以看到一個計劃，一個很大的計劃，但是它仍然可以改變。」

朵：你能不能給她任何想法，她應該要做些什麼？因為她想要計劃。

南：她立刻就會有想法。

朵：有沒有什麼是你想要她努力以便做好準備的事？

南：這時候什麼沒有必要做的事。她將去新地球，然後馬上會知道她將要做些什麼，因為新的能量和振動會更高。需要做的努力是在這裡，但它已經跨越了你是前往或是不前往的標記。

朵：我聽說那是已經決定了的事（指去新地球），因為振動沒辦法改變得那麼快。

南：沒錯。一旦你跨越了分界的標記，你就會前往新地球，然後就像是在暫時休息的期間。當你到達那裡，情況會很不一樣，我們現在認為需要做以及在沒多久前認為適合做的一切，在那個新世界將不再需要。

朵：她說她想協助他人的生命有所不同，並且幫助這個世界。

南：假如地球仍然停留在跟目前相同的振動次元，那麼這會是必要的，但情況是，這幾乎就是會發生的（指新地球）。它將會發生，但除非它發生了，你不會知道它會是什麼樣子，因為這是群體參與以及聯合效應的結果。我們能夠說的就是，它將會發生。

朵：我聽過有些人甚至不會意識到有任何事發生過。

南：我認為那個想法甚至都是在變化中，肯定的是，前進的人會知道發生了什麼事。那些留下來的，——「不知所措」不是適當的詞，但我想不出其他的了——誰會意識或沒意識到還不是定案。一切仍然在變化中。

朵：但是她現在就想要幫忙。她學過療癒和靈氣，還有怎麼和天使工作。

南：但每個人都會有同樣的天賦和工具，還有新能量。

朵：每個人都將會做同樣的事嗎？

南：嗯……不是同樣的事，但它不會是必要的了。我們都在做這些事的原因，就是要把能量提升到那個層次。當你們都立刻到了那個層次的時候，就沒有治療的需要了，因為我們全都被療癒了。你在轉變發生前仍然能夠繼續跟人們工作，幫助他們。但是當每個人都轉移到新地球時，你們就像是在相同的速率。你們的想法一致，你們的面紗被揭開，那時就是「恍然大悟」的時刻。

朵：還是會有人需要她，不是嗎？

南：是的。每時每刻你都在帶領人們到新的世界。他們差不多是在等待的狀態／模式。他們在一旁，等待。他們會等候向前邁進。

朵：所以她無法知道在她接觸的人中，那些人是誰（指最需要她幫助的人）。

南：沒錯，而且他們也不會知道。她應該一直把她的精力集中在鼓勵和支持地球上每一個人的能量的提升。而當每個人提高了他們的振動，這就是連鎖反應，它會與下一個人共振，然後下一個人，直到逐漸增強的巨大振動，變成了地球整體的振動。如果每個人都停止他們現在在做的，它就會變成一個微弱的哼聲。但因為我們都是向前邁進，而且我們全都以自己的速度（步調）工作，它就會提升得越來越高，直到最後傳散到宇宙。因此你不能真的說不做任何事。只要繼續做你現在做的，但是改變焦點。其實感到無聊也很不錯，因為它會立即創造出我們在此追求的所有知識和所有一切。但是，「用靈氣療癒我，這樣我就能感覺好些」或是「把這個拿走」的想法，將不再需要。每個人都將擁有工具。一旦你擁有工具，你就不會感到疼痛或痛苦。痛苦就像是一條不再有效的「人類條款」。如你說的，以人類形式的方式存在，有目標、夢想和抱負是美好的。這很難用詞彙形容，因為我們認為它會比你想的更快來到，而你卻在浪費時間。但浪費時間聽起來也不正確。我認為每個人能做的最好的事，就是懷抱著良善的意圖。永遠表達你助人的意願，而且絕不排拒來找你的人。她現在需要學習的課題是跟業力之輪有關，而且很快就會發生。一旦你的振動到達某個層次，你就超越了「必須償還業」的層面。那是為什麼探索前世的問題不重要的原因。那是她的人類心智，所有人類心智都對事物好奇。這就跟孩子一樣，總是問「為什麼？為什麼？為什麼？怎麼會這樣？」而如果你覺醒了，你可以放心，你將進入新地球。

在催眠的後段，他們在移除南希的身體對抽煙的欲望，並處理飲食強迫症的問題好幫助她減重。她可以感覺到他們在掃描檢查和重新調整，特別是在她右邊的大腦。接著她感到振動傳遍身體。「他們只是檢查和去移除一些衝動。」

朵：信賴他們。他們知道他們在做什麼。他們在移除過量飲食的衝動。

南：是的，以及一些習性。身體的設計基本上可以處理任何事，問題是在於份量控制和數量。身體是個奇蹟，它可以處理任何小量的東西。任何使用較少的添加物和防腐劑的食物都比較好。少就是好。即使較少的份量，也除去了身體食用的化學添加物和防腐劑。趨勢是讓身體更健康、更瘦和使用更少毒性的食物。當身體不需要賣力工作時，它就能維持較久的時間。我們已經刺激她有了重新調整和計劃的想法。她會喜歡的。味蕾已經在改變了，要開始發生了。

他們總是強調白天的飲食要以少量多餐（他們稱為「放牧式」飲食）來取代大份量。最終，我們將會變成全流質飲食。

接著，在我們進入新地球之後，也有可能根本不用吃東西。在那個時候，我們將倚賴純粹的能量和光生活。就跟許多我曾經對話的外星人一樣。

* * *

二〇一一年初，當這本書正在彙整的時候，一些不尋常的事發生，顯然，轉變已越來越近。這些事顯示，頻率和振動的改變不但影響人類，也影響到所有動物。沒有任何事物可以免於發生在我們周圍變化的影響。

以下是在二〇一一年一月的兩次催眠片段：

L：你知道現實世界正在改變。你所稱的新地球已經在顯化中。能量已經在那裡。會造成傷害、不諧調和不安定的沉重能量不會轉移到這個新地球。它們不會是其中的一部分。它們的能量並不共振。那些和舊能量共振的人將留在舊能量的世界裡。他們可以在自己選擇的任何時候，擺脫它的影響，但他們必須要有意願才行。

朵：我說過當我一跟你聯繫上，一定要問你個問題。阿肯色州發生了奇怪的事。他們在談論有很多鳥從天上掉下來。

這個新聞是發生在二〇一〇年的除夕。地面上發現數以千計的鳥屍體，牠們大部份是美洲紅翼鶇（Redwinged blackbirds）。在同一天晚上，有一條大魚也死在阿肯色河裡。接著在瑞典，以及幾天後的肯塔基州和田納西州，也發生了相同情形。這些鳥屍並沒有明顯的死因，只有一些鈍傷。這當然，鳥從天空掉下來撞擊地面，一定會有鈍傷的！官方的解釋是當晚有施放煙火，這些鳥一定是受到了驚嚇。如果這個理論成立，那麼為什麼在七月四日沒有更多有關鳥墜落的報導。除夕那天阿肯色州唯一的不尋常現象是可怕的雷暴帶來的少見冬季龍捲風。

L：這是能量在進行轉變的象徵，鳥、母牛、魚、鯨、海龜、蜜蜂，這些都是受困於能量變化的表示。牠們跟不上轉變的速度。

朵：我們的振動和頻率全都在轉變。牠們比較小，所以牠們無法改變得夠快嗎？

L：動物和人類是在不同的能階（能量階層），而且牠們對能量的轉變更為敏感。而這些現象其中有些是人為的，是人類的干擾造成的。

朵：你的意思是？

L：當新世界正在形成的時候，這個地球的能量也在轉變。在舊能量和新能量之間有些移動。分離在進行中，但是有能量在供應兩邊。有時候鳥、動物、蜜蜂、甚至植物和人類，如果他們調到了特定頻率，他們會對轉變中的能量有所回應，但他／牠們的身體會無法承受。他們內在的靈魂必須隨著能量轉變。

朵：這我聽說過，如果能量突然間完全轉變，它會破壞人類的身體。

L：它會的，所以人類的身體正在改變中。

朵：慢慢地適應頻率和振動。

L：這也是為什麼會生病，因為疾病是身體在調整的另一種形式。

朵：我聽說無法適應或改變振動和頻率的人，將會離開這個星球。

L：他們無法保持靈魂和肉體一起。就像莫比斯帶（Mobius Strip）被拆解開一樣。它崩解了。

我從未聽過「莫比斯帶」這個詞彙，因此我必須做些研究。我後來發現它是一個數學術語，也稱為「被扭轉的柱面」（Twisted cylinder）。數學一直以來都是我最糟的科目，因此我必須試著解析一下這個詞彙，這樣我才能大略了解，也才能把它的意思傳達給讀者。

一個球體有兩個面。放在書桌上的一張薄紙也有兩個面。莫比斯帶則只有一個表面：只有一個面和一個邊。要做一個莫比斯帶的簡單方法，就是先準備一張紙條。把紙條的一端扭轉一八〇度（半圈），然後把紙條的兩端黏起來。對比之下，如果沒有扭轉你就把紙條兩端黏起來，看起來就會像個圓筒或一個圓環一樣。莫比斯帶是因為它的不尋常特性而聞名。如果有隻昆蟲沿著紙帶環的中心線爬行，它會持續朝著相同的方向前進。我確定其中還有比這更多的道理，也許有讀者可以更詳細說明它的理論。所以請原諒我有限的理解。我們都有自己的局限。

潛意識說：「他們無法保持靈魂和肉體一起。就像莫比斯帶被拆解開一樣。它崩解了。」我認為它是將靈魂能量的力量比喻為連續的莫比斯帶。當莫比斯帶分開的時候，它就恢復成簡單紙條，沒有什麼特殊的性質。也許相同的情況也發生在鳥類和動物身上。牠們接收到太多的能量，瞬間過多的能量超過了牠們身體所能夠承受的，導致牠們的基質細胞遭到破壞或是破裂。「他們」曾經說過很多次，如果身體接收的能量超過它所能負荷，能量會把身體毀掉。

朵：所以這些鳥也是相同的狀況嗎？

L：都是相同的道理。

朵：它發生在阿肯色州，但瑞典也有。

L：它發生在全世界，甚至在德州東部也有鳥隻墜落。

朵：他們只是沒有新聞播出。

L：沒錯，但社區裡有傳言。在不同團體中有過一些討論。有人通報，但沒有被報導。

朵：它發生在新年的前夕，還真是有趣。

L：有人利用這事操控為負面的末世觀點。但它不是——嗯，得視情況而定——你通常持負面或是正面的看法？如果你通常是正面的，那麼它就是舊地球和新地球之間能量轉換的徵兆。但是讓科學家和沙箱玩家（Sandbox player，譯注：sandbox，原意是指家庭裡給小孩用於啓蒙教育的箱子，裏面有沙子和水，可以任由孩子發揮想像力塑造自己想要的世界。後來延伸成爲系統設計當中用於進行試驗的組成部分。意思是你可以在裏面充分試驗，而不會對箱子外面的世界造成破壞和干擾。）害怕的是，他們知道無法控制這個情形。他們也隱蔽不了。他們能隱瞞、否認，但是他們不能改變它。他們無法阻止它發生，而這個情形告訴他們轉變正在增加。……動物仍然有牠們的靈魂。所有生物都有靈魂。

朵：你殺不死這些靈魂。

L：沒錯。靈魂沒事，但身體，不論是鳥或者鯨魚的，都會在轉變過程中被留下來而無法進入新地球。舊能量留在它所屬的地方，它無法轉變成新能量，因此，它被留在舊世界裡。轉變的能量。——新地球已經存在了，但是它每一刻都變得更具體、有更強的能量、更多的創造。

朵：而且進入我們的現實世界。

L：是的，它影響到你的時間和空間。

朵：所以當新地球形成的時候，舊地球依然存在。我們起初以為它是像分裂開一樣。

L：不，它像從灰燼中再生的鳳凰。（笑聲）只是對某些人來說會太可怕，因為他們認為從灰燼中升起表示地球必定是灰飛煙滅。

朵：它必然是個災難。所有的負面，各種的劇變會是發生在舊地球。（是的。）我們全都移往另一個地球。

L：是的。我們也都有成長的痛苦。

朵：他們說我們甚至無法分辨其中的差異。它不是在瞬間發生……碰一下，我們就到了新地球那樣。

L：沒錯。你會由你的感覺知道發生了什麼事。如果生命感覺起來更柔和、更和善、更甜美、更快樂；如果覺得更喜樂，你會知道的。

朵：我們正移往新地球嗎？

L：是的，這個過程已經進行許多年了。我們在這裡……一直都在。你最不想做，最不希望發生的就是動搖心智……你想要心智隨身體轉移。如果你動搖了，那麼一切都會失敗。所以這個轉變允許每個人逐漸地適應，和緩的適應。

朵：我聽說其他人將留在他們所創造的世界裡，而這並沒有關係。

L：是的。沒有關係的，因為都是學習。你要如何知道你欣賞或感謝什麼呢？如果你從未經驗痛苦，你如何知道喜悅的感覺？在你感受到它們之前，它們都只是個概念，然而，不，你不必持續地一再去感受。知道了就足夠了。

＊　＊　＊

朵：新地球是怎麼個情形？

J：我看見許多層。它有很多、很多層，就像洋蔥一層層的皮。你可以看穿它們，而且你能夠選擇你想要的任何一層。越往外層就越亮越輕。越往內層，靠近核心，就越濃密。那一層非常稠密。那裡有許多的情緒，而且我看到它是紅色，火紅。當它往外移動時，它會越來越輕，也越來越清澈，呈半透明狀。它只是更輕，你可以輕鬆移動。就像在水面漂浮。

朵：真的有兩個地球……舊地球和新地球嗎？他們一直說，它們會分開來。

J：分離在某種意義上是表示這個新地球是如此輕盈，它就這樣移走，而且上面的一切都是如此輕盈。它在漂浮，非常自在。它是完全不同的觀念和思想架構。其中還是有情緒，卻是不同的範圍。我的意思是，它不是憤怒。那裡沒有這些沉重和濃密的情緒。那裡是輕鬆的，輕盈的。它是以那種方式來區隔。你們有情緒上的分別，而當你分別那些情緒的時候，它也把你分隔開來。它把你的感覺分開，讓你成為更輕鬆的人，把你帶到這個更輕盈的世界。它是以那種方式分離，因此這兩個世界就再也不在一起。但它就像這所有不同的層次，在層次之間也還有層次，所以，你會有很極端的世界，而最外一層可能就是這個輕盈、明亮世界的縮影，而中心的那層，可能就是舊地球的縮影。這個非常火紅的世界——它看起來還是很火紅——是憤怒和沉重的情緒、沉重的思想、沉重的感受以及類似事物，而另外的世界則是輕鬆的。但是所有在這些中間的層次都是你可以選擇的範圍。你跟它們移動……進入它們之中，然後在某些時候你就是繼續選擇。「啊，還有選擇……各種選擇。」你做出選擇，而你的選擇帶你穿過這一層層。而當你繼續選擇這樣或是那樣時，你也在持續把它們分開。

朵：那就是分離嗎？

J：那就是分離。你繼續選擇，而當你選擇輕盈選擇光，你就朝那個方向去。你持續朝那個方向移動。你選擇沉重的想法、憂鬱的情緒，你選擇這些，那麼你就會朝這個方向移動。有相當長的一段時間，你持續在各層次間來回地移動。這表示你確實有選擇。這不是「孤注一擲」、選「左還是右」或是「全部或什麼都沒有」這類的事。你在這一切裡移動，好讓你知道是你的內心在做選擇。是你的內心在讓這一切發生。是你在內心創造出「你的」新地球或「你的」舊地球。你的心讓你任何的想法成為實相。

朵：他們一直說這是宇宙歷史上的第一次，第一次整個星球要進入一個不同的次元。

J：這真是很美的事。這個不一樣。以前有文明完成過。一群人，一個人，以前都做過。

朵：他們說對星球來說是第一次。

J：這是因為地球在參與這個轉變。地球本身也是生命體。她想這麼做，因此她創造出這些層次，這也就是她做出的選擇。她在做跟我們一樣的事。我們都在這麼做。它不是只有一層而已。它是一種變動，加上這些層次，而當人們帶著各種情緒到處移動時，就會穿越各種不同能量階層的不同存在層次。所以當我們持續選擇光、喜悅、自在、平和……它們會推動我們。它讓我們靠得更近。當你選擇時，你會開始想「你知道，我比較喜歡這個感覺甚於那個。」然後你開始做出使你更移往那個方向的選擇。你必須持續測試。你可以朝這方向進兩步，然後再退一步，然後想「噢，我不喜歡這個感覺。讓我們走另個方向吧。」那裡就是你的層次。那是為什麼它是漸進的。而且你開始意識到你在這整件事裡有多少控制，這就是目的，向你顯示你能夠控制。它完全是在你的控制之下。它完全是你的創造，它完全是你的實相。它是你正在創造，以及你想要創造的一切，因此你在裡面移動，而每個人都有這種經驗。你越是覺察到，你就會覺得它有趣，因為你能夠以你的意識移動，並且覺察到你所做的事。

朵：我們最近有一件跟鳥類有關的神秘事件。他們說小鳥從天空墜落。我在另一個催眠中知道這種事全世界都在發生，不只是在阿肯色州而已。您對於這件事有什麼想法嗎？

J：在你說這些的時候，我看到的是地球的動作。它像是……（手勢）它就像抖動了一下，但我們在地球上並沒有感覺。當地球猛然動了一下時，是在這些外層。在那裡有轉移。它轉移了，而且當它轉移的時候，它創造了這種——你怎麼描述？

朵：某種震波？

J：類似那種東西。它就像在大氣層中的搖動。像是在空中的地震。

朵：迴響嗎？

J：更像是一種振動。一個裂痕！它移到這裡，所以產生了有點像地震的情形。因此在那層或那部份的任何事物，任何敏感的事物……是的，它們非常敏感。它就像礦場的金絲雀。那就是你的警報。那是你的訊號表示有事將要發生，因為動物非常敏感。牠們始終與自然連結。

朵：我們聽說是能量的關係，因為牠們比較小，牠們無法處理能量的轉變。但是我有個問題。是的，它影響到鳥類，但它並沒有殺掉所有的鳥，只是在某些地方的特定鳥類。

J：也許只是某些鳥比較敏感……那個特定的鳥類在那個時候特別敏感。

朵：對特定振動敏感？（是的。）但是它沒有殺光所有那種鳥。

J：沒錯。我認為這跟牠們所在的地方有關。所以它像地震。它會在某地發生。它在哪裡發生就會影響到特定地方。它沒有在世界各地發生。它發生在某個區段，那個區段則連接到特定區域，那些區域便受到影響。

第三十六章　新的身體

以下是來自不同個案對於新地球的資訊，摘錄自《迴旋宇宙》系列：

透過V說話的存在體有著低沉、嚴肅的聲音：

V：這整個想法是，我們必須要讓人們再擴展一些。我們必須讓這個層次再提升一些。當我們做到的時候，我們就能造成改變，對他們來說也會容易些。那些我們無法促使改變的，將是被留下來的一群。到時情況會很可怕。我們沒辦法讓他們明白。我們無法讓他們去愛。

朵：那麼那些會改變的將進入另一個世界？另一個地球嗎？

V：那就像是擴展到另一個次元。讓我想想該怎麼對你解釋。就像提升，如果你能瞭解的話，就像我們將要提升到一個不同的振動頻率。他們可以看到發生的事，但我們無法再給他們任何幫助，無法再幫上他們。

朵：是像分離嗎？就像有兩個地球，你是這個意思嗎？

V：噢，不，不是。它是次元的改變。我們將從**這裡**到**這裡**（意指在原地進行）。而那些不能改變的將留在原來的地方（指次元）。

朵：當我們進到另一個次元，它也會是個實體的地球嗎？

V：它就像我們現在的世界。

朵：那就是我說兩個地球的意思。

V：是的，沒錯。但他們不會察覺到我們。神幫助他們，幫助他們。因為情況對他們來說會很可怕。

朵：他們不會知道發生什麼事了嗎？

V：不，他們會知道。這就是整個概念。他們會知道，但那時他們要改變他們的振動已經太晚了。他們無法在瞬間改變。必須要一段時間才能改變頻率。我們已經致力於這項工作一段時間了。它必須滲入和影響你的身體，而且它必須是慢慢地改變和提升你的振動。當事情發生的時候，對他們來說太晚了，但他們還是會看到的。他們會死亡，但他們會看到，而且會從中學到。

朵：那個世界會依然存在，但不會一樣了？

V：不會是很好的狀況，不是，不是很好的狀況。在那個世界不會有很多人留下來。不會很多。

朵：到時會有很多人死亡？

V：是的。但我認為他們很多人會是沒有痛苦的死去。我認為他們會活到目睹事情發生。而且我認為上帝會為他們免去可怕的痛苦。我祈禱會是如此。

朵：但是那些轉變到新振動的人，到了一個相同的實體世界……

V：（打斷我的話）是的，但有些人甚至不會察覺到他們轉移了。有些人會。那些一直努力於此的人會知道。

朵：他們會知道有些人被留在原來的世界嗎？

V：我不這麼認為。他們會覺察到改變的發生。我不確定那是不是意識上的察覺。讓我想想。（停頓了一會兒）我們來進入這個次元，這樣我們就會知道了。……有些人不會知道。但他們會感覺到什麼。他們會感覺到不同。就像是種潔淨，一種明亮、清朗。一種清澈……一種差異。我知道是什麼了。他們會感覺到差異。他們將感覺到愛。

朵：所以，即使他們沒有朝這方向努力，他們也會被帶去。

V：是的，因為他們已經準備好了。

朵：而其他的人沒有……

V：他們沒有，他們沒有準備好。

朵：所以，他們被留在負面裡？你說過這整個世界會在那時候改變。

V：是的，那些能夠轉移到新地球的人就會轉移。而那些不能轉移的就沒辦法進入新地球。情況對他們來說會很可怕。

朵：那會像是兩個世界。

V：是的，兩個世界同時存在，但不會一直察覺到對方。

朵：我知道當你在一個不同的次元，你不會一直察覺到另一個次元的存在。但這就是你要傳達、要讓人理解的訊息：我們應該在還能做、還有時間的時候，散佈這個關於愛的訊息，儘量讓更多的人轉移到新地球。

V：愛是關鍵。因為上帝是愛。愛是上帝。而且愛是至高的力量。那就是我們需要在生活裡去感受的。我們需要給予彼此愛，並感受彼此的愛。

朵：是的，愛一直是關鍵。因此，他們在試著告訴更多的人，好讓他們一起去新地球。這是這件事之所以迫切的原因。

V：迫切的是我們已經沒多少時間了。就把自己準備好吧。什麼，你說什麼？告訴她什麼？

她在聽其他人說話。先是一陣含糊，然後低沉嚴肅的聲音又回來了。

V：告訴你……準備好。準備即將來臨的改變。很快了。準備好……她（指個案）不是一個好的載具。她以前沒這樣做過。我沒辦法把我的想法經由她傳達給你。我必須處理一下。讓我們淨化這個載具。噢，是的！嗯……那裡。好多了。

朵：你想告訴我什麼？

V：必須幫助所有的人類。告訴他們很快要發生的事。變化，次元的變動。那些能聽到你的人會聽的。他們會為次元轉換做好準備。（她又回到正常的聲音。）那些聽不到的人，也不會接受這個說法，因此（笑聲）他們會認為我們瘋了。但也有些人，他們可能不知道，可是這會在他們心裡點燃火花。當事情發生的時候，他們會準備好，因此也能夠轉移。他們可能不知道它即將來臨，但是他們的內心會有所準備，因此他們也可以轉移到新地球。那些不知道它即將到來的人，如果我們跟他說了，訊息就進入他們心裡。然後當發生時，訊息會浮現，而他們也有了準備。

朵：轉換了次元的人會繼續過去的生活方式嗎？

V：不，不會，會更好。不同的。更長久的。

朵：我們會繼續肉體生活嗎？

V：喔，在那個次元的肉體，是的。但在這個次元，不會。

朵：但我的意思是，如果我們轉換了，我們會……

V：（打斷我的話）你的意思是，你會活下去或是死亡嗎？

朵：我們會繼續過我們所知的生活嗎？

V：是的，有些人甚至不會注意到改變。你瞧，我們在他們頭腦裡植入的那個小東西，將幫助他們進行次元的轉移，而他們可能甚至不會知道。但他們會知道那些摧毀。他們會看到毀壞。他們將看到發生的事，而且他們會看到屍體，但是他們不知道他們已經成功轉換次元了。他們不會覺察到這個事實：他們之所以不是躺在那兒的屍體，是因為他們已經通過轉移，而那個變化並沒有影響他們。

朵：你說到把東西置入頭部的事。你指的是植入物嗎？

V：不，不是、不是。我指的是一顆種子，一個想法。他們在意識上並不知道，但在內心，這個種子將會幫助他們。它就像火花，當時候到了，他們的心智就已經在潛意識層面接受了。

朵：我聽說我們會活得更久？（譯注：指在新地球）

V：更久，更好。學習。情況會好上許多。過了短暫時間後，人們會學到更多。他們會知道更多。他們更能覺察事物的狀態。他們可能不知道他們何時做了轉移，但之後他們將會知道。在經過一段時間後，他們會知道發生了什麼事。

朵：而那些沒有準備好的人會被留在另一個地球。

V：是的。
朵：而在這兩個世界裡，會有很多人甚至不知道戲劇性的事已經發生。
V：另一個世界的一群會知道。他們會死，但他們會知道，因為那就是他們所學到的課題。一旦他們死去，他們就會知道。他們會看到真相。他們會明白他們錯失的機會，但是他們會從中學到。
朵：我也被告知，當他們轉世的時候，如果他們是負面的，有業要還，他們不會再回到地球，因為地球已經有很大的改變。
V：除非他們已經轉移了，已經改變，要不他們不會被允許回來。
朵：我聽說他們會去其他地方處理業力，因為他們已經錯過了機會。
V：是的。有些人會是這樣。有些人或許會有機會回來。但那要一段時間，很長很長的一段時間。
朵：在此同時，我們將繼續往前，在一個全新的世界裡學習新事物並且進步。
V：真是個美麗的世界。一個充滿光與和平的世界。人們在那裡和睦相處，而且關愛彼此。
朵：它仍然是個有跟我們現在一樣的家庭和房子的實體世界。
V：一個比較聰明的世界。
朵：（笑聲）哦，我能瞭解。

＊　＊　＊

另一位有無法解釋的身體症狀的個案，以下述方式描述了新的身體：

S：她比較認同她未來的身體。它還沒有真正地入駐，還沒安頓下來，但已在那裡了。這個未來的身體有她的本質，或者說，部分的她。她的本質在與未來的身體融合，這樣她就會習慣這個未來的身體。

朵：身體會有什麼實質上的改變嗎？

S：是的，有一些。身體會更強壯，而且更年輕。她現在的這個身體將可以被療癒，但她需要未來的身體。它會更輕盈，更有能力。她現在就有這樣的感覺，她的本質已經和這個未來的身體融合，並且獲得提升。

朵：所以她現在的這個身體會被改變嗎？

S：它基本上會被留下來。身體會轉變，而不需要的部份會被拋棄。

朵：所以這不是留下一個身體，然後進到另一個身體的情況。

S：不是。比較新的身體和比較舊的身體會漸漸地融合。但是舊身體會有特定部分不再是需要的。這些會自己分解。

融合的速度可能很緩慢，緩慢到我們甚至不會注意到差異。除了某些人在身體進行調整時所經驗到的身體症狀。我聽說老一輩的人可能對身體的變化較為覺察。然而不需要擔憂，擔憂沒有好處，因為這是一個自然過程；現在發生在每個人身上的是新地球進化的一部分。

* * *

來自另一位澳洲個案的說法：

克：它就像一輛汽車。想像一輛有舊車身的汽車。它跟你一直在駕駛的老車一樣。然後你放了一個新的引擎。突然間這輛車開始運作得不一樣了，即使外表看起來仍然一樣。然後你拿到另一個引擎，你更換了引擎。這輛車的速度越來越快，而且更亮更敏捷。車子表現得很好，很快地，車身也開始起了變化，就好像新引擎的能量開始在改造車身。接著，車子很快地變成了一輛跑車。一輛美麗、有光澤和吸引人的車。就是這麼回事。現在進入的能量有能力轉變載具，它會開始不一樣，它會看起來不一樣。會看起來……嗯，我想到的是年輕。它看起來更聰明和更年輕。為了配合進來的能量的振動，身體的細胞、身體的振動正在改變。下一步就是身體上的改變。

朵：會是什麼樣的身體變化？

克：哦！身體會變得更輕。而且我覺得它看起來更高。但並不是它會長得更高。而是來自內在的能量將顯現到可以從外面看到。所以這會讓身體看起來像是更高、更瘦、細長。而且更透明。

朵：透明？

克：是的。這是開創性的事。

朵：這是地球人類將要進化的方式？（是的。）每個人都會這樣改變嗎？

克：是的，因為所有的人都被給予了這個選擇。如果他們想跟地球一起進化，他們將進化成這種新人類。看起來會不一樣。那就是這個實驗的意義。那就是克莉斯汀（指個案）和其他人為什麼要勸說那些不想隨同地球進化的人。他們將會離開。（幾乎要哭泣的聲音）而且帶給他們家人許多痛苦。但是留下來的人必須維持住光。那是很重要的工作。要跟現在發生的這些（負面）的事脫離和分開。而這些事會持續發生，直到清理的工作完成。那些留在這裡的人，會帶著這個**種族**進入一個非常新和不同的文明。那些人現在正被測試，看看他們在發生災難時，是否能夠堅持住光。他們就是將跟這個星球前進的人。

朵：就像是最後的測試？

克：是的。現在正在進行測試。每個人都需要經過測試，看他們能夠回饋什麼給這個計畫，看他們的承諾有多堅定。有多願意提供服務。這些現在都在測試。

朵：所以每個人都有他們個別的測試？

克：是的。而那些現在發現測試很困難的，就是要留下來的人。他們是在經歷測試的人，但是他們有些人並沒有通過。

朵：他們沒有通過測試。

克：沒有。有些人沒有通過。

朵：這個我聽其他人說過，有些人會被留下來。（是的。）我覺得聽起來有些殘酷。

克：不，並不殘酷，因為每個人都被給予選擇。如果他們沒有轉移和進化，那是因為他們沒有這麼選擇。他們將轉世到他們選擇的另一個地方。這沒有問題。因為它只是個遊戲。他們將留在舊地球。新地球是如此美麗。你將看到無法想像的各種顏色、動物和花卉。你會知道水果就是最好的食物。不必烹調。就這麼吃。生命體所需要的一切營養成分都有。這些新品種水果現在正透過外星人的協助在培植。

朵：這些水果和蔬菜是現在的地球沒有的嗎？

克：沒有。它們算是變種。我現在看到釋迦，我用它來作例子。我們將會有種稱為 custard apple（譯注：釋迦，但應該只是看起來像？）的水果。它看起來並不像蘋果，它有著凹凸不平的表面，體積大約是兩顆橘子的大小。它裡面的果肉像蛋奶凍。所以那是水果也是食物，一種像蛋奶一樣的東西。這是未來食物的例子。這些食物看來頗為美味，而且有營養的成分和增強體力的物質，可以維持——每當我開始要說「身體」，我就被打斷。他們告訴我應該說「生物」所需。它們對生物很有營養。現在我們要經過烹煮的食物——就像你要料理蛋奶——將會是這些水果的一部分。這跟幫助地球也有關係，因為降低了電力和能源的需求。這些水果將會提供我們所需。

朵：我聽說現在有許多食物對身體不健康。

克：是的。有機食物開始風行，那些有機農民正和地球進化的計劃一起前進。這是為什麼他們在這裡的原因，為什麼這方面的意識開始提高。因為人們需要知道如何適當成長。魯道夫・斯坦納（Rudolph Steiner）學校正在教導孩童這方面的知識。所以，將前往新地球的孩子會知道這些知識。那些孩子現在也在大學和一些機構教導並傳播這些知識。所以當地球清理開始的時候，大部份的毒素將會被排離。你瞧，新地球不是這個次元，新地球是另一個次元。而我們將進入那個新的次元。在那個新次元裡，將會有樹幹是紫色和橘色的樹木。有美麗的河流和瀑布。而且能量可以回收。流過岩石和沙洲的溪流和水也存在著能量。它會沖擊地球。它創造出能量，清理這個世界。這裡的許多河流已經被改變和整頓，船隻可以在上面航行。那是從地球取走能量。地球將要進行清理。我現在看到水（譯注：亦指湖、海等大片的水）。

朵：這會是發生在地球轉變和進化到新次元之前嗎？

克：我現在看到我們逐步前進。（吃驚）哦！我看到要前往新次元的人正在踏入這個新的世界。

朵：當另一個地球正在清理的時候嗎？

克：是的，沒錯。

朵：你看見在清理的時候，水怎麼了嗎？

克：（大嘆一口氣）這個我看不到。

朵：他們不想你看見嗎？

克：沒錯，他們不給我看。他們給我看的是……一個通道？而且我們步行穿過。我們進入一個很像地球的地方，但它是不同的顏色。不同的質地。起初它看起來一樣，但也只是起初。當我們四處查看的時候，開始發現它不一樣。它就在我們眼前變化。好美。

朵：但這不是在靈界？因為靈界也是被描述得非常美麗。

克：不，它是新地球。它不是靈界。它是第五次元的地球。有些人會比其他人更早到達。現在我得到指示要告訴你，克莉斯汀（指個案）已經到過那裡好幾次了。現在有一群人正要穿越。她將帶更多人去，而且他們會來來去去，直到他們不再回來。

朵：那麼其他人將會被留在舊地球上嗎？

克：是的，那些選擇要留下的人會留下來。

朵：他們會經歷許多困難，不是嗎？

克：是的，整個星球都是。（震驚）我剛剛看到整個地球爆炸。真可怕，不是嗎？

朵：你認為那表示什麼？

克：我不知道。我只是看到它爆炸。但我看到了新地球。那是一個第五次元的美麗地方。和諧與平靜。

朵：當他們讓你看地球爆炸，那只是一種象徵嗎？表示對跨越（到新地球）的人來說，那個地球就不再存在了？

克：嗯……已經跨越到新地球的人正在觀看發生的事。他們能夠看到。現在，它會爆炸嗎？他們在對我說：「不要被將發生的事困住，因為你必須專注在光。」這對要去新地球的人會是個挑戰。他們面臨的挑戰就是不要被困在將發生的事裡，因為那會把我們拉回到第三次元。這發生在許多走在前進道路的人身上。他們因為陷入恐懼、哀傷、懊悔、憂悶，於是被拉回到原來的世界。所以他們說，「你不需要知道，因為知道對大家都沒有幫助。」他們真正要說的是：「專注在好的事情上。」聚焦在將會有個美麗的新世界、新次元，而地球上會有許多人轉移到那裡的事實。而且有人已經在那裡了。

朵：我聽說當你跨越時，你是在現在的同一個身體裡。只是身體會被改變。

克：是的，你依然會在相同的身體裡，但它會改變。

朵：因此，不必死亡或是脫離身體，你就可以跨越。這可完全是兩回事。

克：是的，我們只是走過去。克莉斯汀以前做過，她知道該怎麼做。她做過，所以瞭解。

朵：可是這會很令人難過，因為將有這麼多人不瞭解發生了什麼事。要讓這麼許多的——我想說「普通」的人知道好難。——他們除了被教導的宗教以外，不知道其他事。他們不知道其他的存在是可能的。

克：是的，但他們並不普通。他們只是看來普通。那是他們穿戴的面具。他們正在改變。

朵：但是仍然有許多人甚至想都沒有想過這些事。

克：是的，但他們將會選擇不去覺醒，那是他們的選擇。我們必須尊重。他們跟地球上的每個人一樣，都被給予選擇，而他們已經做出了選擇。這沒問題。沒關係。

朵：那麼，如果他們必須去另一個地方處理負面業力，那也是他們進化的一部分。（是的。）但是你看到多數人都進化到了下一個次元嗎？

克：沒有。不是多數。在某程度上，人數並不重要，因為會是怎樣就是怎樣。越多人能夠意識到並加入這個旅程，那麼就有越多人會在那裡。這是為什麼你們有這麼多人在做這個工作。幫助人們加入旅程，並且放下恐懼。你們踏入那個任何事都有可能的空間。進入黑暗棲息之地。那是你們正在做的事。你們需要去做。而每個你跟他說話的人，都會出去做同樣的事。你可能不會注意到，但你的行為有如基督一般。你傳講的每個人都成為門徒／追隨者，他們出去轉而喚醒其他的人。所以這是有效果的。而且很快，一切很快就會發生了。

朵：你對這個時間有任何想法嗎？

克：往後的幾年將是——我得到的字是「決定時刻」，我想是這個意思。它將是一條「界線」，切除的點。我認為這表示到那時還沒有決定的人將會被留下來。這很關鍵。

朵：但是世界上有些地方甚至是整個國家都還沒有準備。這是為什麼我在想會有很多人無法跨越。

克：將要發生的事遠超過人們所知。我看到有些國家的人民正受到迫害。發生這些迫害的原因是要喚醒人們的靈性。當人們被迫害或當面臨死亡，或面對人類英勇事蹟的時候，那是喚醒人類的觸發機制。那是為什麼現在發生那麼多迫害的目的；要確定這些人被喚醒。所以那是它的正面功效。

朵：有什麼事會觸發或加速它出現的嗎？

克：那就像是落幕，故事結束。我不被允許看到。我只是被告知，它將是某個階段的結束和另一個階段的開始。

朵：他們現在在試圖引領我們進入戰爭。（在催眠的當時是二〇〇二年）你認為跟這個有關嗎？

克：（大歎口氣）我害怕那就是測試。我説過有許多人正被測試。我那時並未意識到，但我現在知道了，那都是測試的一部份，如果我們能夠跟它保持距離。就像是我們必須去創造我們自己的……就像我們每個人就是宇宙。宇宙的所有部分都在這裡（她把手放在她的身上）。如果我們能夠保持這裡的這個宇宙……

朵：這個身體？

克：是的。如果我們保持它（指身體）在平和平靜的狀態，如果我們保持它的平衡，那麼我們就通過了測試。那麼我們就能禁得起任何事。這世上發生的那些事，事實上是要測試整體，我們全體。

朵：你的意思是不要陷入恐懼。

克：是的。把電視機關掉，不要聽。不要看報，不要陷入其中。你的世界就是你在這裡創造的。

（再次碰觸她的身體。）

朵：在你自己的身體裡。

克：是的。在你自己的空間。這裡就是你自己的宇宙。如果每個人在自己的宇宙創造和平與和諧，那麼那就是他們在第五次元的地球所建立的宇宙。越多人能夠在自己的身體宇宙建立起平靜與和諧，就會有越多的人能夠到達第五次元的新地球。無法在自己的身體宇宙創造平靜與和諧的人，就沒有通過測試。那就是測試。

朵：我們在努力這麼做，以避免發生戰爭，或至少減少戰爭的傷害。

克：他們説發生什麼並不重要，因為一切都只是遊戲，它完全是一場戲。而事情之所以發生都是有原因的。這時候的原因是要測試每一個人類，找出他們自己的進化程度。因此，如果我們維持**這裡**（指身體）的和平與光明，我們就不需要煩惱是否會發生戰爭。它無論如何只是個幻相。

朵：但它現在似乎很真實，而且可能會產生一些非常悲慘的後果。

克：是的，不過那是每個個體的恐懼。我們的工作是要幫助每個人找到這裡（指身體）的平靜。然後，當你聚集更多在自己的身體宇宙裡保持和平與和諧的人，他們散播的和平與和諧，就能取代先前的黑暗，因而創造出這個全新的世界。如果在你一開始工作的時候，就給了你所有資訊，你很可能會負荷過多。這也是為什麼他們會說「我們不會告訴你究竟會發生什麼事。」我們並不知道究竟或確實會發生什麼事。但是我們不會告訴你我們知道的，因為你不需要知道。你需要做的就是專注在這裡（身體），創造你在地球上的天堂。每一個人創造他們自己在地球上的天堂。那就是你必須去做的事。並且與在地球上創造他們自己天堂的人一起，然後把那個能量**擴散出去**。很快地，不知不覺間，你已經改變了世界。你甚至沒去想到這個世界。你所專注的就是你所創造的。想想和平。人們必須了解的最重要的事，就是他們所專注的會擴展。因此如果他們專注，如果他們能用想要的美好事物來取代預言並加以擴展，那麼他們就能夠在地球上創造自己的天堂。他們現在讓我看你在《迴旋宇宙》裡對思想的描述。我被告知要提醒你這一點。你提到一個柚子大小的能量球。而那個球是由能量繩纏繞而成。當我進行工作的時候，我就在改變這個結構。能量繩彼此層疊、交叉纏繞。它們能夠做想做的任何事。它們可以分開、可以變成四股能量。它們能夠編織在一起、能夠成倍地增加。它們能夠回復原狀，能夠加鍊封住。它們能做任何事。這是一個可能性的能量球。當你有了一個想法，它不會就這麼樣消失，它變成了一股能量。它進入了所謂的可能性之球裡。因此，想像你的想法正變成能量。你提供它更多的能量，它就變得更強。然後它會顯化，變成真實。它變成具象，變成實體。如果你向外傳送和平的想法，但你接著想，「噢，但是那個戰爭越來越慘烈了」，或是「那些政客在犯錯了。」你就減弱了你引導出的那股正面能量。因此我們必須教導人們發送正面的想法，然後用更為正面的想法強化這個能量。我們必須教他們，當那些負面想法出現在心裡時，不要只是隨它去，而是要以正面的想法取代。這樣他們就在把正面的能量加到那個可能性的能量之球。他們在貢獻正面能量。我們必須教他們那樣做。他們不知道該怎麼做。有人要我告訴你強化幻相（的概念）——我不知道為什麼要我告訴你這個。但是他們說，如果我們可以讓人們把中東的衝突想成是一部電影，這就有所幫助。他們要告訴你的另一件事是，對於每一個行動，人們都可以作出相反的反應。有出生，就有死亡。每一個人都**必須**放下任何的貪婪、支配、控制和物質主義。任何會阻止他們進行這項工作的議題，他們都必須放下。因為這些行為在新地球不會對任何人有幫助。在那裡將不再需要金錢，所以你為什麼要為它煩惱呢？那些為地球、為宇宙工作的人會獲得供應，而且將持續如此。你需要的會來到你面前。因此現在是放下以工作換取金錢的標準的時候。你的工作是改變地球。你是去挽救地球局勢，這必須是我們的驅動力所在。它必須來自愛與服務。那是我們能夠將努力極大化的唯一方法。它必須來自愛和服務，而不是貪婪。

朵：我聽說愛是最強大的情感。

克：是的，愛能夠療癒。

來參加我的演講的聽眾，總是會問我他們要做些什麼才能移轉到新地球？「他們」說過，有兩個重要的東西你必須放下。如同剛才的解釋，一個是恐懼。恐懼是幻相，但卻是人類最強烈的情緒。你必須釋放，否則它會把你禁錮在舊地球。我告訴人們盡量提出許多、許多的問題。不要相信你聽到或讀到的每一件事。自己思考。不要把你的力量給任何人。下定你的決心，發掘你自己的真理。它可能不是我的真理，但它會是你的，因為你找到了它。如果那個真理改變了，不要訝異。我們一直在不斷學習的過程中。保持彈性。不要讓恐懼掩蓋了你的判斷，使得你無法自己思考。

第二個你必須放下的是業力。我們透過在地球上經歷的許多、許多人世而累積了業力，通常是跟相同的人重複著同樣的錯。這是為什麼它被稱為「業力之輪」的原因。它就是不斷在轉啊轉，把你限制在這樣的模式。我稱業力為我們背負的「行李和垃圾」。你必須擺脫這些「垃圾」才能提升自我。我們的生命裡都有些不好的事發生。這就是人生，人生就是這麼回事。我發現是我們自己接受這些事件和情況的發生，為的是從中學習。當人們告訴我他們曾經有過的不好經驗，我會問，「你有從這件事學到什麼嗎？」即使你只是學到一件事，那也就是你要去經驗它的原因。如果他們說他們沒有學到任何東西，你知道嗎？他們就必須再重新體驗，直到他們瞭解事件嘗試告訴他們的道理為止。他們必須在校重修。你不能從幼稚園就直接到大學上學。所以，檢視你的生命，看看你這一生在緊握著什麼？什麼是你還沒有放下的？如果你在孩童時期曾被虐待或傷害，它已不再重要。你學到了什麼？如果你的婚姻不幸福也沒關係。放下！我的一些個案曾說過，「我放不下。你不知道他們對我做了什麼！」緊抓著業力不放，除了傷害自己外，傷不了任何人；不釋放也會產生更多的業。為了提升到新地球，你必須放下。你必須原諒，要不你就必須留在舊地球再經歷一次。這就是業力法則的運作規則。這是你想要的嗎？

在我演講的時候，我會教大家一種釋放業力的練習。你沒辦法跟對方面對面說話，那會很困難。此外，有時你生氣的人已經過世，你也就不可能去面對他們。你必須在心裡去做。請記得，當你在靈界的時候，你計劃了你希望在這輩子完成的事。你和不同的人簽訂合約，扮演你在地球各種情境裡的不同角色。有些你生命中最大的敵人或挑戰者，卻是你在靈界時的好友。他們志願來到你的地球情境，並且扮演反派角色。而他們有些人扮演得非常成功！

因此，在你的心裡想像這些人站在你的面前。對他們說，「我們試過了。我們真的試過了。沒有用。我現在把合約撕掉。」然後看到自己撕掉並丟掉合約。接著對他們說，「我原諒你們。我釋放你們。我讓你們走。你們帶著愛走你們的路，我走我的。我們之間不必再有任何關聯了。」然後看到它發生。關鍵在於你必須是真心的。你必須相信它。一旦你這麼做了，他們對你就不再有力量。然後你必須原諒自己。請記得，永遠要有兩個人才能創造出情境。這些並不容易做到，但是如果你想脫離「業力之輪」並且進入新地球，這是基本且必要的。決定在於你！

* * *

這是取自二〇〇二年一段較長的催眠療程的內容，顯示個案與外星人的關聯。外星人提供了許多資料，包括他們可以做什麼（或被允許做什麼），以修正人類對地球所造成的傷害。

P：他們在移動我……進入未來。他們在移動我的身體。哦，我的天呀，我頭暈了。

我下指令讓她冷靜下來，這樣她就不會有任何生理的影響。她冷靜了下來，也穩定了。移動的感覺散去了。這個經驗也發生在跟我合作的其他個案，當他們穿越時空的速度過快時就會這樣。

朵：他們現在給你看什麼？

P：我看見的就是光。就是光的燦爛爆發。星球被一道具有不同顏色的特殊光衝擊。這些不同色彩以不同的方式影響人們的意識，但它不只影響人。它也影響到植物、動物、岩石、水和一切。它是某特定類型的白光，包含了所有的顏色。它會變化和移動，並且滲入穿透到地球的核心。我看到它從地球核心出來。我猜想他們是從太空船朝地面射，然後光觸及地球核心，從核心反彈，並由內往外地影響了所有一切。如果你站在地球上，你會感覺有能量從你的腳底上來，然後從你的頭頂穿出。

朵：這跟一般光線的路徑正好相反。

P：這不一樣。光是從太空船射到地球核心，然後再彈回。它可以影響整個地球。他們不希望我們把自己給炸掉。

朵：這是發生在二〇〇六年的事，還是發生在未來？

P：這是未來。他們將要這麼做！校正這個星球的排列，避免讓不好的事情發生。二〇〇六年。

朵：二〇〇六。那時候我們讓地球更失去了秩序嗎？

P：是的，沒錯。哦，在地球上有些人正在祈禱，但是不夠，因為一片混亂。地球快脫離了它的軌道。這會影響到宇宙的其它部分。所以他們把這些能量導向地球核心，它會向上彈回，校準地球的排列。當排列被校準時，它也將改正這個星球上的許多其他事情。它會幫忙解決洪水氾濫、乾旱等等人類為地球製造的災難。地球不會毀滅。議會確定它不會發生。這些存在體在地球觀察，他們知道是怎麼回事，而且他們知道是誰造成的，他們能夠影響這些人。並不是我們沒有能力干涉，只是我們沒被允許干涉。

朵：因為有些事情你們不能做。

P：沒錯，但是我們可以觀察。而且我們知道是誰造成的。

朵：但是每當人類傷害地球到了很嚴重的程度，那就是你們能夠幫忙的時候了嗎？

P：那就是我們將傳送這些……的時候……我看到很多顏色的光。它就像彩色的能量光束，向下射入地球核心。然後光從核心彈回，影響了整個地球；它會保持地球在一個直線上。

朵：很多太空船都在這樣做嗎？

P：這是一種聯盟關係。我看到很多太空船。我看到不同層級或各種類型的生命體在影響地球。我們也在其中。有許多、許多的存在體。

朵：所以這是一個大規模的工作。

P：一種聯盟關係。是的，沒錯。

朵：但是把東西射向地球核心，不是很危險嗎？以前不是有出錯過嗎？

我想的是亞特蘭提斯的毀滅。毀滅的部份原因是因為科學家把巨大水晶的能量朝地心聚集。它產生了太多能量，這是造成地震和海嘯的主因。

P：這不是你想的情形。這是純粹的光能量。而且它對地球只會有好的影響。它不會傷害這個星球。

朵：我在想他們在亞特蘭提斯做了什麼。

P：這不一樣。我很難解釋。這是發生在靈魂層面。它就像純粹的神性能量。它不是亞特蘭提斯的那種能量。亞特蘭提斯的能量是透過原子能。這個能量是神透過光所創造的能量。它不是利用拆解分子結構而產生。這是我們已經創造的能量，而且我們從「源頭」傳送。來自「源頭」的一切都是好的，它不會傷害地球。它會依我們想要的去做。我們已經被允許這麼做了。這是因為地球已經讓我們要採取這個行動。這是必要的。

朵：這不是干預嗎？

P：不是。我們不能干預這裡的人。我們不能下來，然後威嚇脅迫他們，告訴他們要做什麼。但是我們能夠帶來太空船，把這種能量導向地球的核心。我們可以這麼做。這事實上是在靈魂層面。因此，我們沒有干預這裡的人的業力架構。地球上的每個人都有他的業力目的，我們並沒有干預。我們不被允許。我們不會做那樣的事。

朵：當你們發射的時候，地球上的人會看到嗎？

P：他們會感覺到。換句話說，他們會經歷轉變。他們不會意識到發生了什麼事。有些人會。敏感的人會知道有些什麼事發生了。但是地球上的許多人只是會繼續過他們的正常生活，而他們將被提升和改變，地球也會改變。岩石和水也是。人們將繼續生活，因為我們不會影響到業力的模式。我們不能那樣做。我們是在靈魂層面上執行，這不會影響到他們的地球生活和因果模式。我們不去管那些。

朵：但是在你被允許去做之前，地球必須是到了某個特定的時候。

P：二〇〇六年。情況越來越糟。現在已經非常、非常糟了。如果它被允許繼續，空氣將傷害非常多的人類。而我們涉入的原因在於，人類的身體吸進被污染的空氣，這正在改變他們的基因遺傳。我們不能讓這種情況發生，我們也不會讓它發生！我們給了這個星球的人基因遺傳。然而現在他們弄砸了他們的飲用水、食物和他們的星球。這裡的每樣東西都被污染了。人類已經破壞他們的基因遺傳，我們要修補它，因為他們不能弄砸我們的實驗！這是一個神性的實驗，他們不能把它毀掉。我們將會改變它。

想知道更多關於人類一開始就參與的偉大實驗的資料，請參閱《地球守護者》和《監護人》。

P：我們必須這麼做。整個地球已經被毀壞了許多次。你知道亞特蘭提斯，那裡發生過許多次爆炸和洪水。這是我們不容許現在發生的事，因為它將影響到宇宙的其他部分，而地球也越來越不在應有的直線上。我們不只要校準地球，我們也將幫助淨化和清理地球上的一切和每個人的基因結構。這個意見已經被提出，而且被同意去執行。因為人類已經到達清理的速度比不上破壞速度的時候了；在人類破壞我們創造的基因結構之前，我們必須及時清理。

朵：因此地球只要再稍稍偏離，就會影響到其他的……

P：地球已經影響到其他的——不只是你所知道的實體界的文明，還有更高的層面。這就是為什麼我們要做這些事的原因。

許許多多的宇宙彼此交織和互相連結，如果其中一個宇宙的轉動或者軌道被擾亂，它會影響所有其他的宇宙。在極端的情況下，這可能會導致所有宇宙的崩陷和瓦解。這也是外星人監測地球的原因之一；偵測因人類的負面影響所導致的問題，並提醒其他的銀河系和宇宙，以便提出對策。他們必須知道地球在做什麼，這樣別的宇宙、銀河系和次元才能夠保護自己並生存下去。

朵：我認為如果你要在地球上進行像那樣的大規模方案，人類就會看到所有的太空船。

P：哦，你真是典型的地球人！不，你看不到我們的船。我們是在不同的次元。這宇宙有許多不同的振動頻率。你們甚至看不到那個光，但它在那裡。到了某個時候，你們的科學家將可以偵測到這類能量。到了某個時候，科學家將可以判定我們在大氣層裡，而且他們會看見我們的太空船。他們將會有能夠測定我們太空船位置的機器和裝置。但是他們現在沒有這個技術，因為我們已經穿越面紗，可以這麼說，我們是在星界領域或稱星光界（astral realm）。它是更高層的界域，一個更細微精妙的層次。你們的眼睛看不到，但在未來科學家會有機器可以看到。

朵：但是他們會知道在能量層面上有事發生。有什麼在改變。

P：能量會改變，人們也會改變，但他們無法察覺發生了什麼事。它將是件大事，但是他們在實體層面無法分辨。在靈魂層面，他們知道。在潛意識層面他們會知道，但在意識層面不會，因為你想的是實體的能量，這不是實體的能量，這是來自神的能量。這是靈魂能量。它是在一個跟你所想的不同的次元運作。它非常不同。

朵：所以人們會感覺得到，但是看不到。他們只會知道他們的身體有些什麼在進行。

P：有些人會知道。敏感的人會知道有事發生，但是他們不知道是什麼。那是我們想要的。我們不想擾亂任何事。

朵：這會如何影響人類的身體？

P：它會防止身體裡遺傳物質DNA的衰敗。如我說過的，它被損害了，我們不能讓這個情形發生。我們不能讓整個種族的人受到傷害。這個能量將改變人類的DNA基因結構，讓它更完美。那是我們真正想要的。我們希望地球上的人類是在完美的和諧裡。不只是他們本身和諧，也與我們和宇宙其他部分和諧。他們目前還沒達到這個地步。

朵：所以當DNA架構改變的時候，身體會怎麼個不同？

P：當DNA被改變，身體將會是許久以前我們想要它的樣子。我們曾在亞特蘭提斯試過，但失敗了！失敗的原因是因為亞特蘭提斯以負面的方式使用能量。在亞特蘭提斯時期，我們試著產生比較女性的能量，這會使頻率提升並使神性男子和神性女子結合。它失敗了。因此，地球經歷了很久很久很久的時間，女性被控制和隸屬於男性，而且女性能量被抑制。現在，是兩性平等的時候了。男性和女性的神性能量將聯合起來並產生完美的存在體……就像基督。當這些能量達到平衡的時候，地球上的每個人都將意識到他們可以是完美的基督。這些能量還沒有平衡，它們已經失去平衡很久很久了。這是為什麼在地球上有這麼多的問題。所以當DNA結構被改變的時候，上帝的神聖能量、男性／女性、陰和陽可以聯合起來，地球上將會有完美。在身體內的完美。而我們將可以向其他世界和宇宙展示這個星球。這是我們的實驗，我們完成了而且成功了。**光**成功了，因為地球將是跟我們幾千年來所希望的那樣完美。當我們最初來這裡的時候，它是完美的。你可能已經聽過。它改變了。你知道隕石墜落，帶來了疾病。每件事情都被弄亂了。我們要再次讓它變得完美！我們現在要做的校正就是讓它再次完美的工作的一部份。這是完全正常的。——這都是遺傳學的一部份，但之所以發生的原因是人類並沒有處在平衡裡。神性的能量無法在心靈或甚至在身心方面達到平衡，但是身心方面的不平衡會透過身體顯化出來。這導致身體的疾病。如果當細菌隨著隕石著陸的時候，身體在那時期就是處於完美的情況，這就沒有多大關係。疾病將不會存在。但是當它擊中地球的時候，身體已經開始改變，因此我們也無法做些什麼。

她說的跟我在《地球守護者》書裡提到的是同一件事；解釋當物種仍在發展時，因為一顆隕石撞擊而使得疾病入侵並破壞了這個重要實驗。這使得負責在地球孕育生命的議會感到很悲傷，因為他們知道在這種環境下，要發展出完美人類的實驗就不可能成功了。他們必須作出決定，是要停止實驗，然後重新開始，還是在知道人類將不會是最初希望的完美物種的情況下，讓發展中的人類實驗繼續下去。

後來的決定是，既然已經花了如此多的時間和心力，他們應該就讓實驗繼續；冀望在未來哪個時候，或許這些物種可以發展成沒有疾病的完美人類。這是外星人進行取樣和測試的主要原因，但是人類把這些錯誤地詮釋為負面行為。外星人很關心地球空氣中的污染物質和我們食物中的化學物質對人體所產生的作用。他們在試圖改變它的影響。

外星人繼續說：「我們沒有想過不要進行這項實驗。我們不能就這樣拋棄這個星球。我們無法就這樣讓所有的生命形式，所有這些人類永遠被改變。我們必須介入，而且我們已經來這裡很久很久了。這是累積了許多、許多年的工作結果。好幾百萬年。現在轉變很快就會到來，我們很高興，因為人類已經達到完美的人類物種可以在地球上出現的階段。如我說過的，我們在許久許久前曾經嘗試卻失敗了，我們期望這次會成功，它已經朝成功之路邁進。我們對此很開心。」

朵：地球上所有的人類都會經驗到嗎？

P：如我之前說的，每個人都會受到影響。只是有些人比較敏感，他們會感應到它。有些人在意識層面上不知道它已經完成。它是在靈魂層面上完成的。如果你讓他們進入催眠的出神狀態，像現在這個人一樣，他們會知道他們已經被影響，而且可以跟你說明他們的基因有什麼不同。但是在意識層面上，他們完全不知道。他們不知道。而這是我們想要的狀況。

朵：我在想那些負面性的人（兇手、強暴犯這類人）他們會以不同的方式被影響嗎？

P：每個人都將被影響。他們會在潛意識層面知道發生什麼事。當潛意識改變，並且意識到此事，他們就被啓動，是的。

朵：他們仍然有業力。

P：這個也會被影響。因為這個星球未來將不再有業力。業力在這裡將不被允許。這將是一個「光與和平」的星球，而我們偉大的實驗將會成功。

朵：我被告知這是為什麼宇宙有許多生命正在觀看。

P：是的，沒錯。我們來這裡就是為了進行這件事。而且它會是安全的。

最後的資訊在二〇〇四年透過一位個案在我的辦公室傳遞。我相信這個問題仍有一部份並不清楚。為什麼有些人能夠知道他們已經轉移到新地球，有些人卻不會呢？怎麼可能轉移了所有人口，卻只有少數人知道發生了什麼事？「他們」必定已經注意到我對這個揮之不去的想法很掙扎，因此提供了補充。畢竟，如果我沒有全部的片段，我要如何撰寫、又要如何演說講述這些呢？

* * *

包：大部分的星球，尤其是地球，原本是設計為五十五萬人的生活環境。五十萬人。那就是應該的數量了。有更多的人輪迴到地球來體驗這些主要的變化。而地球被損壞和改變的狀況已經超過能夠修復的程度了。這個星球不幸地已經變成這樣，不可能再回復到它最初的清新狀態。但現在因為來自造物者的首要指示，修復必須加速進行。因為已經太久了。我們有兩個方法去執行。你可以使地球旋轉，地殼轉移。當這種情況發生時，你實際上是要從零重新開始。那就是引發冰河時期，而且所有恐龍滅絕的原因。它怎麼發生的並不重要，但基本上會是同樣的情況。文明消失，然後你們從冰河時期開始，尼安得塔人和那類事全都再一次來過。你們的文明曾經失去控制，結果留下像亞特蘭提斯和雷姆利亞的傳說。這種事以前發生過很多次。但這次不會是這樣了。這一次你是整個星球轉移，基本上是一個宇宙。你轉變整個次元。次元改變了，你從我們目前所在的3.6度空間，到5（指前往五度空間）。你會問：「那麼四又是怎麼回事？」嗯，在某方面四度空間就是在這裡，但將會「跳」過它。你會提升到五。當次元改變的時候一到，你事實上是「跳」過那個次元。這會產生許多的複雜情況。這是為什麼這件事是這麼地被仔細觀察。許多在靈性上準備好的人，將可以很容易地過渡並完成轉換。其他人將被帶離地球。這是在一眨眼的事，他們甚至不知道它發生了，多數人都不會知道。他們將來到另一個清新、已經就緒，以及正在等待這件事發生的星球。而你的能力將遠遠超過人們現在的程度。基本上你有五個主要的感官。當轉換完成的時候，你會擁有更多的意識感官。你將自動成為心靈感應者，隔天將在新的生活中醒來。順道一提，這以前發生過。——我們就只是「關掉」，情況就像進入暫停生命或不省人事（suspended animation）的狀態。我們會暫停它。會需要兩、三天的時間去移轉人們。

朵：是整個世界，還是只有……

包：是的。所有在靈性上準備好進行轉換的人。他們全會被轉移走。而當他們在別的星球醒來時，他們甚至不會意識到它已經發生了。幾年前，在這個星球上我們全都有這樣的轉移。但沒有多少人知道。它就是發生過。它就像在一個晚上過了整個星期。它就是那樣發生的。

朵：為什麼在那個時候會發生？

包：技術上，我們需要轉移太陽，我們需要能夠調整它。如果有任何人看到，他們就會知道發生了什麼事。那不是很實際的操作方法。因此我們就像是把每個人都「關閉」了一樣。

朵：這樣他們就不會知道？

包：是的。那晚你照常睡覺，你以為你睡了十二個小時。然後你醒來，你的手錶依然運作如常。但事實上你已經過了一整個星期。

朵：每個人都進入了生活暫停的狀態嗎？

包：是的。你同時也停止了所有一切。

朵：當世界在轉動的時候？

包：哦，是的。這個星球在移動。你有所謂的「日以繼夜」。但是我們實際上已經調整了。這是非常有趣的操作竅門。但它確實有效。這個行星的調整即將來臨。頻率改變即將發生。你不能在每個人都清醒時做這件事。因為人們會有各種奇怪的反應。所以他們認為他們是清醒的，但是我們卻可以把他們「關閉」。那是一種手法。它需要很高的技術。

朵：如果他們真看到什麼，他們會認為是在作夢。

包：是的，正是如此。但是他們可能對發生的事沒有什麼意識上的記憶，不要忘了，大部分的人對於他們作夢的內容並沒有意識上的記憶。而且你也在夢境中也能輕易改變事情。

朵：你說這是幾年前做的。

包：是的，是這樣的。我們當時必須對太陽的頻率做些調整。

所以，那顯然就是答案。當進行轉移的時候，世上所有人類的意識感官都會被關閉，並進入生活暫停的狀態。

這在聖經裡也有記載：「當那日，人在房上，器具在屋裡，不要下來拿；人在田裡，也不要回家。我對你們說，當那一夜，兩個人在一個床上，要取去一個，撇下一個。兩個女人一同推磨，要取去一個，撇下一個。兩個人在田裡，要取去一個，撇下一個。」門徒說：「主啊，在哪裡有這事呢？」

耶穌說：「屍首在哪裡，鷹也必聚在那裡。」（路加福音第十七章：三十一—三十七節）

我被問過許多次關於馬雅曆在二〇一二年結束的事。人們認為，如果馬雅人無法預見之後的日子，那就是世界末日的日期。我曾被告知馬雅人在靈性方面已進化到某個程度，他們的文明整體轉移到了下一個次元。他們的曆法停在二〇一二，是因為他們可以看到這會是下一個主要事件發生的時候：整個世界轉移到下一個次元。

＊　＊　＊

我們可以藉著提升我們的意識、身體的振動和頻率，揚升到另一個次元。首先，你可以繼續在一個實質的身體裡一段時間。然後當你逐漸發覺不再需要身體的時候，實質的身體將會分解並成為光，而你將以光或是純粹能量所組成的身體生活。這聽起來跟我書中描述的幾個案例很相似；個案看到一個發光的存在體，由純粹的能量所組成；他們已經進化到不需要有實質限制的身體或形體。當我們到達那個層次的時候，我們也可以如此。

在許多的案例中，當存在體揚升，他們帶著身體前往。但這只是暫時的狀態，脫去和放下身體是要看那個存在體所到達的理解層級而定。我們確實傾向緊抓我們熟悉的事物不放，但最終我們會明白，即使我們可以帶著身體一起轉移，身體在新次元的實相裡仍有太多的限制和約束。當我們到達這個新次元的時候，由光或能量所組成的新身體將永遠不會死亡。這就是聖經裡提到「永生」時的意思。

當我們這輩子結束的時候，我們將前往靈界，那個介於轉世之間的狀態，我發現那裡就像一個回收中心。它會引導我們回到地球展開另一個人生，因為仍然有業力要解決，或需要致力於某件事。人們一再地返回人世，正因為他們還沒完成他們的課題或循環。藉著提升意識、頻率和振動，我們也就沒有需要回到那個地方（轉世間的狀態）。我們可以超越那裡，去到每個人都是永生且不需輪迴之地。我們可以永遠留在那裡！那裡很可能就是我的許多個案所提到的「家」；他們深刻思念和渴望回去的地方。當他們在回溯時看到，他們的情緒總會變得激動起來，因為他們一直深深渴望它，然而意識裡並不知道它真的存在。

第三十七章　那些被留下的人

在本書以及《迴旋宇宙》系列裡，我提到一些個案親眼見到他們星球毀滅的故事。地球對他們是完全陌生的地方，而有的人說，只有在重要時刻他們才會被派到地球。雖然星球毀滅是他們個人的經驗，但對地球現在這個時期卻非常重要，因為他們是要確定同樣的事不會在地球上發生。以下是另一位曾經目睹整個星球毀滅的個案。

朵：為什麼珍決定要現在回來？你說她曾出現在地球歷史上其他關鍵性的時刻。

珍：這次是很重大的時刻。偉大的一刻。現在就正在發生。有許多人正憶起他們真正的身分，並且被連繫上了。新小孩也來了；她愛這些孩子。她在幫助別人平衡能量。這是作為一個橋樑，橋接現在的能量。你是一座橋，你當然是。你們有些人來到世上的目的就是協助連結、銜接這些資料，擔任使者的任務。

朵：協助這些人覺醒到自己是誰？

珍：沒錯。而且讓他們接受。接受他們曾經有過的種種經驗。這是你們星球上一個偉大的時刻，因為它非常重大。作為一個星球，你們要從一個認為自己是孤單的夢境中醒來。你們就是一切萬有。你們的地球正在進化。你們都在進化。而且現在宇宙都定睛在地球身上。這是重要的一刻。有許多靈魂想來這裡經歷，甚至只是個孩子的生命長度，甚至幾個小時。你們都將配戴那個來過這裡的徽章。

朵：甚至只來幾個小時？

珍：完全正確。就為了要參與地球上的這種進化。沒有星球曾經以這麼獨特的方式進化過。多重宇宙都會知道你曾經在這個星球，即使你只能在這裡幾個小時。你可以說：「當地球進化的時候，我就在那兒。」為什麼不呢？

朵：那就是我所稱的新地球嗎？（是的。）會有一個舊的和一個新的，然後分離。（是的。）而且有些人將無法進化？（沒錯。）我現在還在試著了解。

珍：這個概念對許多人類來說，很難瞭解。

朵：我仍然在試著讓自己明瞭，這樣我才能向其他人解釋。

珍：好。我們會告訴你的。對那些選擇留在業力的人，他們必須在別處體驗。所以，他們會留在舊地球嗎？他們會被帶往其他的星球嗎？不，他們留在自己所創造的地方。

朵：哦。那些人是不會要繼續進化的生命嗎？

珍：不在這一次。不，但最終還是會的。不在這一次。但那將會很辛苦。

朵：那麼舊的地球還會繼續存在？

珍：是的。這一個地球（將繼續存在）。

朵：舊地球的人在進化出現時，會覺察到有什麼事發生了嗎？

珍：好吧。我們把你帶回亞特蘭提斯的時代。在人類歷史中，亞特蘭提斯有幾次毀滅，而人們認知其他人已經死亡。

朵：你是說有一次以上的毀滅？

珍：是的。有一個亞特蘭提斯繼續在時空中存在。因此，從那個觀點，那個亞特蘭提斯現在存在於另一個次元。所以，在舊地球上的那些人將會感受到毀滅，因為他們接受、相信對死亡的恐懼，以及地球的破壞和毀滅。在他們心裡，他們可能會認知為你們都死了或不見了，或怎麼了。同樣地，你們也可能認知為他們不見了，但不論如何，都是有兩種經驗。創造這次體驗的規劃是如此龐大，它比任何人類此刻所能認知的遠為巨大。這是很偉大的編制和安排，不只是在你們的地球，你們也獲得許多存在體和層次的協助。不曾有任何星球這麼做過。

朵：有人告訴我整個宇宙都在觀看。

珍：不只這個宇宙。就連來自其他宇宙的存在體也在觀看。

朵：因為他們說整個星球進入另一個次元的情形從來沒有發生過。

珍：從未發生。從來沒有過。讓我們也來看看這個事實，人類的意識把自己看作是分離的。這個星球上的意識以獨特的方式被創造，所以能夠體驗自己是分離的。大多數的種族無法如此。不論他們在哪裡，他們不會體驗或感受自身與「源頭」是分離的，你們的星球卻可以。

朵：所以議會成員和在太空船上工作的存在體，他們知道自己的「源頭」，也明白他們來自哪裡？

珍：當然。而且他們愛你們人類。你們（指人類）甚至不知道自己做了什麼。他們明白在地球上還有原始的行為，然而要達到你們現在的層次，基於你們所受的限制，這很驚人了。你們所具有的愛的能力是很深刻的。你們所具有的恐懼的能力是很深刻的。是控制的力量讓每個人陷入麻煩：它是被恐懼所滋養。

朵：我知道地球被創造時被賦予了自由意志。但也被給予了不知道自己是「源頭」的一部分的概念？

珍：是的。這是意識上的有趣架構，在其中它對自己的認知是與源頭分離的。當你事實上認為自己是與源頭分離時，還有哪種狀況可以比這個讓你得到更多的成長？

朵：但是你說其他種族／存在體知道他們都是源頭的一部分。

珍：是的。他們知道。所以地球上會有更多的靈魂成長嗎？是的。

朵：如果我們認為我們是孤單的，那我們就必須靠自己來發現這一切。

珍：沒錯。人類必須自己發現他們是誰的真相。沒錯。

朵：沒有什麼能幫他們。我能了解你的意思。

珍：你們這裡有密度。你們有美感。你們有感官。你們這裡有很多事進行著，但是你也並不瞭解。看看你們現在的情況。

朵：我有許多個案在催眠時回到了源頭。他們看到那裡是多麼美麗，他們不想又一次離開。

珍：當你跟源頭連結，那是最美妙的經驗。所以你的問題是什麼？這些催眠療程就是為了讓他們跟源頭連結嗎？

朵：是的。為什麼會發生？這樣他們就會知道那是怎麼一回事，還是說是為了提醒他們或……？

珍：對於那些需要有那個經驗的人，是的。但對某些人，它會太美妙，他們會沒辦法再繼續人生。他們會想要很快離開人世。對你們每個人來說都不一樣。每個人所能經歷和不能經歷的也都不同。因為你們在地球上都是獨特的，所以它在你們的潛意識裡所激發的也會不同。沒有兩個人是一樣的。想想這樣的創造是多麼的天才。想想其中的美麗和奇妙。有許多現在在另一邊的靈魂，也都在參與這個工作。你們從來都不孤單；沒有一個人是孤單的。

朵：我們必須重新發現我們來自何處，以及我們在這裡的原因。有人問過我一個問題，我認為你已經回答了其中一部份。如果有一些人被接走，而有一些人被留下，那些去到新世界的人難道不會注意到他們的家人不見了嗎？在我們的思考模式上，這些是我仍然在嘗試弄清楚的部分。我必須要能夠對人們解釋。

珍：我們了解，我們了解，我們了解。我們會給你解釋。我們希望這會有所幫助。人們開始會脫離別人的生活。他們將開始注意到他們疏遠了。很快就要發生了。換句話說，人們，家人，無論過去多麼親的人，都會疏遠，或離開（指從生活圈中）。這都將在突然間發生。所以在次元轉移發生時，有些已經離開了他們生活的人，就是將會分離的人。他們就這麼不見了，離開了，他們不會在你的周遭。就像有些人會搬遷，離開城鎮，像這樣。你了解嗎？

朵：是的，但我們可以去找警察，試著去找這個人或是……

珍：情形不會是那樣。會是他們逐漸遠離，有些事發生，然後距離慢慢拉遠，漸行漸遠，漸遠。到當轉移發生的時候，（彼此的）距離已經存在。你近來是否有朋友離開了你的生活圈？

朵：是的。當然，如果我們需要的話，我們總是可以聯絡他們。

珍：但你不會聯絡。那是我們的意思。你不會聯絡他們。那就是一種自然的疏遠。頻率和振動將不再相合，因此，你不會再想到他們。也不會感覺需要聯繫他們。

朵：這表示他們將留在舊地球，還是他們會去新的地球？

珍：在某些情況下，有一些已經先離開的人（指已過世者），他們現在在面紗的另一邊工作。你有覺察到這點。但有一些人消失了，經過一段時間之後，你會想，「這個人怎麼了？」但你不會有像平常一樣想聯絡他們的欲望。你沒有那種動力，「喔，我很擔心。我一定要打電話，一定要聯絡上。」情形會不一樣了。你發現你想跟他們聯絡的需求沒有了，消失了。你忘記了。

朵：有人告訴我，最初，那些進入新世界的人會有實體的身軀。所以我們不會知道我們是在什麼時候進行了次元的轉換和分離。這是正確的嗎？

珍：這樣描述也許太過簡單。對你們這些來地球進行連結的人……我們會這樣解釋。當你在做你的工作時，你就是在促進和協助。你幫助人們覺醒，更了解他們是誰。你協助提升他們的振動，他們的頻率，讓他們能夠在更高頻率上產生共鳴，他們因此能夠轉移。這樣你懂嗎？

朵：懂，這正是我試著協助的事。

珍：沒錯，你是在幫助人們提升頻率。是的，這件事（指次元轉移）會發生，但它不會像大家想的那樣，發生地殼劇烈變動或諸如此類的事，不是這樣。而是會像你某天起床，覺得一切如常，你照舊過日子，然後你就**在那兒**了。你會注意到共振的差異，但因為你的頻率每天都在提高，你自然而然就到那裡了。因此，突然之間，有天你會到達從這裡到那裡所需的頻率。這樣說吧，如果有個人現在從十八世紀來看你，對他來說，你看起來會是發亮的。你已經到達了一個對十八世紀的人類形式會發光的頻率了。所以本質上，你的頻率在提升。

註：這難道就是約翰和其他人去拜訪諾斯特拉達姆斯（《與諾斯特拉達姆斯對談》三部曲）時，諾氏看到他們是來自未來的發光能量靈體的原因嗎？這是因為他們事實上在較快的頻率上振動所以發光嗎？值得思考。

珍：這就是你是幫助人們提升頻率和轉移的橋樑的原因。你越快提升越多人的頻率，他們就能用他們的頻率與振動來啓動其他人。所以你在做的是啓動越來越多這個星球上的人，而這些人又啓動別人，因此又提升了這個星球的頻率。你瞭解嗎？一切都是循環的。一切相互影響。你有些個案，他們來到地球，什麼也不用做，他們就純粹是啓動者，他們的能量場能啓動其他人的能量場（請參考本書的案例）。你也有非常辛勤努力的個案，這些人的作用像播音員或電台。他們像微波訊號一樣在這個星球播送。

朵：聽來有道理。這是我為什麼被告知年齡不會有任何差別。

珍：完全正確。

朵：我們將會在不同的層面，不同的振動上運作。

珍：不同的振動，不同的頻率。

朵：這是一些其他物種（外星人，外星生物）運作的方式，是吧？

珍：是的。他們以完全不同的速度老化。人類的目標是更長的平均壽命，更加長壽。此外，建立理解的橋樑。如果你從健康議題著手，你就能以不侵略、沒有脅迫的方式與人連結。

朵：在這個年齡不重要的新世界，我們的身體最終會死去嗎？跟我們在這個實相的地球的死亡一樣？

珍：你們當中有些人可以選擇永遠不死。只需要轉變，只需要跨越。不過，要記得，並非所有人在同樣時間都會是在相同的頻率。

朵：是的。我在想或許身體可以一直維持到靈魂準備要離開的時間。

珍：正是如此！但不是每一個人。如果有很多人要進行這樣的轉變，就說頻率必須是在每秒大約四萬四千個振頻。不是每一個人都會在同樣時候達到這個頻率。在那個頻率轉換裡，你會有不一樣的變數。會有些人在很前面，在尖端，甚至在另一邊的。甚至在新世界。你了解嗎？永遠會是如此。因為在每個層次都是如此。每個種族裡總有些人是最創新，在最先鋒的。他們會再往前一些，再前進一些，因為那就是進化。

朵：我想那會是未來的方式。我們會有更多的時間做我們的工作並幫助別人。

珍：當然。

朵：我們不必去擔心身體帶來的侷限。

珍：噢，身體的侷限。不用，嗯，看看你自己，你已經在改變了。你正經歷細胞上的變化。他們在調整你。

朵：我被告知他們在對我進行調整。

珍：是的，正是如此。（笑聲）而且因為你是發言人，再次地，你是一座橋樑，你看起來的樣子當然重要了。

朵：好吧，嗯，如果這麼多人都這麼說，或許我就會相信了。

珍：你得相信。

朵：他們也告訴我，不是每個人都能轉移到新的世界。

珍：沒錯。當地球要進行轉移次元的時候，許多靈魂被准許來到這裡體驗，因為如你所言，靈魂會從成長中得到許多經驗。因此，讓我們這麼說吧，有許多初學者來到了地球。有時候跟資優生在同一間教室是有幫助的。就像你知道的那種傳統學校教室。（對。）在同一個班上聚集不同程度的學生，他們全都能受惠於這些教導，但總有一天學生們需要往前邁進，也就是說，那些落後的人必須去找到他們自己的星球。他們會被分到其他學校，其他的地方。

朵：我一直認為他們被留下來這件事聽起來很殘酷。

珍：噢，不，不是留下他們。他們是會被帶到一個能夠成長的地方。

朵：那也就是我理解的。那跟分離一樣。

珍：這是更自然的。就像你離開了身體，到了另一個次元，你在那個次元成長，然後你可能會，也可能不會以不同的身體再來地球。你可能到其他地方。如果這整個宇宙是一個身體，這裡頭有許多許多靈魂可以前往的銀河系與星球。

* * *

以下是有關我們的身體與整個世界將經歷的次元轉換的更多資訊，那些到時沒有轉移的人將無法發現或感覺到其中變化。

「我們的身體跟周遭的一切，現在正在增加它們的振頻並調整到新的頻率。身體的每個細胞開始在快速中振動並轉變為光。這種轉換一旦開始，身體溫度會增加，然後身體開始發出光。當每個細胞以極高的速率振動時，你們將從正常的視力裡消失並進入到一個更高的次元。這是因為身體的振動已經超出了第三次元，它現在是在一個更高的次元上振動。這也表示，你不再會經歷死亡的過程，因為你將有個光的身體（光體）。你不會變老，老化對你不再存在，因為你已經進入了下一個次元的實相，你接著就能進入靈性進化的下一個階段。」

「他們」強調，在人類歷史中這曾經發生在某些個體和小團體身上。不過現在之所以獨特，是因為這將是有史以來第一次整個星球轉移到另一個次元。這將是新地球和新世界，聖經將此描述為新天新地。那些尚未準備好的人會被留下（如聖經所述），繼續他們的業力。他們甚至不會意識到有任何事發生。那些尚未領悟的人將必須回到另一個更稠密的負面星球，去解決他們仍有的業。他們無法進入「新地球」，因為他們的振動不符合新地球的頻率。

地球是個生命體，她一直跟我們一樣在進化，雖然是在一個緩慢許多的速度。她現在正預備進入她的下一個形式；當她提高振動和頻率，她就會進入另一個更高的次元。她從太初起就忍受人類對她所做的事，我們是否跟隨她並不重要。她無論如何都要前進，倘若我們選擇跟隨，也是我們的決定。我們已經做了這麼多討厭和麻煩的事，她寧願我們別跟來。我們就像狗兒身上的跳蚤，而顯然地，我們已經對這個美麗的星球造成很大的傷害和苦難。所以，如果我們想跟她一起前進，我們就必須改變自己。我們必須提升頻率與振動，否則就會被留下來。

* * *

幾年前，我在研討會的專題討論小組遇到安妮·科克伍德（Annie Kirkwood），《瑪麗給世界的訊息》一書的作者。她描述在靈視中看見像是新地球的演化畫面。她似乎是從外太空觀看，畫面看起來像是有兩個地球，一個疊在另一個上。兩個地球之間有幾條閃爍的細小光線。接著，就在她注視的時候，兩個地球開始產生拉鋸，就像細胞要分裂成另一個細胞一樣。其中一個地球往一個方向移動，另一個則朝反方向。在其中一個地球上，她和其他人大叫「是的，是的，它真的發生了！我們做到了。我們真的是個新地球了！」而在另一個地球，她聽到她姐姐的聲音，「她有夠瘋的！到處告訴大家這些瘋狂的事。然後什麼都沒有發生！她剛剛死了！」因此，看來當最後事件發生時，有些人甚至不知道有任何事發生。這就是那些到了新地球和被留在舊地球繼續沉陷在負面的人的分離。

我後來在某個演講場合解釋這個靈視，會後有位男子走向我。他說，「我要你知道，我是個商人，通常我不會有什麼是我無法合理解釋的經歷。但是，當你在描述兩個地球分開的時候，這個禮堂突然消失了，我發現我在外太空。我看到它的發生就跟你描述的一樣。」他說這個場景在他腦裡依然很鮮明清晰。他回家用電腦繪出下面這張圖，並同意本書使用。彩色的圖看起來讓人更深刻，總之，新地球就是重疊在舊地球上方的那個閃耀、發光的球體。

Created by Michael R. Taylor (MT)

* * *

在二〇〇六年芝加哥的一場演說，我討論了新地球的進化。我描述安妮．科克伍德對地球一分為二的靈視。當地球分成了兩個分離的地球，人們不會覺察到另一個地球所發生的事。隨著新地球進化和提升到不同的次元，那些已經提升了個人頻率與振動的人將揚升到這個新地球，因此在被留下來的人的眼中，他們是看不見的。我對這個概念一直有些困擾。我總是喜歡打破砂鍋問到底；我猜這是因為我有很強的好奇心。我總覺得有些縫隙需要被填補，有些片段需要被解釋清楚。一位聽眾提出了這怎麼可能的問題，這兩個地球上的人怎麼會不知道另一個地球發生的事。突然間我頓悟了。解釋這一切的靈感之光瞬間劃過。相信直覺與知識的靈光總是明智的，因為它們常是來自我們的指導靈。在這個情況，它很可能是來自透過個案提供我所有資料的相同來源。我突然說，「我剛想到一個可能的解釋！」

在稍早的演講中，我已經簡短談論過被我們的想法與決定所創造的平行宇宙與生命的理論。在《迴旋宇宙》系列，我寫到一個自己從未聽過的理論，要了解它真的很讓我頭痛。它的大意是說：不論何時，當一個人必須做決定時，他通常有一個以上的選擇。這就是我所稱的，「來到十字路口」。他們必須決定要往哪個方向走。這個決定可能是關於結婚，離婚，工作，或任何的事。他們沉思每一個選擇，花很多精神在決定該走哪條路，然後做出抉擇。

我們都經歷過這些「十字路口」，知道如果選擇了另一條路，我們的生活會是全然地不同。我們決定了朝某個方向去，但對那些我們投入了能量思考，卻沒有選擇的另一個決定，這個能量怎麼了？**它也成爲一個實相！**另一個宇宙或空間在瞬間被創造出來去實踐另一個決定，而另一個「你」也因此被創造，在那個情境成為主角。這是簡單版的解釋，因為它不只發生在我們面對重要決定時，它也發生在每一次我們面臨選擇的時候，不論是大或小。

每一次我們下了決定，另一個宇宙或空間就瞬間產生，讓另一種選擇也成為真實，而另一個「你」分裂出去扮演那個角色；它們都跟我們現在專注的這一世生命一樣真實。我們對這些自己的其他部分毫無覺察，而沒有覺察是好的。因為我們人類的心智絕對無法處理。有人說這跟大腦無關，和心智有關。在我們人類心智裡，就是沒有可以讓我們理解這一切複雜性的概念。這是為什麼我們永遠不會被允許擁有所有的答案；我們怎麼也無法了解。

因此他們（以他們的智慧）在我們這個覺醒的時刻，選擇提供小小的片段給我們，讓我們能有一些幫助擴展心智與心靈的資料。而當我們的心靈擴展到能夠接受新的想法和理論時，他們會再給我們多一些的少許資料。我個人對我所得到的這一點一滴資訊非常感激。這表示我們的心智正在覺醒；這是我們唯一能處理地球正改變頻率和振動以便轉換到另一個次元的概念的方法。三十年前當我開始我的催眠工作時，我絕對無法了解我現在所接收到的資料。所以我知道我成長了，我從這些年寫的書裡也看到了這點。

我在芝加哥演說時突然獲得的啟示是，個別的地球之所以不會注意到對方和發生的事，或許跟平行宇宙和次元的觀念類似，而且是在一個更為宏偉廣闊的規模上。如果我們沒有注意到這些自己的其他部分——因為我們專注的能量所創造出執行其他決定的自己——那麼在兩個地球上的人也不會覺察到彼此，不會知道對方的存在。一個地球走向某個決定或選擇的方向，而另一個地球走向另一個方向。每一個都在演出一個替代的決定。地球上的人想要追隨哪條路是在於他們個人的選擇。

能量就在當下，而且越來越強。它實際上正影響我們的身體。我們本身的頻率和振動都被改變當中，但是我相信，因為我們的自由意志，我們會受哪個地球的吸引，依然是決定於自己。主要的差別在於，「他們」說，以前從來沒有過這麼大規模的轉移。

在宇宙的歷史上，不曾有過一整個星球改變了她的頻率和振動轉移到另一個次元。這是為什麼這會被稱為宇宙中最偉大的一場秀，而許多來自不同銀河系和次元的存在體都正在觀看未來的發展。我們能做到嗎？我們能夠成功，能夠完成嗎？

火車正在駛離月台；它正帶我們前往一場前所未有的大冒險。要上車或是留在月台是每個個體的決定。已經完成目標的志願者準備要「回家」了。請上車吧!!

記得，你永遠不孤單。

宇宙花園　先驅意識 01
三波志願者與新地球
The Three Waves of Volunteers and the New Earth

作者：Dolores Cannon
譯者：林雨蒨・張志華
出版：宇宙花園
通訊地址：北市安和路1段11號4樓
網址：www.cosmicgarden.com.tw
e-mail：gardener@cosmicgarden.com.tw
協力翻譯：羅若蘋（chap31-37）　編輯：張志華
總經銷：聯合發行股份有限公司　電話：(02)2917-8022
印刷：鴻霖印刷傳媒股份有限公司
初版：2012年12月　八刷：2023年5月　定價：NT$ 680元
ISBN: 978-986-86018-9-5
The Three Waves of Volunteers and the New Earth

國家圖書館出版品預行編目資料

三波志願者與新地球 / 朵洛莉絲.侃南（Dolores Cannon）作 ; 林雨蒨, 張志華譯. -- 初版. -- 臺北市 : 宇宙花園, 2012.11
面；　公分. --（先驅意識；1）
譯自 : The three waves of volunteers and the new earth
ISBN 978-986-86018-9-5（平裝）
1.催眠術 2.催眠療法 3.潛意識
175.8　　101022643

免責聲明

本書作者不提供醫療建議，也不指定使用任何技巧來醫治生理或心理問題。書內所有的醫療資訊，皆取材自朵洛莉絲·侃南對個案的個別諮商和催眠療程，非作爲任何類型的醫療診斷之用，也無意取代醫師的醫療建議或治療。因此，作者和出版者對於個人如何詮釋這些資訊或對書內資訊的使用並不負有責任。

書中這些催眠個案的身分與隱私已受到最大的保護。催眠進行的地點與事實相符，但書裡僅提及個案的名字，不透露姓氏，而名字也已經過更改。